荔湾年鉴

2012

广州市荔湾区年鉴编纂委员会　编

廣東省出版集團
广东经济出版社

图书在版编目(CIP)数据

荔湾年鉴. 2012 / 广州市荔湾区年鉴编纂委员会编.
—广州：广东经济出版社, 2012.12
ISBN 978-7-5454-1708-1

Ⅰ. ①荔… Ⅱ. ①广… Ⅲ. ①区(城市)—广州市-2012-年鉴
Ⅳ. ①Z526.51

中国版本图书馆 CIP 数据核字(2012)第 300086 号

出版发行	广东经济出版社(广州市环市东水荫路 11 号 11~12 楼)
经销	全国新华书店
印刷	广州市百灵彩印有限公司(广州市番禺区钟村街钟汉路第三工业区自编 15 号)
开本	730 毫米×1020 毫米 1/16
印张	21.625 插页 22
字数	650 千字
版次	2012 年 12 月第 1 版
印次	2012 年 12 月第 1 次印刷
印数	1~1000
书号	ISBN 978-7-5454-1708-1
定价	130.00 元

ISBN 978-7-5454-1708-1

编 辑 说 明

一、《荔湾年鉴》是中共荔湾区委、荔湾区人民政府主办，区地方志编纂委员会办公室承办，区各有关部门及辖内各单位共同参与编纂的地方综合年鉴。由区地方志编纂委员会办公室负责编辑、出版事务，每年出版一辑。出版年鉴，旨在逐年全面而系统地记载荔湾区经济社会各项事业的发展建设历史进程，为推动荔湾地区社会各项事业建设服务。

二、《荔湾年鉴（2012）》采用分类编辑办法，共设12个类目，类目以下设栏目，栏目以下设条目。条目是本年鉴反映情况的主要形式，标题用红色字加红色“【 】”示之。

三、本年鉴将类目标于书眉，以便查阅。

四、本年鉴所采用的统计数据，以区统计局编制的《统计年鉴》为准；《统计年鉴》未作统计的统计数据，以各部门、单位核定的数据为准。

五、本年鉴条目稿件多由单位撰稿员提供。年鉴编辑部的主编、编辑对条目文字酌情进行了必要的修改与平衡，成文后征求了各单位的意见。

六、《荔湾年鉴（2012）》的编辑、出版工作受到区领导的重视，得到各部门和各单位领导、条目撰稿人的大力支持，在此深表谢意。对年鉴编辑中的不足与错漏之处，请予批评指正。

《荔湾年鉴》编辑部

2012年10月

荔湾区地方志编纂委员会暨荔湾区年鉴编纂委员会

编委会各成员单位由区委办、区人大办、区府办、区政协办、区纪委办、区委组织部、区发改局、区经贸局、区教育局、区科信局、区民政局、区财政局、区建设园林局、区文化广电局、区统计局、区水务农业局、区档案局、区地志办、金花街、西村街、南源街、逢源街、多宝街、龙津街、昌华街、岭南街、华林街、沙面街、站前街、彩虹街、桥中街、石围塘街、花地街、茶滘街、冲口街、白鹤洞街、东漖街、东沙街、中南街、海龙街组成。

《荔湾年鉴》编辑部

《荔湾年鉴（2012）》撰稿人名单（以姓氏笔画为序）

于朝阳	王　宁	王海玲	王瑞琛	卢瑞珊	丘礼勇	左朝辉	关健仪	刘子建	刘克斌
刘洁芝	刘素华	刘联合	刘韶晖	刘德敏	向同才	孙　伟	朱汝衡	江丽晴	邬丽凡
闫　琰	阮洁婷	严咏欣	何凤华	何玉薇	佘浚龙	佘瑞玲	吴志聪	张　柳	张丽燕
张运新	张鸣鸣	张钰祥	李　丹	李义生	李广新	李志勇	李秀娟	李伟聪	李建辉
李剑锋	李凌云	李勤仪	杨小华	杨凌燕	苏穗渝	连广洲	陈　平	陈中伟	陈有荣
陈志毅	陈纯娜	陈坤强	陈宝玲	陈晓云	陈海武	陈银飞	周小娟	林　烃	林文安
林智毅	林炳朝	林振兴	郑田玉	柳灵琳	钟宇琦	钟爱群	袁　旭	徐　欣	徐向勇
郭　赟	郭慧仪	郭静仪	高志慧	梁　薇	梁丽珠	梁胜强	梁碧华	梁政骥	黄　瑛
黄　曦	黄文政	黄思沄	黄洁华	黄锡颖	彭洁红	彭健毅	曾　琥	曾　舒	温　敏
董洪福	谢　永	谢兆华	谢红超	谢海龙	赖明晖	谭慕容	樊晓璐		

目录
CONTENTS

政 治

军事　政法

城区建设

社会民生

LIWAN QU DITU

荔湾区地图

比例尺 1:60000

注：① 本年鉴地图由广东省地图出版社编制。
② 本书地图界线仅供参考，不作行政区划依据。

LIWANQU ZAI GUANGZHOUSHI DE WEIZHI TU

荔湾区在广州市的位置图

比例尺 1:700000

0 7 14 21千米

领导活动

1. 2011年1月2日，中共中央政治局常委李长春（前右二）在中央政治局委员、中共广东省委书记汪洋（前右一）、区委书记周亚伟（前右三）等的陪同下到荔湾区视察广州市人居环境整治情况。（区水务农业局供稿）

2. 中共中央政治局常委李长春与广州市民在荔枝湾涌亲切合影。（区水务农业局供稿）

1
2

1	3
2	4

1. 2011 年 3 月 30 日，中央政治局委员、中共广东省委书记汪洋（前中）在副区长邹璇（右一）等的陪同下，到逢源街视察社区服务工作。（区档案局供稿）

2. 2011 年 2 月 2 日，全国人大副委员长韩启德（中）在区委书记周亚伟（左一）等的陪同下视察荔枝湾涌。（区档案局供稿）

3. 2011 年 9 月 24 日，国务院办公厅秘书三局巡视员兼副局长卢向东（中）等一行人，在区长唐航浩（右一）等的陪同下，到金花街居家养老服务中心调研。（金花街供稿）

4. 2011 年 5 月 27 日，广东省人大常委会副主任钟阳胜（前左四）、市长万庆良（前左三）率省委产业转型升级第一专题组视察广东光电科技产业基地。区委书记周亚伟（右二）、区长唐航浩（右一）陪同视察。（区档案局供稿）

消毒杀毒产品

1. 2011年9月8日，广州市委副书记、市长万庆良（前左二）率队到荔湾区检查“城更美、房更靓”项目进展情况。（区水务农业局供稿）

2. 2011年7月5日，广州市委常委、市委宣传部部长王晓玲（前左一）陪同广东省省委巡视四组组长巫颂平（前右二）率省委巡视组一行到荔湾区视察调研经济社会发展和重点项目建设情况。（区档案局供稿）

3. 2011年1月28日，广州市副市长贡儿珍（中）慰问道德模范袁建明（左二）。（金花街供稿）

4. 2011年4月16日，广州市副市长陈国（右四）视察金花街社区文化建设。（金花街供稿）

5. 2011年8月5日，广州市副市长许瑞生（前）带队视察荔湾区城市管理综合巡检工作。（区城管局供稿）

6. 2011年9月24日，区委书记周亚伟（中）带队督促荔枝湾二期建设。（区水务农业局供稿）

1. 2011年7月26日，荔湾区领导视察阳春扶贫工作，图为区委书记周亚伟（右三）到交岗村贫困户家中了解就业帮扶情况。（区委办供稿）

2. 2011年8月8日，区委书记周亚伟（中）、区长唐航浩（左）在公开大接访活动中，接受群众“情系百姓为民排忧”锦旗。（区信访局供稿）

3. 2011年5月26日上午，区长唐航浩（左一）等到恩宁路十二甫西的詹天佑故居纪念馆视察工作。

4. 2011年10月31日，北京市东城区区委书记杨柳荫（左四）一行到荔湾区参观调研。图为区委副书记叶锦祥（左三）、区委常委李黎（左一）等领导陪同参观、合影。（区档案局供稿）

重要会议

1. 2011年9月18日，中共广州市荔湾区委十届十二次全体会议在区会议中心召开。(区委办供稿)

2. 2011年11月7-10日，政协第十四届广州市荔湾区委员会第一次会议在区会议中心召开。(区政协办供稿)

3. 2011年11月8-11日，广州市荔湾区第十五届人民代表大会第一次会议召开。(区人大办供稿)

中国共产党广州市荔湾区第十届纪律检查委员会第六次全体会议

荔湾区2011年创建全国文明城市暨社区管理、拆除违法建设、整治"六乱"工作动员大会

荔湾区纪念中国共产党成立90周年大会

荔湾区创建全国文明城市工作会议

1. 2011 年 1 月 27 日，中共广州市荔湾区第十届纪委第六次全体会议召开。（区纪委办供稿）

2. 2011 年 4 月 1 日，荔湾区 2011 年创建全国文明城市暨社区管理、拆除违法建设、整治“六乱”工作动员大会召开。（区委办供稿）

3. 2011 年 6 月 28 日，荔湾区纪念中国共产党成立 90 周年大会在区会议中心召开。（区委办供稿）

4. 2011 年 8 月 3 日，荔湾区创建全国文明城市工作会议召开。（区档案局供稿）

5. 2011 年 9 月 16 日，中共广州市荔湾区直属机关工作委员会代表大会召开。（区档案局供稿）

6. 2011 年 11 月 24 日下午，2011 年荔湾区科技大会召开。（区科信局供稿）

7. 2011 年 8 月 1 日，荔湾区大坦沙地区更新改造工作会议在区会议中心召开。（区委办供稿）

8. 2011 年 12 月 7 日，共青团广州市荔湾区第十四次代表大会在区会议中心召开。（团区委供稿）

1 | 5
2 3 | 6
4 | 8 7

仁康祖廟

1	5 | 6
2	7
3 | 4	8

1~2. 2011 年 4 月 2 日，“三月三，荔枝湾——2011 年广州荔枝湾民俗文化节”开幕。上图为仁威祖庙前舞狮场面，下图为小演员表演泮溏飘色。（郑迅摄）

3~4. 2011 年 4 月 29 日，为期 5 天的广州沙面西餐文化节开幕，左图为法国圣马可童声合唱团一行到沙面感受西关文化并为西餐文化节助兴。右图为文化节街头行为艺术。（郑迅摄）

5~6. 位于芳村大道西 2 号的区委办公大楼及区委会议中心。（区机关事务管理局供稿）

7. 位于龙溪大道 273 号的荔湾区人民法院。（区法院供稿）

8. 位于花地大道中 20 号的荔湾区检察院。（区检察院供稿）

1
2|3
4

1. 2011年1月26日，《荔湾区志（1991–2005）》终审会议在广州市政府会议室召开，《荔湾区志（1991–2005）》通过终审并于是年9月公开出版。

2. 2011年4月20日至5月20日荔湾区地志办、区文化艺术中心在区文化艺术中心一楼展厅举办工程巨擘詹天佑图片展。

3. 2011年4月24日，詹天佑故居纪念馆与詹天佑小学联合在詹天佑科技廊举办广州2011年蒸汽火车模型运转会。

4. 荔湾红色史迹寻踪图片展于2011年6月28日至7月25日在区文化艺术中心一楼展出。

特　辑

◎ 重要报告
◎ 重要文献

特 辑

重要报告

周亚伟在区委十一届二次全会第一次会议上的讲话

2012 年 1 月 12 日

同志们：

这次全会的主要任务是，以党的十七大精神为指引，认真学习贯彻党的十七届六中全会、中央经济工作会议，以及省委十届十一次全会、市第十次党代会、市“两会”精神，总结去年工作，部署 2012 年工作。下面，我代表区委常委会，向全会报告过去一年的主要工作和今年重点工作的部署安排。

一、科学发展开创新局面

过去的一年，是荔湾加快转型升级、各项幸福事业再创佳绩之年，是立足亚运新起点、实施“十二五”规划的开局之年，是全区上下齐心、民主公正完成区内换届之年。区委坚持贯彻落实科学发展观，紧紧围绕打造“广佛之心”的战略目标不动摇，牢牢抓住“加快转型升级，建设幸福荔湾”的核心任务不放松，努力调整优化产业结构，彰显文化特色品位，巩固环境蝶变成果，发展民生各项事业，较好完成年初确定的各项任务，为“十二五”开好了局、起好了步。

（一）“十二五”开局良好。

区委在不断深化对城市发展规律和区情实际认识的基础上，凝聚全区共识，科学谋划发展思路，为“十二五”发展夯实了基础。

优化完善发展思路，坚定推动科学发展的信心。科学制定“十二五”经济社会发展规划，提出了打造“广佛之心”和建设“文化荔湾、低碳荔湾、智慧荔湾、幸福荔湾”的发展目标，明确了“文化引领、商旅带动、产业转型、创新驱动、环境优化”五大发展战略。在区的第十一次党代会上，确立了推动经济发展、城区发展、文化建设和社会建设四大转型升级方向，谋划了“一江”引领、“两圈”带动、“两带”凸显、“三片”集聚的发展格局，进一步明确了新形势下荔湾科学发展的目标定位和发展思路，坚定了荔湾百万人民大发展的信心和决心。

顺利完成换届工作，为荔湾科学发展选好带头人。自下而上，顺利完成社区和经济联社“两委”及区级领导班子换届工作，为荔湾未来发展提供了坚强的组织保障和人才支持。特别注重树立正确的用人导向，选拔重用一批能力突出的优秀干部。特别注重优化班子结构，实现班子分工合理、配套科学、优势互补。特别注重严肃换届纪律，营造风清气正的换届环境。通过换届，区内各级领导班子整体素质得到提升，运行机制得到健全，推动科学发展的能力得到进一步加强。

（二）区域影响力显著提升。

后亚运时期，我区不自满，不懈怠，不停步，主动争取，积极作为，全力巩固和放大亚运盛会成果，不断加快荔湾发展转型升级。

后亚运时期发展势头不断，经济实力明显增强。全区全年预计实现地区生产总值 700 亿元，同比增长 10%；一般预算收入完成 36.89 亿元，同比增长 24.43%。经济发展后劲持续增强，全社会固定资产投资按项目在地统计预计为 205 亿元，同比增长 9%。“两圈”建设取得新进展。“白鹅潭经济圈”核心区新隆沙地块储备出让工作稳步推进，安置区白鹤沙地块征地工作进展顺利。深入开展“十三行商圈”策略规划，“上下九—十三行岭南商贸文化旅游体验区”被列为市“十二五”“国际商贸中心重大项目”。以“两带”为龙头的创意产业集聚区成为新的经济增长点。珠江黄金西岸滨水创意产业带和花地河新经济带集聚效应和辐射效应不断增强，一批创意产业园区迅速发展。全区共集聚创意企业法人单位1400多家，从业人员两万多人。1850创意园和欧划动漫公司被评为“广东省版权兴业示范基地”。现代服务业主导地位明显增强。广州唯品会、站西鞋城网、中华液晶城等一批现代服务业企业迅猛发展。世贸服装城、财富天地广场等大型商业载体项目正在顺利推进。新型制造业高端化发展。重点打造烟草、生物医药、信息技术、创意产业、生产性服务业等战略性新兴产业，广东塑料交易所二期、广州卷烟厂、广州国际医药港等重点生产力骨干项目有序推进。积极扶持中小企业发展。推进政银担企合作，搭建中小企业金融服务平台。强化招商引资，力促高端项目落户，新增注册资金3000万元以上企业14家。

后亚运时期建设热情不减，城区环境魅力彰显。坚持城区低碳、绿色、生态发展，推动城区建设内涵优化。大力推进城市更新改造。安置房项目建设进展顺利，花地村一期、西塱村（裕安围）项目已经竣工，宝盛沙地二期、茶滘项目即将封顶，西湾路项目已经开工。全区20个“城中村”改造方案全部通过区内审核，进度处于全市前列。推进大坦沙整岛统筹开发，开创广州“城中村”改造新模式。恩宁路改造、泮溪停车场等项目的规划审批和征地拆迁工作取得突破，有效保护了旧城文化，延续了城市记忆。大力完善交通基础设施。完成新增25公里绿道建设的任务。全年推进市政路桥、绿化、征地拆迁等31个项目，玉兰路延长线、芳村大道南扩建、龙溪大道东延长线等路网建设顺利推进，区域交通环境明显改善。大力加强水务及市政设施管养。完成花地河4个水闸的群闸联控。建立排除“水浸街”问题快速应急反应机制。大力整治十三行地区等重点地段的交通秩序和消防隐患。推行城市管理网格化、数字化，推广流动商贩临时疏导区建设。加大市容市貌管理投入力度，为广州市成功创建“全国文明城市”作出了积极贡献。

后亚运时期文化建设不停，文化品位大幅提升。围绕建设世界文化名城核心区的目标，致力于岭南文化硬件载体和软件环境的全面提升。荔枝湾二期工程圆满竣工、三期工程正式启动，荔枝湾灯会顺利启动，成为广州市文化活动的又一亮点。建成沙面博物馆，完成沙面文化休闲步行区路面整体改造，打造广州旅游文化的又一品牌。成功举办“荔湾风华”系列民俗风情活动。“西关美食节”，“生菜会”等传统民俗活动，尽显荔湾独有风情。重新包装荔湾旅游形象，成功举办文化旅游推荐会，在全省率先开通旅游官方微博。社区文化事业繁荣发展，公共文化服务体系日趋完善，城市“10分钟文化圈”基本建成。区文化馆被复评为国家一级文化馆。我区被文化部命名为“中国民间文化艺术之乡”，被中国科协命名为“2011—2015年度全国科普示范区”。

（三）社会民生事业普惠群众。

以提高居民幸福度为出发点，积极推进社会服务管理创新，提升社区服务管理水平。全面推进承接市简政强区事权改革下放的57项事项。积极推进市唯一的行政执法体制改革试点工作。基本完成街道“一队三中心”的组建，着力打造“一街道一品牌，一社区一特色”，我区荣获“全国社会工作人才队伍建设试点示范区”称号、区老龄委被授予“全国老龄系统先进单位”称号。以桥中街为试点，探索完善外来人口服务管理工作新机制。大力做好信访维稳工作，妥善处置新中国大厦、广州卷烟厂103亩用地拆迁等涉稳事件。加大社会治安综合治理，深化精确打击措施，强化治安动态防控，群众安全感进一步增强。重点落实办好十件民生实事，创新开展区内特困群体帮扶和党内关爱扶助活动，对口帮扶阳春、从化吕田的扶贫“双到”工作成效突出，特色明显。大力推进扩大就业工作，再就业率达71%。推进社保业务下沉街道受理工作，有效推动各类人群参保。顺利完成医药卫生体制五项重点改革任务，积极开展全国社区中医药工作先进单位创建活动，公共卫生体系建设迈上新台阶。人口计生工作积极向民生服务转型，“荔湾幸福家园”项目荣获省“十佳”宣传创新项目奖。着力提高教师队伍工作待遇，提升教育现代化水平。顺利通过了广州市义务教育规范化学校终期督导验收，我区2011年高考总上线率全市排名第一。我区在市运会中荣获团体总分奖第一名。区房产登记交易所荣获“全国房地产交易与登记规范化管理先进单位”和“全国青年文明号”称号。生产、建筑、食品药品等领域的安全监管工作成效突出，有效杜绝了重大安全事故的发生。

（四）党建科学化水平进一步提升。

以换届工作为主线，以改革创新精神为动力，全力推进党建各项工作。成功举办庆祝建党九十周年和纪念辛亥革命100周年系列活动。深化创先争优活动，组织党员群众为加快转型升级、建设幸福荔湾增添动力。以区域化大党建为主题的《共驻共建幸福家园》项目，荣获省委组织工作十大品牌评选活动创新项目奖。电教片《红领——站西鞋城党支部书记张湘玉》，荣获中组部评比一等奖。立白集团党委荣获全国“双强百佳党组织”称号。大力实施“高层次紧缺人才计划”等12项人才计划，抢占人才工作制高点。加强党员干部培训，宣传教育贴近中央最新理论成果，贴近全区中心工作，贴近党员干部学习需求。扎实推进反腐倡廉宣传教育，促进党员干部廉政勤政。深入推进具有荔湾特色的惩防体系建设，加强源头治腐工作。着力推进民主政治建设，重视加强人大和政协工作，主动实施民主协商，吸纳转化一批良策。支持区各民主党派、各人民团体完成换届工作。

在充分肯定成绩的同时，我们也要清楚地认识到目前荔湾发展面临的困难和不足：经济总量仍然偏低；传统产业比重依然较大；城区环境改善的要求仍然强烈；岭南文化对经济、社会的辐射力仍未能较好体现；社区服务管理创新的品牌覆盖面仍有待进一步延伸；区域人口的“三多一少”现象长期存在等等。为此，我们必须高度重视，勇敢面对，立志要把困难踩在脚下，把机遇抓在手中，把责任担在肩上，用科学的方法、先进的理念，不断破解发展中的难题，加快转型升级，建设幸福荔湾。

二、科学发展的形势研判

在前不久刚刚结束的省委十届十一次全会、市第十次党代会上，省委、市委在科学研判国际、国内形势的基础上，对省、市经济社会各项事业发展提出了明确的部署和要求。省委全会提出，要立足当前、谋划长远，努力保持经济平稳健康可持续增长，着力提高发展质量，保证转型升级战略成功。市党代会提出，要紧紧围绕全面建设国家中心城市的目标和“率先转型升级、建设幸福广州”的核心任务，以建设国际商贸中心和世界文化名城为战略重点，坚持低碳经济、智慧城市、幸福生活的城市发展理念，推进战略性基础设施、战略性主导产业、战略性发展平台实现重大突破，全力实施“八大工程”，走新型城市化发展道路，全面提升城市核心竞争力、文化软实力和国际影响力，推动面向世界、服务全国的现代化国际大都市建设迈上新台阶。

荔湾的发展，从属于广东省、广州市整体发展的大格局。我们要深刻领会省、市会议精神，突出竞争优势，发挥主观能动性，力争在复杂的国际国内环境中，走出一条新型城市化发展道路，在经济社会利益格局调整中，抓住机遇，加快转型，率先跨越。为此，我区要把思想和行动统一到党的十七届六中全会精神上来，统一到省、市重要决策部署上来，坚定信心，立定决心，摆脱传统路径依赖，走新型城市化发展道路。2012年的总体工作要求是：以中国特色社会主义理论体系为指导，以科学发展为主题，以加快转变经济发展方式为主线，提高党的建设科学化水平，紧紧围绕打造“广佛之心”和建设“文化荔湾、低碳荔湾、智慧荔湾、幸福荔湾”的战略目标，深入实施“文化引领、商旅带动、产业转型、创新驱动、环境优化”五大发展战略，突出走新型城市化发展道路，保持经济平稳健康可持续增长，提升文化引领功能，创新社会服务管理，为加快转型升级、建设幸福荔湾而不懈努力。

走新型城市化发展道路，具体而言，我们要有四点新认识：

——对城区发展的目标定位要有新认识。在区域竞争中，要有错位竞争、特色发展的意识，把重心放在提升城市品质和品位上，增强城区核心竞争力。

——对城区发展的衡量标准要有新认识。在城区发展中，要以促进人的全面发展为导向，树立绿色发展和以人为本的发展理念，更加重视民生改善、社会和谐。

——对城区发展的推动举措要有新认识。推进城市化发展的措施要更科学、更精细，更加注重发展质量，注重可持续发展，注重经济、政治、文化、社会、生态全面发展。

——对城区政府的职能定位要有新认识。要适时转变政府的职能定位，把握好政府与市场的合理分工，强化政府在经济调节、市场监管、社会管理和公共服务等方面的职能。

三、坚定不移走新型城市化发展道路

走新型城市化发展道路，建设经济持续发展、景色优美宜人、交通安全便捷、生活舒适方便、文化气息浓厚、法治公平正义、社会和谐稳定、公共服务健全、人文关怀备至的理想城区，是广大居民群众的向往和追求。要走新型城市化发展道路，就要坚持转型升级，加快幸福荔湾建设。

（一）推动文化建设向文化引领转型升级。

文化是荔湾的特色，是荔湾的核心竞争力。要坚持围绕建设世界文化名城核心区的目标，精心打造文化发展新高地，提升文化引领功能，增强走新型城市化发展道路的信心和决心。

铸造城区精神之魂。大力弘扬“敢为人先、顽强拼搏、团结奉献、务实为民”的新时期荔湾精神，深化培育社会主义核心价值体系，塑造独特的城区文化品格。要着力利用学校、社区等宣传教育途径，健全文明城市建设长效机制，深入开展群众性精神文明创建活动。大力倡导志愿服务精神和慈善捐赠文化，形成比奉献、献爱心、促和谐的良好社会风尚。

擦亮文化展示名片。继续擦亮“西关文化、十三行文化、欧陆风情、水秀花香”四大文化品牌。全力推进荔枝湾和沙面创建国家4A级旅游景区工作。争取落实陈家祠二期、十三行博物馆、粤剧博物馆项目建设。推动沙面文化休闲步行区建设，并举办好系列文化活动。推进荔枝湾三期工程建设，复兴西关古水系。加强景区文化运营和策划，展示岭南文化丰富内涵。保护传承和开发利用“三雕一彩一绣”等非物质文化遗产。围绕荔湾文化、荔湾精神，运用书、画、粤剧、传统工艺等形式，着力创造出一批有影响力的文化精品，进一步激发荔湾群众对荔湾文化和精神的认同感。

打造文化创意之城。积极推动文化产业的规模化、品牌化、特色化发展。优化文化产业规划布局，完善文化创意产业综合服务平台。以珠江黄金西岸滨水创意产业带和花地河新经济带为龙头，积极打造信义会馆、1850创意产业园、广州工业设计科技园等文化产业集聚区，努力打造“创意之城”。

推进文化惠民工程。着力抓好街道文化站、文化室建设，发挥社区文化活动中心服务功能。进一步推动图书馆免费开放，加强漂流驿站图书的定期更新和漂流。积极举办各类展览和演出活动，充分发挥公益性文化平台功能。组织好荔枝湾景区的常态演出活动，不断扩大“荔湾风华”系列活动的社会影响力。

（二）推动经济发展向低碳经济转型升级。

低碳经济是城市发展的物质基础。要发展以低碳技术为标志的低碳经济，夯实城区经济基础，努力打造国际商贸中心重要功能区。

打造战略性发展平台。突出现代产业和传统商贸优势，大力推动白鹅潭经济圈和十三行商圈建设。突出“一江两岸”、“三江汇聚”、“百里河涌”景观优势，打造珠江黄金西岸滨水创意产业带和花地河新经济带。突出后发优势，按照高端产业集聚、创意魅力无限、生态悠游乐居的理念，精心打造东沙、大坦沙、海龙围等重要发展片区。探索激励机制，将单位土地面积税收作为衡量经济贡献和发展质量的重要标准。

提升战略性主导产业。着力增强经济发展内生动力，培育发展总部经济。以站前、南源、多宝、岭南和石围塘等街为重点，通过电子商务和业态调整，推进传统专业市场由集散地向国际采购中心转变。大力推动创意产业与先进制造业、信息产业融合发展，重点发展工业设计、电子商务、信息咨询、时尚设计、信息服务等现代服务业。培育发展新兴经济，推进文化创意、文化传媒、文化旅游、文化娱乐等文化产业。支持广州卷烟厂、广东塑交所二期、广州国际医药港等生产力骨干项目加快建设，做大做强，形成产业链条。着力培育、引入一批风投、创投和融资担保机构，建立健全上市推进协调机制。

优化区域营商环境。大力继承和发扬荔湾诚信文化，以诚实守信的社会氛围，推动经济转型升级。推进行政审批制度改革，减少和规范审批程序，为企业营造便利、高效的发展软环境。大力推进政务公开，做到信息公开、透明，保障经济活动参与者合法权利。要以确保企业产品质量为目标，加快形成“政府监管指导、行业协会严格自律、企业履行主体责任、社会各界参与监督”的企业诚信体系。

（三）推动城区发展向智慧城区转型升级。

要以“花城、水城、绿城”为特点，以信息化技术为依托，探索建立智慧城区运行体系，着力建设水秀花香乐居城区。

促进城乡一体。着力加快“三旧”改造。集中力量推进恩宁路、源溪地块等连片危破房改造项目，突出历史文物保护，挖掘历史文化底蕴，着重恢复老城记忆。重点推进大坦沙岛更新改造，坚持高起点、高标准的开发原则，全力打造中新合作的典范。围绕荔湾发展新格局，加快推进“两圈”、“三片”范围内的“三旧”改造项目。利用市场倒逼机制，加快推进“退二进三”和“腾笼换鸟”，为新经济产业发展提供空间。牢牢把握“三旧”改造政策有效期的最后一年，抓紧完成历史用地手续报批工作。

突出生态优美。发挥岭南文化内涵在城区建设中的规范作用，提升优化城区环境面貌，促进荔湾城区环境二次蝶变。加快战略性基础设施建设，积极协调加快洲头咀隧道、如意坊放射线、康王路延长线、荔湾路南延长线等重要基础设施项目建设，疏通城区发展脉络。坚持“生态、商贸、文化、旅游”同步开发，提升河涌整体综合效益。科学规划和积极争取城区绿地项目建设，提高绿化覆盖率，建设优游乐居的生态园林城区。

聚揽智慧人才。坚持人才为第一战略资源，倡导创新精神，加强对现有人才的培养使用，培育创新型人才成长的土壤。大力实施人才集聚工程，以创意产业园区为载体，以智慧城市建设为契机，引入一批加快转型升级、推动科学发展急需的高层次、技能、技术型人才。进一步发挥“荔湾菁英俱乐部”的作用，为加快城区数字化、网络化和智能化建设提供充分的智力支持。

提升管理服务。完善水网群闸联控及“三防”会商系统，推进城区管网建设，整治城市内涝，全面提升防洪排涝能力。常态化推进人居环境整治，逐步将社区整治工作延伸至二、三线及内街内巷，形成长效的人居环境综合整治工程维护管养机制。推动社区信息化服务管理手段，构建“天上有云（云计算机）、地上有格（社会管理网格）、中间有网（物联网）”的新型社会服务管理体系。依托12319城市管理投诉热线和“区长专线”数字平台，探索建立“街道——职能部门——监察部门”三方回路封闭的执法监察网络。加快经济联社财务监控网络建设。重视媒体舆论效用，用善人、善心、善事营造和谐向善的城区管理大环境。整合执法力量，推广片区联合整治经验。突出抓好防范重特大安全事故，严格落实消防安全、生产安全、建筑安全、食品药品安全等监管责任。

（四）推动社会建设向幸福生活转型升级。

幸福生活是城市发展的终极目标。要矢志不移，增进民生福祉，满足市民群众多层次、多样化的物质与精神需求，促进人与社会的和谐统一，努力打造幸福社区建设的示范城区。

共建社区幸福港湾。要坚持做好社区服务管理创新工作，将社区打造成为居民群众生活的幸福港湾。巩固“一队三中心”的建设成果，充分用好资源整合优势，理顺体制关系，提高工作效率，提升服务管理水平。按照“一街道一品牌，一社区一特色”的社区建设要求，深挖街道特色，丰富服务内涵和形式，打造品牌示范社区，扩大和谐社区覆盖面。进一步优化对“新广州人”的服务管理工作，最大限度地凝聚社会力量。大力支持社会组织发展，充分发挥社工人才队伍在社区建设中的重要作用。推动社区自治文化发展，推广建立居民议事中心，努力实现社区居民群众自治自管，让社区从“代民做主”回归到“群众自主”，增强群众对社区的认同感和归属感。

共享城区幸福生活。要坚持发展为民、发展

靠民、发展惠民，把民生幸福当作最高追求。以促进人的全面发展为目标，发扬人文关怀精神，大力推进基本公共服务均等化，提升人民群众的幸福指数。打破传统社会利益格局，逐步建立“为民办事问民意”的机制，促进民生资金从“舍得花”向“花得好”转变，促进民生项目从“事务型”向“服务型”转变。落实维稳第一责任，大力做好综治维稳和社会治安综合治理，深入开展矛盾纠纷化解和治安隐患排查，营造和谐稳定的社会氛围。不断完善就业服务体系，健全劳动关系协调机制，做好社会保险扩面工作，健全社会救助制度，完善住房保障体系建设，落实最低生活保障制度，保障群众基本生活。深入做好扶贫助困工作，改善困难群众的生产生活条件。加强残疾人康复和就业帮扶工作。全力推动教育现代化建设，以特色教育深化素质教育，提升教育综合实力，办人民满意的教育。深入推进医疗卫生体系改革，以中医药为特色，完善社区卫生服务体系，为群众提供满意的基本医疗卫生服务。落实“六五”普法规划，完善法律援助机制，弘扬社会主义法治精神。

四、加强党的建设，为科学发展提供坚强保障

走新型城市化发展道路，关键在于加强党的领导，根本在于选人用人。要以提高党的执政能力为目标，不断强化党的建设，为荔湾科学发展提供坚强保障。

（一）加强学习型党组织建设。继续抓好创先争优活动，着力解决制约荔湾科学发展的深层次问题，以创新思路、务实举措建设幸福荔湾。抓好各级党组织中心组学习，进一步创新学习载体，努力构建宣传、学习网络平台，大力倡导互动式、研究式、共享式学习，积极打造学习型党组织。

（二）加强干部队伍建设。牢固树立正确的用人导向，以“三服务、两满意”为目标，完善干部选拔任用机制，营造干事创业的热烈氛围。着重提高干部队伍推动转型升级的能力，切实担当起执政一方、发展一方、造福一方的责任和使命。创新干部考核方式，把做群众工作的现实表现和实际成效纳入干部考核内容，加大考核结果运用力度。

（三）加强民主政治建设。积极探索和发展党内民主，保障党员主体地位和民主权利。构建“四点三线一面一网”运作模式，实现党代表活动的经常化。推进党务公开，完善党内民主决策机制。全力推进依法治区工作，支持人大、政府、政协和司法机关、人民团体依照法律和各自章程开展工作。重视统一战线工作，加强对各民主党派建设的指导。认真落实政治协商规程，促进决策的科学化、民主化。

（四）加强党的基层组织建设。强化基层党组织的服务功能、凝聚功能、管理功能、维稳功能。加强非公经济和社会组织党建工作。结合社区网格化管理，探索“党组织建在网格”机制。完善党内关爱扶助机制，以党内和谐带动社会和谐，推动关爱工作全覆盖。

（五）加强党风廉政建设。坚持党要管党、从严治党的方针，严格执行党风廉政建设责任制，完善惩治和预防腐败体系。加强廉洁从政教育，加大查办违法违纪案件工作力度，促使党员干部永葆蓬勃朝气、昂扬锐气、浩然正气，以党风廉政建设的实际成效取信于民。加强公务用车使用管理，并将其作为今年全区反腐倡廉工作的重点，纳入到党风廉政建设责任制目标考核范围。

同志们，今年是我区“十二五”发展承上启下的关键一年。站在新起点，瞄准新目标，让我们继续高举中国特色社会主义伟大旗帜，深入贯彻落实科学发展观，坚定信心、开拓创新，为率先走出一条新型城市化发展道路，为加快转型升级、建设幸福荔湾而努力奋斗。

政府工作报告

2011年11月8日在广州市
荔湾区第十五届人民代表大会第一次会议上

广州市荔湾区代理区长　唐航浩

各位代表：

我代表区人民政府，向大会作政府工作报告，请予审议，并请列席人员提出意见。

一、本届政府主要工作回顾

近几年来，区政府在市委、市政府和区委的正确领导下，在区人大及其常委会和区政协的监督支持下，坚持以邓小平理论和“三个代表”重要思想为指导，深入学习实践科学发展观，牢牢抓住《珠江三角洲地区改革发展规划纲要(2008—2020年)》实施和广州加快建设国家中心城市的重大机遇，以“四区六化”为发展定位，以转型升级为发展主线，以改革创新为发展动力，积极应对各种严峻挑战和考验，圆满完成了区十四届人大一次会议以来确定的各项目标任务。

——着力找准目标定位，科学决策水平显著提升。

本届领导班子紧紧围绕打造“广佛之心”的战略目标，坚持继承与创新相结合，经过不断的摸索与实践，形成了新的发展思路：紧抓广州市“西联”、“中调”两大战略机遇，牢牢把握荔湾作为广州市中心城区和广佛都市圈核心区的两大区位优势，继承和发展“文化引领、商旅带动、产业转型、创新驱动、环境优化”五大战略，充分用好历史文化和自然景观两大品牌资源，以白鹅潭经济圈和十三行商圈“两圈”为带动，以现代服务业和新型工业“两轮”为驱动，加快推进“三旧”改造，大力改善城市环境，努力建设文化荔湾、低碳荔湾、智慧荔湾、幸福荔湾。

2007年，为实现“一江两岸”的资源综合利用和平衡发展，区政府创造性地提出了建设“白鹅潭经济圈”的思路，旨在发挥白鹅潭人文历史优势，为荔湾发展提供新的增长极。历经3年的努力和争取，白鹅潭经济圈被列为广州市六大现代服务业功能区之一，管委会经市批准正式成立，控制性详细规划已确定并进入全面实施阶段。同时，在广州市率先采取“政府主导、企业参与、银行支持”的融资模式，首次成功将土地储备主体转为区一级土地储备机构，为经济圈的进一步开发奠定了坚实基础。

针对荔湾人口结构“三多一少”、南北发展不平衡的状况，区政府又提出了统领旧城改造的“十三行商圈”战略思路，着重拓展区域发展空间，增强区域发展后劲。目前，十三行商圈策略规划编制工作已完成；广州文化公园已下放区政府管理，十三行历史博物馆正抓紧筹建；上下九—十三行岭南商贸文化旅游体验区被列入广州市战略性发展平台。

实践证明，区政府提出的总体发展思路，尤其是南有白鹅潭、北有十三行的发展构想，完全符合广州加快建设国家中心城市的总目标和打造国际商贸中心、培育世界文化名城的战略定位，突出了发展重点，凝聚了全区共识，对我区长远发展具有重要而深远的影响。

——着力优化产业结构，经济发展实力持续增强。

坚持以经济建设为中心，坚定不移调结构、促转型，加快转变经济发展方式，产业结构不断优化，经济发展速度明显加快。“十一五”期末，一、二、三产业比例由“十五”期末的1.0∶32.9∶66.1调整为0.8∶28.4∶70.8；地区生产总值实现614.76亿元，比行政区划调整当年的总量增加284.62亿元，年均增长10.8%；财政一般预算收入完成31.18亿元，比行政区划调整当年的总量增加15.68亿元，年均增长15%。

一是高端产业发展全面提速。中山七八路、康王路沿线及其周边地区总部经济带建设集聚效应明显增强，和业广场等一批甲级写字楼建成投入使用。招商引资成效突出，“十一五”时期新增规模以上企业409家。广东中烟广州生产基地已基本建成并投入试产，广州国际医药港、广东塑料交易所二期等一批生产力骨干项目加速建设。珠江黄金西岸滨水创意产业带占地面积16.4万平方米，已集聚品牌创意产业100多家，2010年实现服务业收入约5亿元。以广佛数字创意园为主要载体、以唯品会为龙头的电子商务产业迅速发展壮大，全区现有电子商务企业60多家。广东光电科技产业基地完成厂房升级改造10万多平方米，聚集高端服务机构和企业60多家，累计实现产值21亿元，与荔湾创意产业集聚区双双获得广东省首批“现代服务业集聚区”称号。

二是传统产业升级步伐加快。强化传统商贸优势，大力发展电子商务平台、物流配送等现代交易方式，商贸业现代化、社会化和专业化程度快速提升。“广塑指数”运行良好，鞋业网、茶商网等行业网站的人气指数不断攀升；步云天地等一批大型展贸市场建成运营，财富天地广场、西城都荟、广州世贸服装城等大型商贸项目稳步推进。全力打造广州美食园，通过科学规划、有序引导，把散落在深街窄巷、群众喜爱的小吃名店、老字号店集聚经营，建成了广州市首条手信街，被授予“老字号餐饮手信集聚区”，“食在广州、味在西关、源于泮塘”的美誉更加深入民心。

三是自主创新能力不断提高。大力实施知识产权保护战略，鼓励和引导企业研发关键技术，创立自主品牌。珠江钢琴、广船等一批优质企业的自主创新品牌已走向国际。区本级财政安排科学技术研究与开发经费由2005年的3598万元，增加到2010年的8050万元，增幅达123.7%。2010年全社会科学研究开发经费（R&D）投入近13.6亿元，占地区生产总值的2.2%。目前，全区共有高新技术企业40家、企业工程研发中心49家、创意企业286家、省知识产权优势企业9家，连续六年被评为全国科技进步先进区，蝉联“全国科普示范区”称号。

——着力加强城市建设，城区环境明显改善。

本届政府上任之初，荔湾区正处于整合资源、调整空间布局的关键时期。区政府立足当前、着眼长远，以迎接广州亚运会为契机，坚持把环境建设摆在重要位置，“十一五”时期共实施60个重点项目，完成投资225亿元。

一是水环境综合整治成效显著。在全市率先制定了水系综合整治实施方案，明确了“五环、六线、群闸联控、调水补水”的整治策略。在全市迎亚运水环境整治中，完成114项总投资37.6亿元的治水任务，工作量和工程量均居全市首位。注重水环境整治与传承文化、改善民生、发展经济相结合，荔枝湾涌、花地河、大沙河、大冲口涌等河涌整治得到各级领导和人民群众的一致肯定，“城水相依、城河一体、人水和谐”的水乡美景初步呈现。

二是市政基础设施不断完善。行政区划调整后，荔湾北片道路通行质量差，南片路网不成系统，区政府紧抓迎亚运契机，全力争取市的支持，调动街道、经济联社的积极性，“十一五”时期共投入资金23亿元，新增、改造道路79条，面积达418万平方米。积极配合省、市完成了武广铁路、东新高速公路、地铁5号线、广佛线等重点建设项目。全力开展216项迎亚运人居环境综合整治项目，完成11条主干道长45公里的“四位一体”整治；整治改造重点片区21个，覆盖范围190万平方米，城区人居环境得到明显改善。

三是城区发展空间有效拓宽。抓住省、市“三旧”改造政策出台机遇，顺利实施“三旧”改造项目14个。我区是全市城中村改造实施最早、覆盖面最广、模式最多的城区。按照“一村一策”原则，完成全区20个城中村改造规划方案编制工作，其中7个项目已经市审批；综合整治改造试点——西塱（裕安围）整治改造已完成；集约连片改造新模式——大坦沙岛整体改造控制性详细规划已通过市政府审议。旧城改造全市首推“阳光拆迁”和落实两轮民意征询机制，开工建设宝盛沙地二期、西湾路、茶滘三大安置房项目；以荔枝湾、恩宁路、沙面等项目为试点，大胆探索危破房改造与文化街区保护相结合的新模式。完成金珠江化工厂、柴油机厂、花海路粮仓升级改造，启动了铁路南站、广州啤酒厂等一批改造项目。“十一五”时期，累计改造旧村178万平方米、旧城14万平方米、旧厂77万平方米。节约集约利用土地资源，通过新一轮土地利用总体规划修编，核减耕地保有量和基本农田保护面积，增加建设用地规模5085亩。

四是城区生态居住环境逐步改善。大力实施蓝天工程，第一批14家环保“退二”企业和7家危险品企业全部平稳退出或转营，占全市区级环保“退二”企业总数的63.6%。完成饮食服务企业油烟治理340家、挥发性有机物排放企业整改328家，淘汰定编黄标车503辆，兑现了绿色亚运的承诺。“十一五”时期，完成“1+6”绿道网建设38.34公里；全区新增绿地覆盖面积157公顷，绿地率21.26%，人均公共绿地面积6.97平方米；累计完成5265幢、63.83万平方米在册危房改造任务，超额完成预期目标。推行城市精细化管理，在全市率先利用治安视频开展城市管理电子监控，率先设置流动商贩临摆疏导区，推进生活垃圾分类处理试点工作。顺利通过创卫考核，全力做好创文迎检，规范工地施工行为，五年来拆除违法建设3351宗，面积65.5万平方米。

——着力挖掘文化底蕴，城区文化建设卓有成效。

荔湾拥有丰厚的历史文化遗产和资源，如何培育荔湾文化的独特品牌和核心价值，凸显核心竞争力是关键。区政府深入实施“文化引领”发展战略，大力传承、保护和利用历史文化资源，文化软实力显著提升。

一是历史文化资源保护利用步伐加快。坚持将文化保护与更新发展相结合，先后修复聚龙村、蒋光鼐故居、文塔等一批带有深刻城市历史印记的文物建筑；精心打造陈家祠广场、荔枝湾涌、沙面等特色文化商业街区项目，改造覆盖面积35.9万平方米；完成十三行史料陈列馆布展开放工作。“荔湾胜境”、“古祠流芳”和“珠水流光”（白鹅潭为重要组成部分）入选“羊城新八景”，成为荔湾文化名片和广州城市标志。顺利完成第三次全国文物普查第一、二阶段工作，全面摸清了家底，为在更新改造中更好地保留城市文化记忆，奠定了坚实基础。

二是文化创意、旅游产业加快发展。“十一五”期末，共有创意企业法人单位1425家，从业人员2.23万人，文化创意产业园区面积107.3万平方米，形成了广州设计港、信义·国际会馆、中小企业创新科技园、1850创意园、传媒科技大厦、五行创意园、922宏信创意园、广州工业设计科技园等创意园区，广州设计港和信义·国际会馆被授予“广东省文化（创意）产业园区”称号。成功举办“西关文化旅游节”、“西关美食节”、“西关小姐”评选和“三月三”、“五月五”等民俗文化活动，塑造了鲜明的旅游文化形象。亚运期间我区各商业景点接待旅客1600万人次。

三是公共文化服务体系日趋完善。大力开展群众文化活动，表演唱《西关食通天》获第九届中国艺术节曲艺类广州市唯一的群星奖。完成荔湾文化艺术中心改造，193个社区全部建有文化室，基本建成城市“10分钟文化圈”。圆满完成亚运会开幕式“一江欢歌”群众观礼和西堤民俗表演活动。

——着力加强社会建设，民生事业全面进步。

以“富民优先、民生为重”为政策导向，坚持公共服务的公平化、均等化和可及性，使居民“学有所教、病有所医、老有所养、居有所安”。2010年财政支出投入民生领域34.99亿元，比2006年增长1.4倍，“十一五”时期累计达112.3亿元。

一是街道、社区服务管理改革创新有新突破。为解决人口密集，外来人口多、流动性大等问题，我区社会管理改革探索起步较早，创造出很多荔湾特色。在全市率先完成逢源、海龙、金花街“一队三中心”试点改革工作，率先推进社工人才队伍建设，率先探索社会服务穗港合作模式，率先引入社工参与戒毒服务，率先引入社工开展“司法社区矫正和社会适应指导”工作，累计投入900多万元推行政府购买社会服务，成功打造了逢源街耀华社区、冲口街杏花社区等14个示范社区，形成了居家养老等一批有影响的社区服务管理工作特色品牌。“十一五”时期，先后获得全国和谐社区建设示范区、全国民政工作先进区、全国老龄工作先进区、全国社会工作人才队伍建设试点示范区等称号。

二是社会各项事业有新进展。积极推进教育“三品”工程，创建广东省国家级示范性普通高中3所，新增小区配套学校、幼儿园11所，近两年高考总上线率居全市第一，顺利通过广东省教育强区复评和广州市义务教育规范化学校终期督导验收。全面完成中医药强区建设各项任务，完成区口腔医院异址重建和区妇幼保健院新院建设，辖内新增医疗业务用房48640平方米、床位800张，“一街一中心”的基层医疗卫生服务网络已构筑，15分钟医疗服务圈基本形成。高标准开展人口普查工作，获得广州市唯一的“全国第六次人口普查国家级先进集体”称号，连续五年被评为“广东省人口与计划生育工作先进单位”。连续八届荣获“全国游泳之乡”称号，蝉联市运会团体总分第一名。

三是办理民生实事有新成效。就业服务工作走在全市前列，全区登记在册城镇失业人员就业率均达到76%以上，实现了年均新增就业岗位1万个以上的目标，金花街桃源社区被评为广州市唯一的国家级充分就业社区。在全市率先将直管房纳入住房保障体系，累计筹集和开工建设保障性住房7848套，已惠及低收入住房困难家庭2818户。养老、医疗、失业、工伤、生育五大保险协调发展的社会保险体系基本建成。2010年城镇退休职工月均养老金2113元，比2006年增长107%。优化和新增公交线路113条，新增停车泊位15508个，居民出行难问题得到进一步解决。在全省率先开展平价商店进社区示范区建设，建成运营平价商店46家。扎实推进区内扶贫和党内关爱帮扶工作，率先完成汶川县威州镇秉里村援建任务，阳春、吕田对口帮扶工作成效显著，“智力扶贫”和“教育帮扶”特色突出。全区刑事立案数由2005年的8329宗下降到2010年的3575宗，下降幅度达57.1%，158个社区被评为省“六好”平安和谐社区，连续五年获市安全生产责任制考核优秀等次。

——着力建设服务型政府，执政能力和水平不断提高。

高度重视自身建设，按照团结奋进、开拓务实、廉洁高效、勤政为民的要求，努力建设高效政府、法治政府、服务政府和人民满意政府。

一是重点领域改革不断深化。完成了政府部门大部制改革，规范和统一公务员岗位津贴。探索建立政府投融资体系，积极推进政府、银行、担保机构、企业合作，共建中小企业金融服务平台。区政务服务中心“一站式”办事大厅建成并正式对外服务。加强国有资产管理，加快解决企业遗留问题，为金门大厦、府前阁等6个小区11300户居民解决了临水临电和小业主产权证问题。财政管理制度改革向纵深推进，为保障和改善民生、推动重点项目建设提供了有力支撑。

二是民主法治建设不断加强。平稳顺利完成2008年和2011年经济联社领导班子和社区“两委”换届选举工作。“十一五”时期，由政府承办的区人大代表议案、建议329件，满意和基本满意率100%；政协委员提案570件，满意和基本满意率99.4%。大力推进依法行政，共清理行政规范性文件69件；减少行政审批事项342项，精简率达67.05%。顺利通过市“四五”依法治理和“五五”普法规划验收。发挥审计监察源头治理作用，加大电子监察系统建设，提前介入重点工程的审核把关。推进机关和基层效能建设，开展纠风专项治理工作，为全区改革、发展、稳定以及各项任务的完成提供了有力保证。

几年来，人民武装、侨务外事、民防、双拥、对台、民宗、老龄、残疾人、档案及地方志等工作也取得了新的成绩，为我区经济社会发展作出了新的贡献。

各位代表，回顾几年来的岁月峥嵘，我们经受了国际金融危机的冲击，克服了低温雨雪冰冻灾害的影响，接受了亚运、创文、创卫、汶川抗震救灾等重大任务的考验，创造了只争朝夕的荔湾效率，形成了科学发展的荔湾模式，锻造了“敢为人先、顽强拼搏、团结奉献、务实为民”的荔湾精神。我们欣喜地看到，荔湾的发展思路更加清晰，经济发展更加平稳，城区环境更加优美，文化软实力更加凸显，人民生活更加幸福，社会局面更加和谐。成绩来之不易，经验尤为可贵。我们深刻体会到，要继续推进荔湾经济社会又好又快发展，必须牢牢把握好五个“坚持”：一是必须始终坚持全面、协调、可持续发展的理念，抢抓机遇，化危为机，扎扎实实谋发展、解难题、打基础。二是必须始终坚持转变经济发展方式，落实“三促进一保持”工作任务，大力推进“退二进三”和“腾笼换鸟”，实现经济发展新跨越。三是必须始终坚持文化引领，大力挖掘、保护、传承历史文化，不断提升中心城区软实力。四是必须始终坚持把优化城区环境作为推动荔湾经济发展的保障，推进乐居宜商城区大发展。五是必须始终坚持以人为本，切实办好事关群众切身利益的大事、实事，实现民生福利保障大提升。

各位代表，过去取得的巨大成就，是市委、市政府和区委正确领导的结果，是历届区政府打下良好基础的结果，是全区人民团结一致、攻坚克难的结果。在此，我谨代表区政府，向奋斗在各条战线的全区广大干部群众，向给予我们大力支持的人大代表、政协委员、各民主党派、工商联和社会各界人士，向所有关心和支持荔湾发展的人民团体、驻区单位以及港澳同胞、台湾同胞、海外侨胞表示崇高的敬意和衷心的感谢！

在充分肯定成绩的同时，我们也清醒地认识到，当前我区经济社会发展还存在不少问题和薄弱环节，主要表现在：一是经济总量偏小、财政基础薄弱、产业结构不平衡的状况还有待进一步改善。二是白鹅潭经济圈、十三行商圈建设刚刚起步，优化空间布局、提升发展质量的效能还未凸显，“三旧”改造依然面临政策瓶颈及各方利益协调难等种种问题。三是生产力骨干项目推进速度不够理想，支撑可持续发展的重要载体比较欠缺。四是文化的影响力与建设文化强区的要求不相适应，文化引领经济社会发展的作用有待进一步凸显。五是保障民生任务艰巨，公共服务均等化配置与人民群众的需求还有差距。这些问题都需要新一届政府采取有力措施，逐步加以解决。

二、今后五年的奋斗目标及工作设想

今后五年是荔湾抢抓广州建设国家中心城市发展机遇、加快经济发展方式转变、建设幸福荔湾的关键时期，展望未来，我们信心满怀——广州加快建设国际商贸中心、培育世界文化名城，为荔湾跨越发展提供了新契机；白鹅潭经济圈全面进入规划实施阶段，为荔湾跨越发展提供了新引擎；占全市改造面积18%的“三旧”改造工作全面推进，为荔湾跨越发展提供了新空间；多年来持之以恒治水、治气、整治人居环境，坚持不懈兴学、兴医、振兴文化事业，为荔湾跨越发展提供了新环境；广大干部群众在过去几年创造的荔湾效率、形成的荔湾模式、锻造的荔湾精神，为荔湾跨越发展提供了新动力。我们要继续发扬“敢想会干为人民、和谐包容共分享”的亚运精神，立足新起点，把握新趋势，建立新机制，增创新优势，努力开创荔湾科学发展新局面。

根据区十一次党代会提出的奋斗目标和区“十二五”规划，未来五年工作的总体思路是：围绕打造“广佛之心”，建设文化荔湾、低碳荔湾、智慧荔湾和幸福荔湾的总体目标，坚持“文化引领、商旅带动、产业转型、创新驱动、环境优化”五大发展战略，积极构建“一江引领、两圈带动、两带凸显、三片集聚”的发展格局，加快推动经济发展转型升级，城区发展转型升级，文化建设转型升级和社会建设转型升级，实现经济社会科学发展、从容跨越。

未来五年我区经济和社会发展的主要目标是：到2015年，地区生产总值力争突破1000亿元，年均增长10%以上；全社会固定资产投资累计突破1000亿元；社会消费品零售总额年均增长15%；城市居民人均可支配收入年均增长10%；城镇登记失业人员就业率保持在70%以上；年均新增就业岗位1万个以上。

为实现上述目标，新一届政府将紧紧围绕“四个荔湾”的核心目标，全力抓好“四个突出”：

（一）突出经济发展，全力打造“国际商贸中心重要功能区”

紧抓广州建设国际商贸中心机遇，凸显荔湾“广佛之心”区位优势，发挥“西联”、“中调”重要战略功能，加快转变经济发展方式，坚定不移地走高端发展、集聚发展、特色发展之路，让千年商都焕发现代活力，重塑“中国第一商埠”的辉煌。

加快“两圈”战略性平台建设。白鹅潭经济圈是引领荔湾未来发展的重要引擎，区政府将加大实施力度，以高级商务和总部经济为主导，以土地储备促招商，激发白鹅潭经济圈内省属、市属国有企业参与开发的积极性，全力打破融资及地块启动瓶颈。加快推进启动区3.5平方公里建设，着重开展新隆沙、陆居路等地块的土地储备工作，加快打造面向佛山及珠江三角洲、具有较强集聚力和辐射力的企业总部集聚地。强化经济圈辐射效应，凸显海龙围地区与佛山南海的对接功能，建设生态优化、智能服务、人居和谐的优质生活社区。加快建设十三行商圈，通过功能置换、提升环境等措施，引进国际知名品牌，建设高端商业载体，推进传统商贸业优化升级，整合提升以十三行遗址为核心的历史文化支撑区，发展优化以站前地区为核心的内涵延展区，整体打造以商业购物、餐饮娱乐及特色酒店为主要功能的旅游休闲商业区，提升核心竞争力。

加快调整经济结构。按照集群化、高端化发展要求，着力构建现代服务业和新型工业两轮驱动、新兴产业和传统商贸业集聚发展的现代产业体系。以康王路和中山七八路商业综合体为依托，高起点、高质量建设现代服务业载体，引进国内外总部经济企业，提升总部经济发展质量。发挥花地河沿岸景观资源和毗邻佛山地缘优势，加快推进沿岸旧厂房、旧村庄、闲置物业改造，强化各节点景观建设，吸引电子商务、服务外包、设计研发企业进驻，打造集聚商务、休闲、旅游于一体的花地河新经济带；充分利用旧工业文明遗址和滨水自然环境优势，加快珠江黄金西岸滨水创意产业带建设，推进沿岸2.8公里连片开发和集聚发展。到2015年，现代服务业占服务业的比重超过50%。以东沙现代产业基地为平台，聚焦发展烟草制品业，重点协助广东中烟广州生产基地投产运营，增强新型工业对全区经济的拉动作用。因地制宜、集中吸引一批珠江三角洲地区LED中小科技企业，将设计、研发、销售、测试中心落户我区，做精做专做强广东光电科技产业基地。充分发挥我区批发市场商业集群优势，以电子商务等现代化交易方式为手段，着力通过有序迁移、提升业态、物流商流分离等方式，改变现有专业市场交易方式落后、社会管理难度大、税收贡献低等突出问题，加快推进专业市场升级改造和商业模式改革创新，力争打造3个国际采购中心。

加快提升经济发展活力。强化重点项目带动作用，全力以赴推进66个重点项目建设，特别是发挥白鹅潭经济圈核心区、广东中烟广州生产基地、大坦沙整体改造等10个总投资50亿元以上特大项目的带动作用，培育经济增长的多极亮点。积极发展高端商业和特色商业，完善文化旅游资源和购物消费功能相结合的特色商业网点体系。全方位提升上下九步行街档次、业态和规模，推动广州世贸服装城、沃野商业广场、欧洲城等现代高端商业载体建设。支持广州酒家、莲香楼、泮溪酒家、陶陶居、荣华楼等老字号饮食品牌发展，吸引国内外高端饮食企业进驻广州美食园，加快推进龙津西路业态调整，深入打造传统美食与文化结合的特色商业街区。大力发展外向型经济，重点发展动漫设计、船舶工业设计、信息系统维护等优势产业。加大对科技型、外向型、就业型中小企业和民营经济扶持力度，提高民营经济发展活力和整体素质。

加快完善经济发展保障机制。健全以企业为主体、市场为导向、产学研相结合的技术创新体系，大力提高科技创新能力，培育自主品牌。到2015年，全社会科学研究开发经费（R&D）占地区生产总值比重超过2.5%。以新材料、新能源、电子商务为重点，加快制定充满活力、富有效率的新经济引入和扶持政策，合理配置教育、医疗、文化、体育等优势资源，为企业发展、员工生活提供优质服务。加强招商网信息互动平台建设，健全招商选资办法和绩效考评制度，完善招商选资机制。加强对重点项目、重点企业的跟踪服务工作，提高服务水平，吸引更多驻区分支机构将销售总部、结算中心落户我区。加大政府对投融资体系风险评估监督机制，健全融资服务平台。积极做好电网基础设施建设，确保生产生活用电安全。

（二）突出城区优化，积极打造“水秀花香乐居城区”

围绕绿色、低碳、生态发展理念，完善城区基础设施，提升城市化质量和水平，努力把城区资源转化为推动科学发展的要素。

完善基础设施建设。围绕重点功能区布局，

利用废弃铁路及高架桥底市政规划路，加大路网密度，逐步建立安全高效的基础设施体系。加快开展西湾路、站前路以及康王路下穿流花湖隧道、洲头咀隧道等路网建设项目，着力解决老城区交通拥堵问题。加快广佛互通互联，按照白鹅潭作为广佛交通枢纽的定位，规划建设综合立体交通体系，全力促进如意坊放射线、荔湾路南延长线、东沙地区交通路网等一批市政项目上马。积极配合市开展南广、贵广铁路及8号线、11号线、13号线等地铁建设。

深化城市空间拓展工程。确保完成花地、茶滘、东漖3个城中村改造项目，全面启动其他17个城中村改造工作；按照统一土地整理与储备、统一规划、统一公共基础设施配套建设、统一城市管理的原则，大力推进大坦沙岛更新改造，打造国际花园社区和商务休闲风情岛。完成宝盛沙地二期、西湾路等安置房建设，实施源溪地块等一批旧城改造项目。协助铁路南站、广钢、新风港、广州啤酒厂、广药侨光药厂、柴油机厂等重点企业完成改造任务。深入推进城中村改制工作，加快制定和实施经济联社股份制度改革意见，推动农村管理向城市管理转变，集体经济向股份制经济转变，农民股权向企业股权转变。

推进“水网”建设。立足荔湾特有的一江两岸、三江汇聚、百里河涌、水秀花香的自然生态景观资源，按照人水和谐、安全生态的理念，加快推进西关古水系复兴工程及南片河涌综合效益开发。以水安全为核心要务，大力开展雨污分流工程，切实提高防御和治理内涝能力。完善花地河四大水闸运行管理，加快南片河涌与珠江形成水循环，综合改善河涌水质。配合花地河新经济带建设，对沿线景观节点进行升级，打造具有岭南水乡特色的城市景观带。

构建低碳发展新格局。把节能降耗放在更加突出的位置，坚决落实节能减排目标责任制。坚决禁止“两高一资”项目准入，全面推进第二、三批企业“退二”工作，优先引入高技术、无污染、用地少、效益好的项目。倡导低碳生活、提倡绿色消费、促进绿色增长。到2015年，城市绿化覆盖率达到25.5%，城市污水处理率达95%。保持整体推进城市管理工作的良好态势，积极稳妥地开展综合行政执法体制改革，强化综合执法和联合执法，加强对重点区域、重点路段的社会秩序整顿，探索非公有制企业和社会组织管理新路，深化环卫保洁体制改革，提高城市管理精细化水平。

（三）突出文化引领，精心培育“世界文化名城核心区”

以党的十七届六中全会精神为指引，以培育广州世界文化名城核心区为目标，加快文化体制改革，坚持公益性文化事业与经营性文化产业两手抓，打造荔湾文化品牌，增强文化软实力。

塑造区域文化形象。着力培育以社会主义核心价值体系为灵魂、以岭南优秀历史文化传统为底蕴、以现代文明素质为特征的新时期荔湾精神。充分挖掘荔湾丰富历史人文资源，强化具有国际影响力的十三行、沙面、西来初地、荔枝湾、白鹅潭等核心文化符号的聚焦功能，增强荔湾文化的国际识别度。推动粤剧、粤曲、西关五宝等传统文化的继承和发展，守护城市文化根基。做好“西关小姐”、“三月三”、“五月五”等民俗文化品牌的策划和推广，鼓励和资助书画、摄影、影视等文艺精品创作，促进传统与时尚文化融合，提升城区品位，提高国内、国际知名度。

打造岭南文化展示平台。按照广州市历史文化名城保护规划的要求，实施荔枝湾涌二期、陈家祠广场二期改造工程，修缮上下九、第十甫路、恩宁路等历史文化街区，保护华林禅寺、仁威祖庙、黄大仙祠等历史文化遗址和建筑，尊重城市肌理，延续城市文脉，展示岭南文化精髓。新建十三行历史博物馆、西关粤剧大剧院、广州丝织行业博物馆及一批独具特色的行业博物馆，加大詹天佑、何香凝等名人故居发掘保护力度，建立岭南文化互动体验博物馆组群。加快整合大沙河、聚龙村——大冲口涌等河涌资源，凸显水秀花香生态文化气息。

推进文化惠民工程。加快文化体制改革，完善公共文化基础设施，确保国家一级文化馆、图书馆称号，街道文化站全部达到省一级标准，社区文化室全部达标，实现城区居民平均每千户拥有一个文化活动户外广场，每万人口拥有公共文化设施面积不少于800平方米。提升公共文化基础设施品位，加强绿地、社区图书馆、粤剧粤曲剧场等文化聚集场所建设，打造亲民文化名区。扶持业余文艺团体，推动曲艺等群众文化活动蓬勃开展，组织文化活动进社区、进校园、进企业。增强公共文化产品和服务供给能力，保障和实现居民群众，特别是城市低收入居民、残疾人、老年人和外来务工人员的基本文化需求和权益。

加快文化产业发展。加强规划和引导，推动文化产业集聚发展。以珠江黄金西岸滨水创意产业带及花地河新经济带为依托，推进冲口油库、基督教堂、信义·国际会馆二期建设，加快建设各类文化创意产业园区，着力培育、引进创意企业总部，扶持动漫、数字传媒等文化新业态，努力把荔湾打造成为文化创意时尚之都。整合利用历史人文、民俗风情、自然生态、特色市场等资源优势，精心策划西关特色旅游文化项目，打造以文化、观光、休闲购物、时尚体验及商务住宿为主的国际文化旅游重要目的地。以陈家祠、西关大屋、西关五宝等西关文化重要元素为支撑，加大旅游文化产品开发，构建民间工艺品创意体验集聚地，拓展文化市场新领域。突出十三行、上下九、荔枝湾等区域历史人文资源丰富、人流量大的特点，引入有实力的文化企业参与经营管理，同步打造相互带动、共同发展的文化产业链，培育新的文化消费增长点。到2015年文化产业增加值占地区生产总值比重达5%以上。

（四）突出民生为本，致力打造“社会服务管理示范区”

坚持以人为本，关注民生，在每年集中办好十件民生实事的基础上，结合街道、社区服务管理改革创新工作，坚持发展成果与人民群众共享，切实解决人民群众最关心、最直接、最现实的利益问题，不断提高人民生活水平。

深入推进街道、社区服务管理改革创新。结合文化、产业、民生等要素，抓紧推进社区“五个一”工程建设，突出“一街道一品牌、一社区一特色”创建工作，争取用三年时间，每个街道打造一个品牌示范社区，每个社区打造一个特色服务项目。提高义工、社工人才队伍专业化水平，争取到2014年实现全区每万名常住人口中有5名社工。完善政府购买服务行为，健全社区服务管理公众参与体系；大力发展社区居家养老等特色服务，力争2014年实现家庭综合服务全覆盖。深入推进街道“一队三中心”建设，抓好社会建设创新试点工作，深化外来人口服务管理体制机制改革，加快建设具有荔湾特色的新型社区服务管理体系，努力把社区打造成为市民享有高品质生活的“幸福港湾”。

优先发展教育事业。深入创建教育“三品”工程，积极实施特色发展和均衡发展战略，加快创建广东省推进教育现代化先进区，提升区域教育品牌影响力。推动学前教育优质发展。巩固义务教育规范化学校建设成果，发挥广东省国家级示范性普通高中辐射功能，提高办学质量和水平。加快推进职业教育、民办教育、社区教育和特殊教育，加强未成年人思想道德建设。结合白鹅潭经济圈开发和“三旧”改造，合理调整学校布局，扎实推进中小学校舍安全工程，促进教育资源均衡分布。完善教师引进、培养、使用和流动机制，加大对特困学生的帮扶力度，努力实现教育公平。到2015年公共教育经费占地方生产总值的比重达到4%。

加快发展医疗卫生事业。深化医药卫生体制改革，强化区域卫生规划，优化医疗卫生机构布局，进一步完善以社区卫生服务中心为主体的城市社区卫生服务网络，促进基本公共卫生服务均等化。继续巩固和发展中医药特色优势，深入实施中医名院、名科、名医建设工程，大力推广中医药适宜技术，创建全国社区中医药工作先进单位。鼓励并扶持民营医疗机构发展，形成多元化办医格局。依托广州医药集团和大参林、采芝林等医药总部资源，发挥清平中药材市场集聚优势，打造中医药特色文化专业街区。加快广州国际医药港项目建设，做大做强医药采购交易产业。完善疾病防控、卫生监督和公共卫生应急处理等体系建设，保障人民群众身体健康。

加快社会各项事业发展。加强社会保障领域信息资源整合，提升社会保障工作能力和效率。完善多层次住房保障政策，逐步扩大住房保障范围。积极开展区内特困群体帮扶工作，用3年时间，帮助全区低保、低收入特困家庭解决实际问题，使有劳动能力且有就业愿望的特困失业人员基本实现再就业，一半以上低保、低收入特困家庭实现脱贫。深化全省平价商店进社区示范区建设。整合区域体育资源，完善群众健身设施建设，引导体育产业集聚发展，强化“全国游泳之乡”品牌。推进人口计生综合改革，稳定低生育水平，改善人口结构和素质，促进人口长期均衡发展。构筑人才保障体系，优化人才发展环境，提高全民科学素质。充分发挥工会、共青团、妇联等人民团体和社会组织参与社会管理和公共服务的重要作用。

全力维护社会稳定。切实增强矛盾纠纷排查化解能力，把信访工作与为民办实事、办好事相结合，从源头上预防和减少群体性事件的发生。深入开展法制宣传教育和依法治理，全面启动“五五”依法治理和“六五”普法规划，健全完善法律援助体系，加大对“三无”刑释人员和社区服刑人员的帮扶力度，有效化解社会矛盾。以十三行地区和桥中地区消防整治为突破口，全面展开“三小”场所和出租屋消防安全隐患排查整治，最大限度地保障人民群众的生命财产安全。推进安全生产标准化建设和安全社区建设，强化食品药品安全监管。提高处置事件快速反应和现场控制能力，提升应急事件处理水平。

积极推进依法行政。认真执行区人大及其常委会的决议、决定，切实做好人大代表议案、建议和政协委员提案、意见的办理工作。加强财政科学化、精细化管理，把有限的财力真正用到促进经济社会发展的关键领域。深入开展效能建设，深化政务公开，加强政务服务，提高办事效率和增加透明度，强化政府公信力和执行力。推进惩防腐败体系建设，加大源头治腐工作力度，切实纠正部门和行业不正之风，着力解决损害群众利益的突出问题。

各位代表，两百多年前，粤海关一口通商，十三行成为中国连通世界的唯一窗口；而今，白鹅潭经济圈、十三行商圈宏图绘就，通往世界的荔湾再度扬帆，昂扬启航。我们正站在更高的发展起点上，面临着难得的历史性机遇。让我们高举邓小平理论和“三个代表”重要思想伟大旗帜，以科学发展观统领经济社会发展全局，在市委、市政府和区委的领导下，凝聚社会各方力量，依靠全区人民群众，团结一心，与时俱进，继往开来，奋力拼搏，为建设文化荔湾、低碳荔湾、智慧荔湾、幸福荔湾而努力奋斗！

附件：

名词解释

四区六化：出自朱小丹同志参加荔湾区党政领导班子民主生活会时的讲话精神，即要求荔湾区努力争做“中调”战略示范区、建设广佛同城化核心区、打造现代服务业集聚区、成为岭南文化展示区，加快促进产业发展高端化、城区管理精细化、文化品格特色化、基本公共服务均等化、人居环境生态化、区域发展一体化，推动荔湾区实现新的跨越式发展，为广州加快建设国家中心城市、全面提升科学发展实力作出应有贡献。

三多一少：即老龄化人口多、残疾人口多、低保救济人口多、高素质人才少。

五环、六线、群闸联控、调水补水：荔湾区水系综合整治的重要策略。其中“五环”指芳村围、海龙围、葵蓬围、大坦沙、荔湾北片，“六线”指花地河、大沙河、剑沙涌、沙涌、东塱涌、塞坝涌。围绕五环，狠抓六线，通过水闸的联合调控，统筹调水补水，实现水环境的根本改善。

四位一体：即立面整饰、光亮工程、市政道路、绿化景观同时改造。

“三旧”改造：即旧城镇、旧厂房、旧村庄改造。

“1+6”绿道网：指以省立1号线绿道为核心，以6条区内绿道支线为辅，辐射整个中心城区的“1+6”的绿道网选线。6条区内支线绿道包括岭南历史文化步径、珠江前航道西步径、增埗河生活步径、花地河生活步径、大沙河生活步径和大坦沙环岛生活步径。

10分钟文化圈：指居民出行不到10分钟便可到达公益性文化场所。根据《广州市加快公共文化服务体系建设实施意见》，2009年基本实现城乡公共文化基础设施全覆盖，到2010年基本建成布局合理、设施先进、功能完善、覆盖城乡的公共文化服务体系。

一队三中心：指为理顺街道管理与服务体制，优化人力资源配置，在街道建立一支队伍——街道管理综合执法队，三个中心——街道社区管理中心、街道社区综合服务中心和街道综治信访维稳中心。

教育“三品”工程：指创建品牌学校、品牌学科、品牌教师的教育发展战略。

15 分钟就医圈：指市民步行 15 分钟即可就医。

“六好”平安和谐社区：即自治好、管理好、服务好、治安好、环境好、风尚好的平安和谐社区。

社区“两委”：即社区党组织委员会和社区居委会。

三促进一保持：即促进提高自主创新能力、促进传统产业转型升级、促进建设现代产业体系、保持经济平稳较快增长。

退二进三：产业布局调整和环境保护的措施。指引导工业（二产）推出中心城区，腾出发展空间，引导服务业（三产）进入发展。

腾笼换鸟：是经济发展过程中的一种战略举措。指把现有的传统制造业从目前的产业基地“转移出去”，再把“先进生产力”转移进来，以达到经济转型、产业升级。

一江引领、两圈带动、两带凸显、三片集聚：一江引领是指充分利用一江两岸自然景观资源、历史文化资源、水陆交通资源，加快布局珠江沿岸高端商务业、休闲旅游业、金融服务业、创意产业、专业服务业、先进制造业等现代产业，打造荔湾经济发展的核心轴。两圈带动是指高端发展白鹅潭经济圈，优化发展十三行商圈。两带凸显是指加快珠江黄金西岸滨水创意带连片开发，全力打造花地河新经济带。三片集聚是指打造东沙高端产业集聚地和现代产业基地，打造大坦沙国际花园社区和商务休闲风情岛，打造海龙围广佛生态乐居社区和广佛花城。

“两高一资”项目：即高耗能、高污染、消耗资源型企业。

西关五宝：即玉雕、牙雕、木雕、广彩、广绣。

社区“五个一”工程：每个社区都建有一个社区服务中心、一个社区卫生服务机构、一个小公园、一个群众娱乐文化场所、一个社区治安视频监控中心。

三无：即无生活来源、无劳动能力、无法定抚养义务人。

“三小”场所：即各地进行各种生产经营活动小档口、小作坊、小娱乐场所。

荔枝湾涌表演台上的粤剧表演

中国人民政治协商会议第十三届
广州市荔湾区委员会常务委员会工作报告

2011年11月7日在政协第十四届广州市荔湾区委员会第一次会议上

卢玉萍

各位委员：

我代表政协第十三届广州市荔湾区委员会常务委员会，向大会报告工作，请予审议。

十三届政协工作回顾

本届政协任期的五年，是我区改革开放和现代化建设取得显著成就，大力推进“广佛之心”战略目标建设，实现跨越式发展的五年，也是我区政协工作奋发进取、开拓创新，不断取得新突破的五年。五年来，本届政协在中共荔湾区委的正确领导和区政府的大力支持下，高举社会主义和爱国主义伟大旗帜，牢牢把握团结和民主两大主题，认真贯彻落实党的十七大精神和党中央的一系列重大决策部署，围绕中心，服务大局，认真履行政治协商、民主监督、参政议政职能，在继承中发展，在开拓中前进，圆满完成了十三届政协提出的主要任务，发挥了人民政协在我区民主政治生活中的重要作用，为加快我区发展转型升级、建设幸福荔湾作出了应有的贡献。

一、始终坚持以科学发展观统领人民政协工作，在确立创新发展理念上取得新进展

学习是人民政协的永恒主题，也是推动政协工作实现创新发展的内在动力。五年来，常委会坚持把加强学习作为提升思想境界，提高履职能力的有效途径，积极探索创新学习形式、搭建学习平台、完善学习机制，以科学理论来指导政协工作实践，努力提升政协工作的整体水平。

（一）注重加强理论学习，保持正确的政治方向。认真贯彻落实《中共中央关于加强人民政协工作的意见》，坚持党对政协工作的领导，保持正确的政治方向，真正做到与区委思想上同心，目标上同向，工作上同步，确保了中共中央和市委、区委的重大决策部署在区政协的贯彻落实；做到区政协的重要工作和重大活动，及时向区委请示报告，与区政府协商沟通，使区委、区政府及时了解和掌握政协工作情况和动态，主动争取区委、区政府对政协工作的支持。积极参加全区学习实践科学发展观活动和“创先争优”活动，把开展学习实践活动与落实区委对政协工作提出的要求结合起来，把政协履行职能的各项任务与加强机关建设和委员队伍建设结合起来，扎实推动科学发展观在政协工作中的贯彻落实。通过举办辅导报告会、学习交流会，开展解放思想大讨论，加深领会科学发展观的科学内涵、精神实质和根本要求，进一步坚定推动科学发展的思想信念，牢固确立了以科学发展观统领政协工作全局，以发展为政协工作第一要务的工作指导思想。五年来，由于重视学习与实践的结合，政协工作做到思路清晰、重点突出、措施到位，效果比较明显。

（二）深化人民政协理论研究，推进政协工作科学发展。随着时代发展要求，加强人民政协理论研究已成为推进政协事业创新发展的一项重要制度。五年来，先后组织开展了人民政协与社会主义政治文明建设、改革开放与人民政协事业、人民政协三大职能建设、政治协商规程的实施探讨、人民政协工作创新等重大课题的理论研讨活动。通过开展理论研讨，广大委员进一步深化了对人民政协性质、地位、作用的认识，从而激发了参政议政的热情。通过学习，进一步探索和加深认识人民政协工作规律，从而更好地联系本地区实际推动政协工作的创新发展。五年来，共征集到专家、委员和政协工作者的论文110篇，其中28篇论文被《人民政协报》、《中国政协》等全国性报刊杂志登载，编辑出版《荔湾

区人民政协理论研究会论文集》。这些研究成果，无论在推动思想观念转型升级，还是在推动政协体制机制的创新都有积极的意义，受到了广大委员的欢迎和市政协的充分肯定。

二、始终坚持围绕全区工作大局咨政建言，在促进荔湾经济社会又好又快发展上取得新进展

围绕中心，服务大局，是人民政协履行职能必须遵循的重要原则。五年来，区政协坚持把发展作为履行职能的第一要务，把政协工作置身于全区工作大局之中，把关系荔湾经济社会发展带综合性、全局性、前瞻性的重大问题作为履行职能的主要课题，把区委、区政府十分重视和最迫切解决、人民群众特别关心和反映强烈的热点、难点问题，以及影响经济社会发展与人民群众切身利益的突出问题作为重点，深入调查研究，积极建言献策。

（一）协商议政富有成效。经过实践总结，特别是《中共荔湾区委政治协商规程（暂行）》出台以来，我区政协已形成了“全委会整体协商、常委会专题协商、主席会议重点协商、专委会对口协商”的政治协商格局。一是精心组织全委会整体协商。每年全委会围绕区政府工作报告和其他重要报告，以及我区经济、政治、文化和社会生活中的热点、难点问题有序地开展协商活动。创新全委会议政方式，通过大会指定发言、即席发言、专题协商议政等形式提出意见和建议，努力营造各抒己见、畅所欲言的民主氛围。五年来，各民主党派、各界别、各专门委员会提交大会发言材料73篇，连续两年的政协全会有40多位政协委员在大会即席发言，区党政主要领导现场听取意见，和委员互动交流。委员们所提意见和建议，受到党政领导的广泛关注，并得到重视和采纳。会议期间，召开区党政主要领导参加的港澳地区委员专题座谈会和界别委员代表专题协商议政会，就共同关心的问题，进行协商交流。这种互动的政情民意交流形式，既提高了委员参与政治协商的积极性，又有利于党政领导直接听取委员们的意见和建议，而党政领导民主务实的作风，更是受到广大委员的欢迎。二是积极推进重点协商。抓住事关全区发展大局的重大问题，每年选择1－2个重点课题，在深入调查研究的基础上，有计划地组织协商讨论。先后就我区制定和实施“十二五”规划、白鹅潭经济圈建设、“五区一街”建设、“城中村”改制改造、迎亚运人居环境整治、建设生态城区、教育卫生、医保社保等课题以及重要人事问题开展民主协商，形成5份《政治协商纪要》114条意见和建议报送区委、区政府，得到区委、区政府主要领导的高度重视和批示，对区委、区政府民主科学决策，推动部门工作，解决实际问题起到了积极的作用。广泛开展了“为共克时艰把握机遇促进发展献良策”活动，共同就如何应对金融危机，促进企业发展等问题探讨对策。发动广大委员积极参与“迎亚运”、“创建国家卫生城市”、“创建全国文明城市”等全区性重要工作，服务大局，献计出力。

（二）民主监督稳步推进。坚持从本区实际出发，注重寓民主监督于提案工作、专题调研视察、反映社情民意之中，在监督中支持，在支持中监督，发挥了民主监督应有的作用。一是充分发挥提案在民主监督中的重要作用。坚持把民主党派提案作为承办单位重点办理提案，区党政主要领导阅批民主党派提案和主席会议督办重点提案等制度。建立区党政主要领导牵头跟踪督办重点提案和区党政职能部门主要领导督办重点提案制度。突出抓好提案征集、审查、立案、交办、办结、反馈等重要环节，从制度上、工作方式上保证提案落实。其中《关于荔枝湾涌二期工程的几点建议》等6件提案列为区党政主要领导牵头督办重点提案，由于得到区党政主要领导和职能部门的高度重视，不少提案的建议和意见得到转化或落实，提案办理效果更加明显。五年来，共收到各民主党派、界别和政协委员提交提案723件，经审查立案584件，提案办复满意率和基本满意率达99.4%。二是围绕人民群众关心的热点、难点问题开展民主监督。常委会始终把民生问题作为履行职能重点，通过抓住重点问题组织专题视察、专题调研等形式开展民主监督。2007年，围绕“城中村”改制改造中群众反映强烈的水网、电网建设以及道路改造等问题组织专门视察，提出批评和建议，形成《区政协主席会

议关于进一步研究和解决我区“城中村”改制改造问题建议》；2008年，组织以推进区委、区政府制定的惠民措施落实为主要内容开展专题民主监督，通过现场视察、随机访问群众，广泛听取意见，形成了《政协荔湾区委员会常务委员会议关于进一步落实我区惠民措施的建议》；2010年，配合迎亚运环境综合整治工作，组织常委会组成人员视察我区“五区一街”文化建设项目、河涌整治项目，形成《区政协常委会组成人员视察我区迎亚运环境综合整治重点建设情况的意见和建议》；2011年，主席会议组织了对我区社区服务管理创新的专题视察。由于提出的意见和建议中肯可行，具有操作性，对促成有关问题的解决起到了积极作用。充分发挥政协委员中的“特约四员”在民主监督中的重要作用，组织委员参与区政务公开明查暗访、机关效能建设和执法专项检查、民主评议等一系列活动，不仅为委员有序政治参与搭建了平台，而且为促进部门改进工作，促进党风、政风和行风建设发挥了应有的作用。

（三）参政议政更加活跃。政协具有人才荟萃、智力密集的优势。常委会、各专门委员会先后就“城中村”改制改造、公共医疗卫生问题、产业升级改造、危破房改造、中小企业融资、文化旅游产业发展、迎亚运工作、城区精细化管理等问题，组织委员开展了40多次的调研视察活动，形成了25份调研报告，不少意见和建议既是诤言也是良策。其中，区政协常委会议和主席会议的5件重要建议得到区委、区政府主要领导高度重视，批示相关职能部门研究解决，为区委、区政府的决策提供了重要参考和依据。区政协紧密配合贯彻实施《珠江三角洲改革发展规划纲要实施细则》和区委提出建设“广佛之心”的目标任务，联合区委统战部、市、区各民主党派举办了“广佛同城新机遇、新挑战、新思路——荔湾发展战略论坛”，为加快“广佛同城”步伐，实现我区“广佛之心”目标积极建言献策，收到良好的社会效果。

三、始终坚持履职为民，在共同维护人民群众的根本利益上取得新进展

关注民生、重视民生、保障民生、改善民生是执政为民的根本体现。区政协把履职为民作为新时期工作的本质取向，紧紧围绕人民群众最关心、最直接、最现实的利益问题，不断拓宽履职为民的新思路、新领域、新方法。

（一）着力关注民生问题，为民而呼。针对广大群众普遍关心的“城中村”饮水难、“水浸街”、危破房改造、学校周边治安问题、弱势群体的社保问题、困难群众再就业、旧楼宇加装电梯、社会救助等热点、难点问题，组织有关界别委员深入社区调研，广泛听取民意，开展了近30多次的专题调研视察，召开了20多次的座谈会、通报会。委员们运用提案、社情民意、建议等多种形式，向区委、区政府及有关职能部门反映情况，提出许多有价值的意见和建议。其中《关注民生，积极应对金融危机，全力促进失业人员再就业》、《做好重大危险源的控制，确保群众生命财产安全》等100多件涉及民生问题的提案，均引起了区职能部门的高度重视，在督办落实过程中人民群众反映良好。如《区政协主席会议关于促进我区医疗卫生事业发展的建议》所提出的加大医疗资源整合力度，打造特色专科品牌，提升医院核心竞争力等建议，区委主要领导批示要将此建议“纳入到我区做大做强医疗机构，提升医院核心竞争力的思考和决策中去”。五年来，坚持不懈开展“扶困助学送爱心”、扶贫助困、慰问社区特困家庭和特困群众、义诊和免费派发药品等惠民活动。机关党支部与梅州市丰顺县虎局村基层党组织开展互帮互助活动，被评为“荔湾区开展城乡基层党组织互帮互助活动先进党支部”。

（二）注重运用社情民意信息推动民生问题解决。社情民意是管理社会的第一信号，也是政协履行职能的重要基础。我们通过委员进社区、加强社情民意信息研判、建立“直通车”、完善通报和办理、反馈制度等一系列措施，把人民群众反映最强烈、最迫切解决的社会问题报送区委、区政府领导，架起了党委政府与人民群众沟通的桥梁。在彩虹街开展了“政协委员社区工作室”试点工作，共青团、青联、妇联等界别委员在岭南街组建“青年事务工作室”，加大委员联系界别群众、收集社情民意的工作力度，畅通收集社情民意渠道。五年来，共收到各类社情民

意信息300多条，反映的许多意见和建议对促进领导科学决策、民主决策起到了积极的作用。如通过“直通车”形式反映的教师后备人才队伍建设、亚运期间食品安全、环境综合整治工程的后续工作、荔枝湾涌的治水工程、十三行周边交通秩序整治、统一区街对外办事窗口形象等一批关乎群众切身利益、企业发展问题的社情民意均得到区委、区政府领导关注并批示督办，产生了良好的社会影响，鼓舞了广大委员。

（三）充分发挥政协优势，尽心竭力为民办好事办实事。在过去的五年里，我国先后发生了南方冰雪灾害、汶川大地震、西南特大旱灾和青海玉树地震等重大自然灾害，造成了巨大的生命和财产损失。面对灾害，广大政协委员把履行职责与自觉承担社会责任紧密联系起来，全力以赴支持抗震救灾工作，有的奔赴灾区，参与灾区重建工作；有的慷慨解囊，捐款捐物共多达2300多万元；文艺界、书画名家积极开展义演、义卖，为灾区群众奉献爱心，共同奏响了中华民族团结协作、扶危济困、守望相助的感人乐章。委员及委员企业还积极参与每年的“广东省扶贫济困日”活动，据不完全统计，共捐助善款5000多万元；积极开展党内关爱扶助及帮扶区内特困家庭活动，港澳地区政协委员筹集70多万元为我区5条街道100多户困难群众送上医疗救助金、助学金和住房维修金，提供就业岗位；参与我区对口帮扶从化市吕田镇，筹款近40万元开展建村路和扶贫助学活动。与此同时，充分发挥政协委员的专业优势，组织医卫、科教、司法界委员到社区送医、送科技、送法律、送文化服务，尽心尽力帮助人民群众解决生产、生活中的一些实际困难，充分体现了委员们为国分忧，为民解困的高尚情怀。

四、始终坚持高举旗帜、突出主题，在凝聚社会各方力量共同致力于幸福荔湾建设上取得新进展

团结和民主是人民政协性质的集中体现，是人民政协事业继往开来的光荣使命。五年来，我们坚持团结，发扬民主，充分调动各方面积极因素，努力做好凝聚人心、凝聚智慧、凝聚力量的工作。

（一）加强合作共事，不断巩固团结民主的政治基础。坚持“长期共存、互相监督、肝胆相照、荣辱与共”的基本方针，认真贯彻《中共中央关于加强人民政协工作的意见》和《中共荔湾区委政治协商规程（暂行）》，加强与区各民主党派、无党派人士和各界别代表人士的合作共事，坚持党组成员联系民主党派负责人制度，坚持各种重要活动、专题议政会议和大会发言优先安排区各民主党派和各界别人士发言，鼓励委员讲真话、讲实话，求同存异，增进共识。五年来，政协各参加单位和广大委员以各种形式建诤言、献良策，在推动全区经济社会发展，促进民族团结、宗教和谐，维护社会稳定等方面发挥了积极的作用。充分发挥港澳地区政协委员的作用，支持委员爱国爱港爱澳，为本地区经济社会发展服务。通过做好一系列的团结工作，使政党关系更加巩固、民族关系更加和谐、宗教关系更加适应、阶层关系更加协调、同胞关系更加密切，凝聚起共建共享和谐荔湾、幸福荔湾的强大合力。

（二）充分发挥联系广泛的优势，凝心聚力促发展。围绕改革开放30周年、新中国和人民政协成立60周年、建党90周年和辛亥革命100周年等重大纪念日，举办了“我与改革开放30周年”征文活动，编辑出版《我与改革开放30周年征文集》；举办了“祝福祖国——庆祝新中国成立60周年暨人民政协成立60周年文艺汇演”；组织参与了区庆祝中国共产党成立90周年文艺汇演等主题鲜明、感召力强的专题活动。通过专题纪念活动，总结光辉历程，展望美好未来，广泛宣传了我国的基本政治制度，使广大政协委员受到了爱国主义和社会主义的深刻教育，坚定了走中国特色社会主义道路的信心。密切与港澳台的联系与交流，由区政协主席、副主席带队前往香港、澳门走访委员，拜访进步社团组织，定期向港澳地区政协委员通报荔湾发展情况和政协工作情况；积极引介港澳台侨同胞到我区投资发展，支持委员和热心人士参与慈善公益和扶贫济困活动；组织委员参加市政协举办的庆祝香港回归10周年活动，港澳地区迎亚运宣传活动；做好港澳台侨的联谊交友工作，先后接待香

港各界组织联合访问团、澳门街坊会联合总会等社团组织20多批近3000人次来我区参观学习交流。积极开展迎亚运城市文明志愿服务活动，举办迎亚运体育花会和书画作品展。成功举办了全国十二城区政协工作研讨会第十九届年会，增进兄弟城区政协之间的交流，扩大了荔湾的影响力和知名度。

（三）拓展文化交流领域，弘扬岭南文化特色。按照区委提出实施“文化引领”战略目标要求，发挥政协文史资料优势，以挖掘西关文化为重点，宣传荔湾浓厚的文化积淀，编辑出版了《荔湾文史》第七、第八辑。这些史料从不同侧面宣传了我区厚重的文化底蕴，记录了区政协不平凡的发展历程，帮助人们了解荔湾的历史和文化，增强人们对荔湾的认同感和归属感。对《荔湾文史》、《芳村文史》共17辑140万字的文史资料进行了数字化处理，在广州市政协网站进行展示，方便广大市民读者查阅，实现了信息互通，资源共享，较好的发挥了文史资料存史资政、团结育人的功能。充分利用荔湾书画艺术方面的优势，先后举办了“华彩豪情——纪念改革开放30周年书画作品联展”、“翰墨歌盛世——庆祝新中国成立60周年暨人民政协成立60周年书画作品联展”以及与兄弟城区（市）政协开展书画联谊交流活动，大力宣传荔湾文化特色，扩大其社会影响力。及时收集整理我区“五区一街”文化建设项目史料，通过文化交流、文史资料工作，不仅宣传了我区政协工作，也宣传了荔湾的新面貌新成绩，起到了汇聚力量的积极作用。

五、始终坚持加强自身建设，在推进“四位一体”自身建设上取得新进展

人民政协的自身建设关乎人民政协事业的长远发展。五年来，我们坚持与时俱进，在实践中创新发展。

（一）发挥委员主体作用，委员队伍素质得到进一步提高。政协工作的活力在委员。重视委员学习培训，通过举办委员培训班、专题座谈会、建立“委员学习日”制度等形式，增强广大委员履行职责的责任感和使命感，激发委员服务经济发展、参与社会公益事业的积极性。区政协领导、专委会主任与委员保持经常性的联系、沟通和交流，通过专委会工作、举办委员活动日、委员座谈会、走访委员、组织委员视察、考察和联谊等形式，使委员之间加深了理解、增进了友谊、巩固了团结。定期召开政情通报会和党风廉政建设通报会，为委员们知情问政、知情明政搭建平台、创造条件。制定了《区政协委员和常委会组成人员参加会议活动的规定》、《区政协关于建立委员履职情况登记暂行办法》和《区政协委员述职办法（试行）》，进一步明确委员职责，规范委员管理。开展了先进委组、优秀委员、积极分子和政协理论研究会优秀会员等评选活动，大大地激发了广大委员的荣誉感和参政议政的积极性。广大委员不仅认真履行职责，而且主动出实招、献良策，为我区招商引资牵线搭桥，以各种形式踊跃参加捐资助学、扶贫济困等慈善公益活动，在履行“一岗双责”的过程中，智者尽其谋、勇者尽其力、仁者播其惠，涌现出不少先进人物和感人事迹，生动展现了新时期政协委员无私奉献的风范和勇担社会责任的崇高境界。

（二）重视突出界别优势，界别作用得到进一步发挥。界别组成是人民政协组织固有的特色，也是开展工作的优势。常委会重视发挥界别在政协组织中的作用，制定了《关于进一步发挥界别作用的意见》，明确了区政协主席会议成员分工联系界别，组建了区政协界别委员活动小组，为界别开展经常性活动搭建平台。注重在政协各种会议、提案、大会发言、调研视察、反映社情民意等方面突出界别声音，鼓励和支持各界别委员在开展座谈、调研、走访、联谊等多种形式活动的基础上，通过集体酝酿讨论，提出界别提案、界别大会发言和界别建议，把分散的、个别的意见和呼声汇集成系统集中、界别性、专业性、代表性较强的意见，使建议和提案更有分量，更有价值。五年来，界别委员积极围绕本界别的有关问题开展调研视察，提出具有界别代表性的提案、大会发言和建议，参与各项扶贫济困送温暖等慈善公益活动。界别活动的有效开展，展示了政协的特色和优势。

（三）积极推进政协工作“三化”建设，服务水平和能力得到进一步提高。强政协制度化、规范化、程序化建设，是提高委员履职能力，发挥政协作用和保障政协工作有序开展的关键。五年来，我们建立和健全了《区政协党组会议议事规则》、《主席会议工作规则》、《提案工作条例》、《区政协反映社情民意信息工作条例》等一系列制度，进一步规范和完善了主席会议、常委会议、全体会议等各个层面、各个领域工作的内容、形式、程序以及具体的要求或规定，使政协的各项工作做到有章可循，扎实有效地开展。重视政协机关自身建设，增强大局意识、服务意识，努力提高办事效率，充分发挥党员干部的模范带头作用。重视对机关干部的培训、选拔、任用，选派机关工作人员参加各类的学习培训，提高能力素质，努力营造团结民主、和谐活跃的工作氛围。在五年的基层评议机关活动中，区政协机关均获得好评。

各位委员，回顾过去五年的实践，本届政协所取得的成绩，是中共荔湾区委正确领导、市政协的具体指导以及区人大常委会、区人民政府以及各有关方面大力支持的结果，是区政协各参加单位和全体委员团结协作、共同努力的结果。在此，我谨代表政协第十三届荔湾区委员会常务委员会，向所有关心和支持人民政协事业发展的各位领导和同志们、朋友们表示崇高的敬意和衷心的感谢！

五年来，中共荔湾区委高度重视人民政协工作，不断加强和改善对人民政协工作的领导，努力创造全区各级党组织和各方面重视、支持人民政协工作的新局面。区委的坚强领导和宽松和谐的政治环境，为我区人民政协事业的发展提供了广阔的天地，极大地激发了委员们履行职责的热情。区政协也通过自身的努力，无论在发展理念还是实践探索上也注入了新的活力，进一步巩固和发展了“党委重视、政府支持、政协主动、各方配合、社会关注”的良好工作格局。

五年的生动实践，我们深刻体会到：必须十分重视加强学习，这是人民政协的优良传统。唯有学习，坚持以科学理论武装思想，才能牢固树立正确的世界观、人生观、价值观；唯有学习，才能开阔视野，拓宽思路，破解发展难题，与时俱进；唯有学习，才能深化对新时期政协工作规律性的认识，使政协工作更能体现时代性、把握规律性、富于创造性，发挥政协优势，突出政协特点，干出政协特色。必须十分重视委员使命意识教育，这是人民政协义不容辞的责任。政协委员是荣誉，更是责任。政协组织负有培养、锻造政治素质好、道德品质好、社会形象好的委员队伍的责任，要支持委员履行职责，维护委员的民主权利，用事业凝聚委员，用实践锻炼委员，用机制激励委员，引导委员把政治荣誉与社会责任统一起来，增强委员的使命感和责任感，委员有积极性、有创造性，政协工作才能生动活泼，更具吸引力。必须十分重视做好凝心聚力工作，这是人民政协的生命力所在。只有坚持把团结民主、和谐进步贯穿履职的始终，积极引导各党派、各人民团体和各族各界人士，在中国特色社会主义伟大旗帜指引下，心往一处想，智往一处聚，力往一处使，共同致力于构建幸福荔湾的宏伟目标，才能更好地巩固和发展求同存异、和衷共济的良好政治局面。必须十分重视提升人民政协的影响力，这是人民政协发挥作用的重要体现。要善于学习借鉴先进经验，改进履职的方式方法，增强履职实效，只有各方面的积极因素充分调动起来，委员的话语权用好了、保障了，才能不断拓宽社会各阶层群众反映诉求的渠道，做到情为民所系、言为民所建、利为民所谋，政协工作才能在全局中有所作为、在人民群众中有深厚根基和源泉。

在总结成绩的同时，我们也清醒地认识到，与新形势、新任务的要求和广大委员、人民群众的期望相比，我们的工作还存在差距和不足。主要表现在：政治协商、民主监督、参政议政水平有待提高，界别优势和委员的主体作用有待进一步发挥，工作机制有待进一步完善等等。所有这些，都需要在今后工作中加以改进。

今后工作建议（略）

关于广州市荔湾区2011年国民经济和社会发展计划执行情况与2012年计划草案的报告

广州市荔湾区发展和改革局局长　王　强

各位代表：

我受区人民政府的委托，向大会报告我区2011年国民经济和社会发展计划执行情况以及2012年国民经济和社会发展计划草案，请予审议，并请政协委员和列席人员提出意见。

一、2011年国民经济和社会发展计划执行情况

2011年，面对国内外复杂的经济发展环境，我区坚持贯彻落实科学发展观，围绕打造“广佛之心”的总体目标，以“加快转型升级，建设幸福荔湾”为主题，全面落实“文化引领、商旅带动、产业转型、创新驱动、环境优化”五大战略，坚定不移地推进经济发展方式转变，经济实现又好又快发展，社会各项事业全面进步，较好完成年初人大确定的主要预期目标任务（见表1）。

表1　2011年经济社会发展主要指标完成情况

指标	年初预期	实际完成	全年增长
地区生产总值	增长10%以上	692.19亿元	10.5%
地方财政一般预算收入	增长10%	36.89亿元	24.4%
社会消费品零售总额	增长15%	470.44亿元	16.1%
城镇登记失业人员就业率	70%以上	71.81%	—
年新增就业岗位	12000个以上	18849个	—
单位地区生产总值能耗	下降2.8%以上	下降4.3%以上	—
人口出生率	控制在7‰以内	7‰	—
计划生育率	控制在97%以上	98%	—

（一）经济社会发展跃上新台阶。

1. 结构调整取得突破。地区生产总值完成692.19亿元，同比增长10.5%。二、三次产业分别增长4.9%、12.8%，对全区经济增长贡献率分别为13.4%、86.3%，三次产业的比重为0.7∶26.3∶73.0。全区实现社会消费品零售总额470.44亿元，同比增长16.1%，现代服务业占第三产业的比重35.1%，比去年提高了3.1个百分点。

2. 发展质量稳步提升。全区一般预算收入完成36.89亿元，同比增长24.4%，完成年度计划112.9%。全区税收总额完成192.79亿元，同比增长8.0%。

3. 绿色发展成效明显。低碳发展模式稳步推进，实施了广州高得针织染整制衣有限公司等5个减排项目，超额完成市下达的主要污染物削减任务指标。市政水泥制品公司、明盾金属加工厂等污染企业实现了“退二”关停。为广州新展有机硅有限公司等2家“退二”企业申办了贷款贴息。产业和劳动力“双转移”单项考核分别获得了市考核的第一、第二名。广东光电科技产业基地被评为广州市低碳产业示范区。目前，全区

有绿色社区 172 个，占社区总数的 89%。

4. 投资拉动不断增强。全社会固定资产投资按项目在地口径统计完成 223.13 亿元，同比增长 19.2%；按法人在地口径统计完成 124.17 亿元，同比增长 28.7%。生产力骨干项目进展加快，重点项目完成投资 102.93 亿元，其中，生产力骨干类项目完成投资 90.18 亿元，占重点项目投资额的 87.61%。

5. 社会事业同步发展。政府承诺的十件民生实事全部得到落实，其中，新增就业岗位 18849 个，城镇登记失业人员就业率 71.81%。人口计划全面完成，户籍人口出生率 7‰，计划生育率 98%；流动人口计划生育率达 91.7%。

（二）“三个重大突破”取得新进展。

1. 战略性基础设施建设加快。完成了花地河东岸规划路南段、芳村体育中心规划路三期等一批道路项目，芳村大道南扩建、龙溪大道东延长线、玉兰路延长线等项目取得新进展。加快推进区内交通路网骨架项目，如意坊放射线、荔湾路南延长线已纳入市 2011 年城建固定资产投资计划前期项目。全区 20 个城中村改造规划方案全部编制完成，大坦沙岛地区更新改造规划已经市审议通过，“多村并联‘三旧’连片改造”新模式进入实施阶段。西塱（裕安围）成为全市“旧村”整治改造的典范，花地村首期 228 套安置房已交付使用，东漖村 834 套安置房工程稳步推进。加大宝盛沙地二期、西湾路、茶滘等安置房项目建设力度，7848 套保障房建设正抓紧实施，超额完成市下达的年度开工任务。恩宁路改造项目控制性详细规划调整获得市城规会通过，已动迁 1872 户，占动迁总量的 97.8%。完成了 2007—2009 年在册的 671 幢，面积 7.13 万平方米危破房改造任务。

2. 战略性主导产业不断发展。坚持“一江引领”，着力推进“两带突显”，加快以信义会馆、1850 文化创意园为骨干的珠江黄金西岸滨水创意产业带，以唯品会、广佛数字创意园为龙头的花地河新经济带的建设，“两带”已被列为市“三个重大突破”的项目。加大“三片集聚”建设力度，广东中烟广州生产基地去年底已投产，南漖 103 亩二类工业用地已完成拆迁，广东塑交所二期进展顺利，已完成工程量的 50.93%。以中华液晶城为载体的广东光电科技产业基地被评为广东现代服务业基地。升级改造传统商贸业，推广以站西鞋城网、南方茶叶网为代表的电子商务平台、物流配送等现代交易方式，引导专业市场从传统交易型向展贸型商业发展，广州国际茶叶交易中心电子交易平台已试运营。

3. 战略性发展平台进一步拓宽。白鹅潭经济圈已被列为广州市六大现代服务业功能区之一，2011 年共出让土地 58 万平方米，土地储备 100 万平方米，超额完成市下达的年度土地储备任务。完成了国际医药港地块、欧洲城地块收地工作，新隆沙地块拆卸工作正式启动。十三行商圈策略规划的编制工作已完成，十三行历史博物馆正在抓紧筹建，上下九—十三行岭南商贸文化旅游体验区已列入市战略性发展平台。荔枝湾二期工程已于元旦前完成并向公众开放，同时启动了三期建设。加快推进广州美食园建设，通过立面整饰、打造光亮工程和调整业态等措施，进一步扩大广州美食园规模和影响力。

（三）智慧荔湾建设取得新成效。

自主创新能力不断加强。2011 年，先后出台了《荔湾区科学技术奖励办法》、《荔湾区产学研专项资金暂行管理办法》等政策措施，共安排区技术研究与开发经费 9450 万元，比去年增加 12%，完成了 200 多项各类科技项目的申报工作，全年共引进各类科技及创意企业 125 多家。目前，我区拥有省、市级工程中心 17 个，区级工程中心 22 个，省、市创新型（试点）企业 8 家，全区实现工业高新技术产品产值 115 亿元，同比增长 26%。利用现信息化技术大力推进芳村茶叶市场、站西鞋业市场、黄沙水产市场等专业市场的电子商务应用。以广佛数字创意园为主要载体、以唯品会为龙头的电子商务产业迅速发展壮大，全区共有电子商务企业 100 多家。

教育均衡发展继续深化。以“办好人民满意的教育”为主题，继续深化“三品工程”，2011 年区属学校高考总上线率蝉联全市第一。实施《荔湾区学前教育三年行动计划》，新增义务教育用地 7 万平方米、建筑面积 5 万平方米，新增 3600 个义务教育优质学位和 3 所公立幼儿园。全区共有53所义务教育阶段学校达到或基本达到规范化学校标准，达标率85.5%，通过了市义务教育规范化学校终期督导验收，市第四中学顺利通过广东省国家级示范性普通高中终期督导验收。着力推进校安工作，已累计投入1.15亿元，拆除重建、加固校舍5.5万平方米。陈嘉庚纪念中学续建工程进展顺利，完成工作量43%。

文化载体建设不断加快。大力推进陈家祠岭南文化广场二期的建设，完成了蒋光鼐故居、十三行史料陈列馆的修缮和对外开放。成功举办了首届“三月三·荔枝湾”、“祖国心荔湾情”等民俗文化节。区文化馆被复评为国家一级文化馆，我区被国家文化部命名为“中国民间文化艺术之乡”，区文化艺术中心被广州市评为首批“粤剧艺术推广基地”。

重点领域改革同步推进。行政管理体制改革扎实推进，加快简政强区为主要内容的事权改革，57个下放事项已基本完成。全区300多个事业单位分类改革已完成。2011年在全市率先开展行政执法体制改革试点。积极推进部门预算和国库管理体制改革，实现全区85个部门编制部门预算，区属预算单位全部实施公务卡结算。加强政银担企四方合作，与产权交易所、担保机构、信托机构、私募股权基金及各大银行共同构建长期稳定的沟通合作机制，搭建合作共赢的小额信贷平台，为荔湾区中小企业搭建金融服务平台，提供各项发展所需的金融支持。健全和完善了区后备上市企业资源库，目前共有15家企业列入了后备上市企业资源库，认真落实企业上市扶持奖励政策，兑现奖金618万元。

创新社会服务管理模式。出台了《荔湾区关于全面推进街道社区服务管理改革创新的实施意见》，积极推进街道“一队三中心”建设，22个街道基本完成机构组建及人员整合任务。拓展了政府购买服务的范围和服务领域，目前已有12个项目实现政府购买服务。社工队伍不断壮大，义工、社工参与服务达3.25万人次。金花街、西村街等14个街道完成“一街道一品牌、一社区一特色”的创建工作。

（四）落实惠民实事取得新突破。

民生福利持续改善。2011年区财政投入民生领域资金达41.7亿元，增长19.3%。社会保险参保人数稳步增长，我区基本养老保险参保人数达22.8万人，基本医疗保险参保人数达37万人，全区社会保险‘五险’参保人数比上年增加10.6万人次，任务完成率达151.9%。积极保障困难群众基本生活，全年共为全区4796户低保救济家庭发放救济金4105万元，为低保、低收入困难家庭发放临时物价补贴524万元。推进平价商店建设，完成市下达建设50家平价商店的任务。

医药卫生体制改革取得突破。投入7276万元推动了社区医疗卫生服务机构综合改革，实现基本药物制度全面覆盖，全部社区实现医疗服务网格化管理，有效地缓解了群众看病难、看病贵的问题。加强社区卫生服务机构业务用房建设，超额完成新增社区卫生服务机构业务用房4000平方米建设任务。以创建全国社区中医药工作先进单位为契机，积极开展全国社区中医药工作先进单位创建活动，继续实施“三名”建设工程，加强中医药文化建设，推动中医工作新发展。

宜居城区建设跨上新台阶。水环境整治成效明显，完成了荔枝湾二期（食养坊至珠江口段）整治、花地河景观升级改造等工程。积极探索水利工作管理养护模式，系统开展群闸联控工作，实施了11项渠箱清淤工程，全年维修和保养水闸、泵站55座次。加快推进“青山绿地”工程，全区新增绿化覆盖面积18.6万平方米，新增绿地面积16.1万平方米，新建绿道27.6公里，人均公共绿地面积达7.51平方米。城区环境更加整洁，100%完成了纳入试点的饮食单位环评审批，油烟净化设施和100餐位以上监控系统100%安装；环保承诺书完成率100%。南源和平新村等8个社区被评为“2010年广东省宜居社区”。

大力开展全民健身活动，在十五届市运会上荣获团体总分第一名和金牌总数第三名，并获得代表团突出贡献奖一等奖和体育道德风尚奖，实现了运动成绩和精神文明双丰收。群众体育成效显著，新建健身路径30条、篮球场8个、健身广场1个、健身苑1个，具备开放条件的学校体育场馆已全部向社区开放。2011年，参加全民健身活动人数达13万多人次。

在充分肯定成绩的同时，也要高度关注影响

当前和未来发展的一些突出矛盾和问题。一是投资增长难度加大，生产力项目投资偏弱，二是大规模产业发展载体缺乏，经济增长后劲不足。三是文化对经济的支撑和引领作用有待加强。四是城区管理科学化、精细化水平有待提升。这些问题反映了我区加快转型升级的迫切性和艰巨性，需要我们有攻坚克难的决心和勇气逐步加以解决。

二、2012 年经济社会发展思路

2012 年是党的十八大召开之年，是实施珠三角规划纲要“四年大发展”的考核之年，也是我区实施“十二五”规划关键之年，做好 2012 年工作安排至关重要。总体思路是：以中国特色社会主义理论体系为指导，以科学发展为主题，以加快转变经济发展方式为主线，围绕打造“广佛之心”和建设“文化荔湾、低碳荔湾、智慧荔湾、幸福荔湾”的战略目标，实施“文化引领、商旅带动、产业转型、创新驱动、环境优化”五大发展战略，狠抓“三个重大突破”，大力推进经济社会全面发展。

三、2012 年经济社会发展计划安排和重点工作

2012 年，虽然全球经济仍处于艰难的复苏进程中，我国经济发展受国际形势影响而有所放缓，但我区经济发展仍有诸多有利条件：一是我区作为广州重要的商贸集聚区，岭南文化的重要体现和展示区，是我市建设国际商贸中心、世界文化名城的重要功能区。二是“白鹅潭经济圈”、“十三行商圈”以及“珠江黄金西岸滨水创意产业带、花地河新经济带”的加快建设将为我区发展提供了新的助推器。三是亚运后的“创文”使我区环境面貌更上一层楼，企业和研发机构、创意产业、现代交易平台等商贸企业总部正不断向我区集聚。四是随着产业重大项目陆续竣工并进入试投产阶段，特别是广东中烟广州生产基地等项目的投产以及“三旧”改造步伐的加大也将为我区经济发展注入新的动力。

因此，我们建议 2012 年经济增长按 10% 安排，这既考虑到与“十二五”规划年均增长 10% 左右的目标相衔接，也有利于调动全区上下的积极性，努力保持经济较快增长，以较快的经济增速支撑转型升级，实现建设“四个荔湾”的目标。主要指标如下（见表 2）：

表 2　2012 年经济社会发展主要预期目标

指标	2012 年预期
地区生产总值	增长 10%
地方财政一般预算收入	比上年调整后执行数增长 11%
社会消费品零售总额	增长 15%
城镇登记失业人员就业率	70% 以上
年新增就业岗位	12000 个以上
城市居民人均可支配收入	增长 10%
单位地区生产总值能耗	下降 4.5%
人口出生率	控制在 7.5‰以内
计划生育率	控制在 97% 以上

为实现 2012 年预期目标，重点做好以下六方面工作：

（一）走新型城市化发展道路，推进“三个重大突破”。

1. 大力推进战略性基础设施建设。加快城市基础工程建设。启动南漖路延长线、广弘食品集团铁路专用线拆除及市政道路建设、立白大厦北侧规划路等一批道路工程的建设；加大力度推进站前路延长线、龙溪大道快速化改造、观涛路延长线等一批道路的前期工作。加快宝盛沙地二期、西湾路等旧城改造安置房项目和花地、茶滘、东漖 3 个城中村改造项目进度；大力推进大坦沙岛更新改造、恩宁路危破房改造、泮溪停车场、源溪地块改造等重点项目建设。创新危破房改造模式，大力推行网格化改造机制，完成 217 幢、2.48 万平方米在册危房改造任务。

推进广佛互通互联。促进市有关部门加快完成洲头咀隧道、康王路下穿流花湖隧道等工程的建设，促进如意坊放射线、荔湾路南延长线、西湾路拓宽等一批市政项目的上马实施。配合市开展南广铁路、贵广铁路及地铁 8 号线、11 号线、13 号线等多条地铁线的建设。

2. 夯实战略性主导产业发展基础。大力发展先进制造业，聚焦发展烟草制品业。全力推进东沙现代产业基地的建设，加快广州卷烟厂全面

投产及配套工程的进度。继续抓好东潋金沙工业南区厂房改造、西塱工贸园等一批项目建设，增强工业对全区经济的拉动作用。

加快发展文化创意产业。重点推进珠江黄金西岸滨水创意产业带建设，加快宏信922后工业创意社区、芳村花棣文化会馆（大冲口油库改造）、白鹅潭经济圈文化产业基地等创意园区的集聚发展。

优化发展现代服务业。大力发展总部经济、现代物流、金融服务业、生态休闲旅游业等现代服务业。依托康王路、中山七、八路等现代商业综合体，完善配套服务设施，抓好辖区内105个大型企业办事处的总部引入工作，形成区域性总部集聚区。加快推进广东塑料交易所二期仓储、广州国际医药港等重点项目建设，打造我区现代物流基地。

升级发展传统商贸业。按照“关闭一批、转移一批、整合一批、提升一批”的策略，重点抓好十三行服装专业市场、清平药材市场等市场，大力推进物流与商流的分离，加快建设交易手段先进、占地少、环境好、流通成本低的集商品展示、电子商务、物流配送、集中结算、文化休闲于一体的新型专业市场。

培育发展新兴产业。以技术支撑和技术服务为核心，积极推动光电产业、电子信息、新能源新材料、物联网和节能环保等战略性新兴产业发展。重点抓好中华液晶城和花地河节点新经济带等项目的建设。

3. 构筑战略性发展平台。加快白鹅潭现代商贸功能区建设，围绕建成广佛都市圈的商贸和文化核心区、区域生产性服务中心，水秀花香生态示范区的目标，大力促进珠江黄金西岸滨水创意产业带和花地河新经济带发展，重点发展现代商贸、生产性服务业总部、文化创意等现代服务业，加快推进广州国际医药港、广东塑料交易所二期、立白大厦等项目建设。全力破解融资及地块启动难题，做好聚龙村、陆居路等地块约73万平方米的土地储备以及新隆沙、白鹤沙、南潋等地块约51.4万平方米的土地出让工作。

优化发展“十三行商圈”，突出历史文化保护传承、社会服务管理创新和传统产业升级改造三大功能，按照“建设世界历史文化名城核心区”的奋斗目标，充分挖掘十三行商圈的历史、人文、商业、民俗等文化内涵，全面推进十三行历史文化博物馆等项目建设，精心打造十三行、文化公园、上下九、华林玉器市场等重点地区，逐步形成文化引领的文化产业链。

（二）提升经济发展活力。

狠抓投资、消费、出口三大环节，促进经济平稳较快增长。一是加大固定资产投资力度，强化重点建设项目带动作用。2012年，全社会固定资产计划投资200亿元，重点建设项目投资计划120亿元。二是积极发展高端商业和特色商业，打造国际购物消费天堂。支持广州酒家、陶陶居等驰名老字号发展，精心打造广州美食园，进一步擦亮西关美食和岭南文化消费品牌；推动沃野明丰商业广场、财富天地等现代高端商业载体建设。三是大力发展外向型经济，用足用好企业优惠扶持奖励政策，鼓励引进先进技术和设备，促进加工贸易转型升级，增强产品竞争力。同时鼓励企业“走出去”，树立国际化品牌战略。加强服务外包政策宣传，提高服务外包水平。

积极扶持民营经济发展。进一步落实扶持民营企业的政策措施，加强对民营企业上市指导、培育工作，加强对科技型、外向型、就业型中小企业和民营经济扶持力度，提高民营经济发展活力和整体素质。

（三）加强科技创新。

重点加快创意产业的突破性发展，大力推动广东光电科技产业基地、广佛数字创意园、岭南V谷和广州工业设计科技园等高新技术产业园区建设，提高科技园区和科技企业对经济的贡献率。积极采用高新技术和信息技术改造提升优势传统产业，推动产业链条向高附加值的两端延伸。抓好现代服务业、电子信息、先进制造、新材料新能源、节能环保等战略性新兴产业的发展。以电子商务、工业设计等领域为重点，努力形成产业技术创新战略联盟；进一步完善广东光电产业基地发展规划，加快中华液晶城的建设，加快产业集聚，培育产业集群，做大做强一批高成长性骨干企业，形成以服务光电产业和软件开发应用为主，并集聚LED、LCD等较完整产业群的新兴高科技产业基地；进一步扶持环保产业发展，做大做强专用环保设备、生态修复、污泥处理处置等业务。着力抓好惠民科技攻关和信息化成果应用，在科技服务民生上有新突破。

（四）大力推进人居环境整治，抓好节能减排工作。

大力推进绿化景观建设。做好花蕾西路、龙溪大道及花地大道南与佛山市的交接点等城市出入口景观建设。加快推进武广高铁生态景观林带建设，实施荔枝湾花景建设等绿化项目，进一步开展绿道网的建设。大力实施人居环境整治。继续巩固创文环境整治成果，抓好一批社区人居环境整治建设项目，将社区整治工作延伸至二、三线及内街内巷。抓好珠江沿岸环境综合整治，打造珠江滨水生态区。

做好迎接市"退二进三"考核检查准备工作，继续严把项目准入关，坚决禁止"两高一低"项目落户，全面推进第二、三批企业"退二进三"工作，坚决落实节能减排目标责任制。

（五）突出文化引领，加快文化载体建设。

一是重点推进荔枝湾三期、陈家祠岭南文化广场二期工程的建设，争取市的资金支持，尽快完成项目的立项，推进项目前期及征地拆迁工作，进一步做大做强荔枝湾、陈家祠文化品牌。二是依托十三行商圈规划，抓紧推进十三行博物馆和粤剧博物馆筹建工作。三是搭建平台，扩大历史文化名人效应，丰富西关文化内涵。四是推进沙面创建国家4A级旅游景区工作，组织开发好花地河新经济产业带文化旅游项目，精心组织"三月三"、"五月五"、"七月七"以及第三届"西关小姐"、第五届"西关美食节"等系列活动，利用品牌优势带动文化事业和文化产业进一步发展。

（六）民生为本，着力基本公共服务均等化。

1. 坚持关注民生。继续抓好"一街一品牌、一社区一特色"工程，总结海龙街等5条街道共20个社区试点"一居一站"建设工作经验，在全区逐步推开。新增30个社区继续开展民主管理示范社区创建活动，完善社区服务管理公众参与体系，抓好外来人口服务管理和服务体制机制改革深化等工作。开展扶贫济困活动，加强低保救济动态管理、医疗救助政策落实和区内特困群体帮扶工作，切实解决人民群众最关心、最直接、最现实的利益问题，不断提高人民生活水平。

深化事业单位人事制度、军转安置制度改革，加强公务员队伍管理服务，进一步加强高层次人才服务工作。完善公共就业服务体系，加强困难群众的就业援助服务，加强流动人员就业管理，进一步贯彻落实农民工积分制入户政策，切实做好我区农民工积分入户受理工作。加强职业技能培训工作，完善社会保障体系建设，推进社保体制改革。推进社保"业务下沉、管理上移、资源共享"工作。继续提升社保经办能力建设，推进社保经办服务的标准化、规范化。做好社会保险新政策的贯彻落实工作。

2. 进一步优化整合教育资源。以"三旧"改造为契机，合理调整学校布局，促进教育资源均衡分布。抓好陈嘉庚纪念中学、区外语职业高级中学等校舍建设改造工程。继续深化教育改革，加快推进学前教育和民办教育工作。关注弱势群体，继续加大对特困学生的帮扶力度，努力实现教育公平。抓好校舍安全工程建设，完成流花中学等8所学校约3.4万平方米的加固改造建设任务。认真做好"广东省推进教育现代化先进区"迎检工作，持续提升区域教育现代化水平。

3. 加强公共卫生服务体系建设。推进公立医院改革，积极探索区域内医疗卫生资源优化整合和与高等医学院校合作办医，提升区域医疗技术水平；继续深化社区卫生服务机构综合改革，落实西村街、南源街、多宝街社区卫生服务中心业务用房及配套建设，提升服务能力。加快社区卫生服务信息化二期工程的建设，完善卫生信息共享平台。组织编制和实施中医药文化街区建设规划，推进我区中医药工作新的发展。以重大传染病防控为重点，抓好艾滋病、结核病等疾病防治工作，抓好公共卫生服务工作。

4. 加快社会各项事业发展。进一步整合区域体育资源，完善群众健身设施建设，引导体育产业集聚发展，切实提高竞技运动水平，继续保持我区体育竞技水平在全市的领先地位，进一步擦亮“全国游泳之乡”品牌。

坚持贯彻科学发展观，努力增收节支，增强财政保障能力，加大对文化、卫生、社会保障、再就业、环境保护、城乡建设等公共需要的财政投入。坚持深化改革，完善公共财政体系，推进财政科学化精细化管理。坚持依法理财，强化财政监督，注重提高依法理财水平。

加强安全生产监督，亿元GDP死亡率和工矿商贸企业从业人员十万人死亡率保持在全市平均水平以下。加强物价监控，保持市场价格稳定。加大消防隐患整治力度，确保人民群众生命财产安全。加强食品、粮食安全和监管力度，确保食品、粮食的生产流通安全。

全面强化打、防、控各项措施，确保我区不发生影响社会稳定的重大群体性事件，力争刑事警情、治安警情、刑事案件、治安案件同比稳中有降，打击破案效能明显提升，群众安全感和满意度有新提高，为党的十八大召开和我区经济社会发展创造和谐稳定的社会治安环境。

优化人口结构，促进人口均衡发展，全面推进荔湾幸福家庭促进工程，推进人口计生综合改革，完善计划生育利益导向政策体系，实现流动人口基本服务均等化，实现稳定的低生育水平。

附件：

名词解释

“三个重大突破”：推进战略性基础设施实现重大突破，着力提升城市综合承载力；推进战略性主导产业实现重大突破，着力提升产业核心竞争力；推进战略性发展平台实现重大突破，着力提升中心城市集聚辐射带动力。

“白鹅潭经济圈”：位于广州市西部，一江两岸，三江汇聚，北起大坦沙尾，南至环翠路与环城高速公路，东起沙面和珠江，西至芳村大道北和花地河，规划总用地面积28平方公里。未来发展定位为：广佛之心、国际商业中心、水秀花香乐居示范区。

“十三行商圈”：以上下九为中轴线，北至中山路，南隔六二三路与沙面欧陆风情区相邻，东至人民南路，西至宝华路，规划用地面积约245.6公顷。未来发展定位为：以商业购物、餐饮、娱乐及特色酒店为主要功能的广州都市级游憩商业区。

“三旧改造”：即旧城镇、旧厂房、旧村居的改造。

“退二进三”：即在产业结构调整中，缩小第二产业，发展第三产业。

“两高一低”：指环保守法成本高，执法成本高，违法成本低。

“双转移”：是广东创造性地提出的产业转移和劳动力转移的统称。

“三名”工程：指中医的“名医、名科、名院”建设。

“一江引领”：即珠江引领。

“三片集聚”：指由“东沙现代产业集聚区、大坦沙商务休闲区、海龙围生态乐居区”组成的三个片区。

“一队三中心”：指街道综合执法队、街道政务服务中心、街道家庭综合服务中心、街道综治信访维稳中心。

广州市荔湾区2011年预算执行情况和2012年预算草案的报告

广州市荔湾区财政局局长　彭爱玲

各位委员：

我受区人民政府的委托，向各位报告荔湾区2011年预算执行情况和2012年预算草案，请予审议。

2011年，是我区实施“十二五”规划开局之年，在区委的正确领导和区人大及其常委会的监督支持下，我区全面落实科学发展观，以“四区六化”为发展定位，贯彻区确定的“文化引领、商旅带动、产业转型、创新驱动、环境优化”五大发展战略，稳步推进产业结构调整，努力增加财政收入，大力改善民生，增强财政保障能力，较好地完成区十四届人大八次会议通过的财政一般预算收支计划和各项工作任务，为全区经济社会的和谐、稳定发展提供有力的财政保障。

一、2011年预算执行情况

（一）财政一般预算收支情况

2011年一般预算收入完成368867万元，为年度预算326803万元的112.9%，同比增收72411万元，同比增长24.4%。一般预算支出完成472500万元，为年度预算451500万元的104.7%，比上年增支70501万元，增长17.5%。

按照现行市区财政管理体制，全年区可安排财力为518585万元，减除一般预算支出472500万元，增设预算周转金274万元，年终结转2012年民生支出及迎亚运城区综合整治结算资金、治理水环境工程配套资金等专款45811万元。

（二）基金预算收支情况

基金预算收入完成是6758万元，为年度预算1101万元的613.8%。其中：文化事业建设费收入233万元，残疾人就业保障金收入1060万元，地方教育附加收入5465万元（2011年新增收入项目）。基金预算支出完成13271万元，为年度预算18616万元的71.3%。其中：文化事业建设费支出285万元，残疾人就业保障金支出666万元，地方水利建设基金支出12320万元。以上基金全部专款专用。

基金预算收入6758万元加上调入资金9248万元（根据《财政总预算会计制度》及《关于完善市对区财政管理体制的实施方案》的有关规定，按城市维护建设税15%计提并划转地方水利建设基金）以及2010年年末结余8227万元，全年基金预算总收入为24233万元，减去基金预算支出13271万元，2011年基金预算结余10962万元，其中：文化事业建设费结余16万元、残疾人就业保障金结余1484万元、地方水利建设基金结余3575万元，国有土地使用权出让金结余422万元、地方教育附加结余5465万元，全部专项结转2012年使用。

（由于财政决算尚在汇编中，上述决算数据以市财政局批复为准，届时再专题向区人大常委会报告。）

（三）完成预算任务的主要工作情况

1. 推进财源建设，确保财政收入稳定增长。

一是充分发挥区协税护税管理服务中心的职能优势，完善“政府主导、部门协作、综合服务”的协税护税工作机制，建立各街道协税护税工作管理情况数据库，定期交换涉税信息，共同研究和分析我区税收收入状况，制定和落实有关政策措施，促进财政收入稳步增长。区职能部门与区内重点企业的联系更加密切，服务逐渐走向多元化。二是积极推进税务事项委托代征工作，新增委托代征项目及制定了切实可行的激励机制，使代征协管工作做到“三统一、五规范”。三是区的经济职能部门及区税务部门共同研究提高区内外企业在我区投资意愿的措施，制定了各具特色的专项扶持政策，落实并兑现企业扶持资金。四是区在全面提升了街道经费保障及激励拓展税源的力度基础上，创新街道拓展税源考核办法。五是进一步加强非税收入管理。按上级财政部门要求，从2011年1月1日起，将除教育收费（不含捐资助学资金和保教费）和单位通过市场取得的不体现政府职能的经营、服务性收入外的预算外收入全部纳入预算管理。在2011年10月起，分步推广非税收入征收管理系统的应用，完善有关数据库的设置以及网络运行硬件建设，逐步建立起集中、统一、透明、规范的非税收入征收管理体系。六是积极盘活国有资产，多渠道、多途径加快实现国资收益，促进一般预算收入稳步增长。

2. 抓惠民实事落实，支持各项事业全面发展。

2011年我区财政支出投入民生领域417334万元，同比增支67442万元，同比增长19.3%。其中民生十件实事财政支出90712万元。

——积极支持教育科技事业优先发展。全面落实《中华人民共和国教育法》、《广东省中长期教育改革和发展规划纲要（2011—2020）》等法律法规要求，合理增加安排教育经费。全年教育总投入14.53亿元，同比增长17.4%。其中，安排1.96亿元解决提高我区教师福利待遇，落实教师待遇与公务员“两相当”政策。安排专项资金2684万元用于推进中小学校舍安全工程建设，新增安排教育帮扶资金490万元。确保科学技术的法定支出，安排区科学技术经费10183万元，同比增长16.5%。其中区科技研究与开发经费9450万元，加大民生科技投入以及对科技成果转化等重点科研项目的支持，驱动企业提高自主创新能力，有力的促进了智慧荔湾的建设。

——继续加大对社会保障资金的投入。全年社会保障和就业支出84806万元，同比增长16.6%。除了安排行政机关、政法系统、事业单位离退休经费63395万元外，安排就业专项资金900万元落实各项就业扶持政策，有效缓解我区就业和各种社会压力。安排最低生活保障资金5797万元，同比增长35%。对低保家庭按照50元/人月、低收入家庭按照30元/人月的标准实施实物救助，共投入经费705万元。安排“老年福利”经费2366万元，主要用于居家养老、平安通政府购买服务经费、星光老年之家运营经费资助、高龄老人长寿保健金及节日慰问等。安排4218万元用于完善社会养老体系和加快社会医疗保险制度建设。

——全力推进我区人居环境综合整治和街道社区服务工作。围绕白鹅潭经济圈建设、旧城改造、荔枝湾二期工程和河涌综合整治等中心任务，全面加大对区市政基础设施的改造和水环境治理方面的投入力度，安排城乡社区事务支出76379万元，地方水利建设资金支出12320万元，围绕绿色、低碳、生态发展的理念，不断完善城区基础设施，持续提升城市化质量和水平。全年共安排创文经费8623万元，为我区积极配合做好全广州市的创文工作，提供强大的财力支撑。加大对社会管理服务的投入，安排经费5320万元完成以组建街道“一队三中心”为主体的街道管理服务体制改革工作。

——医疗卫生事业改革飞跃式发展。加大医疗卫生建设投入，积极推进医疗卫生体制改革。2011年区财政对卫生投入34023万元，同比增长36.7%。统筹资金安排基本公共卫生服务经费以及城市社区卫生机构建设经费6838万元，我区基层医疗卫生体制综合改革初见成效，制定了符合实际、思路清晰、操作性强的《荔湾区基层医疗卫生机构经费补偿和管理办法（试行）》及《荔湾区基层医疗卫生机构收支两条线管理实施办法（试行）》配套文件，我区卫生机构的医疗药品收费在9月30日前已全面实施收支两条线管理，如期完成医改的阶段性工作。

——保证城区治安经费，公共安全支出56819万元，落实公安、法院、检察院、司法等部门各项财政保障政策和措施，进一步加大对基层政法部门装备、办案业务费等项目投入。为平安荔湾建设、维护良好的社会治安形势提供了有力保障。

——落实各项扶持专项资金。积极推进省委、省政府关于加大对欠发达地区开展扶贫开发“规划到户责任到人”的财政支持工作，按2010年地方财政一般预算收入的1%安排3118万元扶贫开发专项资金用于对口帮扶从化吕田镇农村建设。增加投入对阳春市13条贫困村帮扶资金436万元。

3. 锐意创新工作理念，财政运行机制不断完善。

按照市有关部门预算管理的要求，进一步细化完善财政预算、政府性基金预算编制，加强预算执行管理，规范结余结转资金使用，促进预算执行与预算编制的有效衔接。完善财政资金运行网络建设，强化预算监督，优化整合支付系统与指标管理系统，逐步建立财政性资金运行全过程的监督体系。全面加强国库存款账户的开户及资金管理，财政拨款流程进一步完善，财政资金清算准确及时，财政国库支付运转更加安全和规范，所有财政资金实施财政直接支付或授权支付。2011 年财政国库集中支付金额合计为 54 亿元，同比增长 33%。在区属预算单位全面实施公务卡结算工作，共有 47 个预算单位开办理公务卡，今年办卡 829 张，累计办卡 1541 张；发生公务报销还款 1486 笔，还款金额 474.78 万元。进一步规范政府采购监管，2011 年启用政府采购网网络新系统，采购工作的畅顺运行，全区政府采购预算 7670 万元，实际采购 7240 万元，节约财政资金 430 万元，节约率为 5.6%。继续严把重点项目建设财政评审关。积极改善评审工作流程，提高评审工作效率，区财政投性资评审电子系统上线运行，严格执行《荔湾区财政性投资建设工程项目管理办法》等一系列管理财政性投资建设行为的规范性文件，全年共审核工程概、预、结算项目 1473 项，审核金额 65.57 亿元，核减不合理开支 7.65 亿元。我区财政性投资建设工程项目连续 5 年未出现超预算价、超中标价的现象，取得了显著的经济效益和社会效益。在全面掌握区的政府债务状况的基础上，根据广州市政府的《广州市政府性债务管理办法》的规定，初步建立了监测政府性债务的指标体系和预警机制。

二、2012 年预算草案

2012 年是我区落实科学发展观，加快转变经济发展方式、建设幸福荔湾的关键一年。全区财政预算安排的指导思想是：按照构建社会主义和谐社会和规范公共财政预算的要求，紧紧围绕科学发展主题和加快转变经济发展方式主线，优化财政支出结构，着力保障和改善民生，以市场为导向，因地制宜加强财源建设，壮大财政实力，不断拓展新税源，提高经济总量和质量。既坚持依法治税，应收尽收，又要创新措施，不断提升财政的可持续发展。继续严控制一般性支出，努力降低行政运行成本，提高财政资金使用效益。

（一）财政一般预算草案

根据我区经济发展预期目标，我区 2012 年一般预算收入预计为 370554 万元，比上年调整后执行数 1 增长 10%。按现行市区财政管理体制，年初区预计可安排财力为 485000 万元，同比增长 7.4%。

2012 年一般预算支出计划拟安排 485000 万元，同比增长 7.4%，支出安排体现为：进一步优化财政支出结构，把更多财政资源投向共公服务领域，重点保障教育、医疗卫生和改善民生等领域倾斜，对区委区政府关注的民生支出，作年初资金预留，积极落实惠民各项政策，确保政策实施到位。确保法定增支要求，保障基本支出需要，保证社会稳定的大投入，促进社会事业持续发展；坚持量财办事、适度从紧的原则，按轻重缓急合理安排支出，统筹兼顾。提高基本公共服务保障水平，按照艰苦奋斗、厉行节约的要求，严格控制行政成本，会议经费、公务接待费、党政机关出国（境）费用、办公经费继续实现零增长，保障公共服务需要。

主要支出如下：

——一般公共服务 50316 万元，同比增长 4.5%。主要是政府提供一般公共服务而发生的行政运行等方面的支出，其中人口与计划生育事务支出 8297 万元。

——国防 555 万元，同比增长 2.8%。

——公共安全 59850 万元，同比增长 6.7%。包括公安支出 50649 万元，检察支出 2927 万元，法院支出 3652 万元，司法支出 1622 万元。

——按照《中华人民共和国教育法》、《广东省中长期教育改革和发展规划纲要（2011—2020）》等法律法规要求，继续加大教育投入，教育计划总投入 149301 万元，按可比口径同比增长 11.9%，其中按照“两相当”的要求足额安排在职及离退休教职员工人员经费 93589 万元。

——科技经费计划总投入 10727 万元，同比增长 6.4%，其中科技研究与开发经费 9700 万元，确保该项经费投入符合“占本级当年财政预算支出的比例为2%”的法规要求。

——文化体育与传媒10485万元，同比增长248.9%，重点保障广州文化公园的行政运行和设立文化发展专项资金推动区文化事业发展。

——社会保障和就业89616万元，同比增长7.2%。包括行政事业单位离退休支出62775万元，抚恤和退役安置、最低生活保障、社会福利救济及政府资助保险金、残疾人事业等支出万元，再就业补助900万元等。

——医疗卫生34259万元，同比增长19.6%。包括公费医疗经费13000万元，继续重点保障区的医药卫生体制改革工作，区财政计划安排改革专项资金12765万元。

——节能环保1393万元，同比减少11.6%，主要是年初预计排污费支出项目轻微减少。

——城乡社区事务60168万元，同比减少11.0%。主要是城市管理5656万元，市政道路、园林绿化等建设和维护7650万元，日常市政设施维护管养费1500万元、管坑修复1500万元、市容环境卫生管理及城中村保洁13916万元。

——农林水事务5688万元，同比增长221.9%，主要是安排资金完成我区对口帮扶从化吕田镇农村建设及对阳春市13条贫困村新增扶贫任务。

——交通运输572万元，同比减少11.2%。

——资源勘探电力信息等事务1803万元，同比增长49.8%。

——商业服务业等事务227万元，同比增长5.6%。

——国土资源气象等事务3301万元，同比增长35.0%。

——预备费6000万元，按《预算法》的规定，按本级财政总支出的1.2%设置主要用于预算执行中的自然灾害救灾开支及其他难以预见的特殊开支等；

——其他支出21443万元，同比减少7.9%。

（二）基金预算草案

2012年，纳入基金预算范围的项目包括：文化事业建设费、残疾人就业保障金、地方水利建设基金、地方教育附加。按照上述基金预算范围，基金预算收入计划安排6760万元，其中：文化事业建设费收入235万元、残疾人就业保障金收入1060万元、地方教育附加5465万元。

基金预算收入6760万元加上调入资金9248万元（根据《财政总预算会计制度》及《关于完善市对区财政管理体制的实施方案》的有关规定，按城市维护建设税15%计提并划转地方水利建设基金）以及2011年结余10962万元，预计全年基金预算总收入为26970万元。根据基金预算专款专用的原则，基金预算支出计划拟安排26970万元。其中：文化事业建设费支出251万元、残疾人就业保障金支出2544万元、地方水利建设基金支出12823万元、国有土地使用权出让金支出422万元、地方教育附加10930万元。

（三）部门预算草案

根据省、市财政实施部门预算的原则和方法，我区各部门的编制的部门预算包括一般预算、基金预算和预算外，实行全口径预算。2012年全区85个一级预算单位编制的部门预算，均报送本次会议审议。

三、2012年财政工作的主要措施

2012年，经济发展仍处于重要战略机遇期，具备不少有利的条件，但国内外的经济形势不稳定、不确定因素仍然较多，实体经济硬着陆的可能性仍未消除，通胀在较高位运行的时间还将持续，受资金供应链的影响，企业效益预计有所下降，房地产业的税收仍将在低位徘徊，止跌回升的趋势没有显现，国家出台“提高个体工商户、小型微型企业的增值税、营业税起征点”的政策，各种因素给共同制约着我区一般预算收入难以高速增长，财政收入增收工作仍将面临巨大挑战。我区将继续贯彻落实党的十七届六中全会、中央经济工作会议和省委、市委、区委全会精神，采取积极有力措施组织收入，合理把握财政收支规模，确保全年工作任务的顺利完成。

（一）加强财政收入管理，完善激励机制，确保经济持续增长发展

加强对经济运行情况的监测分析，积极推进“三促进一保持”工作，狠抓财源建设，积极培育涵养税源，以区协税护税平台为载体，密切联系区内有关部门，建立和完善联动机制，为企业

提供良好优质服务。加强对引入企业进行纳税能力和财政贡献率的评估，侧重引进发展潜力大的新兴行业和新型企业，完善招商引资和企业专项扶持政策措施，落实兑现专项扶持资金，以“三旧”改造为契机，采取积极的财政措施，启动重大产业项目建设。充分发挥科技研究和开发经费的杠杆作用力，促进企业自主创新科技进步能力，确保财政收入可持续增长。

（二）着力保障和改善民生，优化支出结构，推进和谐社会发展

继续将保障和改善民生作为财政的优先方向，坚持以民为本，民生为重，加快发展社会事业和公共服务，2012 年我区财政支出计划投入民生领域 423822 万元，比 2011 年年初预算 389696 万元增支 34126 万元，计划增长 8.8%。保证对教育、科技投入按法定比例增长，积极推进医药卫生体制改革工作，确保其他事业单位实施绩效工资改革资金到位，财政资金首要保障财政供养人员工资发放、社会保障和就业、环境保护、住房改革、危房改造、城市管理等支出需要。重点增加对公共文化服务体系的投入力度。积极拓宽区重点建设项目建设配套资金筹措渠道，多方筹集资金支持白鹅潭商圈等一系列区重点项目建设。推进基本公共服务均等化，调整支出结构，集中财力办好省市区的十件民生实事。

（三）强化各项财政管理基础工作，深入推进财政科学化精细化管理

不断推进和完善以部门预算、国库管理、政府采购、财政评审等为主要内容的财政体制改革。一是规范预算编制内容，进一步建立健全预算编制与预算执行、结转和结余资金管理、行事单位国有资产管理等相互协调、相互制衡的机制。二是全面深化国库收付制度改革，扎实推进公务卡管理工作，有序建立预算执行动态监控体系，完善预算支出执行通报机制。三是进一步深化政府采购制度改革，加强政策法规宣传，强化计划性管理，不断细化采购预算编制，规范政府采购行为。四是完善财政投资评审工作机制，充分发挥财政投资服务项目支出预算管理的作用，评审工作坚持在合法、合规、合理前提下进行，坚决有效节约财政资金。五是推进预算绩效评价工作，探索建立符合区情的预算支出绩效评价指标体系。六是不断完善政府性债务的风险预警机制，实施债务规模合理控制，规范债务资金管理，有效防范金融风险。

2012 年是我区经济加快转型升级、建设幸福荔湾的重要一年，是我区全力调结构、促转型、谋发展、惠民生关键之年，为此，我们将在区委的正确领导和区人大的监督支持下，继续全面落实科学发展观，深入贯彻落实党的十七大和十七届六中全会精神，以建设文化荔湾，低碳荔湾，智慧荔湾和幸福荔湾为核心目标，切实推进依法理财、科学理财、民主理财，为确保 2012 年各项财政工作任务顺利完成，为荔湾经济社会各项事业全面推进，民生问题不断解决作出更大贡献！

附件：

财政专用名词解释

市区财政管理体制：市区财政管理体制通常指市区两级政府根据职责范围划分市、区预算收支范围和管理权限，并规定收支划分结算的管理方法。构成现行市区财政管理体制包括以下因素：一般预算收入、市对区的返还性收入、市对区一般性转移支付收入—市对区专项转移支付收入、区对市一般性转移支付支出—区对市专项转移支付支出、上年结余资金、调入资金—调出资金等。

一般预算收入：一般预算收入是指政府为履行职能，按国家法律、法规规定收取的纳入预算内管理的各项税收及非税收入总和。1994 年我国实行分税制改革后，一般预算收入划分为中央固定收入、省级固定收入、市级固定收入、中央、省、市共享收入四部分。我区的一般预算收入税收部分分为中央与市、区共享收入（增值税）、中央与省、市、区共享收入（企业所得税）、省与市、区共享收入（营业税）、市与区共享收入（房产税、城建税、教育费附加）和区固定收入（城镇土地使用税、车船税、印花税）。非税收入包括国有资产经营收益、国有资产出售、转让收入、行政性收费收入、罚没收入、专项收入和其他收入。

非税收入：指一般预算收入中除税收以外的其他各项收入，具体包括国有资产经营收益、国有资产出售、转让收入、行政性收费收入、罚没收入、专项收入、其他收入等。

税收返还：指原地方财政收入按现行分税制财政体制缴入中央库、省库而影响属于区财力部分，由中央、省财政返还给区的上级补助收入。目前主要由上划中央“两税”返还、省“四税”返还、所得税基数返还、出口退税基数返还（2004年起）四部分组成。在市区财政管理体制中列入“市对区的返还性收入”的项目之中。

可支配（安排）财力：指各级政府掌握的预算内资金中，可由政府统筹安排、集中支配用于履行政府职能的部分。较常用的计算方法为：一般预算收入+市对区的返还性收入+市对区一般性转移支付收入+市对区专项转移支付收入－区对市一般性转移支付支出－区对市专项转移支付支出+上年结转结余资金+调入资金－调出资金。

一般预算支出：指地方政府为履行职能需要，通过预算内资金安排的用于维持政权运转及支持各项社会事业发展等方面的支出。

预备费：指各级预算中不规定具体用途的当年后备基金。主要用于解决在预算执行中发生的某些临时急需和事先难以预料的开支需要。《预算法》规定，预备费应按各级支出预算总额的1－3%比例设置。

预算结余：各级总预算年终决算时总收入大于总支出而出现的收支差额。其内容包括：（1）本年度支出中因各种原因需结转下年使用的部分。（2）该年度由于增收节支而形成的净结余。预算年终结余在本年度财政决算有关表格中反映为“年终滚存结余”，在下年度预算中则反映为“上年结余收入”。

国库集中收付：指政府财政部门在经办国库业务的银行开设国库单一账户，所有财政性资金都纳入国库单一账户体系管理，收入直接缴入国库或财政专户，支出通过国库单一账户体系支付到商品和劳务供应者或用款单位。

财政支出绩效评价：指运用科学、规范的绩效评价方法，按照政府行为的效益、效率和效果原则，以政府行为的成本效益分析为核心的综合指标体系与标准为评价依据，对财政支出的成本和产生的效益进行科学、客观、公正的衡量比较和综合评判。

财政投资评审：是指政府专门机构（评审中心）对财政性资金投资项目的工程预、决算的审查和监督。主要包括：参与项目初步设计、确定项目前期费用、施工图预算、审查工程招标标底、审查建设施工合同、审查工程结算及工程决算等。

公务卡：是指代理银行为区属预算单位在职干部、职工发放的，具有一定透支额度与透支免息期的，用于日常公务支出和财务报销业务的信用卡。公务卡以预算单位在职干部、职工个人名义开立，并作为持卡人并承担相应的法律责任。结算方式是指持有公务卡的预算单位在职干部、职工在公务活动中使用公务卡刷卡消费，在规定的期限内按照现行财务管理制度审核后报销还款的结算方式。

迎亚运城区综合整治结算资金：指为迎接2010年亚运会在广州举行，按广州市政府的要求统一开展各类城区综合整治工程，其中需由我区支付的配套结算资金。根据财政投资工程资金管理的相关规定，配套结算资金在当年未支付完毕的，需延后至次年或以后年份支付，因此需分年预留结算资金。

重要文献

广州市荔湾区国民经济和社会发展第十二个五年规划纲要

序 言

"十二五"时期是荔湾抢抓广州建设国家中心城市发展机遇的关键时期，是实施《珠江三角洲地区改革发展规划纲要》，推进广佛同城化，建设白鹅潭经济圈的战略机遇期，是推动"三旧"改造、转变发展方式、提升发展能级的攻坚时期。本纲要结合荔湾经济社会发展的新阶段、新特点和新趋势，对"十二五"时期荔湾发展的方向、目标和重点做出总体部署，是指导和推进荔湾经济社会发展的行动纲领，是制定专项规划和年度计划的重要依据，对推动荔湾未来发展具有十分重要的意义。

第一篇 "十一五"经济社会发展回顾

第一章 经济社会发展取得显著成效

"十一五"以来，荔湾区深入贯彻落实科学发展观，把握机遇，开拓奋进，着力壮大经济规模，完善城区功能，提升城区文明程度，圆满地完成了"十一五"规划确立的主要目标和任务，经济社会发展成效显著。

一、经济发展实现新突破

"十一五"期间，荔湾区国民经济持续平稳较快发展。2010 年，地区生产总值（GDP）完成 614.76 亿元，年均增长 10.8%，高于"十一五"规划预期目标 0.8 个百分点，实现比 2003 年翻一番的目标；社会消费品零售总额实现 405.11 亿元，年均增长 14.9%，高于预期目标 4.9 个百分点；财政一般预算收入完成 31.18 亿元，年均增长 15%；全社会固定资产投资（项目在地口径）五年累计完成 503.79 亿元，年均增长 36.7%；职工年人均工资达到 51035 元，年均增长 9.8%，高于预期目标 1.8 个百分点。产业结构不断优化，一、二、三产业比例由"十五"期末的 1.0∶32.9∶66.1 调整为"十一五"期末的 0.8∶28.4∶70.8，第三产业成为推动荔湾区经济发展的主导力量。

二、产业升级取得新成就

"十一五"期间，荔湾区产业结构优化升级步伐不断加快，充分抓住"西联"、"中调"、"退二进三"、"三旧"改造等重大发展机遇，以创意产业、信息服务业、生产性服务业为代表的现代服务业发展迅猛，产业结构不断优化，服务业增加值占 GDP 的比重从 2005 年的 66.1% 上升到 2010 年的 70.8%，文化创意产业发展提速，建成了广州设计港、信义会馆、1850 文化创意园、922 宏信创意园等创意产业基地，形成了门类齐全、产业链完整的文化创意产业集群，以白鹅潭经济圈核心区为重点的滨水创意产业带初具规模。荔湾创意产业集聚区和广东光电科技产业基地双双获得广东省首批现代服务业集聚区称号。

以高新科技产业园、留学生创业园、现代新型工业园区、现代物流园区和五大新型工业集聚区为载体的数控装备、生物医药、新材料、电子信息等新型工业得到快速发展。广东光电科技产业基地日趋壮大，珠江钢琴成为中国乐器行业唯一拥有国家级"企业技术中心"和"钢琴检测中心"的企业，微点焊设备有限公司获得"中国专利金奖"，诺信数控被国家科技部授予"民营科技发展贡献奖"。

专业市场、特色商业街、餐饮业等传统商贸业的升级改造力度加大，形成以茶叶、花卉、玉器、珠宝、鞋业、服装等为代表的专业市场集群和上下九步行街、康王路、中山八路、花地湾等零售商圈，对经济增长和吸纳就业起到明显的促进作用。华林玉器街、源胜工艺街、广州美食园等特色商业街的影响和辐射力不断提升。

三、城区建设展现新面貌

"十一五"期间，我区共实施了 60 个重点项目，完成投资225亿元。以迎亚运为契机，大力推进城区路网水网建设和改造，把改善城区生态环境作为增强荔湾经济硬实力，提升文化软实力，落实惠民政策的重要措施，岭南文化凸显、生态环境优美的宜居宜商宜娱的现代商贸文化生态城区初步显现。积极探索疏堵结合的治理方法，不断加强“六乱”整治，城区管理科学化、规范化、精细化水平不断提升，全面启动“三旧”改造工作，为荔湾今后的发展腾出了更多的发展空间。

路网建设和城市主干道沿线环境综合整治成效显著。完成了流花路、桥中北路一期、福州路等一批道路的建设和改造。顺利实施了东沙大道、和平西路延长线及一批大中修和城中村道路建设。中山七路、中山八路、荔湾路、花地大道等11条主干道及46条次干道改造提升顺利完成，六甫社区、沙面等社区雨污分流工程已竣工。“十一五”期间，累计新增改造道路面积418万平方米，立面整饰212万平方米。积极配合市推进城市基础设施建设。东新高速公路、地铁五号线、武广客运专线等一批重大基础设施项目已完工，并正式投入运营。洲头咀隧道、地铁六号线正在按计划积极推进。

“十一五”期间，水系与绿化工程建设迈上了新台阶。完成荔枝湾涌一期改造工程，再现“一湾溪水绿、两岸荔枝红”、“城水相依、城河一体、人水和谐”的水乡美景。完成驷马涌、河沙涌和大沙河等河涌的整治工作，荔湾湖公园扩建工程已完成拆迁总进度的39%。完成醉观公园、青年公园改造，龙溪大道、花地大道南绿化升级改造，实施了锦纶会馆周边、大坦沙环岛沿线绿地和大坦沙河绿化带工程建设，建成龙津绿化广场等一批绿化小广场。到2010年底，全区绿地率21.26%，绿化覆盖率24.8%，人均公共绿地面积6.97平方米，比“十五”规划期末新增绿地面积155万平方米，增加绿化覆盖面积157万平方米，增加公共绿地面积119.7万平方米。

“十一五”期间，城中村和旧城改造全面提速，累计完成4294幢、56.70万平方米的危旧房改造任务，超额完成“十一五”预期目标。恩宁路地块改造累计投入9.77亿元，完成动迁量83%。花地、西塱（裕安围）、茶滘、东漖等城中村改造顺利推进。完成大坦沙岛、五眼桥等城中村改造规划编制工作。实施增滘、沙洛、南漖等经济联社的自来水管网改造工程，城中村“用水难、用水贵”的状况得到切实改善。

“十一五”期间，不断加强生态环境保护，建设资源节约型和环境友好型城区。大力发展循环经济，按照“减量化、再利用、资源化”的原则，积极探索“资源－产品－废弃物－再生资源”的循环经济模式，加强对大气、水、噪声、固体废物污染防治，加大对污染源控制，城区环境得到较大改善。五年来，烟尘控制区覆盖率均保持在100%，噪声达标区覆盖率均保持在80%以上，完成了“十一五”预期目标。节能减排工作顺利推进，“十一五”期间，单位GDP能耗累计下降23.9%，实现了下降20%的目标。“退二进三”工作取得新进展，到2010年末，第一批区属“退二”企业全部实现平稳退出。

四、和谐社会迈出新步伐

“十一五”期间，大力推进“科教强区”战略，实施教育“三品”工程，推行“一校一品牌”活动，有效推动教育优质均衡发展。基本实现三星级以上的书香校园占学校总数的50%和义务教育规范化学校达80%以上的目标，完成创建教育强区的各项任务。市一中、真光中学顺利通过了广东省国家级示范性普通高中的验收，市四中顺利通过广东省国家级示范性普通高中的初期验收，区属高中学校均以优秀通过省、市高中教学水平评估。继续推进义务教育阶段规范化学校建设，三元坊小学和陈嘉庚中学等学校规范化学校建设工程正抓紧推进。教育教学质量不断提高，2010年区属学校本科上线率全市第二，本、专科总上线率居全市第一、全省前茅；区属各校特色逐渐彰显，区域教育现代化水平不断提升。

和谐社区建设成效显著。大力推进“六好”社区建设，推动社区服务管理向专业化方向发展。五年来，荔湾区、逢源街、金花街桃源社区被评为“全国和谐社区建设示范区”、“全国和谐社区建设示范街道”、“全国和谐社区建设示范社区”。金花街桃源社区被评为“全国精神文明建设单位”，逢源街被评为“广东省民政工作先进集体”，金花街桃源社区等158个社区被评为“广东省六好平安和谐社区”。推进街道管理体制和服务体制改革，逢源街、海龙街两个试点街道完成改革任务。落实低保救济政策，实现动态管理下的“应保尽保”。以荔湾区被国家民政部确定为广州市社工人才队伍建设试点区为契机，在逢源、金花等11条街道开展社会工作站试点工作，提高社区专业化服务水平。全区22个街道建立了司法所并成立社区法制学校、社区党校、家长学校和婚育学校，配备了较为完善的社区健身设施和残疾人工疗站，开展社区教育，提高社区居民素质。进一步强化了治安动态防控，加强社区治安防范网络建设，确保了荔湾社会政治和治安大局的稳定。

加大社区卫生服务资源的整合，做好社区卫生服务中心（站）的规范化建设。纳入广州市验收的12所社区卫生服务中心业务用房全部明确房源，陆续建成投入使用。全面落实《关于深化医药卫生体制改革的意见》，加强中医药强区建设，积极推进中医名院、名科、名医发展战略，完成区妇幼保健院等建设项目。

“十一五”期间，我区在市就业目标责任制考核中连续五年被评为优秀。城区登记失业人员就业率每年均保持在70%以上，年均新增就业岗位10000个以上，五年累计新增就业岗位84086个，到2010年，养老、失业、医疗、工伤、生育五个险种的扩面完成率达100%，城镇居民养老、医疗保险基本实现了全覆盖；全区21个经济联社农转居人员都参加了基本养老保险。实现了退休人员社会化管理率和社区管理率两个100%，全区社会化管理的退休人员达13万人，区退休职工管理服务中心被评定为省级示范点。充分就业社区创建率达71.5%，金花街桃园社区被评为广州市唯一的国家级充分就业社区。

积极推动以“迎接亚运会，创造新生活”为主题的群众体育活动，国民体质监测合格率达85%。社区体育设施不断完善，符合条件的学校体育场馆对社会开放率实现100%。群众体育工作取得新成绩，西村街等4条街道成功创建省城市体育先进社区。积极贯彻落实《中共中央国务院关于全面加强人口和计划生育工作统筹解决人口问题的决定》中提出的新时期人口与计划生育工作五大任务以及荔湾区的“实施意见”，五年来均圆满完成省、市下达的人口计划指标和各项工作目标，实现稳定的低生育水平。

全面落实安全生产层级责任制考核，五年来没有发生较大安全事故，亿元GDP死亡率和工矿商贸企业从业人员十万人死亡率均在全市平均水平以下。

五、文化建设进入新阶段

大力推进旨在弘扬岭南文化，擦亮西关名片的“五区一街”特色文化商业街区建设，岭南文化展示区初步建成。文化载体建设有新突破，荔枝湾文化休闲区成为广州迎亚运的“精品工程”和“样板工程”，陈家祠岭南文化广场区、沙面欧陆风情休闲区、水秀花香生态文化区、上下九商业步行街改造基本完工，十三行商埠文化区也按计划积极推进，文化引领作用进一步得到彰显。文化旅游产业有新特色，建成广州美食园泮塘园区，精心打造荔湾经典一日游特色线路，举办西关小姐、西关美食节、三月三仁威庙会、黄大仙民俗庙会、西关文化旅游节等系列民俗活动，宣传推广“西关五宝”，塑造鲜明旅游文化形象。文化惠民工程不断深化，公共文化设施规模和档次进一步提升，区文化艺术中心大楼得到全面升级改造，岭南博物馆组群格局初步形成，全区共有63个文化广场，22条街道文化站全部达标，193个社区基本建立文化室，建成49家“农家书屋”和35家“绿色网园”，公共文化基础设施实现全覆盖，基本建成城市“10分钟文化圈”。积极实施“一街一品牌、一社区一特色”公共文化服务品牌战略，顺利通过“国家一级图书馆”、“国家一级文化馆”复评，《情醉珠江》和《西关食通天》获得国家群星奖。加强文化监管，文化市场和文化产业进一步繁荣。

六、体制改革跃上新台阶

“十一五”期间，继续深化行政管理体制改革，按照“精简、统一、效能”的原则，科学构建政府管理架构，合理配置行政管理资源，完成了政府部门大部制改革，切实把政府职能转到经济调节、市场监管、社会管理和公共服务上来，区政务服务中心“一站式”办事大厅已经建成并正式对外服务，打造实体与网络相结合的创新型政务服务模式，服务型政府日益显现。清理了一批行政审批事项，进一步简化行政审批程序，行政效能不断提高。

经济领域改革步伐加快，着重从深化投融资体制改革和推动企业上市入手，建立了投融资平台，初步形成了融资方式多样的投融资体系，为荔湾区基础设施建设、“三旧”改造以及经济社会发展提供了有力的资金支持。积极推进荔湾区企业上市工作，进一步完善扶持政策，制定了《广州市荔湾区加快推进企业上市工作扶持奖励办法》，为支持企业做大做强，促进荔湾区经济社会发展，提供有力的政策支持和保障。财政国库管理制度改革向纵深推进，逐步实现财政资金支付管理信息化和网络化。

“十一五”时期，荔湾区经济社会发展取得新成效的同时，还存在着一些不容忽视的问题，主要表现在：作为专业市场集聚的传统商贸区，传统服务业占服务业的比重达65%左右，服务业转型升级任重道远；作为广州市历史悠久的老城区，由于功能布局不合理，发展空间拥挤，城区功能拓展有待优化提升；作为岭南文化的集聚区，无论文化软实力建设，还是文化引领作用都不够凸显；作为广佛同城化的核心区，广佛同城化的推进，虽然为荔湾区发展提供了良好的契机，但作为“广佛之心”地位仍然需要进一步强化。

第二篇　“十二五”经济社会发展环境

第二章　发展机遇

一、全球服务业产业转移和业态创新进程加快

随着经济全球化进程的加快，国际服务业产业转移和国际投资出现向发展中国家快速转移的新趋势，跨国公司成为国际服务业产业转移的主体。为实现国际化与本土化战略的有机融合，跨国公司将更多的研发中心、区域总部、管理运营中心、物流采购中心等向发展中国家转移。与此同时，服务业业态创新进程明显加快，借助现代信息技术和高新科技，以产业融合为特点，以引导大众消费，迎合服务经济时代发展需求为特征的消费服务业、专业服务业、公共服务业等新业态层出不穷，成为现代服务业加速发展的重要推动力量。荔湾服务业增加值占地区生产总值比重高达70.8%，是以服务经济为主导的城区，全球服务业产业转移和业态创新进程不断加快，有利于荔湾抢抓服务业发展的新机遇，培育新的增长点。

二、低碳发展是国家“十二五”主要政策导向

为保持和促进经济可持续发展，提升经济发展的质量和效益，提高资源环境对经济发展的支撑能力和保障程度，以节能减排、低碳生产、低碳交通、低碳消费、低碳生活等为特征的低碳发展将成为国家“十二五”主要的政策导向，国家在宏观发展政策、重大投资安排、重点项目建设等方面将会适度向低碳发展倾斜。因而，建立与资源环境友好的低碳经济体系是国家“十二五”时期经济发展的重要任务，围绕低碳发展，在不同行业和领域，将催生出众多与低碳发展密切相关的新领域、新行业和新产业，这为荔湾促进产业结构优化升级，转变发展方式，抢占低碳产业发展先机，建立现代产业体系提供了良好机遇。

三、珠三角一体化凸显“广佛之心”重要地位

“十二五”时期，借助珠三角一体化、广佛肇经济圈、广佛同城化建设契机，区域经济竞合态势将日益加快和深入，以基础设施、产业发展、公共服务的统筹规划对接为开端，新一轮实质性的区域经济合作已拉开序幕，广佛同城化将进入合作更趋紧密的发展阶段，两地生产与生活融合的进程也将加快推进。荔湾区地处广佛同城化核心区的优势会更加凸显，必将首当其冲受到新一轮发展浪潮的推动，从而更加确立荔湾作为“广佛之心”的战略地位。

四、广州国家中心城市建设有力助推荔湾快速发展

为贯彻落实《珠江三角洲地区改革发展规划纲要》，建设国家中心城市，广州市提出了打造国际商贸中心和世界文化名城的发展目标。未来五年，广州将进入建设国家中心城市重要的“战

略机遇期”和“黄金发展期”。作为以商贸和文化为发展特色的荔湾区，广州国际商贸中心和世界文化名城建设必将有力推动荔湾区快速发展，使荔湾区成为广州建设国际商贸中心和世界文化名城的重要功能区，树立荔湾发展新形象，为广州经济发展作出新贡献。

五、白鹅潭经济圈将成为引领荔湾发展新引擎

白鹅潭经济圈是广州市重点推进的服务业六大功能区之一，是广佛同城化的核心地区，沟通广佛地区的交通枢纽，广佛互动的现代服务业集聚区。随着“中调”、“西联”战略的深化，广佛地区经济社会发展的进一步融合，以及白鹅潭控制性详细规划的实施，白鹅潭经济圈将为荔湾发展提供一个新的重要的增长极，成为引领荔湾“十二五”发展的新引擎，必将有力促进荔湾经济实现新的腾飞和跨越。

六、“三旧”改造有效提升荔湾发展环境

“三旧”改造是荔湾调整和优化空间布局，改善城区发展环境，提升发展质量和效益，推动科学发展的重要推动力量。“十二五”时期，荔湾区借助“三旧”改造的契机，通过置换土地功能、调整产业布局、保护历史文化、完善城区功能、优化人口结构等综合性系统工程的实施，将彻底改善和提升荔湾区的发展环境，拓展荔湾区新的发展空间，提升荔湾区核心竞争力和发展后劲。

第三章　面临的挑战

一、转变发展方式任务紧迫

“十一五”时期，荔湾经济发展虽然取得了新突破，经济规模和总量不断扩大，形成了以第三产业为主导的产业结构，但服务业尤其是商贸服务业中量大面广的是传统服务业，高端服务业在服务业中所占的比重还较低，依靠资本密集和技术密集，拥有自主知识产权和自有品牌的优势行业和主导产品数量不多，经济快速发展不是通过科技研发和自主创新能力来实现提升，更多的是倚重于土地、劳动力等物质生产要素的大量消耗，以及专业市场规模和数量的不断扩张。因而，突破传统路径依赖，转变发展方式将是荔湾“十二五”时期的发展主线。

二、区域竞争态势更趋激烈

展望“十二五”时期荔湾周边地区的发展可以看出，区域竞争态势将更趋激烈。从区域内部竞争来看，越秀、天河和海珠在发展现代服务业上，不仅基础好、规模大、亮点多，而且软硬环境更趋于成熟和完善，发展势头也将更为迅猛。从区域外部竞争来看，西边的南海城市化进程迅猛，千灯湖金融高新服务区不仅提升了南海的形象，也使南海的综合竞争力大为增强，在区域竞合发展中，南海的地位和作用似乎更为突出，无论是经济发展的活力，还是区容区貌，都较荔湾略胜一筹。因而，“十二五”时期，荔湾面临的区域竞争态势将更为严峻。

三、经济增长缺乏多极支撑

城区经济快速发展需要有亮点，需要有项目和载体上的支撑，从荔湾“十一五”时期投资、出口与消费的现状来看，真正能够形成亮点的项目不多，因而对经济增长的带动作用十分有限。在已形成的经济增长的亮点中，缺乏体量大、能级高、辐射广、带动强的项目，缺乏好的项目和载体，经济增长就难以实现跨越式的发展。因此，如何集聚全区之力，聚焦大项目和载体，培育经济增长的多极亮点，是荔湾“十二五”时期要重点给予关注和加大力度推动的重要任务。

四、社会管理成本与日俱增

伴随着多年经济快速增长，一些累积的社会问题和社会矛盾不断显现，增加了社会管理的难度和成本，给和谐社会建设带来严峻的挑战。随着改革开放不断向纵深推进，一些事关民生的利益关系调整和利益分配格局开始发生变化，导致不同群体、不同阶层的各种诉求日益增多。荔湾是老城区，发展环境相对落后，人口素质相对偏低，历史遗留问题多，社会利益结构复杂，尤其是在推进大建设大发展过程中，历史遗留问题和社会矛盾不断凸显，综治维稳的任务重、压力大。因而，“十二五”时期社会问题管理的难度和成本会与日俱增，将给荔湾区稳定与发展带来一定的挑战。

第三篇 指导思想和发展目标

第四章 指导思想

以邓小平理论和“三个代表”重要思想为指导，以科学发展为主题，以加快转变经济发展方式为主线，大力推动经济发展转型升级、城市发展转型升级和思想观念转型升级，优化调整经济结构，做大经济规模和总量；以文化引领为导向，实现文化与经济的有机融合，增添经济发展的文化内涵；以商旅带动为核心，加快商贸业转型升级和业态创新，提升商贸业发展能级；以“三旧”改造为突破口，拓展发展空间，完善城区功能，提升城区建设和管理水平；以广佛同城化为契机，创新区域合作模式，提高区域合作发展水平。

第五章 发展定位

“十二五”时期是荔湾区建设白鹅潭经济圈，打造“广佛之心”的重要时期，是建设国际商贸中心、世界文化名城重要功能区的关键时期。未来五年，围绕打造“中调”战略示范区、广佛同城核心区、现代服务业集聚区、岭南文化展示区的发展定位，建设文化荔湾、低碳荔湾、智慧荔湾、幸福荔湾。

第六章 发展目标

一、文化荔湾

文化载体建设不断加强。继续深化“五区一街”特色文化商业街区建设，荔枝湾涌二期、陈家祠岭南文化广场二期基本建成，十三行商埠文化区和水秀花香生态文化区初步形成。加大文化基础设施建设力度，积极争取省、市重大标志性文化工程项目落户我区，大力推进博物馆、图书馆、大剧院、文化广场等公共文化设施建设。

聚焦文化要素、繁荣文化事业、打造文化品牌。演绎、诠释、丰富、拓展岭南文化的内涵和外延，彰显城区文化独特魅力。岭南历史文化遗存和文化积淀得到深度保护和挖掘，岭南文化荟萃、西关特色凸显、生态魅力独特的荔湾文化新形象不断强化，文化软实力不断提升。健全公共文化服务体系，合理配置街道、社区文化资源，形成城区“十分钟文化圈”

大力发展文化产业，积极协助，做好服务，不断提高钢琴制造业的规模和档次。充分利用好“荔湾创意产业集聚区”荣获第一批广东省现代服务业集聚区的有利时机，推动我区文化创意产业发展再上新台阶。到2015年，我区的文化产业取得长足发展。

二、低碳荔湾

加快转变经济发展方式，产业转型升级取得新突破，大力发展现代服务业和新型工业，现代服务业中高端服务业和新兴商业的比重不断提升。经济发展模式更加集约化、低碳化，资源产出率和综合利用率大幅提高；经济发展达到新水平、实现新跨越，以现代服务业为主体、新型工业为重要支撑的现代产业体系初步形成。在单位地区生产总值能耗五年累计下降13%左右的前提下，到2015年，地区生产总值突破1000亿元，年均增长10%以上；社会消费品零售总额年均增长15%，现代服务业占服务业的比重超过50%。

绿色低碳发展理念日益深入人心，节能减排和环境保护取得新进展。倡导低碳生活、提倡绿色消费、促进绿色增长。加大节能环保设施设备的推广和应用力度，增加绿色投入。到2015年，全社会固定资产投资五年累计突破1000亿元，城市绿化覆盖率达到25.5%，人均绿地面积为7.3平方米；城市污水处理率达95%，城市工业废水排放达标率为99%。

三、智慧荔湾

大力推动城市发展方式转变，城区建设和管理更加体现人的创造力和智慧水平。城区布局更加合理、功能更加完善；信息技术在城区管理中得到广泛应用，城区管理更加精细化、智能化。基本实现全区信息资源的共建共享、互融互通，全力推动数字荔湾建设，建设智慧城区。加快完善创新体系，增强自主创新能力，营造创新氛围。大力发展创意产业，推动经济增长由主要依靠投资驱动向主要依靠创新驱动转变，经济社会发展的知识含量、智慧水平、创新能力大幅度提高。到2015年，公共教育经费占地区生产总值比重达到4%，科学研究开发经费占地区生产总值比重超过2.5%。

四、幸福荔湾

公共服务体系日趋完善，人民群众能够公平地享受到教育、文化、卫生、医疗、就业、社会保障等基本公共服务。到2015年，全区城镇职工基本养老保险参保率达95%，城镇职工基本医疗保险参保率达98%。“十二五”期间，城镇登记失业人员就业率保持在70%以上，年均新增就业岗位1万个以上。

居住环境得到有效改善，生活质量不断提升。“十二五”期间，城市生活垃圾无害处理率保持100%，完成荔湾区2007—2009年间在册671幢，总计约7.13万平方米的危破房修缮解危工作。加强水安全、水治理，基本消除“水浸街”。

社会安定有序，居民安居乐业，幸福感普遍提升。公共财政用于民生福利和社会保障的支出比例逐年提高，居民收入与经济发展保持同步增长，城区居民人均可支配收入年均增长10%。

第七章 发展战略

一、文化引领战略

充分发挥文化软实力的作用，深入挖掘和提炼岭南文化的深刻内涵和核心精髓，让文化元素更好地嵌入到荔湾经济、社会、城区建设的实践和行动中，实现文化与经济、社会和城区建设的互融、互促和互动。以文化引领观念创新，发挥文化在城区发展中的灵魂作用，大力建设文化载体，展示品牌文化独特魅力，提升城市文化品位和文明程度。通过实施文化引领战略，提升公共文化服务，促进文化产业发展，推动文化创新，形成荔湾文化的核心竞争力，建设世界文化名城核心区。

二、商旅带动战略

着力引进和发展高端商业业态和先进经营方式，重点建设各类现代市场交易平台和载体，提高商贸业辐射力和竞争力，充分挖掘和整合荔湾文化旅游资源，扩大亚运会城区综合环境整治的效果，大力发展旅游业，擦亮西关旅游品牌。实施文商旅联动，将发展旅游业与发挥荔湾商贸传统，开发利用文化资源相结合，通过商贸、旅游业的率先互动发展，带动荔湾区其他产业的发展，引导产业结构优化，完善城区功能，提升荔湾的影响力。

三、产业转型战略

把加快产业转型升级作为荔湾区推动科学发展的重要任务，推动产业发展由注重规模、速度向更加注重质量和效益的转变，由高消耗向低碳、节能、环保、绿色的转变，由传统服务业向现代服务业的转变，实现先进制造业和现代服务业的有机融合。通过实施产业转型升级，提升产业综合竞争力，实现产业发展新突破，为幸福和谐社会建设提供重要的物质支撑。

四、创新驱动战略

在当今区域竞争日趋激烈的新形势下，城区发展的核心竞争力在于创新。坚持把创新贯穿于荔湾区经济社会发展各个环节和全过程，着力推进制度创新、科技创新、组织创新、管理创新和文化创新，着力激发创新活力，营造创新环境，在创新中推动转型发展，使创新成为荔湾区经济社会发展的主要驱动力。促进荔湾区经济增长逐步由投资驱动向创新驱动转变，有效化解瓶颈约束，实现城区创新发展。

五、环境优化战略

坚持树立经济发展、城市建设与环境保护双赢的发展理念，以环境优化促进经济发展转型升级，增加经济增长的绿色含量，提升经济发展的质量和效益。以环境优化促进城市发展转型，在城区规模扩张、产业空间布局、结构功能优化等方面优先考虑资源环境承载能力，使城市发展与资源环境相协调；以环境优化促进城市健康发展，塑造良好的城区形象，提升环境竞争力，把荔湾区建设成为充满活力、生态乐居的现代化城区。

第四篇 重点领域发展任务

第八章 深化结构调整，提升发展能级

一、做强一江两圈三片，优化产业格局

按照“优化布局、统筹发展、提升功能、凸

显特色”的原则，进一步完善区域功能规划，重点构建“一江引领、两圈带动、三片集聚”的空间发展布局，形成产业集聚度高、辐射带动作用强的产业空间布局和特色功能区域，在此基础上，大力发展现代服务业和新型工业，通过“两轮驱动”实现荔湾经济跨越式发展。

（一）一江引领。

充分发挥荔湾区拥有珠江干流穿城而过，两岸岸线和自然景观资源、历史文化资源、水陆交通资源丰富的比较优势，以珠江为发展轴，以总部经济为引领，以“三旧”改造为突破口，两岸互动，聚焦发展沿江经济带，形成不同的功能区块，布局高端商务业、休闲旅游业、金融服务业、创意产业、专业服务业、先进制造业等现代产业，打造荔湾区经济发展的核心轴和沿江经济带。

（二）两圈带动。

——聚焦发展白鹅潭经济圈

白鹅潭经济圈北至广州大坦沙尾，南至环翠路与环城高速公路，东到黄沙大道、革新路和工业大道南，西至芳村大道北和花地河，规划总用地面积35.11平方公里，其中荔湾区规划用地面积28平方公里。按照《白鹅潭地区控制性详细规划》的定位，到2015年，白鹅潭经济圈要建设成为“广佛之心、广州国际商业中心和水秀花香的宜居新城”。

建设与“广佛之心”相符的基础设施及公共服务设施体系。按照“广佛之心”的定位，全力构建“一心两网三岸”的交通体系，形成“三环七射”的道路格局，积极争取市加快启动如意坊隧道及放射线建设，将城际轨道交通与白鹅潭经济圈的地下交通合理接驳。以增强区域集聚力和辐射力为核心，健全和完善白鹅潭经济圈公共服务设施体系，提升地区辐射能级和综合服务水平，形成高等级商务、商业发展的配套条件，吸引佛山及珠三角高端商务资源，建设面向佛山及珠江三角洲的企业总部、名企会所集聚地。

建设与国际商业中心相匹配的现代高端服务业。引进国际一流投资公司和专业公司，国内以及世界知名的商贸流通类大型企业，规划建设具有滨江休闲特征和浓郁岭南文化气息的商业区。大力发展高档商务写字楼、星级品牌酒店、城市综合体、大型商业购物休闲中心、国内外品牌旗舰店、豪华电影院、高级特色餐饮等高端服务业载体。全面提升沙面欧陆风情商务文化旅游区的整体形象，通过楼宇功能置换吸引总部企业入驻。以广州国际医药港建设为契机，以广东塑料交易所电子商务交易平台为模式，发展现代物流业和电子服务业。发展集现代电子商务、会展与展贸为一体的新一代特色专业市场。把白鹅潭经济圈发展成为国际商业集聚区，建成集购物、商务、娱乐、餐饮、休闲、旅游等功能于一体的国际商业中心，打造成广佛商业核心区。

建设水秀花香的宜居城区。充分利用珠江两岸的文化古迹资源，采取“文化引领、金融托势、智慧创业、商住聚焦”的开发策略，在聚龙村和大坦沙岛发展旅游休闲产业。充分利用珠江沿岸的水景资源，建设白鹅潭水上娱乐中心、游艇俱乐部以及水岸商务公寓及高端居住区，把白鹅潭经济圈打造成水秀花香风貌的低碳、宜商、乐居的幸福示范区。

加快推进白鹅潭经济圈重点项目建设。建立完善的开发体制与机制，推进新隆沙、白鹤沙等储备用地的出让工作及相关基础设施建设，加快推进广州国际医药港、油富城、立白大厦等项目建设。推进白鹅潭经济圈地标性工程建设，基本建成绿色滨水生态商务核心区，凸显白鹅潭经济圈的城市风格，形成国际商业中心的基本构架。

——优化发展“十三行商圈”

十三行商圈东以人民路、站前路为界，西临黄沙大道、珠江水道、增埗河，北以铁道为界，南至珠江前航道及沙面以北，规划总面积为10.25平方公里。依托商贸及西关风情历史文化底蕴，整合提升以十三行遗址为核心的历史文化支撑区—老十三行，发展优化以火车站为核心的内涵延展区—新十三行，整体打造现代化的国际商贸地区—大十三行。把十三行商圈发展为以商业购物、餐饮、娱乐及特色酒店为主要功能的广州都市级旅游游憩商业区（RBD），重塑“中国第一商埠”的历史辉煌。进一步推动上下九步行街的升级改造，利用步行街丰富悠久的商贸旅游资源，以及西来初地、华林禅寺、锦纶会馆、西关大屋等历史文化景观，将上下九步行街打造成为国际知名的特色商业街区。

对十三行文化公园地区进行整合提升，以商贸功能为主导，引入历史文化元素，建设十三行博物馆，凸显文化内涵。华林玉器市场周边地区重整街区结构，保持传统风貌，优化提升玉器、古玩、家具等传统特色商业街区；站前、站西商贸区要打通交通瓶颈，增添设计研发、展示发布、配套服务、休闲商业等新的现代服务业要素。

十三行商圈建设，要着力挖掘和保护好历史文化载体资源和水景水系资源，充分利用古水系的复兴、古码头岸线的复兴，提升十三行商圈的核心竞争力，打造商贸旅游观光线路。重点发展集购物、饮食、旅游、观光、休闲、娱乐于一体的消费性服务业，引进国际一线品牌，建设高端商业载体，推进传统商贸业优化升级，改变经营业态，提升经营档次和商贸能级；大力发展商贸业总部经济，打造康王路总部经济带，把大十三行建设成为传统商业提升区、岭南文化展示区和商贸文化旅游体验区。

（三）三片集聚。

做强东沙现代产业集聚区。以广东中烟广州生产基地、广州国际医药港和广东塑料交易所为支撑，打造生产力骨干项目产业基地。聚焦发展烟草制品业，延伸烟草制品产业链，完善烟草制品业的生产、物流、会展、研发、交易等平台，推进烟草制品业的发展。以广州国际医药港、广东塑料交易所为依托，建设面向珠三角的生产性服务业基地。规划部署新兴产业，大力发展数控装备制造、电子信息、新能源、新材料等新兴产业，把东沙建成新型工业重要功能区。

做优大坦沙商务休闲区。利用大坦沙得天独厚的滨水环境，借助“三旧”改造契机，加强规划引导，优化人口结构，美化岛内环境，提升光电产业的研发、设计、交易和展示功能，布局高等级文化休闲设施，把大坦沙岛建设成为广州市重要的商务休闲风情岛和荔湾区新的增长点。

做精海龙围生态乐居区。充分利用海龙围地区与佛山南海直接接壤，且生态环境良好的区位优势，强化与佛山南海的对接功能，把海龙围地区发展成为广佛生态型商住集聚区。建设生态低密度的大型综合商业设施，在原高尔夫球场地块适度发展高端房地产业，建设面向广佛的高档精致生态社区，吸引广佛高端人才来此居住、消费和娱乐，将其打造成“广佛花城”。

二、开拓商务资源，发展高端服务业

（一）提升商贸流通业。

加快传统商贸流通业转型升级。通过集群式建设、多业态集中发展，进一步推动上下九路、康王路、中山七路、中山八路等商圈由沿街线状向街区网状转变，完善经营服务功能，突出岭南文化、千年商都等文化元素，完善停车服务配套设施，提升商业设施品位，提高新型业态比重。扶植发展自主创新和老字号品牌，加速集聚一批主导消费市场的国际著名品牌和新兴时尚品牌，形成国内外品牌共同发展的格局。积极吸引国内外大型商贸企业的地区总部、营运总部、结算中心、销售中心、采购中心，以及国内外贸易行业组织、促进机构等落户荔湾，提高荔湾商贸流通业的活力和竞争力，争当广州国际商贸中心排头兵。

整合提升专业市场。加快荔湾区专业市场的升级改造和创新商业模式，对现有专业市场进行重点改造、整合提升。推动一批符合城市规划的专业市场向专业展贸批发集聚区发展，坚持扶优、做强的原则，大力发展特色鲜明、辐射力强、功能创新、交易方式先进的大中型专业市场，引导专业市场向上游研发、设计、展览等功能延伸。鼓励和支持专业市场开展商品价格指数、行业景气指数服务，向现代展贸市场转型升级，加强行业信息发布功能和“广州价格”形成机制建设，提升行业总部经济功能。迁出一批不符合城市规划要求，且严重影响交通、噪声扰民、税收贡献度和行业集聚度低的专业市场。提升一批对荔湾经济带动作用强的专业市场，借助电子商务平台建设，逐步推进商流与物流的分离。注入新型业态，扩大商业容量，形成集聚规模。

发展新兴商业业态。继续推进连锁经营，鼓励无店铺销售、网络销售、直销、折扣店、邮购和电视购物，以及各种个性化服务等新兴业态发展。大力拓展汽车消费、旅游消费、娱乐健身、中介服务、租赁、电脑软件、教育培训、商品租赁等新兴服务业连锁经营的广度和深度，鼓励以商品、品牌、商号、配送、管理技术为纽带，发展特许经营。支持和鼓励百货、超市等零售企业建设网上商城，开展在线信息发布、商品展示、商务洽谈、网上交易、物流服务等网络营销业。支持和鼓励餐饮、酒店住宿等使用各类消费电子咨询平台，拓展网上订餐、订房等新兴业务。加速引进国际品牌、国内知名品牌和专卖旗舰店，把荔湾建设成为商贸文化创意中心地、商旅文购物体验地、流行时尚商品的发祥地。

（二）发展特色总部经济。

充分利用白鹅潭经济圈“一江两岸”的生态环境优势，高起点打造现代服务业标志性区域，建设高质量的服务载体，吸引更多的国内外企业的区域总部、研发总部和营销总部，在白鹅潭经济圈、康王路、中山七路、中山八路一带形成特色总部经济集聚发展的新格局。“十二五”时期，围绕广州医药集团有限公司、国药控股广州有限公司、大参林药业等龙头企业，吸引医药、医疗器械等连锁企业、品牌企业的总部进驻，发展医药总部基地；依托荔湾作为岭南文化会客厅、创意产业基础较好的优势，打造文化产业、创意产业总部基地；借助荔湾商贸业发达，专业市场遍布城区的优势，建设商贸流通业总部基地；充分发挥荔湾作为“广佛之心”的地缘优势，积极发展面向珠江三角洲地区的生产性服务业，建设研发、设计、物流类企业总部基地。

（三）做大专业服务业。

大力发展知识含量和科技含量高的专业服务业，使之成为荔湾区发展现代服务业的重要组成部分。充分利用荔湾的区位优势，着力打造专业服务业的公信力和品牌，努力培育若干个上规模上档次的律师事务所、会计师事务所、资产评估公司、咨询公司、市场调查公司。以企业品牌化、运营市场化、服务社会化为方向，通过市场竞争和资源整合，建立门类齐全、功能完备、运作规范、辐射广州乃至珠三角地区的专业服务业产业体系。优先发展法律、会计、审计、评估、广告、房介、工程监理等专业服务业；加快发展管理咨询、营销策划、创意设计等新兴专业服务业；适度发展拍卖、代理、经纪、职介等一般性专业服务业；规范发展行业协会、同业工会等自律类专业服务业；开放服务市场，优化投资创业环境，引进培育一批在国内外具有较高知名度和影响力的品牌专业服务机构，成为广州市专业服务业的富集区。

（四）开拓金融服务业。

结合荔湾区经济社会发展特点，以白鹅潭经济圈建设为载体，主动对接广州市金融市场的建设，采取有效措施吸引一定的金融要素市场落户荔湾区，推动金融机构及其总部的集聚，特别是非传统金融机构的集聚。鼓励金融创新，积极支持金融机构加大金融产品和服务的创新力度，密切关注和大力培育新型金融服务业的发展。积极协助推进银行机构在荔湾区布设分支机构和网点，重点吸引地方商业银行在荔湾区设立总部及一级分支机构。引进和培育各类股权投资企业和股权管理企业，鼓励发展多种形式的风险创业投资，促进充裕的民间资金转化为产业资本。壮大信托业务，充分发挥信托工具的功能优势，积极创新金融产品。

（五）发展文化休闲旅游业。

以“五区一街”特色文化商业街区建设为载体，放大荔枝湾涌旅游品牌效应，提升荔湾旅游业发展的影响力。充分利用和整合区内的历史文化资源，完善配套设施，坚持对历史文化遗产实行整体保护的原则，处理好保护与修缮、保护与危破房改造、保护与新建建筑之间的关系，深入挖掘历史人文、建筑风貌、餐饮美食、娱乐购物等旅游资源，大力发展岭南文化、西关特色、水秀花香专线旅游。充分利用和整合江、水、花、岛等自然生态元素，采取规划引导、多元投资等开发方式，建设高等级旅游休闲设施，完善旅游消费产业链条，大力引进和培育国内外休闲旅游业知名企业，做大做强休闲服务品牌。推动文化休闲娱乐、旅游观光和餐饮购物融合发展，提升荔湾丰富多彩的文化休闲旅游资源品质，把荔湾区打造成为承载岭南文化的标志性旅游目的地。改造提升玉器、古玩字画、服装饰品等特色商业市场，促进商业资源与旅游资源、文化古迹与现代特色商业街的有机融合，打造集特色购物、特色休闲服务和融岭南传统文化等都市时尚体验于一体的国际商贸旅游区。

（六）做强创意产业。

以各具特色的创意产业园区和商务楼宇为依托，支持信义会馆、1850文化创意园、922宏信创意园、原创元素时尚创意设计产业园、广州设计港、广佛数字创意园等创意产业园区的发展，大力发展广告策划设计创意、网络软件信息创意、建筑时尚设计创意、文化出版影视制作创意，积极引进和培育一批自主创新的名家、名牌、名企，形成创意名家荟萃、创意活力无限、创意精品迭出的创意之都，精心打造广州的珠江黄金西岸荔湾滨水创意产业带，把荔湾建设成为广州富有特色的创意城区。

三、培育产业集群，壮大新型工业

（一）聚焦发展烟草制品业。

以广东中烟广州生产基地建设为契机，全力以赴做大做强烟草制品业，加快技术创新、品牌建设和市场拓展，使烟草制品产销规模、主导品牌集中度、产品结构和经济效益实现显著提高，不断扩大产品产销规模，加快打造集生产、研发和物流于一体的广东中烟广州生产基地，按照生产同质化、资源一体化、管理规范化的要求，全面提升广东中烟广州生产基地的科研、装备、技术、原料保障和管理水平，做长产业链，做大产业规模，把烟草制品业发展成为荔湾区工业的主体产业。

（二）大力发展新型工业。

积极对接和实施国家战略性新兴产业发展规划，以推动广东塑料交易所上市为契机，推进物联网等战略性新兴产业发展，打造新的经济增长点。进一步完善园区发展规划，推进新型工业载体建设，加快产业集聚，培育产业集群，做大做强一批高成长性骨干企业。以技术支撑和技术服务为主攻方向，发展光电产业和平板显示产业，建设光电产业集成服务平台，抢占产业链高端环节，力争形成以服务光电产业为主，并集聚LED、LCD等较完整产业群的新兴高科技产业基地，把大坦沙岛发展成为广州光电产业“硅谷”。全力打造中华液晶城项目，建成全球重要的平板显示产品交易中心，逐步实现平板显示产业的“全球面板、广东交易、广州价格”的发展目标。

（三）培育发展低碳产业。

为应对全球气候变化和适应产业绿色化发展的大趋势，积极抢抓省、市发展低碳经济的机遇，率先在广州市建设低碳产业园区。在产业布局谋划上，将低碳产业作为重要发展方向，择机发展新型高效节能、先进环保、资源循环利用技术和装备，发展节能环保服务业和再制造产业等环保产业新业态，引进LED照明、光伏设备应用等绿色项目，大力发展循环经济、低碳经济，努力推动绿色增长，提高荔湾可持续发展能力。

第九章　完善城区功能，建设乐居城区

“十二五”期间，立足广佛同城核心区功能定位，以“三旧”改造、河涌整治和基础设施建设为引领，以有效保护岭南历史文化风貌为重点，实现现代气息和岭南风貌的有机结合，完善城区功能，提升城区管理水平，建设乐居城区。

一、完善基础设施建设，提高城区承载能力

（一）优化城区路网结构，提升公共交通服务水平。

按照适度超前、优先发展、突出重点的原则，围绕重点功能区建设，以道路建设为重点，逐步建立完善、安全、高效的现代化基础设施体系，疏通现有路网，加大路网密度，提高道路通行能力。在保持城市风貌和街巷肌理的基础上，实施建设与改造，加强市政管线设施的规划和建设，实现市政管线设施隧道系统的统一规划、同步施工，建设水、电、气、热力、电信等市政管线，维护和更新老旧市政管线，实现市政管网的贯通。配合广州轨道交通建设布局，优化公交线路和公交站点布局，全面提升公共交通服务水平，为居民提供方便快捷的公交服务。

（二）建设白鹅潭立体交通体系，实现交通互通互联。

大力推进白鹅潭经济圈路网建设，按照白鹅潭作为广佛同城化的核心地区、沟通广佛地区交通枢纽的定位，全力打造“一心两网三岸”的交通体系，形成“三环七射”的道路格局。积极争

取、全力促进如意坊隧道及放射线、荔湾路延长线、大坦沙交通网络等一批市政项目上马。规划建设白鹅潭各个功能区块之间互通互联的综合立体交通体系，提升白鹅潭经济圈的交通便利性。

（三）加强停车场建设与管理，完善停车诱导系统。

着力抓好泮溪等停车场建设和管理，解决老城区停车难问题。充分利用好路面咪表停车资源、地下停车场资源，规划修建空中立体停车场系统。鼓励企事业单位对外开放空余停车位和错时停车位，鼓励民间资本进入停车场管理行业，规范管理和收费，利用价格杠杆调节汽车停放密度。完善停车诱导系统及指示标志系统，加快建立联网引导体系，引导车辆高效快捷停放。

（四）集约利用土地资源，开发地下空间。

抓住“三旧”改造政策机遇，遵循“统筹兼顾、有序推进”的原则，通过“三旧”改造，促进土地节约集约、高效长效利用，为城区转型升级拓展空间，从根本上改善和提升荔湾的居住环境。

以商业商务楼宇、轨道交通站点、人防工程等项目建设为契机，合理开发利用地下空间，实现地下与地上的功能互补、整体联动、立体发展。推动商业服务、车辆疏导停放、市政交通、防空防灾为一体的高效利用，增强城区防护能力和服务功能，加强资源集约利用，加大地下空间管理力度，提高城区防空和抗毁能力。合理有序开发地下商业，建设连接地铁与大型商业中心的地下商业街，最大限度地把地铁的人流变为客流和商流，逐步完善地下商业网络体系，通过有效连接地面和地下商业，把荔湾商圈做大做强。

二、推进“三旧”改造，展现城区新貌

（一）借助“三旧”改造，改善城区发展环境。

通过有计划地对旧城实施改造，更新完善公共服务设施和基础设施，增加公共开敞空间，满足居民居住、休闲、文化、就业等需求，创造和谐、稳定、有序的发展环境。充分利用社会资源，将旧城改造作为拉动城区投资增长的重要举措。通过对土地的再开发以及“退二进三”，实现产业结构调整和优化，为新兴产业提供发展平台，促进城区产业升级。注重培育产业发展的多样性，提升旧城经济活力。抓住旧城开发的机遇，利用荔湾文化底蕴深厚、历史遗存丰富的优势，挖掘、整合文化资源，将文化优势转化为产业发展优势。“十二五”时期，推进实施9个旧城改造项目，在3年优惠政策期内完成大部分旧厂房改造任务。

按照“政府主导，村（经济联社）为主体；统一规划，一村一策；试点先行，主动优先；社会参与，市场运作”的“城中村”改造要求，以改善人居环境和提升土地使用效率为主要改造方向，“十二五”期间，全力推进“城中村”改造与改制工作，将“城中村”融入城市化，推动农村管理向城市管理转变，集体经济向股份经济转变，农民股权向企业股权转变，实现“城中村”的城市化。

（二）加快以危破房改造为重点的惠民工程建设。

“十二五”时期，荔湾区要借助“三旧”改造政策机遇期，使“三旧”改造与经济建设、环境建设和民生建设相结合，按照轻重缓急、关注民生的原则，实施“区街联动，因地制宜，拆迁与安置紧密衔接”的危破房改造策略，加快推进危破房改造工程，依法依规做好安置拆迁，确保改造工作顺利推进。“十二五”期间，完成荔湾区2007—2009年间在册的671幢，总计约7.13万平方米的危破房修缮解危工作。加强旧街巷排水设施改造升级，彻底摆脱老城区“水浸街”的困扰。

（三）积极稳妥推进重点地块改造项目。

根据《广州市“三旧”改造规划》的要求，“十二五”时期，荔湾区要推进1.5平方公里的旧城改造项目，重点改造地区为荔湾旧城区、白鹅潭经济圈沿江地段。积极稳妥做好宝盛沙地二期、西湾路、泮溪停车场、源溪、龙津长寿路、增埗、金花十七、十八片等旧城改造项目。采取“修旧如旧、建新如故”的整体改造方式，将恩宁路打造成改善民生的标本，文化传承的品牌，旧城改造的典范，建成历史文化街区，重塑西关风情，弘扬岭南文化。重点推进花地村、西塱裕安围、茶滘村、东滘村等城中村改造项目。全力协助推进滘口、西塱、冲口等地块旧厂房改造项目。

（四）处理好保护与开发的关系。

按照以人为本、整体保护、延续文脉、循序渐进的原则，建立制度化的专家论证机制，保证“三旧”改造的审慎、合理、有序推进，全方位保护岭南历史人文资源与景观资源。按照原址保护的原则，划定区级文物保护单位的保护范围和建设控制地带，逐步整治建设控制地带内不符合保护控制要求的建筑物。制定和完善挂牌保护院落的保护措施，加强挂牌保护院落的保护和修缮。加强对优秀近现代建筑的鉴定、保护和合理利用。实现城区建设、改善生活环境、保护岭南风貌与促进经济发展、实现社会和谐的共赢。

三、加强精细化管理，提高城区管理水平

（一）推进网格化管理，实现城区全覆盖。

创新城区管理方式，在全区范围内推进网格化管理，实现空间分层、分级、全区域管理。整合城区管理信息平台，精确定位城区部件，推进城区管理内容具体化、数字化。加强社会联动，充分发挥驻区机关、部队、企事业单位、社会团体和居民群众的积极性，积极引导和组织开展各项城区管理活动，形成覆盖全区的城市管理网络。

（二）加强基层政权建设，理顺管理框架。

推进政府社会管理重心下移，强化街道“组织公共服务、实施综合管理、监督专业管理、指导自治组织”的职能，坚持“党委领导、政府负责、社会协同、公众参与”的原则，深化城区管理体制综合改革，切实增强政府社会管理和公共服务职能，建立区、街相互衔接、合理分工和规范高效的城区管理框架，把城区管理的各项基础工作落在实处。理顺城管、公安、工商、交通、环保、卫生等管理和执法部门的相互关系，建立城区管理执法协作机制。理顺区、街两级在城区管理中的职能划分，明确街道职责定位，健全基层管理体制。推进社区管理体制创新，完善居民参与机制，提高社区自治能力，加大社区居委会推行直接选举的力度。

（三）完善城区综合防灾减灾应急体系建设。

加大信息平台建设，完善应急预案体系，区各部门联动配合、全过程管理。进一步强化地震、消防、气象等单灾种防灾能力建设，完善交通、供电、供水等城区生命线防灾系统建设。加强综合防灾减灾应急救援指挥体系、救灾保障机制与备灾物品库建设。加强安全生产监督管理，全面贯彻实施《安全生产法》，健全安全生产监管体制，落实安全生产责任制，严格安全执法检查，实施对重大事故隐患登记建档、评估分级、治理和跟踪监督，确保事故隐患“早发现、早消除”。建立安全生产应急与长效机制，完善重大生产安全事故预警和预防控制体系，“十二五”时期，亿元地区生产总值生产安全事故死亡率每年控制在7%以内。增强应对重大突发事件能力，基本形成预防为主，预防、处置、救援、善后等相衔接，高效务实的综合防灾减灾应急体系。

（四）建立城区长效化管理机制。

坚持依法、科学、从严、有序原则管理城区，充分发挥公众参与城区管理的作用，积极推进城区管理体制创新和模式转变，提高城区科学管理水平。

巩固亚运会城区环境综合整治和管理的成果，把亚运会城区管理的成功经验转化为制度性安排，建立符合荔湾实际的长效管理机制。坚持依法行政、分类治理、标本兼治、疏堵结合的原则，解决城区违章建筑、机动车和非机动车乱停放等问题，探索建立“疏堵结合、以人为本”的城区管理模式。在南源、华林、逢源三条试点街道基础上，以点带面，继续推进实施流动商贩规范管理工作。推动城管执法系统信息化建设，促进城区管理手段和模式创新，提高城区综合管理效率。吸纳社区组织、居民群众等社会力量共同参与城区管理，逐步建立和完善主体明确、职责清晰、条块结合、规范高效的现代化城区管理体系。

四、深化环境整治，建设生态乐居城区

（一）建设绿色家园，打造生态园林城区。

立足荔湾特有的一江两岸、三江汇聚、百里河涌、水秀花香的自然生态景观资源，建设沿江休闲绿化带，凸显生态水景特色和优势。加强河涌水系的保护和绿化建设，建设总量适宜、分布合理、植物多样、景观优美的城区绿地系统。加强对区域和城区生态具有重大影响的生态绿地、沿湖（河）绿地、河流水系的保护和绿化建设，开展覆盖规模化、种植艺术化、配置生态化、管理精细化的城区绿化行动。充分彰显城区绿化的生态效益和社会效益，建设好区内公园的排水和道路绿化升级改造，扩建荔湾湖公园，进一步改善提升城区环境，塑造城区生态魅力，加快构建宜居乐居的生态格局。

（二）巩固治水成果，再现荔湾水秀花香。

在现有治水成果基础上，继续加大河涌建设开发力度。在南片将河涌整治与“三旧”改造、绿道建设相结合，实现“生态、商贸、文化、旅游”齐步走，提升片区的整体综合效益，充分展现千年水秀花香人与自然和谐的生态特色；在北片启动荔枝湾涌二期建设，结合恩宁路地块改造，对大地涌、上西关涌、下西关涌等荔枝湾涌延伸段及支涌揭盖复涌，消灭水浸街，复兴西关古水系，以点、线、面推动旧城改造与城市复兴，引珠江水入荔湾湖，与荔枝湾涌形成水系整体，从根本上改善水质，打造远近闻名、具有一定影响力的文化休闲旅游新名片。进一步加大环境综合执法力度，全面推进污染源摸查、水浸街治理、污水治理、调水补水、河涌综合整治、雨污分流等工作。创新河涌整治思路，采取“社会参与、项目代建、财政支持”等方式，调动社会各界参与，加快整治建设进度，营造良好亲水环境，将荔湾的百里河涌打造成为广州的“威尼斯”。

（三）推进节能降耗，形成节能减排新格局。

把节能降耗放在更加突出位置，坚决落实节能减排目标责任制。继续严把项目准入关，坚决禁止“两高一低”项目准入，全面推进第二、三批企业“退二进三”工程，从根本上改变能源结构和产业结构。聚焦重点领域、重点项目、重点企业，严格落实责任措施，大力推进工业、商业商务、建筑节能，加强太阳能、雨水收集和中水利用、LED照明等节能技术推广和产品应用，监督重点用能单位管理，加大节能减排监督检查、评价考核和奖惩问责。逐步构建以政府为主导、企业为主体、全社会共同推进的节能减排新格局。“十二五”时期，单位地区生产总值能耗五年累计下降13%，到2015年，全面完成“退二进三”及市下达的节能减排任务。

（四）加强环境保护，实现人与自然和谐。

加大环保投资和整治力度，提高城区整体环境水平，建设环境优美、景观别致、生态友好的宜居城区。开展水污染防治和大气环境整治，大力发展清洁能源，严格加强环境监管及对重点地区的环境整治。加强噪声污染治理，控制交通噪声污染，加强对商业网点、娱乐场所、社区生活等主要生活噪声源的监管。加强固体废物处理，深入推进生活垃圾分类处理及垃圾减排减量工作，完善垃圾转运基础设施建设，加大主干道大型机械化清扫垃圾力度，提高城区市容环境保洁作业水平。大力提高生活垃圾无害化处理率，提高垃圾减量化和资源化水平。积极开展爱国卫生运动，严格控制“四害”密度，提高防控水平。到2015年，城区生活垃圾无害化处理率达到100%，城市工业废水排放达标率达到99%，城市污水处理率达到95%。

五、推进信息化应用，建设智能化城区

积极推动信息资源、信息技术、信息服务在荔湾经济和社会发展各个领域的广泛应用，不断提高信息技术为产业发展、社会发展、城区管理、政务公开等服务的水平，建设智能化城区。

（一）推进产业发展信息化，提升产业发展水平。

促进信息技术在商贸流通、金融服务、专业服务、文化创意等行业的应用，推进洽谈、支付、物流、结算等环节的信息化。统筹信息网络基础设施建设，共同搭建高性能的信息网络基础传输平台、企业信息管理平台和电子商务平台，共建共享数据交换与共享中心等设施，促进信息网络联网与资源共享。大力发展高端信息服务业，积极吸引信息咨询服务、网络增值服务等信息服务企业落户荔湾，支持软件设计、业务流程外包等重点领域的发展，通过推动信息技术与产业融合发展，促进产业转型升级。

（二）推进社会管理信息化，提升社会管理水平。

以建设“数字荔湾”为目标，加大信息化建设投入，实现工作重心由基础设施建设向应用系

统和信息资源的开发利用转移，全面推进社会信息化建设。整合社会保障领域的信息资源，促进居住、就业、救助、治安等方面的信息共享。构建先进、高效、实用的数字化教育基础设施，推广远程教育。增强医疗卫生领域信息资源的整合和应用，实现网上预约、远程会诊等功能。进一步健全区、街道、居委会三级信息化管理系统，提高社区信息化水平。推动数字家庭建设，推广物联网技术和产品的应用。到2015年，社会信息化达到全市城区先进水平，建成较为完善的信息化应用体系。

（三）推进城区管理信息化，提升城区管理水平。

加强信息技术在城建、规划、市政、绿化、环保等领域的广泛应用，促进城区管理系统间的协同交互和智能化融合。加强环境监测、食品药品安全监管等信息系统建设，完善应对突发事件的信息网络运行机制，推动集交通诱导、车辆控制、电子收费等为一体的信息化平台建设。加强基础数据库建设和整合，健全和推广数字荔湾地理信息系统、区机关协同办公系统和部门业务办公系统，为区域资源的梳理、整合和共享交换提供平台，提升城区信息化管理水平。

（四）推进政府服务信息化，提升政府服务水平。

以创建服务政府和透明政府为目标，完善电子政务的全面推广和应用，进一步提高政府内部资源共享程度、办公效率和服务水平。加快建设面向社会公众和企业的网上办公系统，深化行政审批网上办事平台等跨部门系统平台建设。推动以荔湾信息网为中心的政府门户网站向综合性、服务性、交互性转变。

第十章 着力改善民生，构建和谐社会

一、优化资源配置，推进基本公共服务均等化

坚持以人为本、民生为重的原则，加大政府对公共服务的投入力度，建立政府投入持续稳定增长机制，大力推进基本公共服务均等化，为人民群众营造学有所教、劳有所得、病有所医、老有所养、住有所居的幸福氛围，提升公共服务质量，满足居民文化、精神、健康等多种需求，让人民群众充分享受到改革与发展的成果。

（一）推进教育优质均衡化发展，提升区域教育现代化水平。

把优先发展教育作为促进人的全面发展和区域经济社会腾飞的基础，合理调整教育布局，促进各级各类教育协调发展，进一步优化与社会主义市场经济和经济社会发展要求相适应的现代教育体系。

促进基础教育优质均衡发展。进一步加大教育投入，合理调整教育资源结构，优化教育资源配置，改善办学条件。全面贯彻教育方针，加强教师队伍建设，深入推进素质教育，建立健全教育质量监控评价体系，努力培养全面发展的新型人才。

完善终身教育体系。巩固提高九年义务教育和高中阶段教育，积极推进早期教育和学前教育，进一步加强特殊教育，大力发展社区教育。促进普通教育与职业成人教育、学校教育与社区教育、职前教育与在职教育的沟通和衔接，全面提高居民文化修养和整体素质，建设学习型荔湾。

推进办学体制和办学方式改革。义务教育坚持政府办学为主，非义务教育实行灵活、开放、多样的办学体制，鼓励公办学校进行多种办学体制改革试验，充分发挥名校的辐射作用，增强区域优质学校办学活力和竞争力。鼓励和支持民办教育的发展，在加强教师队伍建设，提高办学质量上下工夫，把民办教育发展成公办教育的重要补充。

（二）扩大社会保障覆盖面，健全社会保障网络体系。

切实加大各项社会保险基金征缴力度，建立企业专项公示及诚信制度，扩大社会保险覆盖面，重点将非公企业、灵活就业人员和外来务工人员纳入覆盖范围。做实基本养老保险个人账户，建立企业和职业年金制度，进一步完善事业单位的保障机制。建立多层次医疗保障体系，切实解决困难企业职工和退休人员医疗保障问题；充分发挥社区卫生医疗在医疗保险中的作用，努力减轻个人医疗负担；逐步实现退休人员社会化

管理服务，积极扶助低收入群体，完善最低生活保障制度，构建最低生活保障、临时救助、社会捐助和群众自助相结合的社会救助模式。建立健全因意外灾难及重大伤病致困人群的救助机制。加大对困难群体就业援助力度，进一步规范管理，确保低保工作公开、公平、公正。认真贯彻落实有关妇女、儿童的法律、法规和政策，积极提供法律服务或援助，保护妇女和儿童的合法权益。进一步巩固家庭供养的基础地位，发展社区老年服务，努力构建区、街道、社区多层次养老服务新体系。发展慈善事业、福利事业，完善社会互助机制，加大帮助残疾人提高生活质量、完善社会保障、参与社会生活及无障碍环境建设等各项工作力度，推进残疾人事业发展。

（三）完善医疗卫生服务体系，进一步提高居民健康水平。

全面组织实施市委市政府《关于深化医药卫生体制改革的实施意见》。进一步完善社区卫生服务体系建设，夯实以社区卫生服务为基础，社区卫生服务机构与医院分工合理、协作密切的基层卫生服务体系；着力推进国家基本药物制度的实施，有效减轻人民群众医药费用负担；强化区域卫生规划，优化机构和布局，鼓励并扶持民营医疗机构的发展，满足人民群众多层次医疗服务需求；逐步扩大基本公共卫生服务内容并确保覆盖全民，不断增强基本医疗和公共卫生服务能力，促进基本公共卫生服务均等化；深入推进中医药强区建设，彰显荔湾中医药特色；认真学习并借鉴公立医院改革试点城市经验，稳妥推进我区公立医院改革；加强医疗机构监督管理，提高医疗服务质量；推进科技人才信息化建设，为深化医药卫生体制改革提供有力支撑。

以区疾病预防控制中心为枢纽，由传染病监测控制、公共卫生监测控制、慢性病健康管理三大网络构建疾病预防控制体系；理顺卫生监督执法体系，提高执法效率和综合执法能力；完善公共卫生应急机制，建立规范、科学、有序的突发公共卫生事件应急处置和医疗卫生救援机制；巩固妇幼卫生服务体系，提高我区妇女儿童健康水平。

（四）加强就业指导服务培训，实现多渠道充分就业。

建立和完善覆盖城乡的基本公共就业服务体系，实现就业公共服务均等化。进一步完善市场导向的就业机制，打造与荔湾经济社会发展水平相适应、管理服务社会化的多层次就业体系，确保困难群众生活基本得到保障，维护人民群众的切身利益。坚持劳动者自主择业、市场调节就业和政府促进就业相结合的就业方针，把开发就业岗位和扩大就业作为重要任务，确保就业与经济增长协调发展。进一步优化就业结构，鼓励非公经济在就业方面发挥更大作用。不断完善公共就业服务体系，规范劳动力市场中介服务组织，加强劳动力市场信息系统建设及职业技能培训和鉴定工作。积极拓宽再就业渠道，鼓励非正规就业和弹性就业。完善职业技能培训体系建设，继续推行就业准入制度和劳动预备制，为失业人员、新成长劳动力提供免费再就业培训、创业培训，全面提升劳动者素质。完善创业扶持政策，健全创业服务体系，大力推进创业带动就业工作，促使“4050”人员等困难群体尽快实现就业。

二、开展社区建设，为居民提供优质服务

（一）培育社会组织，积极推进政府购买服务新模式。

重点扶持发展非营利性社会服务机构，扩大规模，完善功能，使之成为政府购买服务的有效载体，建立政府与社会组织的沟通、协调机制，畅通信息交流渠道。优化社会组织登记管理方式，简化登记程序，落实扶持措施，为社区社会组织的发展创造宽松的环境。进一步深化家庭及儿童、老年、青少年、残疾人服务、社区发展、社区矫正、劳动关系协调、就业培训等社会服务项目进行政府购买服务试点。采取适应荔湾社会管理事业发展的方式，向非营利性社会组织购买服务。通过购买服务，逐步降低政府的行政成本，提高社会公共服务质量和水平。

（二）完善公共服务设施，开发个性化服务项目。

抓好社区教育中心、文化活动中心、健身活动中心、卫生服务机构、清洁站、警务工作站等社区服务配套设施建设。拓宽社区服务领域，优

先发展便民商业、家政服务、计划生育等便民生活服务，加强社区治安防范，完善社区安全防范体系。大力开发治安巡逻、卫生保洁等社区公益性岗位。完善社区文化教育体系，加强社区现有群众文化组织的专业管理和培训，广泛开展社区文化汇演、广场文化活动，鼓励和资助专业人才和文艺团体深入社区教学、演出，增强居民对社区的归宿感。倡导终身学习理念，完善依托社区的学前教育网络，积极开展学习型个人、学习型家庭、学习型社区创建工作。建立健全社区群众体育组织，积极开展群众健身活动。

（三）维护城区安全，创建平安社区。

建设完善的综合治理体系，积极化解人民内部矛盾，创造和谐稳定的社会环境。大力加强社会治安综合治理。严厉打击各类刑事、经济犯罪活动。提高公共安全设施、装备现代化程度，逐步建立起治安预警、指挥决策、警务运转和监督管理系统协调运作的综合治理体系。完善社会治安防控体系和居委会、内部单位、繁华街区“三位一体”的基层安全工作格局，做好预防和减少青少年犯罪工作，加强对外来人员、特种行业的管理。正确运用经济、行政和法律等手段，妥善化解和处理人民内部矛盾。贯彻落实国务院《信访条例》，规范和改进信访工作，畅通和拓宽信访等民愿诉求渠道，建立信访反馈与政策实施研究联动机制。完善人民调解、治安行政调解、司法调解相衔接的工作制度，形成各部门协调合作的工作格局。

（四）创新管理模式，完善社区自治。

推进街道管理和服务体制改革，加快建设以街道为主体的社区管理服务工作体系，构建社区公共资源共享机制和综合治理机制。推动社会管理重心下移，按照管理、服务、执法“三位一体”的思路，改革完善街道管理和服务体制，规范管理街道现有事业单位、执法机构人员和聘用人员，积极推进在街道打造“一队伍三中心”，形成各有侧重、互为补充、互相促进的综合管理服务格局，切实提高社区社会管理和公共服务水平。逐步推行社区居民委员会直选，完善社区居民会议制度、社区议事协商制度，以及居委会定期向居民大会报告工作制度，实行居务公开和社区事务听证，调动居民参与、管理、监督社区事务的积极性，逐步减少居民委员会协管、协办的行政性事务，充分发挥居民委员会的自治组织功能。

三、加强人口管理和发展，提升居民综合素质

进一步规范人口管理，深化老年人口服务，探索多元养老模式，优化人口结构，提高居民综合素质，努力实现人口与经济、社会和谐发展。

（一）规范人口管理，营造和谐的城区环境。

强化科学的人口管理和服务，坚持计划生育基本国策不动摇，建立统筹解决人口问题的工作机制。深入开展人口计划生育工作综合改革，健全、完善计划生育优质服务、综合治理、利益导向等工作机制。以民生服务为切入点，进一步加强人口公共服务，完善区、街道、社区三级人口计生服务阵地建设，积极开展以生殖健康服务、出生缺陷干预、优生优育为主的系列免费服务。创新人口计生宣传教育机制，建设西关特色和谐人口文化，倡导依法生育、优生优育、文明生活、健康幸福的婚育新风尚。推进人口发展综合调控机制建设，提高人口工作宏观决策水平，优化人口结构，提高人口素质。通过“三旧”改造拆迁、城市开发等多种形式，有序引导部分人口转移，缓解低收入人群过度密集、居住困难问题，促进人口均衡发展，为荔湾经济社会发展创造良好的人口环境。

以加强综合治理为突破口，认真探索加强流动人口管理工作新思路和政策措施，加强针对流动人口、“人户分离”等重点人群的计划生育管理和服务，努力破解流动人口服务管理难题，维护流动人口的合法权益。

（二）深化老年人口服务，探索多元养老模式。

坚持政府主导、社会参与、市场化运作的养老模式，巩固居家养老为主、机构养老为辅的养老格局，探索以房养老、异地养老等多样化模式，完善养老保障体系。鼓励社会力量参与养老设施建设，加强社会养老机构管理，建立老年配餐服务中心、老年服务中心，扩大居家养老受惠面。营造敬老、助老的社会氛围，强化家庭养老

责任，发展为老年人服务的志愿者队伍，探索邻里互助点建设，完善老年人服务热线、紧急救援系统等为老年人服务信息网络建设，发展老年社会服务、老龄消费等产业，提供更多的老龄服务产品。鼓励医院发展面向老年疾病预防、诊疗、康复全过程的特色医疗服务，引入临终关怀安宁护理，探索建立老年人长期护理保障机制，大力发展老年人教育，丰富老年人文体活动，切实提高老年人的健康水平和生活质量。借鉴逢源街逢源人家的成功经验，发动社会资源和社区资源为老年人提供多方面、多层次的养老服务。

第十一章 凸显文化特色，建设文化高地

一、加强文化载体建设，积极打造文化引擎

（一）加快“五区一街”等文化载体建设，增强城区文化吸引力。

全力推进陈家祠岭南文化广场区、荔枝湾文化休闲区、沙面欧陆风情区、十三行商埠文化区、水秀花香生态文化区、上下九步行街等重点文化旅游街区建设，凸显“西关风情”和“水秀花香”，彰显荔湾文化魅力，将荔湾建设成广州世界文化名城核心区。

实施陈家祠广场二期工程，建设广东民间工艺品陈列馆及旅游文化中心，解决陈家祠馆藏文物展示和保护空间不足问题，全面提升陈家祠周边环境，形成集岭南传统建筑艺术、民间传统工艺展示、群众文化活动集散的历史文化风情区；推进荔枝湾涌二期工程，建设西关风尚休闲区、传统工艺展示体验区、民俗文化体验区、传统岭南园林游览区、“印象西关”表演区、美食园及旅游精品酒店，打造荔枝湾文化休闲旅游区；通过发掘历史建筑的内在文化价值，结合优美的临江景观资源，在沙面形成集建筑博览、史迹旅游、休闲游憩及总部经济为一体的综合性商贸旅游区；通过对上下九路沿街一定纵深区域的旧城更新和街巷、绿地、小广场的建设，把沿线名人故居、寺院、会馆、历史街区等景观要素串连成一体，形成上下九购物休闲区；结合文化公园改造，沿江路景观整治，将十三行故址打造成主题公园、展览及旅游商贸区，打造十三行商埠文化区，重现千年商都的繁华；围绕水秀、花香两大主题，重点打造大沙河生态主题公园、西塱湿地生态公园、大坦沙岛生态公园、五眼桥通福秀水生态休闲带、海南村花地河生态公园、聚龙村—大冲口涌文化生态公园，建设水秀花香生态文化区，建设宜居宜商的“广佛花城”。

（二）保护人文古迹，弘扬西关文化。

积极探索历史建筑分类保护的新模式，处理好历史文化遗产与现代化建设的关系，做好辖区内14条历史文化街区的保护工作，加强白鹅潭经济圈、十三行商圈、名人故居和“三旧”改造中文物的保护利用，抓好文物保护单位的整修、险情消除及其周边环境的整治。建立区文物数据库管理系统和文化遗产多媒体展示系统，编纂出版《荔湾区第三次文物普查成果汇编》。

筹建十三行博物馆和西关粤剧大剧院，把锦纶会馆打造为广州丝绸博物馆，把陈廉伯故居纳入区博物馆范畴并完成修缮，建设“西关五宝”展示中心，改造博物馆文物库房，丰富区博物馆和蒋光鼐故居馆藏和功能，形成岭南博物馆组群，构建独具西关特色的文物展示体系。鼓励和引导民营资本建私人博物馆，构建没有围墙的“博物馆”，提升城区文化内涵。

积极争取省、市重大标志性文化工程落户我区。完善非物质文化遗产保护管理制度，全面完成非物质文化遗产普查，建立健全非物质文化遗产名录体系，落实传承保护措施和传承人保护计划。进一步弘扬粤剧、粤曲、岭南书画等传统文化艺术，重点做好玉雕、粤曲、岭南盆景艺术、岭南木偶戏表演艺术、西关正骨、采芝林传统中药文化、敬修堂传统中药文化等非物质文化遗产的宣传推广。把恩宁路八和会馆周边地区打造成弘扬粤剧曲艺的特色文化区，进一步擦亮“中国曲艺之乡”的文化品牌。

二、完善公共文化设施，提供全方位文化服务

（一）合理布局，健全公共文化服务体系。

按照公益性、均等性、便利性的要求，构建服务半径合理、服务内容丰富、服务形式多样、服务网络健全的公共文化服务体系。结合城区“三旧”改造，把街道文化站、社区文化室、文化广场建设纳入城区建设整体规划，建成城区

"10分钟文化圈"，实现公共文化基础设施全覆盖。因地制宜建设不同规模的文化广场，实现城区居民平均每千户拥有一个文化活动户外广场，每万人口拥有公共文化设施面积不少于800平方米。采取政府采购、补贴等措施，保障城区低收入居民、残疾人、老年人和外来务工人员等群体的基本文化生活需求。加快图书自动化管理系统建设，实现区和街图书馆、文化站、文化室图书的通借通还。

（二）开展多种形式群众文化活动，打造公共文化活动品牌。

按照"一区一品"要求，大力推进"1101"文化工程（一个主题、十支队伍、一台精品），办好"西关大学堂"、"穗港澳粤剧日"、"西关风情"等特色文化活动，把文化公园中心舞台、白鹅潭文化广场、陈家祠文化广场打造成为全市固定的品牌文艺演出场所。加强业余文艺团体建设，重点扶持具有地方特色的私伙局、舞狮队等民间文艺团体和民间艺人，积极推动曲艺等群众文化活动蓬勃开展，形成亮丽的城区风景线，把具有浓厚地方特色的文化门类和文化产品推向全国。

（三）加快体育事业发展，提高人民群众身体素质。

利用亚运会成功举办的影响力，进一步整合区域体育资源，完善群众健身设施建设，广泛开展群众体育活动，提高人民群众身体素质。强化政府公共体育服务职能，深入开展全民健身活动，管好用好体育场馆，加强社区体育设施建设，推动区域内现有公共体育设施及中小学校体育设施全面向社会开放，形成功能互补、分布合理、信息集中、聚合效应明显的体育休闲健身、训练基础设施网络。到2015年，人均拥有体育场地面积达2.8平方米。

切实提高竞技运动水平，进一步发挥我区在游泳、射击、举重等项目上的优势，力争向国家、省、市输送更多的运动员。积极参加市组织的体育竞赛，继续保持我区体育竞技水平在全市的领先地位，进一步擦亮"全国游泳之乡"品牌。

大力发展体育产业，规范体育市场，促进体育消费，引导体育产业集聚发展，打造体育用品展示、交易基地。

三、推进精神文明建设，提升城区文明程度

（一）加强思想道德建设，提高市民综合素质。

深入开展社会主义核心价值体系建设，大力弘扬以爱国主义为核心的民族精神和以改革创新为核心的时代精神。挖掘、树立、宣传一批践行社会主义核心价值体系要求的先进典型，营造昂扬向上的社会风尚。加强社会公德、职业道德、家庭美德、个人品德教育，引导市民树立正确的世界观、人生观、价值观。加强未成年人的思想道德教育，引导未成年人培养良好的道德习惯，加强心理健康教育和疏导，净化社会环境，提供更适合未成年人欣赏的文化产品，营造有利于未成年人成长的社会文化环境。

（二）巩固"创文"成果，建立"创文"长效机制。

巩固公共文明创建成果，以实实在在的成效取信于民，强化创建工作的长效机制建设。齐抓共管，密切协作，形成"创文"工作的强大合力，以公共文明指数测评为抓手，不断推进城区公共文明建设。继续深化各类主题教育活动，进一步提升市民综合素质。不断破解创建工作难题，巩固发展"创文"成果，携手共建荔湾美好家园。

（三）开展文明创建活动，倡导健康文明生活方式。

引导居民建立健康文明的生活方式，在生活方式中增加先进文化元素，实现物质生活和精神生活的协调发展。加大对文化消费的投入，不断提升居民的文化素质和生活情趣。适应社会进步对知识要求越来越高的趋势，在全社会培育良好的学习风气，营造学习型社会。破除与现代文明不相适应的落后的生活习惯，摒弃随地吐痰、乱扔垃圾、乱穿马路等不文明行为，倡导和推广现代文明生活方式，形成积极向上的文明风尚。

四、大力发展文化产业，提升文化创造能力

（一）办好特色节庆活动，培育旅游品牌。

树立西关风情品牌，进一步加大对西关建筑文化、饮食文化、名人文化、华侨文化、器艺文化、宗教文化、民俗节庆文化、戏曲音乐文化、商业文化的宣传推广力度，重点办好“西关小姐”、“西关美食节”、“十三行文化艺术节”、“黄大仙民俗庙会”、“三月三仁威庙会”、“坑口生菜会”等传统民俗文化活动，做到旅游项目品牌化、旅游品牌项目化，塑造鲜明旅游文化形象，提升荔湾整体吸引力和影响力。

（二）做强做大文化企业，将文化产业培育成重点产业。

完善文化市场体系，加强文化市场管理，增强文化旅游服务功能，发展新型文化业态，走出一条专业化、产业化、规模化的发展之路。按照压缩总量、调整结构、规范经营、规模发展的原则，鼓励支持网吧、娱乐场所、音像店、书报刊店等文化企业连锁经营，优化资源配置，形成经营品牌。继续培育大量优秀、有实力的骨干文化企业，使之成为带动广大中小企业发展的领头羊，引领文化产业发展的中坚力量，推动文化产业又好又快发展，到2015年文化产业增加值占地区生产总值比重达5%以上。

（三）繁荣文化市场，强化行业自我管理。

打破文化市场的行业分割和准入限制，为文化产业发展创造良好的市场环境。重视互联网和移动通讯高速发展对居民文化娱乐生活带来的变化，注重高新技术与传统文化市场的结合，促进文化与现代科技、旅游产业、体育产业等的结合，推动网络娱乐、旅游演出、文化体育的发展，不断拓展文化市场的新领域。全面推进行政执法责任制，建设文化市场技术监管平台，提高执法效率和监管水平，强化行业自我管理。

（四）公益性和市场化相结合，提高文化设施运营水平。

加快文化体制改革步伐，对经营性文化领域，要打破垄断，形成多元化的投融资格局。通过改革逐步形成“政府主导，企业参与，社会联动，市场运作”的新型文化发展模式。鼓励和引导民营资本投入文化产业，创建文化品牌企业。建立各类文化设施管理运营办法和评估考评细则，对各类文化场所实行制度化、目标化、绩效化管理，同时实行相应的奖惩措施，确保各类设施作用的充分发挥。

第十二章 加强自主创新，建设创意城区

一、优化创新环境，营造创新氛围

（一）深化科技体制改革，增强自主创新能力。

建立以政府为主导、企业为主体、科技部门为主管的科技进步和技术创新体系。引导和支持资金、人才、技术等要素向企业集聚，鼓励企业加大研发投入，增强自主研发能力，构筑自主创新高地。优化高新技术产业园区软硬件环境，完善激励发展机制，大力引进科技型、环保型、节能型企业。扶持和培育一批技术水平高、发展潜力大、市场前景好的科技型企业，搭建产学研相结合的技术研发和科技服务平台，完善科技中介服务体系，提升综合服务能力，促进高新技术产业化和新型工业产业集群化。

（二）整合创新服务资源，打造创新公共服务平台。

加大对重点技术领域、重点科技项目的财政投入，发挥科技三项经费的作用，积极引导全社会增加科技投入，逐步建立政府投入为引导，企业投入为主体，社会资金广泛参与的市场化、多元化的科技投入机制。到2015年，科学研究开发经费占地区生产总值比重达2.5%以上。推进区域创新孵化体系建设，强化对科技企业的服务力度。以实现区域科技资源的集成开放和共建共享为目标，推动创新服务资源整合，促进创新要素高效配置，共同构建开放融合、布局合理、支撑有力的区域创新服务体系。共建区域市场化、社会化、网络化的研发服务、创业服务和中介服务支撑体系，打造区域创新公共服务平台。

（三）培育创新环境，构建区域科技创新体系。

营造良好的知识产权法治环境、市场环境和文化环境，着力提高知识产权创造、运用和保护能力，立足科技成果转化和产业化需求，加强对知识产权中介服务机构规范和政策引导，提高知识产权中介服务的专业化水平。以企业为主体，市场为导向，充分发挥政府和科研院所等各方作

用，构建科技创新体系。优化资源配置，整合区域内创新资源，形成创新合力。引导和支持各类创新要素集聚，培育和引进一批主业突出、核心竞争力强的高新技术企业。鼓励开展各类创新实践，推动技术创新、业态创新、管理创新和商业模式创新。

（四）突出科技服务功能，促进科学技术普及和应用。

突出科技为经济和社会发展服务的功能，培育科技创新和服务体系，加速科技成果的推广和应用，增强居民科技意识，提高公民科学素质，为经济社会协调发展提供支撑和保障。坚持科技工作“三个服务”的指导思想，鼓励企事业单位加大科研力度，提高具有自主知识产权的创新能力。对引进技术进行消化吸收再创新，对现有技术认真推广，尽快产生经济效益。充分利用高新技术改造提升传统产业，促进经济结构优化和产业升级，不断提高科技为商贸服务、文化生态休闲产业服务的力度，推动科技在全区各行业、各领域的广泛应用。

二、彰显创意魅力，创意引领发展

（一）营造创意氛围，打造创意产业集聚地。

增强服务业中的文化创意元素，大力营造创新创意氛围，推动服务业向高端发展。以陈家祠岭南文化广场区、荔枝湾休闲文化区为重点，促进创意与文化融合，大力发展文化艺术、文化创意、文化出版等产业，打造文化创意集聚地。以信义会馆、922 宏信创意园为重点，促进创意与艺术融合，大力发展艺术品设计、展销与交流，打造艺术创意集聚地。以上下九步行街、十三行商埠文化区为重点，促进创意与时尚商业融合，大力发展时尚消费、时尚设计与发布等，促进创意与商业融合，打造时尚创意集聚地。以广州设计港为重点，促进创意与设计融合，大力发展广告设计、建筑设计、工业设计等，打造设计创意集聚地。

（二）运用创意理念，提升城区魅力。

以西关传统民居街巷、沙面西式建筑群、聚龙百年古村建筑群等历史文化风貌保护区，上下九和十三行骑楼建筑传统商业街区、白鹅潭滨水创意产业带为重点，加强建筑、绿化、城市雕塑、公共标志、宣传橱窗等方面的创意设计，以创意元素提升城区魅力。加强荔湾文化风貌保护区建设，运用创意理念对历史文化建筑实施保护性开发，赋予传统文化新的生命力。加强商业街区创意景观设计，在商铺橱窗、商店店牌、灯光景观、公共绿化等城市街景中大量运用创意理念，提升街区品位。加强创意园区环境建设，提升园区品质。

（三）培养全民创意意识，共享创意成果。

聚焦商务楼宇、社区、机关、学校等不同领域的人群，通过政府推动、企业参与、社区活动、院校培训等方式，让居民更加广泛和多层次地参与创意活动，积极培育创意产品和服务的消费市场，培养全民创意意识，共享创意成果。抓住广州建设世界文化名城的契机，依托专业机构、行业协会等资源，积极开展创意作品展销、设计大赛、高峰论坛、品牌推广、信息发布、学术交流等活动，打造一批有影响力的创意活动品牌，为创意产品、创意企业、创意人员提供展示、交易和推广服务。充分发挥创意产业的先发优势和创意园区的品牌优势，建立对接国内外创意资源和市场的渠道，促进创意产品的交易种类、交易方式、服务内容与国际接轨。

第十三章　推进综合改革，突破体制瓶颈

一、调整经济结构，推动民营经济发展

（一）推进中小企业发展，促进中小企业快速成长。

加快科技型、创新型、成长型民营中小企业的培育，落实扶持中小企业发展的政策措施。完善政府采购支持中小企业的有关制度，提高政府采购中小企业货物、工程和服务的比例。进一步提高政府采购信息发布透明度，完善政府公共服务外包制度，为中小企业创造更多的参与机会。组织开展对中小企业相关法律和政策特别是金融、财税政策贯彻落实情况的监督检查，发挥新闻舆论和社会监督的作用，保护中小企业及其职工的合法权益。

（二）大力发展民营经济，增强区域经济发展活力。

优化政策环境，拓宽发展领域，强化引导服

务，鼓励全民创业。以加大扶持力度和完善服务体系为重点，鼓励和支持民营经济快速发展，提高民营经济的整体素质和市场竞争力。以区政务中心为核心，搭建社会化服务平台，为民营经济提供创业辅导、信息咨询、企业管理、技术指导等服务。支持民营企业参与国有和集体企业改革，支持民营企业以股权、实物和知识产权等非货币方式扩大投资。加快企业上市工作步伐，建立上市后备企业重点联系制度，帮助企业解决上市过程中遇到的困难和问题。支持民营企业上市融资、管理创新和品牌建设。加大对民营经济的财政金融支持，发挥西关国有资产投资有限公司的作用，完善管理机制和模式，为民营经济融资提供畅通的渠道。增强民营经济竞争力和可持续发展能力，把民营经济打造成为支撑荔湾经济内生增长的主体力量。

（三）强化国有资产管理，促使国有资产保值增值。

继续深化国有资产管理体制改革，强化国有资产管理，健全和完善国有资产监管运营机制，建立国有资本经营预算制度和国有企业经营业绩考评体系。加快国有企业重组改制步伐，完善国有资本退出机制和合理流动机制，规范国有企业改制和国有产权转让，健全公司法人治理结构，加强职业经理人队伍建设。加强非经营性资产转经营性资产管理。积极探索事业单位国有资产管理模式，推动社会事业领域产权改革，鼓励和引导社会资本以独资、合资、合作、联营、项目融资等方式，参与经营性的公益事业、基础设施项目的建设和运作。

二、推进行政管理改革，转变政府职能

（一）推进简政强区改革，建立长效管理机制。

以贯彻落实《中共广州市委、广州市人民政府关于简政强区（县级市）事权改革的决定》为契机，推进以简政强区为主要内容的事权改革，转变政府职能，深化行政审批改革，加强政务服务体系建设，完善“一站式”审批并向基层延伸；理顺区街城区管理层级责任关系，推进管理重心下移，管理事权下放，建立基层跨部门的联合执法机制；完善城区管理统一监控体系，以城区管理信息化促进城区管理现代化。建立规范高效、信息灵敏、反应快速的城区管理长效机制。

（二）健全绩效考核制度，推进事业单位改革。

积极稳妥、分类推进科技、教育、文化、卫生、体育等事业单位改革，深化用人机制和分配机制改革，建立现代事业单位管理体制和运行机制。做好改革的整体规划和设计，衔接省、市出台的事业单位分类改革文件精神，完善改革思路和措施，优化组织机构，搞活内部分配制度，解决事业单位社会化程度不高、结构布局不合理、财政负担沉重、市场竞争力不强等问题，逐步建立健全不同类型事业单位的责任制度和绩效评估制度，规范其行为规则和服务标准。

（三）深化财政各项改革，完善财政运行机制。

坚持依法理财、统筹兼顾和增收节支的方针，运用财政政策和调控手段，引导和促进经济发展方式转变，实现财政收入与经济社会发展指标相适应。进一步优化财政支出结构，集中财力办大事，大力支持科技创新。继续加大民生领域的财政投入，完善基本公共服务均等化投入机制。深化财政体制改革，建立完善的公共财政体系，加强预算编制的计划性、科学性、前瞻性，增强预算编制的透明度，推行预算公开，积极探索预算编制与绩效评价的结合机制。进一步完善财政国库管理制度，扎实推行公务卡结算改革。深化政府采购制度改革，加强计划性管理，不断细化采购预算编制，扩大政府采购规模和范围，大力推进财政科学化、精细化管理。

三、深化投融资改革，提高资本运营效益

（一）合理界定政府投资范围，规范管理政府投资。

合理界定政府投资范围，加强公益性和公共基础设施建设。健全政府投资项目决策程序，建立咨询评估论证制度和公示制度，完善项目事中和事后的评估及责任追究管理制度。对政府投资项目，全面实行规划指导、项目储备库筛选、社会中介全程服务。在基础设施项目建设中，积极探索政府投资以资本金注入、项目法人招标制等方式进行的投资改革试点。

（二）拓展多种融资渠道，完善投资平台建设。

加强和改进投资信息统计工作，及时发布政府投资信息，引导投资活动。保证所有经营性领域全部向社会资本开放。营造有利于各类投资主体公平、有序竞争的市场环境，提高资本运营效益，促进投融资总量不断扩大。加强和改善投资调控与管理，引导社会投资向符合荔湾区产业发展方向和空间布局要求的项目倾斜。

（三）积极吸纳民间资本，多渠道筹集建设资金。

有效管理和放大政府资金，多渠道筹集建设资金。建立有利于产业布局一体化的利益协调机制和项目建设的资金筹措机制，协调推进重大项目建设。允许各类企业以股权融资方式筹集投资资金，逐步建立起多种募集方式相互补充的多层次融资市场。鼓励银行和各类担保机构创新项目融资的担保方式，采取多种形式增强担保机构资本实力，支持设立多种形式的创业投资基金或中小企业投资公司。

（四）加强防范财政风险，促进我区经济社会可持续发展。

认真理清和统计地方债务情况，提出并采取有力措施，规范政府融资平台管理，切实控制政府债务规模，防范和化解潜在的财政风险。

第十四章　加强区域合作，拓展发展空间

一、以广佛同城为契机，打造“广佛之心”

（一）基础设施先行，形成无缝对接。

广佛两地将通过实现城际轨道交通、道路客运基础设施建设、票价及结算等一体化建设和管理，为广佛两地居民提供多种形式、同一标准、无缝衔接的“同城化”客运服务。“十二五”时期，重点完善两地间的路网，实现高快速路及城区干道的对接，倡导公交先行、科学布局，不断扩大“广佛公交”覆盖网和规模，以广佛客运班车公交化改造为基础，整合和完善广佛两地区域公交运输，形成一体化的广佛客运公交网络。试行在广佛重点交通枢纽、商业网点、旅游景点设立两地回程出租车候客点，在指定区域范围内允许两地出租车共同营运。

（二）加强环境整治，建设生态环境共管区。

联合开展饮用水源的保护和监测，严格限制周边地区可能污染水源的项目建设。加快建设污水管网和污水处理厂，确保现有企业实行清洁生产，关停不符合节能减排要求的污染及高耗能企业，禁止新建污染项目。规划建设对广佛地区具有重要影响的区域生态绿地，构筑生态安全屏障。重点协调广佛交界地段生态系统的衔接与分工，结合水源保护共建荔湾—盐步—平洲区域绿地，保障广佛交界带的生态完整性。

（三）加强配套建设，共建优质生活区。

先行推进金沙洲、荔湾—南海等交界地区同城融合发展，整合芳村花卉博览园、龙溪路—海八路商贸区、桂城商贸服务区等功能区，统筹安排功能分区，推进道路交通、市政设施、文化教育、医疗卫生、社区体育、就业与社会保障、生态环保等设施的衔接协调与共建共享，实现交通基础设施、公共服务设施、社会管理与服务等方面的全面对接，共同发展社会事业和社区服务业，协调社区管理，统筹推进荔湾与南海的市政公用设施建设、城市综合管理与执法、环卫保洁等衔接协调，促进居民生活同城化，打造广佛同城化优质生活区。

二、实现产业互补，建立产业融合机制

（一）加强互补合作，实现产业集聚。

发挥荔湾服务业的比较优势，以共建完整产业链的纵向配套关系为目标，与佛山等现代制造业发达地区加强在现代服务业方面的交流合作，提高合作水平和合作层次。以白鹅潭经济圈为核心区，重点发展总部经济、工业设计、文化创意、商贸商务服务等现代服务产业。依托白鹅潭经济圈控制性详细规划的启动，吸引更多的人才、资本、信息等要素向本区域流动，广泛吸引跨国公司、国内外大企业、大集团来设立总部、研发中心、营运中心、采购中心，通过总部经济促使产业链条向上游高端延伸。

（二）推进物流合作，共建服务平台。

充分发挥荔湾在广佛都市圈区域性枢纽的作用，构建区域性合作交流和交易平台，使其具有交易、展览、物流的功能，同时也能为商业谈判、项目洽谈提供条件，吸引珠三角地区电子信

息、纺织服装、五金、汽配等产品汇集，并推动集中的物流在区域之间加速流动。鼓励物流企业应用现代物流管理技术和信息技术，开展城市统一配送和发展电子商务物流体系，提高荔湾区现代物流发展水平。

（三）加强企业合作，实现跨区域发展。

整合不同区域企业的资金、技术、品牌优势，联合建设企业合作与交流平台，鼓励企业跨区域投资发展，协调推进企业跨区域兼并、重组，建设跨区域发展的大企业集团和中小企业联盟，优化区域企业组织，增强企业综合竞争力。充分发挥行业协会、中介组织的作用，了解区域合作动态以及反映企业诉求，形成联合商会、企业联合会、民营企业协会等社会团体联盟，参与制定有利于企业跨区域协作的政策、行业标准，跨区域协调双方利益，制定统一的服务合约、服务规范等制度，推进企业实现跨区域发展。

第五篇 保障措施

第十五章 加强政府建设，确保规划实施

一、推进政府职能转变，提升政府效能

加强政府建设，充分发挥政府对规划实施的组织、管理和保障作用，是确保荔湾“十二五”规划实施的重要保证。大力推进服务政府、责任政府、法治政府、廉洁政府建设，动员全社会力量，形成全民参与规划实施的合力，确保各项重点目标任务的完成。

坚持以人为本，以服务社会公益和多样化服务为重点，深入转变政府职能，强化政府社会管理和公共服务职能。完善行政管理决策机制，优化重大决策规则和程序，完善公众参与、专家论证和政府决策相结合的工作机制，广泛集中民智，使决策真正建立在科学、民主的基础之上。

深入推进依法行政，形成权责一致、分工合理、决策科学、执行顺畅、监督有力的行政管理体制。坚持标本兼治、综合治理、惩防并举、注重预防的反腐倡廉战略方针，坚决惩治和有效预防腐败，加大教育、监督、改革、制度创新力度，积极探索“制度加科技”的预防腐败新机制。

认真贯彻《公务员法》等法律法规，深入推进公务员素质能力培训工程，着力提高公务员的政治素养能力、公共服务能力、依法行政能力、学习创新能力、应对突发事件能力。牢固树立科学发展观和正确政绩观，切实提高执政为民意识，努力建设一支政治坚定、业务精通、清正廉洁、作风优良的公务员队伍。

二、树立人才优先理念，优化人才结构

优先开发人才资源，逐步建立和健全以素质提升为重点的人才培养机制、以价值实现为中心的人才使用机制、以业绩能力为基础的人才评价机制、以激发创造为目的的人才激励机制。加大对国内外高端人才的引进力度，重点加快引进高层次创新型人才，设立高层次人才引进专用经费，大力发展高层次人才载体，不断提高人才层次结构，逐步构建善于吸引人才、发现人才、培养人才、用好人才、激励人才的人才发展机制。

优先保证人才服务，健全完善政府人才公共服务平台，建立一体化的服务网络，实现求职招聘、人事代理、档案管理、社保代理、职称评定、继续教育和就业服务等人才公共服务的信息化、网络化。继续为区内企业做好“一站式”人才服务。建立和完善急需紧缺高层次人才服务卡升级制度，加强人才配套服务，不断完善购物、就学、就医、文化、娱乐及网络信息等服务设施，着力解决各类人才创业和生活需求，优化人才工作生活环境，把荔湾打造成为适宜各类人才创业、工作和生活的城区。

三、统筹资源整合，推进规划顺利实施

合理安排进度。围绕规划确定的发展目标和主要任务，明确建设时序，合理安排规划实施进度，认真编制好年度发展计划，做好年度计划与“十二五”规划的衔接，确保规划发展任务有序推进和落实。

强化责任考核。按照稳步推进、分类管理的原则，分解规划纲要主要目标任务，纳入相关责任部门绩效考核，重点加强对约束性指标和政府履行社会管理和公共服务职能的评价考核。

落实政策配套。认真贯彻落实国家、省、市各项宏观调控政策，根据发展的实际需要，把握

重点领域和关键环节，制定相关配套政策措施。注重政策衔接、平衡和落实，形成政策合力。科学安排财政预算，合理安排财政支出，保障规划落实所需财政支持。

监督规划实施。依法及时公开披露规划实施的相关政策和信息，健全重大事项报告制度，定期将规划目标和主要任务进展情况向区人大常委会报告，向区政协通报。健全政府与企业，居民的信息沟通机制，充分发挥新闻媒体和群众团体的桥梁和监督作用，形成全社会关心规划、参与实施和共同监督的良好氛围。

四、加强规划评估，确保规划目标实现

规划实施过程中，围绕规划提出的主要目标、重点任务和政策措施，适时组织开展规划实施情况评估，全面分析、检查规划实施效果及各项政策措施落实情况，及时发现问题、查找原因，提出有针对性的评价改进意见，为动态调整和规划修订提供依据。

本规划纲要一经批准，由区人民政府组织实施。规划实施期间，如遇环境发生重大变化或其他重要因素影响，需要对规划目标和任务进行重大调整的，按照有关程序报批。

附件 1

荔湾区“十二五”规划主要指标一览表

目标	指标名称	单位	2010 年完成值	“十二五”时期		指标属性
				2011—2015 年均增长（%）	2015 年	
经济发展	1. 地区生产总值	亿元	614.76	10 以上	1000	预测性
	2. 人均地区生产总值	元	—	9	—	预测性
	3. 社会消费品零售总额	亿元	405.11	15	—	预测性
	4. 全社会固定资产投资	亿元	188.23	—	五年累计达 1000 亿元	预测性
结构优化	5. 现代服务业占服务业比重	%	31.2	—	50	预测性
	6. 文化产业增加值占地区生产总值比重	%	2.7	—	5%以上	预测性
	7. 科学研究开发经费占地区生产总值比重	%	2.2	—	2.5	考核性
	8. 公共教育经费占地区生产总值比重	%	2	—	4	考核性
和谐社会	9. 年均新增就业岗位	个	17893	—	每年新增 10000 个以上	考核性
	10. 人口自然增长率	‰	0	保持 0		考核性
	11. 人口出生率	‰	6.86	—	每年控制在 7‰以内	考核性
	12. 亿元地区生产总值生产安全事故死亡率	%	—	—	每年控制在 7‰以内	考核性
	13. 每千人口医院和卫生院病床数	张	—	—	4.06	调控性
	14. 人均拥有体育场地面积	平方米	2.6	—	2.8	调控性
	15. 每万人口公共文化设施面积	平方米	—	—	800	调控性
	16. 城区居民人均可支配收入	元	29947	10	—	考核性
	17. 城镇登记失业人员就业率	%	76.03	—	每年保持在 70% 以上	考核性
	18. 城镇职工基本养老保险参保率	%	—	—	95	考核性
	19. 城镇职工基本医疗保险参保率	%	—	—	98	考核性

（续表）

目标	指标名称	单位	2010年完成值	“十二五”时期		指标属性
				2011—2015年均增长（%）	2015年	
环境友好	20. 单位地区生产总值能源消耗	（吨标准煤/万元）	0.6498（预计数）	—	比2010年降低13%左右	考核性
	21. 城市绿化覆盖率	%	—	—	25.5%以上	考核性
	22. 人均绿地面积	平方米	6.93	—	7.3	考核性
	23. 城市生活垃圾无害化处理率	%	100	—	100	调控性
	24. 城市工业废水排放达标率	%	97.87	—	99	考核性
	25. 城市污水处理率	%	85	—	95	考核性

附件2

荔湾区“十二五”规划重点建设项目表

单位：万元

序号	项目名称	建设性质	负责单位	建设规模	建设起止年限	资金来源构成	总投资额	十二五期间投资
	项目合计（66项）						11065855	7887467
	生产力骨干项目（23项）						3886981	2904057
1	广东中烟广州生产基地	续建	广东中烟	$210000M^2$	2006—2011	自筹	600570	400461
2	广州国际医药港	新建	广州国际医药港有限公司	$1500000M^2$	2010—2014	自筹	416542	319897
3	广东塑料交易所二期仓储中心	新建	广东塑料交易所	$131276M^2$	2010—2013	自筹	100000	70000
4	中华液晶城	续建	西郊联社	$350000M^2$	2010—2015	自筹	75000	70000
5	财富天地广场	续建	越汇公司	$613200M^2$	2009—2013	自筹	557400	256330
6	原创元素时尚创意设计产业园	续建	奥益公司	$80000M^2$	2009—2012	自筹	20000	8500
7	世贸服装城	续建	广州南岭铁路车辆段指挥部	$260000M^2$	2009—2012	自筹	208000	187500
8	越和家居建材采购中心	续建	越和公司	$15000M^2$	2010—2013	自筹	90000	80000
9	立白大厦	续建	立白集团	$40000M^2$	2009—2014	自筹	50000	41000
10	铁路南站（珠光）项目	续建	南站集团	$360000M^2$	2010—2015	自筹	500000	247000
11	人参林药业物流基地	续建	大参林集团	$60000M^2$	2010—2012	自筹	12000	9000
12	广州沃野明丰商贸城	续建	沃野明丰公司	$81000M^2$	2010—2013	自筹	45000	35000
13	芳村大冲口油库改造	续建	盈升置业公司	$61000M^2$	2009—2012	自筹	30000	22000

（续表）

序号	项目名称	建设性质	负责单位	建设规模	建设起止年限	资金来源构成	总投资额	十二五期间投资
14	广州国际茶叶交易中心	续建	广州国际茶叶交易中心公司	$150000M^2$	2009—2014	自筹	68000	60000
15	市地铁总公司地块开发	新建	广州市地铁公司	$280000M^2$	2011—2016	自筹	500000	500000
16	旧龙溪路高尔夫球场地块	新建	中铁集团	$200000M^2$	2011—2015	自筹	281277	281277
17	广州采芝林药业有限公司中医药体验园	新建	采芝林集团	$40000M^2$	2012—2015	自筹	10500	10500
18	新广佛商业中心	续建	新广佛商业中心公司	$8000M^2$	2011—2012	自筹	18000	15900
19	广东建工集团流花路85号综合楼	新建	广东建工集团	$4000M^2$	2011—2014	自筹	27000	27000
20	欧洲城	新建	区经贸局	$310000M^2$	2012—2014	自筹	36000	36000
21	周门协力综合楼	续建	西郊联社	$7500M^2$	2009—2012	自筹	15000	10000
22	逸彩庭园组团	续建	新世界集团	$180000M^2$	2011—2014	自筹	151692	151692
23	清平医药中心二期	新建	清平公司	$20000M^2$	2012—2016	自筹	75000	65000
	城建项目（37项）						7152848	4957384
24	芳村大道南扩建工程（东沙大道—鹤洞桥脚）	续建	区建设园林局	2000×60米	2011—2013	财政	32343	19406
25	龙溪大道快速化改造（西环—五丫口大桥）	新建	区建设园林局	2500×60米	2011—2013	财政	90000	90000
26	陈家祠岭南文化广场二期	新建	区建设园林局	$30000M^2$	2011—2014	财政	60000	60000
27	如意坊放射线工程	新建	区建设园林局	2500×60米	2011—2015	财政	200000	200000
28	荔湾湖公园扩建	续建	区建设园林局	$36700M^2$	2008—2013	财政	50107	23500
29	荔枝湾涌二期	新建	区水务农业局	4400米	2011—2013	财政、自筹	441500	441500
30	白鹅潭经济圈启动地块	续建	区国土房管局	$996379M^2$	2011—2015	融资	1152836	1152836
31	恩宁路改造	新建	区更新改造办	$113700M^2$	2008—2012	财政、融资	200000	108205
32	宝盛沙地二期	新建	区更新改造办	$14600M^2$	2009—2012	融资	60000	37400
33	源溪地块改造	新建	区更新改造办	$105000M^2$	2011—2013	融资	158700	158700
34	增埗地块改造	新建	区更新改造办	$29000M^2$	2012—2014	融资	82000	82000
35	金花十七、十八片改造	新建	区更新改造办	$15600M^2$	2012—2014	融资	44000	44000
36	泮溪停车场	新建	区更新改造办	$7800M^2$	2010—2011	融资	23600	16450
37	西湾路地块改造	新建	区更新改造办	$198000M^2$	2011—2014	融资	210000	210000
38	西塱（金龙厂）改造	新建	区更新改造办	$45000M^2$	2012—2014	融资	30000	30000
39	澳口村改造	新建	区更新改造办	$16000M^2$	2012—2013	融资	47304	47304

（续表）

序号	项目名称	建设性质	负责单位	建设规模	建设起止年限	资金来源构成	总投资额	十二五期间投资
40	小梅大街改造	新建	区更新改造办	29007M^2	2012—2013	融资	38015	38015
41	恩洲直街（美食园）项目	新建	区更新改造办	21000M^2	2012—2014	融资	88200	88200
42	汇成花园	新建	区西关国投	39000M^2	2012—2013	融资	40000	40000
43	花地城中村整体改造	新建	花地联社	444000M^2	2011—2015	自筹、融资	203000	102000
44	西塱城中村整体改造	新建	西塱联社	1229400M^2	2011—2015	自筹、融资	191700	63900
45	东漖城中村整体改造	新建	东漖联社	604400M^2	2011—2015	自筹、融资	164200	164200
46	茶滘城中村整体改造	新建	茶滘联社	580100M^2	2011—2015	自筹、融资	312000	182000
47	大坦沙岛城中村整体改造	新建	河沙、坦尾、西郊联社	2266500M^2	2012—2015	自筹、融资	707900	424740
48	五眼桥城中村整体改造	新建	五眼桥联社	721000M^2	2012—2015	自筹、融资	324000	194400
49	坑口城中村整体改造	新建	坑口联社	962800M^2	2012—2015	自筹、融资	253365	84455
50	葵蓬城中村整体改造	新建	葵蓬联社	718400M^2	2012—2015	自筹、融资	298600	99533
51	南漖城中村整体改造	新建	南漖联社	731300M^2	2012—2015	自筹、融资	226100	135660
52	东塱城中村整体改造	新建	东塱联社	725500M^2	2012—2015	自筹、融资	247528	82509
53	沙洛城中村整体改造	新建	沙洛联社	392000M^2	2012—2015	自筹、融资	111100	37033
54	增滘城中村整体改造	新建	增滘联社	844500M^2	2012—2015	自筹、融资	229600	76533
55	海北城中村整体改造	新建	海北联社	1036800M^2	2012—2015	自筹、融资	26500	26500
56	海南城中村整体改造	新建	海南联社	1619500M^2	2012—2015	自筹、融资	442500	147500
57	海中城中村整体改造	新建	海中联社	589500M^2	2012—2015	自筹、融资	125000	125000
58	龙溪城中村整体改造	新建	龙溪联社	950500M^2	2012—2015	自筹、融资	28000	28000
59	鹤洞城中村整体改造	新建	鹤洞联社	213000M^2	2012—2015	自筹、融资	93200	55920
60	山村城中村整体改造	新建	山村联社	948200M^2	2012—2015	自筹、融资	119950	39983
	社会事业（6 项）						26026	26026
61	陈嘉庚中学	新建	区教育局	3900M^2	2011—2012	财政	800	800
62	三元坊小学	新建	区教育局	2060M^2	2012—2013	财政	4000	4000
63	十三行博物馆	新建	区文化广电局	3000M^2	2012—2014	财政	8000	8000
64	站前派出所	新建	区公安分局	2200M^2	2012—2013	财政	1200	1200
65	看守所	新建	区公安分局	66000M^2	2011—2014	财政	9785	9785
66	拘留所及海龙派出所	新建	区公安分局	10200M^2	2011—2013	财政	2241	2241

大事记

大事记

2011 年

1 月

1 日

2011 年新年升国旗仪式在区委大院广场隆重举行。区委书记周亚伟、代理区长唐航浩等区领导，区人大常委会各工委、区政协各委员会主要负责人，区属各部门、各街道的主要负责人及有关部门和街道工作人员共 600 多人参加了升旗仪式。

2 日

中共中央政治局常委李长春到广州市视察人居环境整治情况。同日视察荔湾区沙面“欧陆风情小镇”人居环境示范区等处，并听取有关区领导关于建筑立面整饰、道路升级改造及光亮工程工作进展情况的汇报。

5 日

参加中共广东省委十届八次全会的省委常委、深圳市委书记王荣，省委常委、秘书长徐少华，省委常委、广州市委书记张广宁，副省长林木声，广州市市长万庆良等 320 多名省市领导来区考察荔枝湾涌。区委书记周亚伟，代理区长唐航浩等区领导陪同参观并分别向考察团介绍荔湾区治水和建设荔枝湾涌的情况。

6 日

庆祝广州市荔湾区中医院建院 30 周年大会暨《沈坚华中医临证心镜》首发式在东方宾馆举行。省、市、区有关领导参加了此次活动。

是日区民政局、海龙街道办事处、广州市大同社会工作服务中心举行社区综合服务中心政府购买社工机构服务签约仪式。此次签约标志着引入专业社工开展综合服务正式走入社区居民日常生活，为探索政府购买专业社工服务提供经验。

7 日

暨南大学医学院口腔医学研究生培养基地暨荔湾口腔教学医院签约和揭牌仪式在区口腔医院举行。区卫生局与暨南大学、暨南大学医学院签订了暨南大学医学院荔湾口腔教学医院及口腔医学研究生培养基地合作协议。

12 日

“广州市就业援助月启动仪式暨亚运亚残运志愿者专场招聘会”在陈家祠广场举行，为就业困难人员和亚运亚残运志愿者提供专场招聘、劳动保障政策咨询、创业服务、社工辅导等专项服务，近 120 家招聘单位进场设点招聘，提供各类就业岗位 2500 个。副市长陈国，市人力资源社会保障局党委书记杨秦、局长崔仁泉，荔湾区副区长刘瑜梅等市、区领导参加启动仪式。副市长陈国向荔湾区金花街颁发“国家级充分就业示范社区”牌匾。

18 日

香港各界协会代表人士 1000 多人在区政协副主席、区委统战部部长李耀楷等领导陪同考察荔枝湾涌。

24 日

中共广州市荔湾区委十届十次全体会议在区会议中心召开。区委常委、区委委员、候补委员及区领导、区属各单位负责人、基层党员代表、民主党派负责人、无党派人士代表共 200 多人参加会议。会上，区委书记周亚伟代表区委常委会向全会报告 2010 年区委工作，部署 2011 年工作，并作全会总结讲话。区委副书记、代理区长唐航浩总结 2010 年全区经济工作，部署 2011 经济工作，并就《中共荔湾区委关于制订国民经济和社会发展第十二个五年计划的建议》的起草情况作说明。全会表决通过了《中国共产党广州市荔湾区第十届委员会第十次全体会议决议》。

是日，原国务院副总理、中央政治局委员吴仪参观游览陈家祠博物馆及荔枝湾涌，市长万庆良、副区长刘瑜梅等领导陪同参观游览活动。

26 日

以“新生活新荔湾”为主题的荔湾区侨界 2011 年新春联谊会暨荔湾区第四届千叟宴活动在中国大酒店举行，区有关领导与归侨侨眷和千名长者同聚一堂，共贺新春。

28 日

广州市副市长贡儿珍到金花街慰问“中国百名优秀母亲”“广州市道德模范”袁建明。

2 月

2 日

全国人大副委员长韩启德在省政协副主席、省卫生厅厅长姚志彬，市政协副主席、市规划局局长王东，荔湾区委书记周亚伟等的陪同下视察荔枝湾。

13 日

逢源街厚福大街等地发生水浸，代理区长唐航浩第一时间赶赴现场，指挥抢险工作。同日晚23 时至次日凌晨 2 时，区委书记周亚伟带领区水务、建设、城管、环保有关部门和逢源街、昌华街负责人深入逢源街水浸区，现场指挥抢险排水工作，安抚受水浸影响的群众。次日下午，区委书记周亚伟，代理区长唐航浩再次来到位于逢源街的荔枝湾涌，详察受水浸影响地区的善后工作。

15 日

中共广东省委常委、广州市委书记张广宁率领部分市委领导与广州地区新闻界主要负责人参观荔枝湾涌，沿途还到陈家祠广场、中山七路、泮塘路沿线以及沙面岛，了解广州市旧城环境改造、河涌治理、历史文化建筑保护利用和人居环境改善等情况。区委书记周亚伟，代理区长唐航浩等陪同参观。

28 日

团中央书记处书记周长奎带领 100 多名来自全国各省市参加全国志愿者工作会议的代表，到逢源街耀华社区考察志愿者服务工作。团省委书记陈东、团省委副书记曾颖如、团市委书记王焕清、区委副书记王慎初等领导陪同考察。

3 月

1 -4 日

区政协第十三届六次会议在区会议中心召开。大会由区政协主席卢玉萍主持。会议听取并通过区政协常委会工作报告和提案工作情况的报告。会议表彰了区政协第十三届五次会议以来的优秀提案。会议选举陆小荣、陈铮衡为区政协副主席，接受任虎堂、翟广辞去区政协副主席职务。会议共征集提案 106 件，立案 86 件，占提案总数的 81.1%。其余转为意见。

2 -5 日

区人大第十四届八次会议召开。会议开幕式由区人大代理主任邵卫红主持，250 多名人大代表出席会议。大会听取代理区长唐航浩的《政府工作报告》及关于区国民经济和社会发展第十二个五年规划纲要（草案）的说明，审议《广州市荔湾区 2010 年国民经济和社会发展计划执行情况与 2011 年计划草案的报告》《广州市荔湾区 2010 年预算执行情况和 2011 年预算草案的报告》等，表决通过区十四届人大七次会议选举办法（草案）。会议选举周亚伟为区人大常委会主任，选举唐航浩为区长。

6 日

广东省委副书记、省长黄华华在区委书记周亚伟的陪同下到荔枝湾涌参观考察，并看望慰问节日期间仍在坚持工作的干部职工，与当地居民群众共度佳节、喜迎新春。

9 日

区委、区政府分别在区会议中心、区政府中心会堂设置会场，举行荔湾区 2011 年“关爱党员、凝聚合力，建设幸福荔湾”捐款活动。区委书记周亚伟、区长唐航浩、区政协主席卢玉萍、区委副书记王慎初、区人大常务副主任邵卫红等区领导及区委与区政府各部门干部职工近 500 人参加捐款活动。

是日，广州市市长万庆良、常务副市长苏泽群、市政府秘书长谢晓丹等领导来区调研经济社会发展情况，先后考察广东中烟广州生产基地、立白集团。区长唐航浩向调研组汇报相关工作情况。

14 日

“新荔湾新商机”——2011 年广州荔湾新春招商会在香港举行。广州市副市长陈明德、市对外贸易经济合作局局长肖振宇，荔湾区委书记周亚伟、区长唐航浩等出席招商会。招商会期间，就白鹅潭经济圈、珠江黄金西岸荔湾滨水创意产业带以及荔湾文化旅游分别召开专题推介会。

15 日

荔湾区委统战部在香港召开“荔湾区港澳知名人士新春酒会”，区长唐航浩、政协主席卢玉萍、副主席陆小荣等区有关领导与来自香港、澳门的知名人士欢聚一堂，共商发展大计。

是日，广东省军区政治部副主任马占胜在广州警备区司令员与政委颜小明、政委黄思潮等领导陪同下，到区人武部检查指导开展主题教育、思想作风教育和反腐倡廉教育活动。

21 日

“新广州新商机”北京推介会在北京人民大会堂隆重举行。区委书记周亚伟、区长唐航浩、副区长刘瑜梅等出席推介会。推介会上就广东中烟广州生产基地双喜逸品制作中心技术改造项目、中国联通信息化终端应用项目和广州宜家家居龙溪商场新设立项目举行签约仪式，签约投资总额 33 亿元。

是日，全国非公有企业党的建设工作会议在北京召开，荔湾区立白集团党委在会上作了经验交流，并得到中共中央政治局常委、中央书记处书记、国家副主席习近平的亲切接见。

30 日

中共中央政治局委员、广东省委书记汪洋在中共广州市委书记张广宁，市长万庆良及荔湾区主要领导等陪同下到逢源街社区综合服务中心和管理中心视察综合家庭服务、青少年服务、长者日间服务、残疾人服务等情况，并与社区居民亲切交谈。

是月

荔湾区被国家民政部命名为“全国第二批社会工作人才队伍建设试点示范区”。

4 月

2 日

仁威庙举行“三月三北帝诞”赠福米活动。至今该活动已连续开展七年，惠及部分困难群众。广州市民族宗教局副局长谢安平、区政协副主席陆小荣等出席了该活动。

10 日

应世界城市与地方政府联合组织（UCLG）亚太区秘书处新任秘书长鲁道夫·霍特邀请，经市长万庆良批准同意，广州市组成代表团前往肯尼亚首都内罗毕，参加联合国地方政府咨询委员会会议和联合国人居署第 23 届理事会会议，并在联合国人居署举办的城市图片展活动上，进行了广州人居环境整治成果的展示，其中通过图片展展示荔湾区人居环境整治成果。

18 日

市委书记张广宁、市纪委苏志佳、市委常委、市秘书长陈如桂、副市长陈国在区委书记周亚伟、区长唐航浩、区委副书记王慎初、区委常委、区委办主任黄贤青等领导陪同下，到金花街调研管理和服务体制改革试点情况，并召开现场会。

26 日

詹天佑诞辰 150 周年纪念日。区文化广电局、詹天佑故居纪念馆、詹天佑小学联合举办“传承天佑精神建设智慧荔湾”——纪念詹天佑诞辰 150 周年系列活动。

27 日

晚，《与幸福同行》广州市荔湾区庆祝“五一”国际劳动节暨纪念“五四”运动 92 周年大型主题歌会在陈家祠广场举行。区委书记周亚伟、区长唐航浩、区政协主席卢玉萍等区领导出席主题歌会。

是日，佛教福胜庵异地重建补充协议签约仪式举行，仪式由区委统战部部长陆小荣主持，佛教福胜庵与广州成功房地产公司签署补充协议。

29 日

由广州市经贸委和荔湾区政府联合主办的广州（沙面）西餐文化节在沙面隆重开幕。西餐文化节为期五天，以文化为主题，美食搭桥，吸引 30 多万市民和中外游客。《广州日报》《羊城晚报》《南方都市报》、广东电视台、广州电视、南方电视台等媒体和各大网站都竞相报道此西餐文化节的盛况。

5 月

9 日

荔湾区在上下九商业步行街举行交接仪式，

由华林街正式接管步行街的管理工作。此前华林街成立接管工作领导小组，全面收集原步行街管委会的相关资料，梳理整合管委会与街道工作部门的职责分工，为接管步行街管理工作作准备。

10 日

荔湾区人民法院挂牌成立荔湾区诉前联调工作室。

18 日

荔湾区援建从化市吕田镇第一批项目正式动工。中共广州市纪委书记苏志佳、市人大常委会副主任陶子基、副市长陈国等市领导，区委书记周亚伟、区长唐航浩、区政协主席卢玉萍等领导出席动工仪式。区委书记周亚伟在动工仪式上致辞。区长唐航浩代表荔湾区向从化市吕田镇捐助资金 1000 万元。

19 日

荔湾区房地产登记交易所在 2010 年度全国房地产交易与登记规范化管理经验交流暨表彰大会上，荣获“2010 年度全国房地产交易与登记规范化管理先进单位”称号。

21 日

国家民政部副部长罗平飞、民政部社会工作司副司长柳拯在省民政厅厅长刘洪、中共广州市委副秘书长林道平与区长唐航浩陪同下，考察逢源街社区建设。

24 日

广州市批准成立荔湾区白鹅潭管理委员会。管委会下设综合部、土地开发部、工程建设部、招商服务部、资金管理部，主要负责协调荔湾区白鹅潭区域内的规划、建设、招商等服务和管理工作。

26 日

广东省水利厅厅长黄柏青一行考察荔枝湾。区委书记周亚伟，区长唐航浩及晏拥军、黄贤青、陈玉亮等区领导陪同视察。黄柏青认为荔湾区“揭盖复涌”治水工作有创意、有效益，社会综合效果突出，打造出一个城市水环境的品牌，是一项成功的幸福工程。

27 日

广东省人大常委会副主任钟阳胜、广州市长万庆良率广东省委产业转型升级第一专题组视察广东光电科技产业基地。区委书记周亚伟，区长唐航浩等区领导陪同视察。

30 日

广东省省长黄华华带队调研荔湾区保障性住房工作，并视察芳和花园（二期）保障性住房项目建设。中共广州市委书记张广宁、市长万庆良，区委书记周亚伟、区长唐航浩等一同参加调研。

是月

历时三年多编制的《广州市荔湾区土地利用总体规划（2010—2020 年）》获广东省政府同意，经广东省国土资源厅批准实施。该规划是荔湾区未来 10 年城乡建设和土地管理的纲领性文件，它从土地利用战略目标、土地利用布局和结构调整、耕地和基本农田保护、建设用地调控和节约土地利用分区、土地生态建设与环境保护等方面作出规划指引，为荔湾区统筹土地利用、协调经济发展和土地保护关系、转变土地利用方式、保障区域生态安全和经济社会可持续发展提供政策依据。

6月

2 日

区政协主席卢玉萍，副主席李耀楷、沈洁芳带领区政协港澳委员到桥中街扶贫助困。他们一行听取了桥中街关于扶助特困群体的情况报告，并向部分特困家庭发放扶助金。

13 日

荔湾区安全生产委员会在陈家祠广场举办“安全责任、重在落实”为主题的安全生产月宣传活动。副区长江智涛参加活动并讲话。

15 日

来自国内规划、园林、交通、市政、文化、旅游、排水等领域的 12 位专家在广州市水务局副局长陈楚龙等陪同下考察荔枝湾涌，论证广州“两湖五涌”，白云湖、海珠湖，东濠涌、荔枝湾涌、石井河、猎德涌、石榴岗河综合整治方案。区委常委、常务副区长晏拥军，区水务农业局局长黄志坚分别向专家们介绍荔枝湾一期工程建设成效和二期建设设想。

17日

由区委组织部、区档案局和区党史研究室联合主办的《回顾“十一五”光辉历程起航“幸福荔湾”新征程——荔湾区纪念建党90周年图片展》在文化公园举行。区委书记周亚伟等区领导及市有关部门领导，区属各单位、各街道党政主要负责人近300人出席图片展开幕仪式。展览以“忆党史、强党性、促发展”为主题，集中反映“十一五”期间荔湾区经济社会各项事业取得的巨大成就，生动地体现人民群众物质文化生活发生的可喜变化。

22日

晚，荔湾区“唱红歌颂赞90周年，感党恩给力幸福荔湾”红歌会决赛在陈家祠广场举行。

24日

中华全国总工会副主席、书记处第一书记王玉普等领导，在省总工会主席邓维龙、副主席陈宗文，市总工会主席陈伟光，区委副书记王慎初、区工会主席吴家荣等陪同下到东沙街调研。

28日

区委在区会议中心召开荔湾区纪念中国共产党成立90周年大会。区领导、党员老同志代表、区属各单位、基层党组织代表、区各民主党派负责人以及先进基层党组织、优秀共产党员和优秀党务工作者代表共400多人参加大会。

是日，区地方志编纂委员会办公室与区文化艺术中心在区文化艺术中心一楼展厅举办荔湾红色史迹寻踪图片展。同时由区委组织部、区委党史研究室、区文化广电局、区地方志办公室编印的《广州荔湾红色史迹寻踪——纪念中国共产党成立90周年》一书完成编印。

7月

4日

联合国副秘书长、人居署执行主任华安克洛斯一行在常务副区长晏拥军陪同下视察荔枝湾涌。华安克洛斯说：看到荔湾区通过如此庞大的工程将荔枝湾涌改造升级成如此优美的旅游胜地，非常振奋，荔枝湾涌堪称各国人居环境改造的典范。

5日

十三行史料陈列馆开馆暨荔湾文化惠民卡发放仪式在荔湾湖公园海山仙馆举行。区委常委、宣传部部长刘瑜梅、区人大副主任莫伟琼、副区长邹璇、区政协副主席李耀楷等领导出席仪式。十三行史料陈列馆将作为十三行历史文化研究和展示基地，接纳世界各地学者、游人来此研究、观光。

是日广州市委常委、市委宣传部部长王晓玲陪同广东省省委巡视四组组长巫颂平率省委巡视组一行到荔湾区视察调研经济社会发展和重点项目建设情况。

6日

由广州市协作办、广州市驻阳江工作队、荔湾区人民政府、花都区人民政府共同举办的帮扶阳江市“扶贫开发献爱心”村企共建企业捐赠仪式在荔湾区举行。广州53家企业共捐献674.18万元。广州市市长万庆良、市人大常委会副主任谢宝怀、副市长曹鉴燎及荔湾区与花都区的区委书记、区长，阳江市的有关领导，挂村单位和捐赠企业代表出席仪式。

7日

广州文化公园由广州市园林局移交荔湾区管理的管理权移交工作会议在广州文化公园举行，区政府与市园林局领导出席会议。文化公园经过50多年的发展，沉淀了深厚的历史文化底蕴，打造了一批有影响力的文化品牌，曾经是广州文化建设成就的一个标志。

13日

由原水利部副部长王守强带队的中国水生态示范城市考察团到荔枝湾涌考察。

8月

4日

荔湾区举行荔湾区房地产登记交易所荣获“全国青年文明号”授牌挂牌仪式，共青团广州市委书记王焕清，广州市国土房管局副局长黄文波，区长唐航浩以及市、区有关部门领导参加仪式。这是区房地产登记交易所在2007年获得广东省青年文明号之后，再获“全国青年文明号”

殊荣。

8 日

荔湾区在十三行文化公园举行“广州市荔湾区十三行地区管理委员会成立仪式”。市、区和岭南街道办事处有关领导，十三行地区管委会领导成员，十三行地区商户代表等共 200 多人出席仪式。

9 日

国家人口福利基金会副秘书长蓝野一行到荔湾调研“创建幸福家庭”活动，对荔湾结合中医文化资源开拓的中医优生、养生项目表示高度关注；对荔湾幸福家园服务项目设置上体现以人为本，以家为先的理念表示肯定。

13 日

广州市第十五届运动会在天河体育馆降下帷幕。荔湾区代表团以总分 1.01 万分和 233.75 枚金牌、147.5 枚银牌、193.5 枚铜牌的优异成绩，夺得代表团团体总分第一名和金牌奖第三名，陆上三项总分第一名、水上三项总分第一名、大球三项总分第二名、小球三项总分第三名、重竞技三项总分第四名，并获得代表团突出贡献奖一等奖和体育道德风尚奖。

16 日

区妇联举办 2011 年度“亚德客”助学金颁发仪式，广州市妇联副主席凌静敏、区委副书记王慎初、区人大副主任莫伟琼、区政协副主席沈洁芳、区妇联主席朱晓红、广东亚德客自动化工业有限公司总经理林永丰等领导以及受助学生与家长代表等 700 多人出席。亚德客国际集团资助荔湾区困难妇女儿童自 2002 年以来，助学助困金额已达 540 余万元，逾 4000 人次受惠。

17 日

广州工业设计科技园开园典礼暨入园企业签约仪式在荔湾区东沙现代产业基地举行。科技园规划建筑面积约 16.8 万平方米，分三期进行，第一期占地面积 70 亩，建筑面积约 4.8 万平方米。园区已初步完成第一期第一阶段的改造工作，已正式入驻包括国际知名设计企业——广州市大业工业设计有限公司等一批设计企业。

24 日

中共广州市委书记张广宁、市长万庆良率队考察珠江黄金西岸荔湾滨水创意产业带和广东中烟广州生产基地，了解荔湾区结合“退二进三”，推动产业转型升级，发展创意产业与推动先进制造业发展情况。区委书记周亚伟、区长唐航浩等领导陪同考察。

31 日

荔湾区工商业联合会（总商会）第十二届会员代表大会召开。市委统战部副部长马卫平、市工商联副主席于莉莉，区委书记周亚伟、区政协主席卢玉萍等领导出席会议。大会审议区工商联主席陈凯旋作的区工商联十一届执委会工作报告和第十二届执委会工作设想，选举产生新一届执委会和领导班子。区政协副主席、广州立白企业集团总裁陈凯旋再次当选区工商联主席，大会还选出 21 名副主席、69 名常委和 163 名执委。

是日，广州市第四中学新世界校区交付仪式在逸彩新世界住宅小区的四中校区举行，市教育局副局长江东、副区长邹璇、区教育局局长徐启贵、新世界地产相关负责人及四中新校区初一级新生及教师近 200 人出席仪式。

9月

8 日

中共广州市委副书记、市长万庆良率队到荔湾区检查“城更美、房更靓”项目进展情况，视察了荔枝湾涌、金花街蟠虬社区等地。

9 日

晚，荔湾区与广州广播电视台在广州文化公园联合举行“幸福广州情满荔湾——2011 年荔湾区心连心关爱行动暨文化公园中秋灯会亮灯仪式”。广州市人大常委会副主任李力、区委书记周亚伟、区长唐航浩等领导，区有关部门负责人、荔湾区的新广州人家庭、荔湾区对口帮扶的从化市吕田镇群众、优秀教师、困难群众与志愿者代表出席仪式。

16 日

中共广州市荔湾区直属机关代表大会在区会议中心负一层多功能会议厅召开，区委书记、区人大常委会主任周亚伟，区委副书记王慎初，区委常委、区委办公室主任黄贤青等区领导参加了会议。

18 日

中共广州市荔湾区委十届十二次全体会议在区会议中心召开。区委常委、区委委员、区委候补委员、区纪委委员参加会议。区委书记周亚伟主持大会。区委常委王慎初代表区委作十届区委工作报告（审议稿）的说明，区委常委、区纪委书记樊伯欢作十届区纪委工作报告（审议稿）的说明，区委常委毕锐明作中共广州市荔湾区第十一次代表大会代表选举结果和初审情况的报告。会议审议并通过中共广州市荔湾区第十一次代表大会议程（草案）、十届区委工作报告（审议稿）、十届区纪委工作报告（审议稿），酝酿并通过十一届区委委员、候补委员、区纪委委员候选人预备人选建议名单、荔湾区出席中共广州市第十次代表大会代表候选人预备人选建议名单。

19 日

广州市“百企助百村”扶贫开发项目签约仪式在广州市增城派潭镇举行。荔湾广东光电科技产业基地的广东诺博尔电子科技有限公司参与了“双到”扶贫的农村路灯建设帮扶项目并到会签约。公司常务副总裁金小平签约，代表公司捐献价值300 余万元灯饰（约 100 余盏路灯）用于3.6 公里的路灯建设。

20 日

吉林省民政厅厅长张晶一行，在广东省民政厅副厅长陈桂光、区政府党组成员熊宏辉等陪同下，来到金花街家庭综合服务中心，就“政府购买社会组织服务的政策及运行模式”和“社区居家养老服务”进行考察交流。

24 日

国务院办公厅秘书三局巡视员兼副局长卢向东一行，在省民政厅副厅长陈桂光、市民政局副巡视员李沛成、区长唐航浩等陪同下，到金花街居家养老服务中心调研。卢向东一行考察了金花街居家养老服务中心，并走访长者家园与长者学堂等。

26 –29 日

中国共产党广州市荔湾区第十一次代表大会在区会议中心召开。区委书记周亚伟代表十届区委作题为《立足新起点增创新优势加快转型升级建设幸福荔湾》的工作报告（以下简称《报告》），大会应到代表 390 人，出席代表 378 人。大会选举产生中共广州市荔湾区第十一届委员会，中共广州市荔湾区第十一届纪律检查委员会及荔湾区出席广州市第十次党代会代表。29 日召开荔湾区第十一届委员会第一次全体会议，选举产生新一届常务委员会委员和书记、副书记。周亚伟当选新一届区委书记，唐航浩、叶锦祥当选为副书记。周亚伟、唐航浩、叶锦祥、晏拥军、黄贤青、旋志强、刘文浩、毕锐明、李黎、樊伯欢、刘晨辉当选为区委常委。同日召开荔湾区第十一届纪律检查委员会第一次全体会议樊伯欢、方施明、李昌佑、宋乃浩、丁锋、黄碧琪、方钢当选为第十一届区纪律检查委员会常务委员，樊伯欢当选为第十一届区纪委书记，方施明、李昌佑当选为区纪委副书记。

是月

经广州市地方志办公室批准，《荔湾区志（1991—2005）》由广东人民出版社公开出版发行。《荔湾区志（1991—2005）》，是继《荔湾区志》（1998 年版）后的第二部区志。全书 85 万字，以较详尽的史料，再现荔湾人 15 年勇于创新、务实进取的光辉历程。

10 月

1 –7 日

国庆黄金周期间，“祖国心·荔湾情”2011 国庆大型联欢活动在荔枝湾举行。联欢活动分西关美食展示区、光辉足迹展览区、翰墨飘香书画区、红歌粤剧表演区、特色活动体验区、青少年文化展演区、民俗工艺展示区、茶马古道体验区、特色巡游表演区等 9 个活动区，通过游船卖艇仔粥、现场制作竹升面、特色茶马古道巡游等亮点节目，让游客在游玩中充分感受到荔湾历史文化和西关风情。活动期间，现场采访的境内外媒体有 30 多家，还特别应用微博等网络实时信息平台进行宣传。全区各景点共接待游客 519 万人次，比 2010 年上升 10%。

6 日

晚，由广东省戏剧家协会、广东八和会馆、

广州市振兴粤剧基金会主办，广州市荔湾区文联和八和会馆慎和堂、省曲协金辉活动中心承办的“庆贺广东八和会馆成立122周年暨广东粤剧八和祖师诞”演出晚会在广州文化公园举行。原广州市市长、广州市振兴粤剧基金会会长黎子流为晚会致送花篮并致电祝贺。

12日

中共广州市委书记张广宁与苏泽群、陈如桂、王东等市领导和市水务局负责人到荔枝湾二期工程建设现场调研，研究部署新一轮治水工程。区委书记周亚伟、区长唐航浩等一同参与调研。累计二、三期工程治理河涌总长度4235米，用地面积16.3公顷，拆迁建筑12.7万平方米，总投资43.7亿元。张广宁等市领导要求荔枝湾涌水系建设要突出岭南文化特色，重塑西关风情，坚持时间服从质量，不抢速度，不赶工期，高水平、高质量、高品位，把荔枝湾打造成生态文化旅游胜地，成为广州城市水环境的新地标。

13日

至翌日凌晨3时，持续8个多小时的强降雨使龙津、逢源一带出现洪水险情。广州市市长万庆良冒雨赴荔枝湾涌及龙津、逢源地区察看险情，指导排涝工作。区委书记周亚伟、区长唐航浩亦亲临在现场指挥抢险。

14日

广东省第一个非公有制企业的中共党委统战部——中共广州立白企业集团委员会统战部成立暨揭牌仪式在立白集团公司总部举行。中共广东省委统战部部长周镇宏，省工商联党组书记杨浩明，中共广州市委统战部部长丁红都，市工商联党组书记张镜初，区委统战部部长刘晨辉，市区非公有制经济组织党工委负责人和立白集团总裁陈凯旋等领导及300多名立白集团人员参加仪式。

27日

区百货商会第七届理事会就职暨“特殊儿童关爱中心”庆典晚会在区百货商会举行。“特殊儿童关爱中心”，募集到启动资金10万元，为荔湾区首批33名外来工子弟困难学生开展爱心资助。

10月31日至11月1日

“新广州·新商机推介会”分别在香港和澳门隆重举行。区委书记周亚伟，区长唐航浩率队参加了香港推介会。两次的推介活动共签订5个合作项目，达成增资、合作协议金额44亿美元。

是月

由全国党建研究会非公有制经济组织党建研究专委会、新华网、《半月谈》杂志社等单位联合主办的首次全国非公有制企业党建强、发展强“双强百佳党组织”评选结果发布仪式在北京人民大会堂隆重举行，中共立白集团党委是广州市唯一被评为“全国双强百佳党组织”的非公企业。中组部部长李源潮，全国党建研究会会长虞云耀，中组部副部长王秦丰等出席发布仪式，并为获奖企业代表授牌，立白集团党委书记许晓东参加授牌仪式。

11月

1日

由广船医院承办的东沙街社区卫生服务中心举行新址落成庆典。东沙街社区卫生服务中心是在医药卫生体制改革中，政府购买服务形式，医院承办社区卫生服务中心的一种尝试，此举充分发挥综合性医院的人力、设备、技术及管理优势，让老百姓在家门口就可以享受到高质量的医疗服务。

7－10日

政协第十四届广州市荔湾区委员会第一次会议在区会议中心召开。大会由大会主席团常务主席王慎初主持。会议审议十三届区政协常委会工作报告和提案工作报告；选举产生十四届区政协主席、副主席、秘书长和常委。十三届区政协主席卢玉萍代表区政协荔湾区第十三届委员会常务委员会向大会作工作报告。十三届区政协副主席陈铮衡作提案工作情况的报告。大会选举王慎初为区政协主席，何惠生、陈凯旋、陈铮衡、黄德辉、莫清、胡爱东为区政协副主席，选出区政协秘书长1人、区政协常务委员49人。

8－11日

广州市荔湾区十五届人大一次会议在区会议中心召开。会议由区委书记、区人大常委会主任周亚伟主持。区长唐航浩向大会作《政府工作报告》。广州市人大常委会副主任李力到会参加。会议选举周亚伟为荔湾区第十五届人民代表大会常务委员会主任，陈玉亮、吕雪峰、莫伟琼、刘漫漫、植文龙、胡秀珍为荔湾区第十五届人民代表大会常务委员会副主任；唐航浩为荔湾区人民政府区长，晏拥军、邹璇、江智涛、陈建、方武明、顾伟星为荔湾区人民政府副区长；曾志伟为荔湾区人民法院院长；胡箭为荔湾区人民检察院检察长；选举产生广州市第十四届人民代表大会代表。大会审议通过《广州市荔湾区人民政府工作报告》《广州市荔湾区人民代表大会常务委员会工作报告》《广州市荔湾区人民法院工作报告》和《广州市荔湾区人民检察院工作报告》。

21 日

中国侨联副主席乔卫在区委副书记叶锦祥等领导陪同下对荔湾区进行调研。乔卫对区侨联的创新思维、工作作风等给予充分肯定，赞叹荔枝湾的“蝶变”。

22 日

适逢第四届（广州）华人文化艺术节召开之际，荔湾区侨联组织“西关文化古迹游”，邀请美国广州协会、美国华盛顿州美中经文会、美国华盛顿州华音艺术团等十几个海外友好社团近100名华侨华人前来参观考察荔枝湾涌和聚龙村古建筑群，为每一位参观者赠送了《知游荔湾》《荔湾区旅游地图》《西关揾食图》，并按需派送了《投资指南》。

24 日

下午，召开2011年荔湾区科技大会，会议由副区长江智涛主持，区委书记周亚伟出席会议并讲话，区长唐航浩作荔湾区科技与信息化工作报告，区委常委、区委办公室主任黄贤青宣读《关于表彰2009—2010年度荔湾区科学技术奖的决定》。区领导莫伟琼、胡爱东出席会议，区正处级以上单位、区属国有企业与各街道负责人、科技与企业代表200余人参加会议。会上，广州微点焊设备有限公司杨仕桐、广州市新之地环保产业有限公司夏志祥获授2009—2010年度荔湾区科学技术突出贡献奖；“高塔成型洗衣粉浓缩增效技术的开发与产业化”等3个项目获得2009—2010年度荔湾区科技进步一等奖，“恺撒堡牌UH/GH系列专业用钢琴”等6个项目获得2009—2010年度荔湾区科技进步二等奖，“DV光学变焦数码摄像技术”等10个项目获得2009—2010年度荔湾区科技进步三等奖。

12月

7 日

共青团广州市荔湾区第十四次代表大会在区会议中心召开，217名来自全区各行各业的代表出席大会。团市委书记魏国华，区委书记周亚伟、区长唐航浩、区政协主席王慎初等领导及各区县级市和部分高校团委负责人等应邀出席大会。团区委书记郭军勉代表第十三届委员会作题为《以敢为人先的气魄以只争朝夕的决心团结带领荔湾团员青年迈向“广佛之心”新征程》的工作报告。大会选出共青团荔湾区第十四届委员会委员29名，候补委员15名。大会后召开十四届一次全会，选出常委7人，郭军勉当选为十四届团区委书记，黄健明、王稳建当选为团区委副书记。

9 日

荔湾区工会第十次代表大会在区委会议中心召开。市总工会副主席易利华，区委书记周亚伟、区长唐航浩、区政协主席王慎初等领导出席大会开幕式。出席大会的还有市总工会有关部门的领导、各区县级市总工会的领导及荔湾区各人民团体、街、局的有关领导，区总工会历届的老领导，劳动模范代表等。大会选举产生第十届工会委员会委员35人，经费审查委员会委员7人，植文龙当选为区总工会主席，殷淑芬当选为常务副主席，杜夏婴当选为副主席及经费审查委员会主任。

是日晚，“幸福荔湾，携手共创 ”——广州荔湾海外联谊会24周年志庆联欢晚会、市委统战部副部长黄延军、荔湾区区长唐航浩等市区领导及各界人士500多人欢聚一堂。

15 日

住房和城乡建设部副部长仇保兴在市建委主任侯永铨、区委书记书记周亚伟等领导陪同下，参观考察陈家祠广场及荔枝湾涌。仇保兴盛赞荔湾区在开展环境综合整治及历史文化保护利用方面所取得的成效，特别是荔枝湾涌重现了“一湾溪水绿，两岸荔枝红”的历史文化景观，对广州今后开展水环境整治起到很好的示范作用。

17—23 日

广州市人民政府文史研究馆、广州市人民政府参事室，荔湾区委、区政府在广州文化公园联合主办广州市广府文化节暨首届荔湾老广州民间文化节。其间，文化公园5个展馆分别举办“羊城博艺”广绣、广彩、雕塑、骨雕、剪纸、宫灯精品展；“荔湾风华”荔湾区诗画展；“魅力广州”西关民间风情展等。

19 日

区委书记周亚伟、区长唐航浩率区发改局、区科信局、区投资促进中心等部门负责人参加在广州白云国际会议中心的第14届中国留学人员广州科技交流会“新广州新商机”推介会。荔湾区以“广佛之心国际商业中心水秀花香的宜居城区”为主题，重点推介白鹅潭地区的规划定位和项目。荔湾区的签约项目总投资额为2.8亿元，分别是广州工业设计科技园（二期）合作项目和广州硅芯电子科技有限公司与华融渝富股权投资基金管理有限公司合作项目。

22 日

荔枝湾涌二期工程竣工暨三期开工仪式。中共广东省委常委张广宁，中共广州市委书记万庆良、代理市长陈建华、常务副市长苏泽群、市政协副主席王东，区委书记周亚伟、区长唐航浩及市、区有关领导出席仪式。仪式由区长唐航浩主持，市委书记万庆良宣布荔枝湾三期开工，代理市长陈建华致辞，区委书记周亚伟介绍工程情况。周亚伟指出，二期竣工不是荔枝湾水环境治理的终点，而是启动全长3375米的荔枝湾三期建设的起点，要在2015年底前把荔枝湾延伸至沙面，直通珠江，打造出具有世界影响力的文化休闲旅游新名片。

23 日

中共广东省委副书记、代理省长朱小丹，副省长刘志庚，市政协主席林元和，副市长甘新等省市领导在区委副书记叶锦祥，副区长方武明陪同下出席在东沙现代产业基地举行的中烟广东广州生产基地“双喜”300万箱下线仪式活动，并参观广东中烟广州生产基地的生产情况。

24 日

“欧陆风情沙面汇”系列活动启动仪式在沙面举行。区委书记周亚伟，区长唐航浩，区政协主席王慎初，区委副书记叶锦祥，区委办公室主任黄贤青，副区长江智涛、方武明，区政协副主席黄德辉等出席仪式。应邀参加活动还有市经贸委负责人，西班牙驻广州总领事卡洛斯·莫拉乐斯、英国牛津大学博士牛力、国际餐饮联会胡珠荣誉会长以及社会各界朋友共160多人。

29 日

以“迎春共谋发展，构建幸福荔湾”为主题的荔湾区工商联（总商会）第十二届执委会就职仪式迎新年晚会在白天鹅宾馆举行。市委统战部副部长、市工商联常组书记，第一副主席张镜初等市领导，区委副书记、区长、唐航浩、区政协主席王慎初等区领导出席了会议。

荔湾概况

◎ 位置·面积·气候·人口
◎ 行政区划
◎ 区级领导机构与领导成员
◎ 党政机构设置
◎ 国民经济和社会发展

荔湾概况

位置·面积·气候·人口

【位置和面积】 荔湾区位于广州市西部，是广州市老城区之一。东北部与越秀区相连，东南部与海珠区和番禺区隔江相望，北部、西北部与白云区相邻，西部、南部与佛山市南海区接壤。全区面积59.1平方公里，辖内设22个行政街、194个社区居民委员会。

（区民政局）

【气候】 荔湾区位于北回归线南侧，地理坐标为：东经113°10’~113°15’，北纬23°02’~23°09’。地处南亚热带，属南亚热带海洋性季风气候区，因临海（距南海海岸100公里左右），海洋性气候明显，具有温暖多雨、日照充足、夏季长、霜期短等气候特征。常年平均气温21.4℃~21.8℃，常年日均气温在0℃以上，常年北部无霜期290天，南部无霜期346天。

（区环保局）

【人口】 2011年底，全区常住人口89.15万，其中户籍人口71.04万人。户籍人口出生5310人，出生率7‰，人口自然增长率-0.91‰，连续多年保持负增长，计划生育率98%，出生性别比108；流动人口出生1821人，计划生育率91.7%，流动人口出生1821人，计划生育率91.71%。

（区人口计生局）

行政区划

【行政街】 2011年，区辖22个行政街：金花街、南源街、西村街、逢源街、多宝街、龙津街、昌华街、岭南街、华林街、沙面街、站前街、彩虹街、桥中街、石围塘街、花地街、茶滘街、冲口街、白鹤洞街、东滘街、东沙街、中南街、海龙街。

【社区居民委员会】 2011年，全区设194个社区居民委员会，比2010年增设1个社区居民委员会，即东滘街增设芳和花园社区居民委员会。

金花街设12个社区居委会：三甫、桃源、锦绣、和安、蟠虬、吉祥、隆庆、龙源、陈家祠、世纪、小梅、林苑。

南源街设13个社区居委会：和平新村、西场、风雨亭、和平南、源溪、电业、西焦、澳口、荔港南湾、环翠园、南岸、青年、塘前新。

西村街设8个社区居委会：西湾、广雅、增埗、协和、环市西苑、西湾东、长乐、大岗元。

逢源街设14个社区居委会：惠城、泰兴、源胜、华贵、何家祠、耀华、厚福、马基涌、隆城、富力东、富力西、公寿里、梁家祠、逢源北。

多宝街设12个社区居委会：恒宝、莲塘、泰华、吉祥坊、丛桂、黄沙、宝源、新风、至宝、恩宁、谊园、天佑。

龙津街设11个社区居委会：人民中、三元里、华福、洞神坊、锦龙、六甫、长寿、龙津东、洪寿、都堂、龙翔。

昌华街设7个社区居委会：荔湖、如意坊、逢庆、昌华苑、涌边、西关大屋、泮塘。

岭南街设10个社区居委会：扬仁东、扬仁西、故衣街、十三行、冼基、沙基、清华、清平、和平、联庆。

华林街设14个社区居委会：光复、德星、荔广、寺前、鸿昌、彩园、兴贤、曾巷、连登、下九、怀远、福安、河傍、湛露。

沙面街设2个社区居委会：翠洲、鹅潭。

站前街设6个社区居委会：站西、克山、西站、陈岗、流花、侨苑。

彩虹街设11个社区居委会：环彩、幸福、冼家庄、西园、荔景、园中园、中兴、党恩、周门、荔溪、宝石。

桥中街设6个社区居委会：东海、坦尾、河沙、恒海、颐和、长安。

石围塘街设13个社区居委会：杉栏、山村、南塘、山溪、芳雅苑、塞坝口、滘口、逸彩、岭南、如意、秀水、桥东、万盛。

花地街设9个社区居委会：明心路、陆居路、中市、民治、大策、小策、新隆沙、怡芳苑、花地城。

茶滘街设11个社区居委会：葵蓬、茶滘、永安、汾水、茶滘新村、合兴苑、金兰、芬芳、红棉、花苑、乐怡居。

冲口街设10个社区居委会：联合围、兄弟园、杏花、聚龙、汇兴、鹤松、坑口、华丽苑、罗涌、沙涌。

白鹤洞街设9个社区居委会：山顶、鹤洞、鹤建里、鹤翔、鹤平、观鹤一、观鹤二、金达、金光。

东漖街设7个社区居委会：芳村花园、康乃馨、东鹏、东漖、西塱、芳园居、芳和花园。

东沙街设4个社区居委会：金宇、东塱、南漖、沙洛。

中南街设2个社区居委会：海南、海中。

海龙街设3个社区居委会：增滘、海北、龙溪。

（区民政局）

区级领导机构与领导成员

【中共广州市荔湾区委员会】

书记：周亚伟

副书记：唐航浩、罗思源（2011年2月离任）、王慎初（2011年2月任，2011年11月离任）、叶锦祥（2011年9月任）

常委：晏拥军、王慎初（2011年1月离任）、黄贤青、旋志强（2011年8月任）、刘文浩（2011年8月任）、毕锐明（2011年8月任）、李黎（2011年8月任）、樊伯欢（2011年8月任）、刘晨辉（2011年9月任）、聂贵新（2011年8月离任）、邱伟康（2011年9月离任）、甘振光（2011年8月离任）、林怀忠（2011年8月离任）、刘瑜梅（2011年8月离任）

【广州市荔湾区人民代表大会常务委员会】

主任：周亚伟（2011年3月任）

副主任、党组副书记：陈玉亮（2011年11月任）

副主任：吕雪峰（女）、莫伟琼（女）、刘漫漫（女）、植文龙（2011年11月任）、胡秀珍（女）（2011年11月任）

党组成员：邵卫红（女）（2011年9月任）、李大贤（2011年9月任）、吴家荣（2011年9月任）、曾建国

【广州市荔湾区人民政府】

区长：唐航浩

副区长：王慎初（常务副区长，2011年2月离任）、晏拥军（常务副区长，2011年2月任）、郭兴荣（2011年11月离任）、陈玉亮（2011年10月离任）、蓝小环（2011年2月离任）、江东（2011年4月离任）、刘瑜梅（女，2011年6月离任）、邹璇（女）、江智涛（2011年4月任）、陈建（2011年2月任）、方武明（2011年11月任）、顾伟星（2011年11月任）、熊宏辉（党组成员）

【中国人民政治协商会议广州市荔湾区委员会】

主席：卢玉萍（女，2011年11月离任）、王慎初（2011年11月任）

副主席：任虎堂（2011年3月离任）、李耀楷（2011年11月离任）、翟广（女，2011年3月离任）、陈凯旋、沈洁芳（女，2011年11月离任）、江智涛（2011年11月离任）、陆小荣（2011年3月任，2011年11月离任）、陈铮衡（2011年3月任）、何惠生（2011年11月任）、黄德辉（2011年11月任）、胡爱东（2011年11月任）、莫清（2011年11月任）

【中国共产党广州市荔湾区纪律检查委员会】

书记：聂贵新（2011年8月离任）、樊伯欢（2011年9月任）

副书记：方施明、李昌佑

党政机构设置

【区委所属工作部门】

办公室（加挂区委保密委员会办公室、区委机要局、区国家保密局牌子）

组织部

宣传部

统一战线工作部（与台湾工作办公室、民族宗教事务局合署办公，加挂区政府台湾事务办公室牌子）

政法委员会（与维护稳定及社会治安综合治理委员会办公室、人民政府防范和处理邪教问题办公室合署）

老干部局

机构编制委员会办公室

直属机关党工委

党校

信访局

【区人大工作部门】

办公室

法制工作委员会

教育科学文化卫生工作委员会

财政经济工作委员会

选举联络人事任免工作委员会

城乡建设环境与资源保护工作委员会

华侨、外事、民族、宗教工作委员会

法制工作委员会

依法治区办公室

【区政府所属工作部门】

办公室（挂区人民政府法制办公室牌子）

发展和改革局（挂物价局、粮食局牌子）

经济贸易局（挂外经贸局、交通局牌子）

教育局

科技信息局（挂知识产权局牌子）

民政局

司法局

财政局

人力社保局

环保局

更新改造办公室

建设园林局

水务农业局（挂区委农村办公室、畜牧局牌子）

文化广电局（挂版权局、旅游局牌子）

卫生局

人口计生局

审计局

城市管理局

侨务外事办公室

统计局

国资监管局

食品药品监管局

安监局

政务管理办公室（挂政务服务中心、企业服务中心牌子）

民防办公室（挂人民防空办公室牌子）

体育发展中心（体育局牌子）

档案局（挂档案馆牌子）

地志办

供销社

机关事务管理局（挂机关服务中心牌子）

协作办（挂投资促进中心牌子）

城管执法分局

【区政协工作部门】

办公室

提案委员会

经济委员会

城建环资委员会

科教文卫体委员会

社会法制委员会

港澳台侨委员会

学习文史委员会

【区纪委、区监察局工作部门】

办公室

纪检监察室

信访室（举报中心）

执法监察综合室（政府纠风办）

宣教党廉室（党廉办）

案件审理室
案件监督管理室
派驻纪检监察组

【军事工作部门】
区人武部

【两院】
区人民法院
区人民检察院

【街道】
金花街、南源街、西村街、逢源街、多宝街、龙津街、昌华街、岭南街、华林街、沙面街、站前街、彩虹街、桥中街、石围塘街、花地街、茶滘街、冲口街、白鹤洞街、东漖街、东沙街、中南街、海龙街

【市派出机构】
广州市工商管理局荔湾分局
国家税务局荔湾分局
广州市地方税务局荔湾分局
广州市质量技术监督局荔湾分局
广州市规划局荔湾分局
广州市公安局荔湾分局
广州市国土资源和房屋管理局荔湾分局

国民经济和社会发展

【概况】 2011年是“十二五”时期的开局之年，荔湾区围绕“加快转型升级、建设幸福荔湾”的主题，大力实施“文化引领、商旅带动、产业转型、创新驱动、环境优化”五大战略，团结和带领全区人民，全力调结构、促转型、谋发展、惠民生，国民经济持续健康发展，城区环境面貌不断改善，社会各项事业全面进步，民生福利不断提升，各项工作呈现新局面。

2011年，荔湾区实现地区生产总值692.19亿元，增长10.5%。三次产业比例为0.7：26.3：73.0。其中，三次产业分别完成增加值5.16亿元、182.14亿元和504.89亿元，分别增长3.9%、4.9%和12.8%，对经济增长的贡献率分别为0.3%、13.4%和86.3%。

【财税收入】 2011年，全区一般预算收入36.89亿元，增长24.4%；一般预算支出51.78亿元，增长16.3%。

2011年，税收总额192.79亿元，增长8.0%。其中，国税收入140.90亿元，增长9.2%；地税收入51.89亿元，增长4.9%。

【固定资产投资】 2011年，按项目在地统计口径，固定资产投资实现223.13亿元，增长19.2%，投资规模进一步扩大，突破200亿大关；按法人在地统计口径，固定资产投资实现124.17亿元，增长28.7%。从三次产业看，投资集中于第三产业，全年完成115.74亿元，增长15.5%，其中，房地产项目投资完成50.51亿元，占第三产业投资的43.6%；第二产业完成投资8.20亿元，增长88.6%；第一产业完成投资0.23亿元，增长21.8%。

【对外经济贸易】 2011年，全区外贸出口总值为18.28亿美元，微降0.2%。其中，一般贸易实现10.99亿美元，增长6.2%；进料加工实现7.05亿美元，下降7.8%。从出口国家和地区看，香港、欧盟和东盟分列前三位，共占全区出口总值的62.5%。

全年新增外资项目96个，增长21.5%；实际利用外资1.70亿美元，增长39.9%；合同利用外资1.80亿美元，增长8.2%。全年进口总值14.01亿美元，下降11.1%。

【农业】 2011年，全区实现农业总产值7.67亿元，增长4.0%。其中，花卉产值6.82亿元，增长0.9%，占全区农业总产值的88.9%，比上年提高4.4个百分点。

【工业】 2011年，全区实现工业总产值461.48亿元，增长11.0%。其中，规模以上工业产值435.05亿元，增长11.2%，占全区工业总产值比重94.3%。轻重工业方面，规模以上轻工业产值

242.02亿元，增长12.7%；重工业产值193.03亿元，增长9.9%。支柱产业方面，烟草制品行业、交通运输设备制造业和文教体育用品制造业分别增长11.1%、24.7%和29.7%。

【建筑业和房地产开发业】 2011年，全区资质以内建筑业企业建筑业总产值38.54亿元，增长7.7%；房屋建筑施工面积187.42万平方米，下降2.9%。

2011年，房地产开发投资完成50.51亿元，增长6.7倍；房屋施工面积118.14万平方米，增长1.1倍；房屋竣工面积17.22万平方米，增长6.8倍。

【国内商业】 2011年，全区社会消费品零售总额470.44亿元，增长16.1%；其中，批发业和餐饮业零售额同比分别增长27.4%和18.7%，对全区消费增长的贡献率合计达70.8%。从商品种类看，高端消费和享受型消费增长较快，主要有金银珠宝类增长38.1%、书报杂志类增长32.6%、文化办公用品类增长50.1%。

2011年，全区商品销售总额2852.12亿元，增长23.0%。限额以上中西药品类、金属材料类、日用品类等八类商品销售总额1043.85亿元，占全区销售额比重36.6%。

【民营经济】 2011年，全区民营经济实现增加值258.13亿元，增长9.5%，占全区生产总值37.3%，比上年提高0.6个百分点。2011年末，全区个体户、私营企业6.97万户、从业人数14.12万人、注册资金97.46亿元，分别增长10.4%、10.4%和26.1%。

【城区建设和管理】 战略性基础设施建设逐步完善，全年新增、改造道路面积共7.2万平方米，完成花地河东岸规划路南段、芳村体育中心规划路三期等一批道路项目，芳村大道南扩建、龙溪大道东延长线、玉兰路延长线等项目取得新进展；加快推进区内交通路网骨架项目，如意坊放射线、荔湾路南延长线已纳入市2011年城建固定资产投资计划前期项目；重点实施完成荔枝湾二期（食养坊—珠江口段）环境整治及西关大屋社区服务中心周边整治等两项人居环境整治项目。

全面完成荔枝湾二期建设，完成8个新增治水项目；堤围维护达71.5公里，清疏管道累计总长1980多公里，新增建污水管道10.3公里，清理排水检查井16万座，提升了防洪排涝能力。完成第一次全国水利普查的清查登记工作；基本实现全区水闸泵站的远处调控及调水补给，逐步实现荔湾区水务现代化、信息化。

绿道建设工作快速推进，完成大沙河湿地、花地河沿线及荔枝湾沿线等城市精品绿道线路及公园绿道的建设，全年新增绿道27.6公里，绿道网总长达65.9公里。

落实开展龙溪林中村绿化建设、海南林中村绿化建设、大坦沙岛环岛绿化建设等5项“青山绿地”工程项目；全年新增绿地面积16.1公顷，绿地率达21.8%，绿化覆盖率达到25.7%，人均公共绿地面积达7.51平方米。

2011年，西塱（裕安围）整治改造完成；按照“一村一策”原则，完成全区20个城中村改造规划方案的编制工作；大坦沙岛新控规和改造方案、恩宁路改造项目控制性详细规划调整获审定通过；“多村并联‘三旧’连片改造”新模式进入实施阶段。率先将直管房纳入住房保障体系，保障房开工建设7442套，筹措房源406套。完成2007－2009年在册危破房改造任务671幢，面积7.13万平方米，解决了2348户房屋安全问题。

油烟综合整治试点工作成效显著，被纳入试点的46家饮食单位均完成环评审批、油烟净化设施和100餐位以上监控系统安装，试点区域内饮食服务业污染投诉26宗，比2010年同期64宗下降近60%。2011年，开展环境监察专项执法13次，出动人员1979多人次，检查排污企业6793间，发出限期整改通知书107份，立案处罚79家，关闭违法排污企业133家。

全年完成削减化学需氧量42.12吨、氨氮1.23吨、二氧化硫19.98吨、氮氧化物15.91吨，均超额完成市下达的主要污染物削减指标任务。全区大气总悬浮微粒年平均值为0.139毫克/立方米，二氧化硫0.042毫克/立方米，二氧化氮

0.049 毫克/立方米，工业废水排放达标率 99%，全区区域环境噪声值 54.8 分贝，交通干线噪声值 68.5 分贝，烟尘控制区覆盖率 100%。

市容保洁水平不断提升，全年清洗面积 400 多万平方米；深化创建星级街道工作，星级卫生街道创建率达 95%；认真开展控烟工作，全区 165 个单位被授予无吸烟单位称号；加强“市—区—街”三级城管联动执法，重点对“六乱”和违法建设等进行综合整治，全年出动执法人员达 18 万人次，视频巡检 6 万余次，清理“六乱” 5.32 万宗，清理乱张贴 75 万多张、乱涂写 15 万多处，整治占道经营 1.74 万宗、乱摆卖 3.58 万宗，拆除违法建设面积 3.3 万平方米。

2011 年，刑事立案数 4043 宗，其中：“两抢”案件 445 宗；刑事案件当年破案数 2016 宗，破案率 50%。全年发生火灾 28 起，死亡 4 人。全年工矿商贸（含建筑）企业发生生产安全事故 3 起，死亡 4 人。

【科·教·文·卫·体】 2011 年，全区高新技术企业数量达 40 家，全年共引进各类科技及创意企业 75 家；区辖内现拥有省、市级工程中心 17 个，区级工程中心 22 个，省、市创新型（试点）企业 8 家。全年安排区技术研究与开发经费 9450 万元，增长 17%，带动项目申报单位研发投入 10.5 亿元。区辖内单位共获国家、省、市科技部门立项项目 62 项，经费总额 8560 万元。全年专利申请量 1453 件，增长 31.6%。全区工业高新技术产品产值 118.29 亿元，增长 33.4%。

2011 年，全区各类学校 97 所，在校学生 9.32 万人，专任教师 6166 人，初中升学率 91.44%，高中毕业生升学率 96.18%。新增资金 2 亿多元用于发放教师住房补贴和维修金，新增义务教育用地 7.25 万平方米、义务教育优质学位 3600 个和公立幼儿园 3 所。2011 年高考再创佳绩，总上线率全市第一。

2011 年，全区共举办公共图书馆服务宣传周、传统文化经典诵等读书宣传活动 13 项，共接待读者 23.6 万人次，外借图书 25.3 万册次。100 家图书漂流驿站全部建成并挂牌服务。“荔湾风华”系列活动顺利开展，组织 102 场群众艺术精品演出、108 场数字电影放映进社区，2 万张文化惠民卡全部发到低收入家庭和农民工家庭。加强文化市场监管力度，全年共出动执法人员 1.97 万多人次，检查音像店 343 家次、书报摊 2077 家次、网吧 3174 家次、娱乐场所 483 家次，收缴非法音像制品 20 多万张。

2011 年，全区共有卫生医疗机构 178 个，实有医疗病床 5026 张，各类卫生技术人员 6612 人，其中医生 2478 人。全年新增社区卫生服务业务用房共 6540 平方米，新建边远地区社区卫生服务站 7 个。加强重大疾病预防控制，全年报告甲乙类传染病 1956 例，发病率 275.91/10 万，下降 17.06%。妇幼保健指标位列全市前列，孕产妇系统保健管理率 97.31%，7 岁以下儿童保健管理率 99.70%，3 岁以下儿童保健系统管理率 98.68%，住院分娩率 100%，婴儿死亡率 3.05‰，5 岁以下儿童死亡率 4.43‰。

群众体育开展扎实，全年组队参加 2011 年广州市元旦万人健步行、横渡珠江、迎春乒乓球赛等 20 项活动，累计人数达 13 万多人次；全民健身服务体系日益完善，全年新建健身路径 30 条、篮球场 8 个、健身广场 1 个、健身苑 1 个，并对全区 150 处健身设施进行维修；竞技体育再创佳绩，参加市运会荣获团体总分奖第一名；体育产业稳步发展，场馆赛后利用良好，体彩销售成绩喜人，全年销售达 1.95 亿元。

【社区建设和社会福利】 街道服务管理体制改革全面推进，22 条街道“一队三中心”机构组建及人员整合基本完成，14 条街道已基本完成“一街一品牌、一社区一特色”建设。扩大政府购买服务的范围和领域，已有政府购买社工试点服务项目 12 个、家庭综合服务中心试点项目 3 个，社区居民参与和享受服务达 8.42 万人次。南源街和平新村社区等 8 个社区被评为“2010 年广东省宜居社区”。

2011 年，共向 4796 户低保救济家庭发放低保金 4105 万元，为低保、低收入困难家庭发放临时物价补贴 524 万元。全年办理困难群众特别救助 172 人次、医疗救助零星报销 1362 人次；实施重大疾病医疗资助 197 人次，临时救助 631 人次。

新增民办养老社会福利机构3间，新增床位1567张。认真审核民办福利机构3000多名区户籍老人的运营资助申请，共审核运营资助6000多人次，资助金额320万元。

【人口·就业·人民生活】 2011年末，全区户籍总人口71.04万人，比上年增加0.11万人，增长0.16%。人口出生率7‰，人口自然增长率-0.91‰，计划生育率98%。

至2011年年末，全区登记在册城镇失业人员7.88万人，实现就业5.66万人，再就业率达71.81%。2011年，举办现场招聘会72场，提供各类就业岗位4.61万个，免费培训区内失业人员2.29万人，超额完成民生十件实事年度计划任务。

2011年，区财政支出投入民生领域资金达41.73亿元，同比增加6.74亿元，增长19.3%。全区五大险种参保149.97万人次，比上年增加15.85万人次。其中，基本养老保险参保人数达25.29万人，基本医疗保险参保人数达36.91万人；创新社会化退休人员管理模式，“安老”服务员上门探访退休人员约50万人次，电话探访约18万人次，住院探访4264人次，家居清洁604人次，维修服务156人次。

2011年，城市居民人均可支配收入3.37万元，增长12.4%，比上年加快1.6个百分点；城市居民人均消费性支出2.71万元，增长9.5%，比上年加快2.7个百分点。

（区志办摘自《2011年荔湾区国民经济和社会发展统计公报》）

荔枝湾

政　治

◎ 中共广州市荔湾区委
◎ 广州市荔湾区人民代表大会及常务委员会
◎ 广州市荔湾区人民政府
◎ 广州市荔湾区政协
◎ 中共广州市荔湾区纪委
◎ 民主党派
◎ 组织
◎ 老干部工作
◎ 编制
◎ 区直属机关党工委
◎ 党校
◎ 人事
◎ 宣传工作和精神文明建设
◎ 统战
◎ 对台工作
◎ 民族宗教
◎ 侨务与外事
◎ 信访
◎ 机关事务管理
◎ 档案
◎ 地方志编纂
◎ 荔湾区总工会
◎ 共青团荔湾区委
◎ 荔湾区妇联
◎ 荔湾区工商业联合会
◎ 荔湾区文学艺术界联合会
◎ 荔湾区归国华侨联合会
◎ 荔湾区科学技术协会
◎ 荔湾区残疾人联合会
◎ 荔湾区贸易促进委员会

政　治

中共广州市荔湾区委

【概况】　2011年，区委以“广佛之心”为目标，努力建设文化荔湾、低碳荔湾、智慧荔湾、幸福荔湾。优化完善发展思路，坚定推动科学发展的信心。科学制定“十二五”经济社会发展规划。确立推动经济发展、城区发展、文化建设和社会建设四大转型升级方向，谋划“一江”引领、“两圈”带动、“两带”凸显、“三片”集聚的发展格局。完成换届工作，为荔湾科学发展选好带头人。

【中共广州市荔湾区委第十届十次全体会议】

区委十届十次全体会议于2011年1月24日召开。区委书记周亚伟代表区委常委会向全会报告2010年区委工作，对2011年全区工作作全面部署，并作全会总结讲话。区委副书记、代区长唐航浩对2010年全区经济工作进行总结，对2011经济工作进行具体部署，并就《中共荔湾区委关于制订国民经济和社会发展第十二个五年计划的建议》（稿）的起草情况作说明。会议进行分组讨论，各小组围绕学习贯彻上级会议和领导讲话精神，学习讨论周亚伟、唐航浩的讲话，讨论修改区委“十二五”规划建议稿、全会《决议》草案。大会听取了区委书记周亚伟代表区委常委会所作的区委2010年度干部选拔任用工作情况的报告，并对2010年度区委干部选拔任用工作以及2010年新提拔任用的处级领导干部进行民主评议，对刘悦伦任荔湾区委书记期间履行干部选拔任用工作职责情况进行民主评议，对区委、区政府领导班子和领导干部进行2010年度考核测评。全会高度评价过去一年区委常委会的工作，明确“十二五”时期以“文化引领、商旅带动、产业转型、创新驱动、环境优化”为发展战略和打造“广佛之心”、建设“四区六化”推动经济发展转型升级、城市发展转型升级、思想观念转型升级的目标任务。全会一致同意表决通过《中国共产党广州市荔湾区第十届委员会第十次全体会议决议》，号召全区各级党组织、全体共产党员和广大群众振奋精神、开拓创新、扎实工作，全力推动荔湾经济社会又好又快发展。

【中共广州市荔湾区委第十届十一次全体会议】　区委十届十一次全体会议于2011年7月25日召开。区委书记周亚伟代表区委常委会向全会作工作报告；区委副书记、区长唐航浩作总结讲话；区委副书记王慎初作《中共广州市荔湾区委广州市荔湾区人民政府关于全面推进街道、社区管理服务改革创新工作的实施意见》（讨论稿）情况的说明；区委常委、组织部部长叶锦祥作关于召开荔湾区第十一次党代表大会相关事宜的说明。全会审议通过《中共广州市荔湾区委广州市荔湾区人民政府关于全面推进街道、社区管理服务改革创新工作的实施意见》，表决通过《中国共产党广州市荔湾区第十届委员会第十一次全体会议决议》。全会号召全区上下要深入贯彻落实胡锦涛总书记“七一”重要讲话精神和省委十届九次全会、市委九届十一次全会精神，并以此为动力，紧紧围绕建设“广佛之心”的发展定位，以科学发展为主题，以加快转变经济发展方式为主线，以加强和创新社会管理为重点，促进经济社会实现又好又快发展，努力建设文化荔湾、低碳荔湾、智慧荔湾、幸福荔湾，为广州加快建设国家中心城市和全省宜居城乡“首善之区”作出积极贡献。

【中共广州市荔湾区委第十届十二次全体会议】　区委十届十一次全体会议于2011年9月18日召开。区委副书记王慎初代表区委作十届区委工作报告（审议稿）的说明，区委常委、区纪委书记樊伯欢作十届区纪委工作报告（审议稿）的说明，区委常委、区委组织部部长毕锐明作中共广州市荔湾区第十一次代表大会代表选举结果和初审情况的报告，并对第十一届区委委员、候补委员、区纪委委员候选人预备人选建议名单和荔湾区出席中共广州市第十次代表大会代表候选人预备人选建议名单作说明。会议审议并通过中共广州市荔湾区第十一次代表大会议程（草案）、十届区委工作报告（审议稿）、十届区纪委工作报告（审议稿），酝酿并通过十一届区委委员、候补委员、区纪委委员候选人预备人选建议名单、荔湾区出席中共广州市第十次代表大会代表候选人预备人选建议名单。

【中国共产党广州市荔湾区第十一次代表大会】 2011年9月26日上午，中国共产党广州市荔湾区第十一次代表大会在区会议中心隆重开幕。十一次代表大会共选出代表390人，出席开幕式的代表共378人。区委副书记、区长唐航浩主持开幕式。区委书记周亚伟代表十届区委作题为《立足新起点增创新优势加快转型升级建设幸福荔湾》的工作报告（以下简称《报告》）。《报告》回顾了过去五年十届区委的工作，充分肯定了十届区委领导全区人民所取得的辉煌成绩。主要表现在六个方面：一是突出产业转型，推动高端集聚发展，城区实力不断增强；二是突出生态乐居，加强环境建设管理，城区魅力逐步彰显；三是突出文化引领，增强文化软实力，城区品位大幅提升；四是突出以人为本，完善公共服务，城区和谐建设长足进步；五是突出改革创新，健全体制机制，城区活力进一步增强；六是突出提升科学化水平，加强党的建设，执政能力不断提高。《报告》分析荔湾面临的机遇和挑战，探寻未来城区发展的方向和路径，清醒认识和准确把握好城区定位、城区产业、城区建设、城区服务四个重点问题。提出今后五年全区工作的指导思想是：以中国特色社会主义理论体系为指导，以科学发展为主题，以加快转变经济发展方式为主线，提高党的建设科学化水平，紧紧围绕建设“广佛之心”的战略目标，深入实施“文化引领、商旅带动、产业转型、创新驱动、环境优化”五大发展战略，推动经济发展转型升级、城区发展转型升级、文化建设转型升级和社会建设转型升级，努力建设文化荔湾、低碳荔湾、智慧荔湾、幸福荔湾。《报告》指出今后五年荔湾发展的主要目标是：经济发展转型升级，力争建成国际商贸中心重要功能区；城区发展转型升级，基本建成水秀花香乐居城区；文化建设转型升级，初步建成世界文化名城核心区；社会建设转型升级，率先建成社会服务管理示范区。《报告》要求全区各级党组织和党员干部，紧紧围绕区委的工作目标，主要抓好五个方面的工作：一要提升城区品位，彰显岭南文化特色，着力建设文化荔湾；二要加快转变经济发展方式，建立现代产业体系，着力建设低碳荔湾；三要增强体制创新能力，构建发展新体系，着力建设智慧荔湾；四要突出和谐共享，推进服务管理创新，着力建设幸福荔湾；五要坚持改革创新精神，发挥领导核心作用，进一步提高党的建设科学化水平。大会号召全区上下团结一心，振奋精神，锐意进取，扎实工作，立足新起点，把握新趋势，建立新机制，增创新优势，打造“广佛之心”。

大会于9月29日上午胜利闭幕。大会圆满完成所有议程，审议并批准十届区委工作报告和十届区纪委工作报告，通过十届区委工作报告的决议和十届区纪委工作报告的决议，选举产生中共广州市荔湾区第十一届委员会，中共广州市荔湾区第十一届纪律检查委员会，选出荔湾区出席广州市十次党代会代表36人。

【中共广州市荔湾区委第十一届一次全体会议】 中国共产党广州市荔湾区第十一届委员会第一次全体会议于2011年9月29日召开。大会选举产生中国共产党广州市荔湾区第十一届委员会常务委员会，周亚伟、唐航浩、叶锦祥、晏拥军、黄贤青、旋志强、刘文浩、毕锐明、李黎、樊伯欢、刘晨辉等11人当选；周亚伟当选中国共产党广州市荔湾区第十一届委员会书记；唐航浩、叶锦祥当选中国共产党广州市荔湾区第十一届委员会副书记。

【区党政领导班子民主生活会】 2011年10月14日下午，荔湾区召开“坚持以人为本执政为民理念、发扬密切联系群众优良作风”为主题的党政领导班子党员领导干部民主生活会。会议由区委书记周亚伟主持，区党政领导班子中的党员领导干部出席；区政协党组书记与区人大常委会党组副书记，区政府非中共党员领导，区法院、检察院主要负责人，区二级班子主要领导代表，各级党代表，人大代表和政协委员代表，以及基层群众代表等列席会议。会议通报了2010年度民主生活会整改措施落实情况。班子成员结合自身学习的情况，全面总结，查摆问题，剖析原因，提出整改措施，明确下一步努力方向。会议对加强和改进新形势下党的群众工作进行深入分析，提出要推进以科学发展为主线的经济建设、要推进以突出特色为导向的城区建设、要推进以公共文化为核心的文化建设、要推进以改善民生为重点的社会建设，继续做好下一步群众工作。会议要求正确对待进退留转，确保换届风清气正，并积极做好各项筹备工作，坚持正确用人导向，正确处理好换届与日常工作的关系。下一步，区党政班子要继续围绕“社会服务管理改革创新”，把基层服务好、管理好、治理好、带动社会建设科学化全面发展，同时加大“一队三中心”服务体制机制改革力度，全力推进“一街一品牌、一社区一特色”工程，继续为“新荔湾人”提供入学、就业、技能培训服务，进一步健全民意诉求机制，畅通政府和群众沟通渠道。

【区委民主协商会】 2011年1月12日上午，区委召开民主协商会，听取区各民主党派、工商联、无党派人士代表对区委“十二五”规划建议和区委十届十次全会报告（稿）的意见和建议。2月15日，区委召开区委民主协商会，就区人大常委会主任，区长、副区长和区政协副主席候选人人选与区各民主党派、工商联，无党派代表人士进行协商，并听取区内各人民团体意见。9月14日，区委召开区委民主协商会，听取区内各民主党派、工商联、无党派人士代表对十届区委工作报告（草案）的意见和建议。

【启动白鹅潭经济圈建设】 荔湾区于2011年成立白鹅潭管委会，为顺利实施白鹅潭经济商圈建设奠定了基础。以新隆沙和白鹤沙为突破口，加大土地储备力度，盘活土地资源，推进白鹅潭经济圈建设。争取土地储备权，首次成功将土地储备主体转为区一级土地储备机构，实现了土地储备管理工作的重大突破。引入社会资金推动白鹅潭经济圈土地储备工作，在全市率先采取“政府主导、企业参与、银行支持”模式，探索出一条符合政策、适应发展、有效可行的土地储备新路子。全年共完成土地出让58万平方米，土地储备100万平方米，超额完成市政府下达的年度土地储备任务。

【“五区一街”建设】 2011年，完成荔枝湾涌二期建设，顺利启动荔枝湾三期工程。推进陈家祠二期工程，建成沙面博物馆。加强“五区一街”（荔枝湾文化休闲区、陈家祠岭南文化广场区、沙面欧陆风情休闲区、十三行商埠文化区、水秀花香生态文化区及上下九商业步行街）项目的策划运营，丰富精品旅游路线。2011年，荔湾区成功举办“三月三荔枝湾”、“五月五龙船鼓”、广州（沙面）西餐文化节、“五一”陈家祠大型主题歌会、“庆‘七一’红歌会”等“荔湾风华”系列精品文化活动。

【社区服务管理创新】 2011年，全面铺开“一队三中心”建设。全区各街道编外人员共1617人归并到“一队三中心”的相应岗位，统一工资福利标准，强化责任意识，加强教育管理，提高业务水平和综合素质。

加快社区信息化建设。在22个行政街道推广广州市电子政务社区综合管理系统应用工作。以冲口街、昌华街为试点，推动社区管理平台的信息化建设。完善社区自治新模式。全区完成193个社区居委会换届选举工作，23个采取直选方式的社区（直选率达12%），选举成功率100%。

在逢源街、华林街、石围塘街、冲口街、海龙街共选取20个社区，试点开展“一居一站”建设工作。全区有39个社区被确定为创建广东省居务公开民主管理示范社区。推行网格化社区管理。划分社区管理网格，每个网格1－2名管理辅助队员，明确落实“分片包干”责任制。完善社区多元化服务体系。以家庭综合服务中心为载体，提供专业化社会服务。形成“项目制”、“招标制”等多种运作形式，打造出“长者饭堂”、“家长俱乐部”、“长者义工队”、“康龄社区大学”等多个荔湾特色项目。大力培育公益服务类社会组织。按照“规范管理、专业服务、市场运作”目标，培育发展3家区级社工社会组织，4家社区级社工社会组织，并引入3家市一级社工社会组织。

以培育社工人才为中心，提高社区服务专业化水平。全区有203人取得全国助理社会工作师资格，47人取得全国社会工作师资格。

【争先创优活动】 2011年，区委按照“推动科学发展、促进社会和谐、服务人民群众、加强基层组织建设”的总体要求，号召全区广大党员围绕建设文化荔湾、低碳荔湾、智慧荔湾、幸福荔湾的战略目标以及加快转型升级、白鹅潭经济圈建设、“三旧”改造、创新社区管理等重点工作，深入开展创先争优活动。强化学习型党组织建设，抓住纪念建党90周年的契机，多层次多渠道地开展学习活动，提升广大党员干部破解难题、推动发展的能力。强化党员干部的创新意识，引导党员干部创新工作思路、方法和手段，提升工作效能，服务科学发展。强化党员干部的作风建设，组织党员干部深入一线、深入基层、深入群众，扎扎实实做好对企业的服务工作，解决人民群众关注的热点、难点问题，保持与人民群众的血肉联系。

【经济与社区建设】 优化完善发展思路，坚定推动科学发展的信心。科学制定了“十二五”经济社会发展规划。确立推动经济发展、城区发展、文化建设和社会建设四大转型升级方向，谋划了“一江”引领、“两圈”带动、“两带”凸显、“三片”集聚的发展格局。区域影响力显著提升。全区全年实现地区生产总值692.2亿元，同比增长10.5%；一般预算收入完成36.89亿元，同比增长24.43%；全社会固定资产投资（按项目在地统计）为223.1亿元。新隆沙地块储备出让工作稳步推进，安置区白鹤沙地块征地工作进展顺利。开展“十三行商圈”策略规划，“上下九——十三行岭南商贸文化旅游体验区”被列为市“十二五”“国际商贸中心重大项目”。安置房项目建设进展顺利，花地村一期、西塱村（裕安围）项目已经竣工，宝盛沙地二期、茶滘项目封顶，西湾路项目开工。全区20个“城中村”改造方案全部通过区内审核。大坦沙整岛统筹开发开创广州“城中村”改造新模式。完成新增25公里绿道建设的任务。全年推进市政路桥、绿化、征地拆迁等31个项目。完成花地河4个水闸的群闸联控。荔枝湾二期工程圆满竣工、三期工程正式启动。建成沙面博物馆，完成沙面文化休闲步行区路面整体改造。成功举办“荔湾风华”系列民俗风情活动。

【社会民生】 全面推进承接市简政强区事权改革下放的57项事项。推进市唯一的行政执法体制改革试点工作。基本完成街道“一队三中心”的组建，打造“一街道一品牌，一社区一特色”。妥善处置了新中国大厦、广州卷烟厂103亩用地拆迁等涉稳事件。深化精确打击措施，强化治安动态防控，群众安全感进一步增强。落实办好十件民生实事，创新开展区内特困群体帮扶和党内关爱扶助活动，对口帮扶阳春市、从化市吕田镇

2011年1月13日，区委书记周亚伟、区长唐航浩率队到区内重点企业调研。

的扶贫“双到”工作成效突出，特色明显。推进社保业务下沉街道受理工作，有效推动各类人群参保。完成医药卫生体制五项重点改革任务。通过了广州市义务教育规范化学校终期督导验收，荔湾区2011年高考总上线率全市排名第一。

【保密】　2011年，区保密局贯彻落实市委保密委的会议精神，认真检查清理各项保密措施的落实情况，查漏补缺，不断完善。督促单位建立健全保密领导小组，充分发挥其作用。加强对互联网上网信息的保密监管，加强对电子政务网络建设与应用的指导和保密管理，增强对网络泄密的发现和应急处置能力。

依照新修订《保密法》要求，健全涉密和非涉密计算机保密管理制度，信息上网审批制度，涉密和非涉密移动存储介质保密管理制度，涉密网络保密管理制度，涉密计算机维修保密管理制度建设。落实各项保密行政管理职能，推行保密行政执法责任制。

保密宣传。2011年，全区培训保密人员106人。组织征订《保密技术防范常识》100本、保密法宣传挂图36套，征订《保密工作》杂志1920份。

保密检查。按照保密检查制度，组织专项保密工作大检查6次。从总体上看，全县涉密计算机管理情况良好，专人、专机、专用管理，按规定设置开机口令等，无违规互联泄露国家秘密事件发生。

（区委办）

广州市荔湾区人民代表大会及常务委员会

【概况】　2011年，区人大常委会坚持以中国特色社会主义理论体系为指导，深入贯彻落实科学发展观，以党的十七大精神为指引，学习贯彻党的十七届六中全会和省委、市委、区委全会精神，围绕中心、服务大局，抓住全区改革发展稳定大局和群众切身利益、社会普遍关注的重大问题，切实履行宪法和法律赋予的职权，讨论决定重大事项，依法对“一府两院”进行工作监督和法律监督，促进依法行政、公正司法，圆满完成换届选举任务，为推动加快转型升级，建设幸福荔湾作出了积极贡献。

【荔湾区十四届人大八次会议】　2011年3月2日至5日召开。会议听取代理区长唐航浩作的《政府工作报告》及关于区国民经济和社会发展第十二个五年规划纲要（草案）的说明，区人大常委会副主任邵卫红作的《广州市荔湾区人民代表大会常务委员会工作报告》，区人民法院院长何惠生作的《广州市荔湾区人民法院工作报告》，区人民检察院检察长蔡世葵作的《广州市荔湾区人民检察院工作报告》，并进行了审议。同时，通过了关于各项工作报告的决议，批准区国民经济和社会发展第十二个五年规划纲要，批准广州市荔湾区2011年国民经济和社会发展计划及2011年预算，表决通过《广州市荔湾区第十四届人民代表大会第八次会议选举办法》，选举周亚伟为荔湾区第十四届人大常委会主任。

【依法选举区第十五届人大代表】　按照省、市的工作部署和有关法律法规的规定，区人大专门成立荔湾区选举委员会及其办公室和6个换届选举工作检查指导组，明确分工，落实职责，及时研究解决选举过程中出现的各种问题，依法有序地推进选举工作。按全市统一投票要求，于2011年9月8日投票选举，依法选出区第十五届人大代表260人。

【荔湾区十五届人大一次会议】　2011年11月8日至11日召开。会议听取区长唐航浩作的《政府工作报告》，区人大常委会副主任邵卫红作的《广州市荔湾区人民代表大会常务委员会工作报告》，区人民法院代理院长曾志伟作的《广州市荔湾区人民法院工作报告》，区人民检察院代理检察长胡箴作的《广州市荔湾区人民检察院工作报告》。人大代表经过认真审议，通过了关于各项工作报告的决议，表决通过《广州市荔湾区第十五届人民代表大会第一次会议选举办法》，选举周亚伟为荔湾区十五届人大常委会主任；唐航浩当选为荔湾区区长；陈玉亮、吕雪峰、莫伟

2011 年 11 月 11 日，荔湾区第十五届人民代表大会常务委员会副主任合影。

琼、刘漫漫、植文龙、胡秀珍等 6 人当选为荔湾区十五届人大常委会副主任；晏拥军、邹璇、江智涛、陈建、方武明、顾伟星等 6 人当选为荔湾区副区长；曾志伟当选为荔湾区人民法院院长；胡笳当选为广州市荔湾区人民检察院检察长。大会还选举产生 20 名荔湾区十五届人大常委会委员及 50 名广州市第十四届人民代表大会代表。

【专题讲座】 2011 年 6 月 2 日，区人大常委会邀请原国家环保部政策法规司司长、现中华环保联合会副秘书长、北京师范大学兼职教授李恒远作“关心、支持环保事业，绿色未来你我共享”的专题讲座。李恒远紧密结合国内严峻的环境形势和环境保护工作现状，从环境保护法的立法背景、作用及成效，中国的环境保护法律及其主要内容，环保法律法规实施过程中遇到的突出问题，探索环保新道路等方面对《环境保护法》作了深入浅出的解读。在法制讲座现场还举办纪念第 40 个“世界环境日”系列活动，开展以“手牵手共建生态文明，‘大环保’有我有他有你”为主题的签名宣传活动。

【重大事项决定权】 区人大常委会为加快白鹅潭经济圈建设，听取和审议了区政府《关于引入社会资金推进白鹅潭经济圈土地储备开发重大事项的报告》，认为白鹅潭经济圈是荔湾今后发展的主引擎和战略主载体，对全区现代服务业发展和产业结构调整将起龙头带动作用。经审议，区人大常委会要求区政府严格按照国家、省、市有关法律法规以及上级有关精神，积极稳妥地开展资金引进工作，精心谋划白鹅潭经济圈土地储备开发项目，并设立合作主体的准入和退出机制，加强对引入社会资金的全程监督，确保资金安全、规范高效运作，切实防范资金风险，推动白鹅潭经济圈的建设工作取得新的进展。

【人事任免权】 区人大常委会把坚持党管干部、充分发扬民主和严格依法办事有机结合起来，加强和改进人事任免工作，坚持对拟任命人员进行任前法律知识考试、与常委会组成人员见面并作自我介绍以及颁发任命书等制度。换届前，共依法任免国家机关工作人员及人民陪审员127人次。2011年底，第十五届人大常委会首次举行新一届区政府组成人员就职宣誓仪式，庄严承诺“做一名人民满意的公务员”，区委书记兼区人大主任周亚伟殷殷寄语“不负人民重托，不辱历史使命，在任期内开启新征程，创造新业绩”。

【议案办理】 区人大常委会通过常委会领导牵头、各相关工委会负责与各街道联组配合三个层次加大对代表议案建议的跟踪督办力度，不断提高代表议案建议的办理质量。荔湾区十四届人大八次会议收到代表议案1件、建议52件，已全部办复。为做好十四届人大八次会议《关于加快解决我区辖内部分街区水浸街问题的议案》的督办工作，常委会领导带领有关工委会听取提议案代表的意见，督促议案办理工作。为落实十四届人大八次会议建议办理情况，确定《关于扶持发展广州广佛数字创意园的建议》《关于加快推进沙面文化休闲步行街区建设的建议》《关于对西关大屋、昌华苑社区老式洋房历史文化背景进行挖掘的建议》等3件为2012年重点代表建议，并由常委会领导分别带领相关工委会和组织有关代表落实跟踪督办。

【依法治区】 区人大常委会发挥依法治区中的主导作用，配合区委制定《荔湾区依法治区第五个五年规划（2011—2015）》，推进实施“五五”依法治区工作。促进法治荔湾建设，大力开展法治宣传教育，引导推动基层单位开展“民主法治示范社区”和“依法治校示范校”创建活动。

【专题调研】 区人大常委会贯彻落实监督法，围绕区委决策部署和事关全区经济社会发展以及群众切身利益、社会普遍关注的热点难点问题，组织开展关于“建立长效管理机制，提升城市管理水平”、“进一步完善社区医疗卫生服务中心建设”等专题调研，写出调研报告，并提出切实可行的意见和建议。

（区人大办　刘韶晖）

广州市荔湾区人民政府

【概况】 2011年，区政府在市委、市政府和区委的正确领导下，在区人大及其常委会和区政协的监督支持下，以邓小平理论和“三个代表”重要思想为指导，深入学习实践科学发展观，以“加快转型升级、建设幸福荔湾”为主题，大力实施“文化引领、商旅带动、产业转型、创新驱动、环境优化”五大战略，团结和带领全区人民，全力调结构、促转型、谋发展、惠民生，各项工作呈现新局面。

【国民经济持续快速发展】 2011年地区生产总值完成692.19亿元，同比增长10.5%；规模以上工业总产值完成435.05亿元，同比增长11.2%；实现社会消费品零售总额470.44亿元，同比增长16.1%；一般预算收入36.89亿元，同比增长24.4%。完成固定资产投资项目在地口径223亿元，同比增长19.2%；法人在地口径124.17亿元，同比增长28.7%。实际利用外资累计1.80亿美元，同比增长8.2%。

【“文化荔湾”建设】 文化载体建设成效显著。全力推进古西关水系复兴，荔枝湾涌二期竣工开放，三期正式启动。推进陈家祠岭南文化广场二期工程，“广东民间工艺精品陈列馆”初步规划方案编制完成。完成蒋光鼐故居、十三行史料陈列馆的对外开放及广州丝织行业博物馆的布展设计工作。分步实施沙面步行化方案，举办“欧陆风情沙面汇”活动，沙面文化休闲品牌进一步彰显。成功举办“西关五宝工艺精品展览”等非物质文化遗产保护宣传活动，民俗文化得到保护发展。

西关旅游文化品牌日益凸显。成功举办“三月三·荔枝湾”、“五月五·龙船鼓”、“七月七·魁星诞”、“第四届西关美食节”等品牌文化旅游节庆活动。开通全省首个旅游官方微博，派发荔湾旅游地图、西关揾食图等旅游宣传品25万多份。成功举办荔湾文化旅游香港推介会，参加广州国际旅游展销会并获“最佳组织奖”。全区各景点全年接待游客3.5亿人次。

公共文化服务水平不断提升。区文化馆通过国家一级馆复评，5 个文化站晋升为省一级站。图书馆实现免费开放。文化艺术中心被定为广州市首批“粤剧艺术推广基地”。“荔湾风华”书画艺术展、“与幸福同行”大型主题歌会等系列文化活动蓬勃开展，定期在荔枝湾举办粤剧私伙局表演和西关婚俗巡游活动，广受好评。第三次全国文物普查（第三阶段）工作基本完成，经普查，全区共有不可移动文物 326 处。

【“低碳荔湾”建设】 “两圈”建设稳步推进。白鹅潭地区城市设计成果与控制性详规通过市审批并进入全面实施阶段，白鹅潭管理委员会正式成立。完成土地出让 58 万平方米、土地储备近 100 万平方米，正在办理土地储备 17 万平方米，超额完成市下达的年度土地储备任务。核心区新隆沙地块拆迁工作正式启动；完成国际医药港及龙溪大道南地块收地工作；广东塑料交易所二期、广州铁路南站等重点项目进展顺利。十三行商圈规划编制工作已完成，上下九—十三行岭南商贸文化旅游体验区被列入市战略性发展平台和“十二五”规划“国际商贸中心”重大项目。

“三旧”改造在全市率先完成全区 20 个城中村改造规划方案编制工作，其中 7 个方案已经市审议通过。西塱（裕安围）整治改造已完成，花地村首期 228 套安置房已竣工，东漖村 834 套安置房工程正式启动。大坦沙岛新控规和改造方案通过市政府审定，“多村并联、连片改造”新模式进入实施阶段。宝盛沙地二期、西湾路、茶滘三大安置房项目进展顺利。恩宁路改造项目控规调整获市规划委员会通过。泮溪停车场项目动迁工作全部完成。

水环境综合整治卓有成效。新增河涌治理长度 3.9 公里；完成海龙围江尾段 1800 米外江堤防整治；新增建污水管道 10.3 公里；累计完成 11 项总长 9932 米的渠箱清淤工程；完成区内近 330 公里排水管道的日常清疏及 1.6 万座排水井的日常管养，有效提升防洪排涝能力；花地河四大闸进入试运行；完成第一次全国水利普查的清查登记工作。

实施芳村体育中心规划路三期、花地河东岸规划路南段等道路建设，推进芳村大道南、玉兰路延长线、龙溪大道东延长线等道路施工，新增、改造道路面积 7.2 万平方米。完成大坦沙环岛绿化带等一批青山绿地工程项目，新增绿地面积 16.1 万平方米。

全力开展创文工作，为广州市成功创建全国文明城市作出积极贡献。深化创建星级街道工作，星级卫生街道创建率达 95%。投入 550 万元积极推进垃圾分类处理工作。以泮塘路广州美食园和荔枝湾文化休闲区为试点，推进餐饮业油烟综合整治。第二批影响环保类 6 家企业已全部搬迁或关闭。超额完成市下达的主要污染物削减指标。截至年底，共创建绿色社区 172 个、绿色学校 100 间。成立景区管理中心，实现对陈家祠广场、荔枝湾涌景区及 5 大公园的统一规范管理。推进数字城管建设，健全综合巡检机制，实施城市网格化管理。以集中查处违法建设行动月工作为带动，全面开展“六乱”和违法建设等综合整治。全年共清理“六乱”5.32 万宗，拆除违法建设 6.22 万平方米。荣获“市容环卫杯”评比全市第一名。

【“智慧荔湾”建设】 新型工业优化发展。烟草制品、交通运输设备和文教体育用品等制造业保持较快增速，产值同比分别增长 11.1%、24.7% 和 29.7%。南漖二类工业用地 281 栋房屋征拆工作全部完成，为广州卷烟厂双喜 300 万大箱正式下线奠定了基础。广东光电科技产业基地引进清华光环境设计研究所等 13 家高新技术企业和机构，组建产学研联盟，产业综合竞争力全面提升。

商贸业持续兴旺。强化传统商贸优势，大力引进和推广现代交易方式，专业市场升级步伐加快。投入 1700 多万元，打造东漖等七大花卉基地，促进花卉产业优化升级。广州国际茶叶交易中心电子交易平台实现试运营。财富天地广场、广州世贸服装城完成主体建设。研究制定了广州美食园龙津西路延长段建设规划，业态调整工作有序推进。站西鞋城被列为广东鞋业国际采购中心重点培育对象。

内外源经济发展水平不断提高。全年新增注

册资金500万元以上企业120家，合计注册资金27.72亿元。全区累计新签外资项目96个，同比增长21.52%。全区服务外包合同额8806万美元，同比增长94.94%。参加“新广州·新商机”系列推介会，累计签约项目17个。民营经济贡献日益突出，完成投资额25.41亿元，占全社会固定资产投资额20.5%。

自主创新能力不断加强。制定知识产权、产学研专项资金管理办法，实施创新创业领军人才奖励机制。组织申报国家、省、市科技项目230项；专利申请1453件，同比增长31.6%；获广州市科技进步奖6项，新增1件广东省著名商标和3件广州市著名商标；全区高新技术产品产值115亿元，同比增长26%；全年全社会研发经费（R&D）投入15.5亿元；完善科技创意企业知识服务平台，全年共引进各类科技及创意企业70多家。

推进珠江黄金西岸滨水创意产业带连片开发，大力扶持1850、922等创意产业园发展，协调广州港集团优化调整码头功能布局，打造现代港口物流园区。完成花地河新经济带规划设计方案编制工作，广佛数字创意园二期建设稳步推进；完成花地河节点园景观工程。以两带为龙头，以创意产业和电子商务为支撑的现代服务业集聚发展，现代服务业占服务业比重超过35%。其中，“唯品会”销售额达到14.6亿元，成为华南地区电子商务龙头企业。

加强地方政府融资平台建设，政银担企合作的全方位金融服务模式初步形成，全年共融资18.84亿元，确保了重点项目的顺利推进。落实企业上市扶持奖励政策，后备上市企业15家。深化部门预算改革，高质量完成全区85个一级预算单位的预算编制工作。推进国库管理制度改革，完善财政国库支付制度，区属预算单位全面推进公务卡结算。

【“幸福荔湾”建设】 街道社区服务管理全面推进。总结推广金花、逢源和海龙街试点经验，整合编外人员，统一经费标准，22条街道完成“一队三中心”机构组建及人员整合。扩大政府购买服务的范围和领域，已有政府购买社工试点服务项目12个。获得“全国社会工作人才队伍建设试点示范区”称号。14条街道基本完成“一街一品牌、一社区一特色”创建工作。逢源街耀华社区被评为全国文明单位和全国社区侨务工作明星社区，冲口街杏花社区被评为“广东省文明社区”。

社会保障服务体系不断完善。实施就业优先战略和创业富民工程，城镇登记失业人员就业率达71.81%，创建市级创业基地11个、区级创业基地19个，成功申报创业项目10个。为全区低保、低收入困难家庭发放救济金、临时物价补贴及各类医疗救助7093万元。推进外来务工人员积分制入户工作，第一批外来务工人员37人已获得入户指标。阳春、吕田两地扶贫开发“双到”工作成效显著，“教育帮扶”特色突出，吕田援建创造了“第一时间立项、动工、竣工”的“荔湾速度”。实施区内特困群体帮扶和党内关爱扶助，完成计划目标的105%。

区财政支出投入民生领域资金达41.73亿元，新增6.74亿元，增长19.3%。顺利通过义务教育规范化学校终期督导验收，高考再创佳绩，区属学校本科率全市第二，总上线率全市第一。广州市第四中学正式成为广东省国家级示范性普通高中。校安工程完成开工率100%、完工率80%的目标任务。完成基层医疗卫生机构综合改革；完成社区卫生服务中心信息化建设；全年社区卫生服务及城市社区卫生机构补助共投入6837.8万元，比2010年增加4408.3万元。全面推行网格化管理，组建社区责任医师服务团队85个，社区服务覆盖率达100%。区中医医院、骨伤科医院被评为市中医名院。妥善解决历史遗留问题，荔湾区芳村中医院整体移交广州中医药大学管理。新建健身路径30条、篮球场8个、健身广场及健身苑各1个。荔湾区代表团蝉联市运会团体总分第一名。在全省率先开展平价商店进社区示范区建设，建成运营平价商店50家。全面完成省、市下达的人口计生工作任务，人口普查工作荣获全市唯一“第六次全国人口普查先进集体”称号。区老龄委被评为“全国老龄系统先进单位”。

开展“冬季百日行动”、“清网行动”等专项行动。坚持做好信访和人民调解工作，努力化解人民内部矛盾。构建“西关阳光驿站”，加大对“三无”刑释解教人员和社区服刑人员帮扶力度。以新中国大厦和桥中地区消防整治行动为突破口，全面开展“三小”场所和出租屋等消防安全隐患大整治。深入推进质量强区工程，加强食品安全监管，加大食品抽检及案件查处力度，全年抽样检测蔬菜农产品药物残留样品2.76万个。全年道路交通的事故宗数、死亡人数均有所下降，无较大以上生产安全事故发生。我区连续六次荣获“广东省双拥模范区”、连续七次荣获“广州市双拥标兵区”荣誉称号。

推进以简政强区为主要内容的事权改革，承接事权下放57项，在全市率先开展行政执法体制改革试点。启动300多个事业单位分类改革工作。建立健全政务公开考评制度。区政务服务中心“一站式”办事大厅建成并投入使用，政务服务满意度居全市第一。完成经济联社和社区“两委”换届工作。坚持向人大及其常委会报告工作和重大事项以及向政协通报情况的制度。自觉接受人大代表、政协委员的监督，广泛听取政协、民主党派、无党派人士、人民团体和社会各界的意见及建议。以区政府常务会议的形式对重点议案、建议和提案的办理进行部署，全年办理人大代表议案和建议72件、政协委员提案115件。顺利通过“五五”普法规划验收，被评为广东省2006—2010年法制宣传教育先进区。

【兑现民生十件实事】 一是提供就业岗位4.61万个，免费培训失业人员2.29万人次，失业人员在失业期间每人最高享受6次免费培训。二是在22条街道设立社会保险受理点，五险种新增参保15.85万人次，增长11.8%，特困人员100%参加医疗保险。三是新增3个街道日间托老服务中心和民办养老福利机构床位1567张，465位区内特困失业人员实现再就业，616个特困家庭实现脱贫。四是新增义务教育用地7.25万平方米、建筑面积5.6万平方米，新增3600个义务教育优质学位和3所公立幼儿园；为全区144名特困大学生发放学费补贴、为790名中小学特困学生免费发放校服和伙食补贴、为167名特困学生发放专项奖学金。五是新增7个社区卫生服务站和业务用房6540平方米，新增居民健康档案16.5万份，免费为全区60岁以上特困人员进行健康体检1500人次，免收特困人员在定点医疗机构的挂号费、诊金、住院押金。六是完成7848套保障性住房的开工建设，完成目标任

2011年3月14—15日，广州荔湾新春招商会在香港举行（区经贸局供稿）。

务的261%。七是改造内街巷道路3.12万平方米，新增公共绿地5万平方米、绿道27.6公里、路灯6009盏。八是10个内涝点排涝达标，解决12万平方米街区的内涝问题。九是解决2008年登记在册的1.17万户符合低收入住房困难保障申请条件家庭的住房问题；完成671栋7.13万平方米危破房的解危工作，解决2348户房屋安全问题。十是新设100个图书漂流驿站，组织102场群众艺术精品演出和108场数字电影进社区，为2万个低收入家庭和农民工家庭免费派发文化惠民卡。

（区府办　谢红超）

广州市荔湾区政协

【概况】　2011年，荔湾区政协坚持以科学发展观为统领，紧紧围绕团结和民主两大主题，以“开启‘十二五’，建设新荔湾”为主线，按照区委十届十次全会确定的“十二五”规划建议和2011年经济社会发展的总体要求，以奋发有为的精神状态和求真务实的工作作风，团结各界，发挥优势，履行政治协商、民主监督、参政议政职能，为推进文化荔湾、低碳荔湾、智慧荔湾、幸福荔湾建设作出了新的更大的贡献。

【政协十三届六次会议】　2011年3月1—4日召开。会议主要议程：听取和审议政协第十三届广州市荔湾区委员会常务委员会工作报告；听取和审议区政协提案工作情况的报告；列席广州市荔湾区第十四届人大第八次会议第一次全体会议，听取和讨论《政府工作报告》及有关报告；表彰区政协第十三届五次会议以来的优秀提案；审议通过荔湾区政协主席会议部分成员辞去领导职务的决定；选举区政协部分常委；听取区政协第十三届六次会议提案审查情况通报；审议通过区政协第十三届六次会议决议。出席会议委员295人，共收委员提案106件。

【政协十四届一次会议】　2011年11月6—10日召开。会议主要议程：听取和审议政协第十三届广州市荔湾区委员会常务委员会工作报告；听取和审议区政协第十三届委员会关于提案工作情况的报告；列席广州市荔湾区第十五届人大第一次会议第一次全体会议，听取和讨论《政府工作报告》及有关报告；选举政协第十四届广州市荔湾区委员会主席、副主席、秘书长和常务委员；审议通过区政协关于十四届一次会议提案审查情况的报告；审议通过区政协第十四届一次会议决议。出席会议委员281人，共收委员提案18件。

【协商议政】　区政协十三届六次全体委员会议和十四届一次全体委员会议，政协委员围绕区政府工作报告和其他重要报告，以及区经济、政治、文化和社会生活中的热点、难点问题有序地开展协商活动。各民主党派、各界别、各专门委员会提交大会发言材料15篇，有20多位政协委员在大会即席发言，区党政主要领导现场听取意见和委员互动交流。抓住事关全区发展大局的重大问题，在深入调查研究的基础上，围绕“转变经济发展方式，建设低碳荔湾”有计划地组织开展专题协商议政。形成《政治协商纪要》17条意见和建议报送区委、区政府，得到区委、区政府主要领导的高度重视和批示，对区委、区政府民主科学决策，推动部门工作，解决实际问题起到了积极作用。

【民主监督】　突出抓好提案征集、审查、立案、交办、办结、反馈等重要环节，从制度上、工作方式上保证提案落实。2011年《关于荔枝湾涌二期工程的几点建议》等6件提案列为区党政主要领导牵头督办重点提案，由于得到区党政主要领导和职能部门领导高度重视，不少提案的建议和意见得到转化或落实，提案办理效果更加明显。围绕人民群众关心的热点、难点问题开展民主监督。主席会议组织了对区内社区服务管理创新的专题视察。由于提出的意见和建议中肯可行，具有可操作性，对促成有关问题的解决起到了积极作用。

【参政议政】　2011年，区政协常委会及各专门委员会先后就“城中村”改制改造、公共医疗卫生问题、产业升级改造、危破房改造、中小企业融资、文化旅游产业发展、城区精细化管理等问题，组织委员开展了10多次的调研视察活动，形成5份调研报告，不少意见和建议既是诤言也是良策。

【提案】 2011年，区政协提案工作坚持“围绕中心，服务大局，提高质量，讲究实效”的提案工作方针，经过广大政协委员、提案承办单位和提案工作部门的共同努力，提案数量有新突破，提案质量有新提高，办理水平上新台阶，整体工作有新发展，为荔湾区的经济、政治、文化、社会发展作出积极贡献。2011年立案的105件提案已全部办理完毕，委员反馈满意和基本满意率99.7%。

【收集社情民意】 2011年，区政协针对广大群众普遍关心的“城中村”饮水难、“水浸街”、危破房改造、学校周边治安、弱势群体社保、困难群众再就业、旧楼宇加装电梯、社会救助等热点与难点问题，组织有关界别委员深入社区调研，广泛听取民意，开展20多次专题调研视察，召开10多次座谈会或通报会。通过委员进社区、加强社情民意信息研判，建立“直通车”、完善通报和办理、反馈制度等一系列措施，把人民群众反映最强烈、最迫切解决的社会问题报送区委、区政府领导，架起党委政府与人民群众沟通的桥梁。在彩虹街开展“政协委员社区工作室”试点工作，共青团、青联、妇联等界别委员在岭南街组建“青年事务工作室”，加大委员联系界别群众、收集社情民意的工作力度，畅通收集社情民意渠道。共收到各类社情民意信息30多条，反映的许多意见和建议为领导科学决策、民主决策提供依据。

【委员素质建设】 2011年，区政协通过举办委员培训班、专题座谈会、建立“委员学习日”制度等形式，增强广大委员履行职责的责任感和使命感，激发委员服务经济发展，参与社会公益事业的积极性。区政协领导、专委会主任与委员保持经常性的联系、沟通和交流，通过专委会工作、举办委员活动日、委员座谈会、走访委员、组织委员视察、考察和联谊等形式，使委员之间加深理解，增进友谊，巩固团结。区政协定期召开政情通报会和党风廉政建设通报会，为委员们知情问政、知情明政搭建平台，创造条件。

【慈善公益活动】 委员及委员所在企业积极参与每年的“广东省扶贫济困日”活动，积极开展党内关爱扶助及帮扶区内特困家庭活动；港澳地区政协委员筹集70多万元为区内5个街道共100多户困难群众送上医疗救助金、助学金和住房维修金，提供就业岗位；为对口帮扶从化市吕田镇，政协委员捐款近40万元开展建村路和扶贫助学活动。与此同时，充分发挥政协委员的专业优势，组织医卫、科教、司法界委员到社区送医、送科技、送法律、送文化服务，尽心尽力帮助人民群众解决生产、生活中的一些实际困难，充分体现了委员们为国分忧，为民解困的高尚情怀。

【党派合作】 区政协坚持“长期共存、互相监督、肝胆相照、荣辱与共”的基本方针，贯彻《中共中央关于加强人民政协工作的意见》和《中共荔湾区委政治协商规程（暂行）》，加强与各民主党派、无党派人士和各界别代表人士的合作共事。区政协党组成员坚持联系民主党派负责人制度，坚持各种重要活动、专题议政会议和大会发言优先安排各民主党派和各界别人士发言，鼓励委员讲真话、讲实话，求同存异，增进共识。

【海内外联谊活动】 2011年，区政协围绕中共建党90周年和辛亥革命100周年等重大纪念日，组织参与荔湾区庆祝中国共产党成立90周年文艺汇演等主题鲜明、感召力强的专题活动。通过专题纪念活动，总结光辉历程，展望美好未来，广泛宣传国家的基本政治制度，使广大政协委员受到了爱国主义和社会主义的深刻教育，坚定走中国特色社会主义道路的信心。密切与港澳台的联系与交流，由区政协主席、副主席带队前往香港、澳门走访委员，拜访进步社团组织，定期向港澳地区政协委员通报荔湾发展情况和区政协工作情况；积极引介港澳台侨胞到荔湾区投资发展，支持委员和热心人士参与慈善公益和扶贫

2011 年 1 月 27 日上午，中共荔湾区第十届纪委第六次全体会议在区会议中心召开，图为与会领导合影。

济困活动。

与兄弟城区（市）政协开展书画联谊交流活动，大力宣传荔湾文化特色，扩大其社会影响力。及时收集整理荔湾区“五区一街”文化建设项目史料。文化交流与文史资料工作，不仅宣传区政协工作，也宣传荔湾的新面貌、新成绩，更能汇聚力量。

（区政协办　关健仪）

中共广州市荔湾区纪委

【概况】　2011 年，中共荔湾区纪律检查委员会（简称区纪委）机关（区监察局与其合署办公），履行党的纪律检查和政府行政监察两种职能，全面落实科学发展观，开拓创新，各项工作取得了新的成效。全年共立案 15 宗 15 人，审结 19 宗，19 人。其中，18 人给予党纪处分，6 人给予政纪处分，双重处分 5 人，1 人移送司法机关处理。监察行政审批事项 8513 宗。为全区改革、发展和稳定以及各项任务的完成提供了有力保证。

【中共荔湾区第十届纪委第六次全体会议】
2011 年 1 月 27 日召开。会议由区委常委、区纪委书记聂贵新主持，会议主要议程，传达学习中央、省、市纪委全会的主要精神；聂贵新代表区纪委常委会作工作报告；出席代表约 200 人。

【中共广州市荔湾区纪委第十一届一次全体会议】　2011 年 9 月 29 日上午召开。主要议程选举区纪委常委、书记、副书记。出席代表数共 45 人。全会选举樊伯欢为区纪委书记，方施明、李昌佑为副书记。

【重大决策事项监督检查】　区纪委加强对中央、省、市、区重大决策部署贯彻落实情况的监督检查。开展关于经济结构调整、“两圈”建设、“三旧”改造、荔枝湾建设等重点工作落实情况的督查；重点抓南漖二类工业用地征地拆迁工作的督查，协调有关部门及时消除阻碍征地拆迁工作的不利因素，促进了征地拆迁工作的顺利开展；落实区委、区政府关于加强对创建国家文明城市工作督查的要求，专门成立督查小组进行经常性实地督查和明查暗访，促使全区各有关单位认真抓创建工作各项任务的落实；加强对上下九步行街商业圈秩序综合治理以及消防、安全生产、校舍安全等重点工作的监督检查；加强对扶贫开发“双到”工作及区内关爱帮扶工程的监督检查，确保按时完成帮扶任务；加强对换届工作的监督检查，确保全区经济联社和社区“两委”换届选举工作顺利完成。

【执法监察和纠风】　推进机关和基层效能建设。以建设“人民满意的机关”为出发点和落脚点，加强监督检查，深化机关效能建设。完善绩效考评机制，创新评议方式，扩展考评内容，对全区82个单位开展工作绩效量化考评、公众评议和检查评估。深化站、所、队和街道社区等基层单位的效能建设，加强对全区窗口服务单位的明查暗访，突出抓荔湾区政务中心、金花街、逢源街、茶滘街、海龙街五个窗口服务单位的示范点建设。

完善电子监察系统建设。创建荔湾区财政性投资建设项目监督系统，实现区财政性投资建设工程项目全程网上申报、办理、回复和监督。逐步完善行政审批电子监察系统数据自动报送功能。2011年，全区实时监察行政审批事项8513宗，提前办结率达95.3%，有力提升行政效能。

深入开展纠风和专项治理工作。开展“阳光招生”、“阳光用药”工作，深化治理教育乱收费等工作，纠正医药购销和医疗服务中的不正之风，开展对13个医疗卫生机构、10个执法部门的民主评议政风行风活动。

推进公务用车专项治理，成立荔湾区公务用车问题专项治理工作联席会议机构，通过自查、核查和审核甄别，对违规借用换用的58辆公车进行治理，按照市公车办要求，对421辆公务用车安装车载终端设备，有效地遏制公车私用等现象。

开展“小金库”专项治理。加强经济联社财务监管工作，推进经济联社财务监控系统规范化建设。开展党政机关厉行节约工作，“三公”费用进一步压缩。

加强区特邀监察员、区效能建设监督员管理，充分发挥他们民主监督和参政议政的作用。

【反腐倡廉教育】 区纪委在反腐倡廉教育中以“以人为本，执政为民”为主题，深化党性党风党纪教育。协助区委组织召开全区处级以上领导干部党风廉政建设专题学习会。重点抓《廉政准则》的学习宣传，要求各单位把《廉政准则》纳入理论学习中心组和纪律教育学习月的学习内容。抓岗位廉政教育，组织广大公职人员特别是重要领域、重点岗位公职人员，查找岗位廉政风险点，制定落实防控措施，规范岗位履职行为。

开展廉政文化进机关、进学校、进企业、进社区、进经济联社、进家庭的“六进”工作，打造新的红棉反腐倡廉教育平台，改版升级红棉廉政教育网，完善西塱廉政文化平台和西塱学堂。推进党风廉政监察站工作，在昌华街西关大屋社区、东漖街东漖股份合作经济联社开展创建党风廉政监察站工作。积极开展形式多样的廉政文化活动，在全社会营造浓厚的廉政文化氛围。

落实领导干部收入申报及重大事项报告制度，组织区内市管干部参加市纪委党风廉政建设信息系统填报工作。抓领导干部不得收受礼品、礼金、有价证券规定的落实，在元旦、春节等重大节日期间，向全区副处级以上领导干部发送“廉政短信”。2011年，全区共收缴现金与有价证券10.73万元。落实区纪委领导同二级班子党政领导廉政谈话制度，对105名新提拔或调整岗位的领导干部进行廉政谈话。

总结惩防体系建设的成功经验，加强对执行情况的监督检查，健全惩防体系资料库和区惩防体系网。加强对政府投资建设工程项目招投标和政府采购工作的监督检查，政府财政性投资工程结算评审1050项，核减金额7.6亿元。政府采购金额7240万元，节约资金430万元。推行建设工程项目监察告知书制度。

发挥纪检监察派驻机构的作用，逐步形成派驻机构对驻在单位的常态化监督。各派驻组突出监督职能，及时提醒并纠正发现的问题。通过列席班子会议、重点巡查等方式，加强服务和监督，从源头上规范内部管理，有效推动驻在单位权力的规范运行，形成强有力的反腐倡廉工作新格局。

【查处违纪违法案件】 2011年，区纪检监察机关共立案15宗15人，移送司法机关处理1宗1人。通过查办案件，发挥查办案件的治本功能，针对办案发现的问题和制度漏洞，对区内辅助执法队伍管理情况开展调研，加强对辅助执法队伍的监督管理。推进治理商业贿赂专项工作。加强信访举报工作，共接收群众来信来访来电和网上举报413件（次），通过调查核实，为32名干部澄清问题。加强案件审理工作，深化街案区审，提高基层办案质量。创新案件监督管理工作，加强对案件办理全过程的监督。2011年，全区党员干部违法违纪案件处理情况列于下表。

2011 年荔湾区党员、干部违法违纪案件处理情况表

审结数		被处分人级别			处分种类													触犯刑律判刑
					党纪					政纪						双重处分	免予处分	
宗	人	处级	科级	其他	开除	留察	撤职	严重警告	警告	开除	撤职	降级	记大过	记过	警告			
19	19	3	4	12	9	1		2	6	5			1			5		8

【纪检监察干部队伍建设】 2011 年，区纪委以开展“创先争优”活动为契机，开展“做党的忠诚卫士，当群众的贴心人”主题实践活动。加强纪检监察干部思想政治建设、作风建设和能力建设，全面提高纪检监察干部素质。加强民主集中制建设，领导班子团结协作。加强内部管理和监督，健全效能考核、述职述廉、中心组学习等制度，提高工作效率和水平。推进基层纪检监察派驻工作，制定并实施《荔湾区纪委监察局派驻纪检监察组业务工作管理暂行办法》和《荔湾区纪委监察局派驻纪检监察组干部工作管理暂行办法》。坚持向党外人士通报反腐倡廉情况，健全政务公开平台，主动接受各方面监督。

（区纪委办　郭慧仪）

民主党派

【中国国民党革命委员会荔湾区总支部】 2011 年 2 月，民革荔湾总支进行基层组织换届，总支委员平均年龄 42 岁，余建毅当选为总支主委，温文颐、莫璐丽当选为总支副主委，何茹、吴丽冰、尹春武、黄曼清、江建有、梁聪当选为总支委员。总支部下设 5 个支部，成立参政议政、社会服务、联络三个专门工作组。2011 年总支有党员共 88 名。余建毅和莫璐丽当选为民革市委会委员；何茹当选为广州市第十二届政协委员；余建毅、温文颐当选为区第十四届政协常委，莫璐丽当选为区第十五届人大常委；尹春武、黄漫清、吴丽冰、江建有当选为区第十四届政协委员。陈少湘担任区特约检察员、尹春武担任区特邀监察员、赵毅卓担任区特邀监察员、谭敏霞担任区教育督导员。

2011 年，民革荔湾总支制定《民革荔湾区组织规则》《民革荔湾区支部工作手册》《民革荔湾总支部参政议政工作规定》《民革荔湾总支部宣传工作暂行规定》，加强对基层各支部工作的指导，探索新形势下基层组织活动的新方式，采取支部党员党费下放管理方式和支部自主活动形式，推动基层组织更好地开展活动，扩大组织的凝聚力和影响力。建立总支委员挂点联系支委的工作制度，建立总支例会、总支委员扩大会议制度，完善全区党员信息建档工作，管理逐步规范化。

民革荔湾总支重视自身建设，开展“观故居、走多党合作之路”主题教育活动，组织党员参观广州大元帅府，黄埔长洲岛的辛亥革命纪念馆，组织参与市委统战部“祝中国共产党成立 90 周年纪念”系列活动之“灯塔颂”活动。加强领导班子建设，发挥领导班子引领作用。新的班子定期召开班子例会、每季度组织全体党员组织生活会及党员生日会，每季度老党员敬老慰问联谊。响应荔湾区委扶贫“双道”的号召，组织党员前往从化吕田扶贫慰问特困户，捐赠粮油生活用品一批。

2011 年民革荔湾总支向市委会、区政协提交提案、反映社情民意共 10 多件，有余建毅的《关于进一步加强广州市社区公共服务体系建设的建议》，何茹的《关于广州市公共场所全面实施控烟的建议》，吴丽冰的《说说垃圾分类问题》，刘小英的《关于推动企业积极履行社会责

任的建议》，马桂铭的《强化食品安全法治，还人民“餐桌安全”》等提案。其中总支提案《关于荔枝湾涌二期工程的几点建议》被荔湾区委周书记选为亲自督办的政协提案。

【中国民主同盟广州市荔湾区基层委员会】

2011年5月民盟荔湾区基层委员会完成组织结构的重组，设立教育一支部、教育二支部、教育三支部、科卫一支部、科卫二支部、综合一支部、综合二支部等7个支部。2011年底，民盟荔湾区基层委员会共有盟员159人。张凤娟等10位同志担任广州市、荔湾区人大代表或政协常委。区民盟有2人担任荔湾区特约“四员”。

民盟荔湾基层委员会以各支部过组织生活的形式组织盟员每月进行1—2次学习等活动，坚持学习中共中央和民盟中央文件、“盟史”等，结合各个时期的特点和任务进行讨论，以提高政治思想觉悟，统一思想。民盟荔湾基层委员会还不定期地组织民盟参加各种报告会和讲座，进行参观、访问、支边扶贫等活动。2011年7月，张凤娟等5位盟员参加荔湾区统战部举办的“党外干部培训班”。2011年12月荔湾区基层委员会成立理论研究小组和筹备广州荔盟社会服务联合会。

2011年，民盟荔湾区基层委员会的各级人大代表向各级人大会议递交意见或建议8件；政协委员在各级政协会议上以集体名义递交提案1件，梁俊贤在2011年向广州市政协递交的提案《关于优化小微企业金融生态，给力广州产业转型升级的建议》获市民盟奖。

【中国民主建国会广州市荔湾区基层委员会】

2011年，民建荔湾区基层委共有会员181人，是年6月进行调整换届，新成立二、三和七支部，现有9个支部，除完全由年迈老会员组成的一支部外，其余八个支部均在2011年5月完成新的支部委员会的选举工作。新基层委由15人组成，其中主任委员胡爱东，副主任委员刘家春、屈建民、游积超，委员刘宇红等11人，其中研究生学历3人、本科学历的有8人；胡爱东当选为民建广州市委常委；刘家春、黄耀辉、刘毅当选为民建广州市第十五届委员会委员。黄耀辉担任民建广州市委企业家联谊会副主席。屈建民、游积超、区国铭、高研、刘伯洲和民建省委会李湛任第十四届区政协委员，胡爱东当选为区政协副主席。黄耀辉、张晓、吴煜钊、林欣、邓志达、梁健军当选区第十五届人大代表，刘家春当选为区人大常委。向荔湾区委统战部推荐38名后备干部。7名会员参加由中共荔湾区委统战部在广州市社会主义学院举办的党外干部培训班。

在区政协第十三届六次会议上，提案《发展荔湾电子商务，力促商贸中心建设》作大会发言，以基层委名义提交了《发展荔湾电子商务，力促商贸中心建设》和《建议以价值工程方法提升三旧改造水平》2份集体提案，以政协委员个人名义提交6份提案，其中有胡爱东提交提案《擦亮“游泳之乡”品牌，整合区内体育资源，完善群体设施，为建设幸福荔湾作贡献》《利用智慧技术，将白鹅潭经济圈打造成为智慧荔湾先行区》《建议把原荔湾区法院办公楼改造成产权交易中心，加快我区产权交易市场创新发展》；胡爱东、林欣、李小泉3人联名提案《建议政府加大力度扶持和促成有条件的名牌企业在中小板或创业板上市》，林欣提案《进言为荔枝湾涌植入岭南文化的品牌性格》，李湛提案《开辟桥下停车场，解决停车难的建议》。在荔湾区第十四届人民代表大会第八次会议上，黄耀辉提交议案《建设奢侈品走廊，打造高品位西关的建议》，邓志达提交议案《关于解决宝华路、十甫路沿线路面下水道堵塞情况的建议》。

胡爱东在市政协十一届五次会议提交了《关于何济公制药厂旧厂房与荔湾路幸福新村7幢旧民居连片改造的建议》等5份提案已立案。刘家春在市十三届人大六次会议提交了《关于加强荔湾东沙地区公共交通管理的建议》《关于以相同标准认定特殊工种的建议》等2份建议。

“创新社会管理服务体系研究课题组”和“建立和完善我市城乡医疗救助体系研究课题组”获得市委会立项。两个课题组分别到金花、东沙等社区和民政局进行调研、举行座谈会。先后撰写课题报告并提交了市委会。

【中国民主促进会广州市荔湾区总支部】

2011年，民进荔湾总支共有基层支部26个，会员281人。民进总支部于2011年进行了换届工作，选举产生第八届委员会委员，何冰、李肖玲、冯智星等19名委员会担任委员，总支换届后，26个支部通过选举，产生支部新一届委员会委员。李志明、刘晓玲为市人大代表，潘雪梅为市政协委员，何冰为区人大代表，李肖玲（常委）、冯志星（常委）、陈劲波、李翔、李小田、黄琳芬、卢标裕、刘晓玲为区政协委员。潘雪梅为区特约教育督导员、李肖玲为区特约教育督导员、谭小琦为区特约监察员。

民进荔湾总支定期召开总支委员会议，研究调研、参政议政、筹备换届等工作；组织全体会员听取市党校申东辉教授作题为“心理舒缓与团队执行”的理论讲座；组织骨干会员参加广州市经济社会发展情况通报会。每年派出优秀会员到新丰、惠州、从化等地进行教育支教。2011年，李肖玲、冯志星等会员到从化吕田进行送教下乡，为学校送课、送理论讲座，多方筹集捐资2万多元，为学校购买了一体机、打印机、CT机等。

民进荔湾总支履行参政议政的职能，成立参政议政工作小组，何冰在市政协提交《关于解决中山八路石路基2、4、6、8号安全隐患问题的建议》《关于支持外语特色学校建设的提案》《关于广州市西关外国语学校改造旧教工宿舍建学生公寓综合楼的建议》等提案，李肖玲在区政协提交提案《关于巩固亚运成果，进一步擦亮荔湾名片的建议》，冯志星提交提案《加快建设低碳荔湾，联动实施大环保战略》《重点扶持发展荔湾区的酒店业及配套产业》。

【中国农工民主党广州市荔湾区基层委员会】

2011年，农工党荔湾区基层委员会共有成员104人，其中在职43人，退休61人。基层委员会成员中有区政协委员5人，市人大代表1人，区人大代表、区人大常委1人，任区政协常委2人、农工党市委会委员2人，特约“四员”4人。2011年6月16日，进行换届工作，毕清为主任委员，邹祖良、刘敏、唐敏为副主任委员，祁风、彭建雄、梁杏芳、朱长耀、邓健华、凌志平、谭广森、邓渭泉、欧少青为基层委员会委员，基层委员会下设6个支部，配备支部主任6人，负责支部的组织活动。2011年共发展新党员2人。

2011年，结合纪念中国共产党建党90周年和辛亥革命100周年活动，在全体成员中开展以“学党史、明使命、爱岗位、创新绩”为活动主题的“倡学习，爱岗位”学习教育活动。发动成员参加农工党市委会组织的“我为广州献一策”征文活动，共收到成员撰写的文章7篇。

基层委员会积极参加各项政治协商活动，参加对区委全会报告、区政府工作报告（征求意见稿）的意见和建议的征询会、参加农工党市委会和区政协组织的各项专题调研和视察活动等。2011年，基层委员会提交的政协提案《珍惜历史资源，重视文化引领，努力谋求区中医事业新发展》作为区政协十三届六次会议大会发言。

党派成员参加农工党市委会和荔湾区政府、区卫生局组织的各类社会活动，发挥党派自身专业技术优势，多次到从化、荔湾区中南街社区卫生服务中心开展医疗咨询义诊宣传服务、健康教育宣传和心理咨询等活动；注重关注社会弱势人群，为社区居民讲授养生保健以及疾病预防知识，多次上门慰问老教师、低保户和行动不便社区老人，为他们送医送药。

【中国致公党广州市荔湾区基层委员会】

2011年，致公党荔湾区基层委员会有党员112人，区基层委主委曾惠容，副主委唐忆春、周洁贞、张春昌。下设6个支部，任区人大常委1人，区人大代表1人，区政协常委2人、任区政协委员4人、致公党市委会常委1人、致公党市委会委员2人，区特约“四员”4人。

2011年，区基层委在荔湾区政协全会上，作《关于加大力度建设现代服务业集聚区的建议》的大会发言，在荔湾区“两会”上提交各类议案、提案、意见共8件，其中党派集体提案有《关于加大力度建设现代服务业集聚区的建议》和《关于加大对“低保边缘户”困难群体救助的建议》。

做好市委会“献一策”文章和参政议政课题招标工作，4位党员撰写5篇调研课题，分别是《继续拓宽投融资渠道扩大后亚运时期我市民间投资》《加大政策落实力度促进小微企业发展》《旧城改造与西关文化元素的保护》《全面推行企业内部劳动管理人员岗位制的建议》和《关于中小学管乐发展的建议》的课题。其中“加大政策落实力度促进小微企业发展”被作为市政协提案。

开展系列活动，与区“七侨”单位联合在中国大酒店举办“荔湾区侨界2011年新春茶话会”——暨荔湾区第四届“千叟宴”。举办“2011年工作总结暨迎春联欢活动”、“2011年敬老茶话会”等，在市委会举办的2011年“名健体育杯”中青年党员羽毛球混合团体赛，获得团体冠军；参与市委会开展“纪念辛亥革命100周年”征文活动，有3位党员撰写了4篇文章，分别是《孙中山的忠实战友朱赤霓》《辛亥革命对近代中国发展的影响》《光明》和《辛亥革命的感悟》。组织党员参与市委会组织在扶贫助困、捐资助学、抗灾救济、医疗义诊、各类咨询等社会服务活动。与站前街党工委携手开展帮扶活动，在水埔村举行帮扶养殖项目的启动仪式，区基层委发动党员捐款赠送帮扶启动资金5000元。党员自觉开展海外联谊活动，2011年，党员接待来自世界各地和港、澳、台人士及亲友500多人次。

【九三学社广州市荔湾区基层委员会】 荔湾委员会于2010年12月17日召开换届选举会议，选出委员会委员8名，主委莫清，副主委徐劲、曾谓飚、曾宏玮，委员杨元、汪玲华、朱岚、郑惠影。荔湾委员会下设4个支社，2011年荔湾委员会共发展新社员5人，现共有社员101人。

荔湾委员会采取多种有效形式，组织广大社员学习、领会胡锦涛在庆祝中国共产党成立90周年大会上的重要讲话精神实质，组织社员参加社中央纪念中国共产党成立90周年辛亥革命100周年暨社章社史知识竞赛活动。胡红姗、曾宏玮、汪玲华、姚莛、马婉清等几位社员参加广州市统一战线庆祝中国共产党成立90周年举办的“灯塔颂”音乐会的演出。汪玲华等几位社员报名参加“九三专家进学校、进社区、进乡村”等系列活动，李主江在社区讲授“关于脊柱关节的保养及其常见病的预防和处理”课题；管华莹讲授“关于口腔的日常护理和常见疾病的预防”课题，运用牙齿模型，给大家生动的讲解口腔的日常护理和口腔常见疾病的预防；原主委潘鼎文，用亲身的体会，说明个人行为和疾病之间的关系，为大家敲响了警钟，建议大家要注重对疾病的预防。

荔湾委员会在2011年提交的区政协大会发言《努力不懈，前期建设成绩斐然继往开来，后期规划需臻完美》，获得2011年区政协优秀提案。提交的提案还有《改造升级，彰显旧城文化底蕴；商旅结合，再现老区蓬勃生机》《启动制度与科技双引擎打造安心消费平台》《文化引领注重落实促进城市更新中的历史文化传承》《关于加强荔枝湾涌管理的建议》《构建幸福广州》《关于加快我市慢行交通系统建设的建议》共6篇。

【台湾民主自治同盟广州市荔湾区支部】 荔湾区支部于2011年上半年进行了换届工作，产生新一届支部委员会，主任委员陈以怡、副主任委员张茂雄、组织委员关文欣和宣传委员黄敏静。张茂雄和陈以怡担任区的第十三届政协委员、关文欣同志担任区的人大代表。支部成员共20人。

盟员们热心公益事业，响应台盟省委会“我为幸福广东建功立业”系列活动，为贫困山区学校捐赠一批崭新的学习工具书与文具。参加市委会《灯塔颂——广州市统一战线庆祝中国共产党成立90周年合唱音乐会》《荔湾区纪念中国共产党成立90周年红歌会》等活动。盟员们参与省市台联组织的返台探亲活动，发挥自身优势，向家乡的亲人与同胞宣传改革开放、大陆各种对台优惠政策、两岸三通后的祖国新面貌，发挥“桥梁”作用，为促进和平统一大业作出应有的努力。区支部组织从化天医处郊游活动。

2011年，以支部名义的提案有《关于发展我区特色教育，促进基础教育均衡化的建议》和《关于解决聚龙村现有发展困难的建议》；关文欣提交区人大议案《建议将荔湾花市的地址由目前荔湾路改至荔湾湖公园》；陈以怡提案《关于滘口客运站一带卫生与治安的整治建议》《关于进一步展现聚龙村文化内涵与旅游价值的建议》，集体提案有《给力文化社团大发展促进荔湾文化大繁荣》《关于荔枝湾一期建设后还需完善，扩展文化活动，使之更亮丽、可持续》。

参与市委会组织的课题征集活动，有黄敏静、关文欣的《关爱空巢或独居老人——充分利用社区优势，完善志愿服务体系》，陈月英中标的课题《关于进一步加强公园管理保护城市生态环境的建议》，陈以怡中标课题《关注聚龙古村现状促进广府文化发展》。陈以怡撰写政协理论文章《如何不断发挥人民政协的党派协商优势和界别特色》一文于2011年12月获广州市政协理论优秀征文奖项。

（区委统战部　区各民主党派）

组　织

【概况】　2011年，区委组织部围绕“加快转型升级、建设幸福荔湾”核心任务，坚持改革创新、真抓实干，大力实施“123451”计划。着力在选干部配班子、建队伍聚人才、抓基层打基础上下工夫，着力提高组织工作科学化水平，狠抓落实、成效显著，完成了换届工作任务，肃正换届风清气正的良好纪律，创先争优活动深化，领导班子和干部队伍建设得以加强，夯实“活力和谐”基层党组织建设基础，为打造“广佛之心”、“四个荔湾”建设的宏伟工程提供了强有力的组织保证和人才支持。

【干部选拔】　区委组织部在用人导向上突出了重品德、重实绩、重公认、重基层的导向，把握人选标准和条件，重点选拔表现突出、群众公认的优秀年轻干部当班长、进班子，择优选配领导班子成员，为配好配强区二级班子成员，充分考虑班子成员在年龄、经历、专长、性格、性别等方面合理搭配的基础上，注重配备年轻干部、女干部和党外干部。2011年提拔的处级干部中，37岁以下的干部13人，女干部20人，党外干部2人。成功推荐1人参加援疆工作。面向全国公开选拔团区委书记、副书记和广州市第一中学校长、荔湾区人民医院副院长、荔湾区妇幼保健院副院长各1人，面向全区公开选拔35岁以下的街道办事处副主任3人。此举拓宽选人用人视野，提高了干部群众对干部工作的满意度和选人用人公信度。贯彻市委关于处级干部交流的有关规定，根据有关换届要求和工作需要，重点交流任职时间较长的领导干部，加大双向交流任职力度。同年，全区共交流调整街道党政正职16人，副职3人；部门党政正职11人，副职7人。从机关交流到街道任职19人，街道交流到机关任职16人。注重考虑领导干部的工作业务能力和专业特长等特征，优化干部资源配置。

根据中共广州市委文件精神，对符合条件的人选进行摸查，到符合条件的街道进行“三个满意度”测评，根据统计汇总情况和街道今年科学发展观实绩考核情况提出4名差额提名人选。其中1人提为市副局级，1人提拔到市直机关工作。根据省委有关向基层倾斜职级待遇的文件精神，解决任职时间较长干部待遇问题，合理提高其政治、生活待遇。认真做好加强街道党政正职职级配备工作，对全区符合条件的人选进行汇总。经过推荐、考察等程序并报区委研究，6名处级干部和7名科级干部在职享受上一级职务生活待遇，解决5名处级干部和10名科级干部提前退休，退休后享受上一级职务生活待遇。

【干部培训】　区委组织部会同区委党校、区人力社保局完成“2011年荔湾区干部教育培训工作安排”，制定《关于我区加快转变经济发展方式大规模培训干部的实施意见》及《广州市荔湾区基层干部“科学发展主题培训行动计划”实施方案》。从党政机关中选派25名正处级以上领导干部赴新加坡南洋理工大学参加“荔湾区社会公共管理服务高级研修班”。举办处级公务员任职培训班、中青年干部培训班各1期，培训处级干部31人，后备干部25人。举办1期荔湾区各党（工）委专职副书记加强社会管理进修班，组织全区各党（工）委专职副书记40人参训。共选派10名局、处级领导干部参加省、市委党校举办的主体班次，选派22名处级以上干部赴高校参加“社会管理及转变经济发展方式专题培训班”，选派43名街道党政正职参加“广州市街道（镇）党组织书记、主任（镇长）加强社会管理集中轮训班”。选派11人参加广州市新任街道（镇）党政主要领导干部培训班，选派6人参加广州市社区（村）党组织书记加强社会管理示范培训班。共举办“十二五规划与经济发展方式转变”、“国际CBD的发展趋势与荔湾区白鹅潭的发展及规划”等4期荔湾大讲坛，共培训2200多人次。

【干部监督】 加强换届纪律教育，做好区领导班子换届工作关键环节的监督工作，制订并印发工作方案，转发相关政策文件，组织收听收看换届风清气正视频会议，用铁的纪律确保换届风清气正。通过开展党委书记讲党课、举行专题组织生活会、发放换届纪律明白卡、开展换届纪律知晓度测试、进行换届纪律案例警示教育等“五个一”的活动，开展对广大干部群众的换届纪律教育。通过党委中心组学习、与二级班子党政主要领导干部和后备干部谈心谈话、严守换届纪律承诺、集中教育培训、发放相关文件资料等方式，对重点对象的换届纪律教育。发放宣传资料、全区范围内开展征文活动，通过手机短信平台发送换届纪律短信，做好面向社会的宣传教育工作。抓住关键环节强化换届纪律监督。党代会、人大、政协会议期间，召开“两代表一委员”中的党员或党员领导干部会议，明确换届纪律；组织有关领导干部做好述职述廉述纪，并汇总成册印发给到会人员；按照上级组织部门的要求，组织代表和委员进行换届风气民主测评。做好一报告两评议工作，落实两项法规、做好领导干部有关事项报告工作，做好出境监督管理和信访工作。

【干部考核】 深化干部考核评价机制，强化考核的导向作用。配合市委做好对区委等领导班子的年度考核工作，组织民主测评、民意调查、单位互评工作。抓好《荔湾区党政领导班子和领导干部落实科学发展观评价指标体系年度考核评价试行办法》的贯彻落实，会同区发改局、区统计局对考核指标进行修改完善。完成83个单位领导班子和590名处级干部的年度考核工作，并形成《关于2011年度区属党政领导班子和领导干部落实科学发展观年度考核评价工作的意见》。

【领导班子建设】 以2011年换届为契机，统筹兼顾，选优配强区二级领导班子。通盘考虑党委换届与同级人大、政府、政协领导班子配备，努力保持领导班子换届后相对稳定。推进重要部门、关键岗位干部交流，优化领导班子结构。2011年，共调整区二级班子51个，提拔处级干部59人，其中正处级领导干部25人，副处级领导干部25人，调研员7人，副调研员2人。交流调整正处级领导干部27人，副处级领导干部10人。17名正处级领导干部、5名副处级领导干部改任非领导职务。从区外引进3名建设、治水等方面的优秀人才，办理退休32人，解决待遇13人，安排军转干部7人。选派8名干部参加区内的重点项目建设。选派24名年轻干部参加从化扶贫工作，完成13名阳春驻村干部的考察工作。完成社区“两委”和经济联社领导班子换届，组织新一届经济联社领导班子成员进行培训，完善机关对口社区（联社）帮促指导制度，加强社区（联社）领导班子建设。加强各级领导班子思想政治建设，强化党委中心组学习活动，通过开展民主生活会广泛听取意见和建设，不断夯实组织基础。完善对区二级领导班子领导干部的考核评价工作。

【人才管理】 2011年4月，区人才工作协调小组召开会议，对区管高层次人才体系、原区专业技术拔尖人才选拔管理制度以及奖励机制进行调整，专门申请600万元资金，用于高层次人才和紧缺人才的引进、培养、创业扶持等工作。区委组织部新设立人才科，通过竞争上岗形式，选拔1名业精技强科级干部专职负责具体业务。结合班子换届领导岗位调整，对区人才工作协调小组成员以及办公室也作出相应的人员调整。同年8月，区委组织部与区人力社保局共同牵头，开办荔湾区“菁英俱乐部”并正式揭牌，首批会员50

人。会同区人力社保局做好区管专家换届评选工作，评选出2011—2013年享受区政府特殊津贴专家50人，举办命名大会、春节、中秋座谈会，加强与专家的联系服务。面向全区乃至全国，通过公开选拔党政机关和事业单位6个副处级以上领导职位，引进6名优秀党政人才和高级专业技术人才。启动荔湾区创新创业人才培养计划，面向区属企事业单位开展“创新创业领军人才”评选表彰活动。参加国家千人计划、市“百人计划”、市“121人才梯队工程”后备人才等评选活动，举荐广州硅芯电子有限公司董事长李红化入选市“百人计划”，并为其获得创业启动资助金500万元。

【党的建设】 机关事业单位党建。落实机关领导干部挂点联系制度。开展“435”活动（“四服务”：服务企业、服务社区、服务基层、服务群众；“三联动”：市—区—街三级联动制度；“五个一流”：构建一流班子、建设一流机关、打造一流队伍、培育一流作风、创造一流业绩）和“创先争优给力幸福荔湾”“一个班子一个龙头、一个党组织一个堡垒、一名党员一面旗帜”等主题实践活动。围绕重点项目建设，立项目党小组、工地党小组，组建党员突击队，设立党员先锋岗，增强机关党建工作的生命力和吸引力。搭建机关党建工作交流平台，定期召开机关、事业单位工作座谈会，开展机关、事业单位党建工作专题调研。建立机关党组织和党员干部与社区困难党员结对帮扶机制。

社区党建以区域化大党建为抓手，构建“区域统筹、共驻共建”组织体系、“区域共建、互动共进”运行体系、“区域统筹、集约共享”区域化党建服务体系，完善“市—区—街”三级联动机制，全区193个社区党组织以“大党委”模式运作。组建地区党建联席会、党建协调委员会、党员议事会，共谋地区发展。建立“四层级”运行机制，实现平等议事、联合执行、双向监管，形成齐抓共管的良好格局。创新社区党组织设置，组建复退转军人党支部、大学生党支部、下岗失业人员党支部、创文攻坚党小组、重点建设项目党小组等功能型党组织。创新社区党建管理模式，形成驻区单位党组织、社区党组织、社区居委会和各类群团组织“四位一体”共治网络。依托“一基地一中心一家”三级党内服务体系和区—街—社区三级党员志愿者服务网络，在逢源、金花、海龙

2011年7月28日，区委组织部召开区外来务工人员党组织组建工作座谈会。

地区开展党内服务与社会服务同步改革试点，组建“一队三中心”，统筹地区党群服务资源，打造全方位党群一体化服务新模式。以社区党组织为龙头的商圈党建模式应邀在全国商圈党建主题论坛上介绍推广经验。开展“在职党员进社区”、“星级党员志愿者”、“双挂”共建活动，成立全市首家区级职业技能培训指导中心并开展“送技能进社区”活动，先后与70户就业困难家庭结成对子，培训党员319人，使110名党员实现再就业。

经济联社党建实施“领头雁”工程，结合新一届经济联社领导班子任职，举办经济联社优秀青年干部培训班、换届业务骨干培训班、党组织书记、社长培训班，开展党员和股东代表教育活动、新任班子宣誓活动，探索“一备四推一审一公示”发展党员，“一备”：推进发展党员备案制（在入党申请时采集相关的信息）；“四推”：经济联社班子成员推、普通党员推、群众代表推、竞争对手推；“一审”：前置审批制（定位积极分子培养对象时上级党委提前介入考察培养的过程）；“一公示”：预备党员通表和转正申请表决前进行公示，接受群众监督评议。建立机关经济联社双向交流挂职机制，每年向经济联社派驻机关党员干部到经济联社挂职党组织副书记，帮扶经济联社加强党的组织建设，经济联社选派优秀青年干部到机关挂职锻炼。完善领导干部联系点制度、民情日志等工作机制，开展“进村夜访”、“访百家、听民声”活动，加快构建“群众知晓网”和“党员知情网”的“两张网络”，大力实施“双培”工程，建立健全经济联社党建工作机制。

2011年，非公经济组织和社会组织党建全区有“两新”组织党组织150个，党员1294人。实施“双培”工程，优化非公有制经济组织和社会组织党员队伍结构，增强党组织的战斗力、创造力和凝聚力。建立完善联系点制度，打造“周末16点学堂”品牌，深化“双挂双促”活动和党建带群团建设，推动“两新”组织科学发展。倾力打造出一批“两新”组织党建工作示范点，立白集团党委荣获了全国首届“双强百佳”党组织。

2011年，荔湾区基层党组织与党员情况列如下表

2011年荔湾区基层党组织与党员情况统计表

单位：人

党员数（人）	党支部数（人）	党总支数（个）	党委数（个）	党组数（个）
35651	1254	165	17	18

【党员服务】 开展党内关爱帮扶工作，全区共捐款296万余元，建立党内关爱扶助金，2011年对396名困难党员开展救助式、敬老式、探望式、联络式、谈心式、慰问式帮扶，推行“六必访”机制，向困难党员发放慰问金75.9万余元，走访慰问3100余人次，在全市党建工作会议上作经验介绍。实现党员现代远程教育接收站点全覆盖，构建“区—街道—社区（联社）”党员干部现代远程教育工作队伍网络。完善基层党组织领导班子议事决策规则和程序，建立“党员政治生活日”制度，推广“四民主工作法”，落实党员主体地位和民主权利，健全党内事务听证咨询、党组织书记向党员述职、党员定期评议基层党组织领导班子成员等制度，推进基层党组织党务公开。依托“一基地一中心一家”三级党内服务体系和区—街—社区三级党员志愿者服务网络，结合“一队三中心”的组建，开展党内服务与社会服务同步改革试点，打造全方位党群一体化服务新模式。建立党员“多重管理”制度，形成“关系在单位、活动在社区、奉献在双岗”的党员教育管理新方式。推广岭南街与重庆市万州区长岭镇共建共管同地缘流动党支部的做法，形成“工作互管、情况互通、联络互访、激励互评”双向管理机制，构筑了“积极引”、“共同管”和“结对帮”的流动党员管理服务新格局，得到中组部组织一局领导充分肯定。

【党员教育】 按照中央和省、市、区委的部署要求，2011年在全区1477个基层党组织、3.57万名党员中开展创先争优活动。全区党员领导干部共建立联系点213个，深入联系点调研指导工作564人次，走访党员群众2500多人，为基层群

众解决问题430个、办实事560件。加强宣传引导，营造活动氛围。区委创先争优办编印简报219期，在区政府门户网站上编发创先争优工作动态2800多条、视频新闻482条，全市各大新闻媒体播发、登载荔湾区创先争优活动工作新闻、专题25条次。社区党建2011年7月刊（全国党建研究会社区党建研究专业委员会主办）、省委创先争优简报第218期、市委《广州信息》等内部期刊先后4期刊发荔湾区的活动情况和特色做法。开展九大荔湾先锋行动，引导基层党组织和广大党员大力弘扬“敢想、会干、为人民”的精神理念。以实施“转方式荔湾先锋行动”为主线，引导基层党组织和党员在推进重点工作、重点项目中创先争优，为加快转型升级和推动“十二五”开好局、起好步奠定坚实基础。以开展“我为荔湾转型升级作贡献活动”为主题，引导基层党组织和党员在贯彻落实“加快转型升级、建设幸福荔湾”重大部署上创先争优。“白鹅潭经济圈”、“三旧”改造和东沙三大生产力骨干项目建设，实现党建带动经济社会转型发展。开展以建设幸福社区为主题的实践活动，围绕提升党员群众幸福度创先争优。窗口单位和服务行业为主战场，推进“四亮四评”主题实践活动，围绕提升服务基层群众水平创先争优。在整合资源、共驻共建上创先争优，以党建工作区域化带动社会管理网格化。在党员教育管理上创先争优，以党员管理创新推动社区服务管理创新。

2011年，在全区近3.57万名党员中开展民主评议党员工作，评议结果如下表。

2011年荔湾区民主评议党员情况统计表

单位：人

党员总数	参评党员数	合格党员数	优秀党员数	不合格党员数
35651	34188	29053	5129	6

【建党90周年纪念活动】 在中国共产党建党90周年之际，组织开展12项主题实践活动。召开全区纪念中国共产党成立90周年大会，对全区120个先进基层党组织、330名优秀共产党员和120名优秀党务工作者进行表彰。开展红歌传唱活动，举办了荔湾区“唱红歌颂赞90周年，感党恩给力幸福荔湾”红歌会和“红歌进社区”活动，激扬团结奋进旋律。开展“关爱党员、凝聚合力，建设幸福荔湾”党内关爱扶助系列活动，以广泛走访、主动下访、定点接访等形式，开展关爱党员走访慰问活动、“关爱进社区入家庭”志愿服务活动。举办“回顾‘十一五’光辉历程、启航‘幸福荔湾’新征程”图片展，鼓舞发展斗志。举办“红色史迹寻踪图片展”。开展“学党史、颂党恩、立壮志”党史知识学习活动，锤炼队伍党性修养。开展“提升基层党建科学化水平、开启幸福荔湾建设新征程”理论征文活动，汇集基层智慧建设幸福荔湾。全区共投稿128份，共评出一等奖5篇、二等奖10篇、三等奖15篇并汇编成册发到基层党组织。开展老党员事迹宣传活动。开展创先争优成果报道活动。《南方日报》以《荔湾区创先争优深入社区服务群众，开通民情“BRT”把矛盾化解在一线》介绍荔湾区在创先争优活动中以党建创新带动社会管理创新的新闻荣获2011年全省首届组织系统“十大好新闻”。编辑出版《荔湾学刊》纪念建党90周年特刊，学以致用建设幸福荔湾。拍摄专题电教片，推动队伍教育得实效。其中电教片《红领——站西鞋城党支部书记张湘玉》电教片荣获中组部全国电教课件评比最佳作品奖（一等奖），《幸福乐居党旗红》《老西关、新荔湾》分别荣获广州市第二届党员干部现代远程教育教学课件观摩交流评比二等奖、优秀奖。开展“党群合力齐争创、岗位建功献华诞”主题实践活动，向有50年党龄的老党员发放“南粤纪念章”和纪念品。

【党代表任期制度与党史研究】 2011年，区委起草制定《中国共产党广州市荔湾区代表大会代表任期制实施办法（征求意见稿）》等10项党代表任期制规章制度。组织党代表开展重大课题调研活动，召开党代表座谈交流会和区第十一届党代表学习培训班，编印《中共荔湾区第十一次党代会代表学习培训材料选编》，邀请党代表参与干部选拔任用和列席区内重要会议，充分发挥党代表闭会期间的参政议政作用。加强党代表工作室建设，为党代表履职尽责提供平台。制定《荔湾区关于进一步健全和完善党代表工作室工作的意见》，全区22个街道挂牌成立党代表工作室，建立制度、台账“三统一”。2011年，全区各党代表工作室接待党员群众1000多人次，收集意见和建议297件，协助调解纠纷32起，为群众协调解决实际困难289件。

推进《荔湾党史二卷》（1949.10－1978.12）编写工作。围绕忆党史、强党性，在广州文化公园举办“回顾‘十一五’光辉历程、启航‘幸福荔湾’新征程”——荔湾区纪念中国共产党成立90周年图片展，全区1200多个基层党组织和2万多党员参观了图片展。围绕学党史、颂党恩，开展建党90周年党史知识竞赛，全区83个单位及197个社区（经济联社）党组织开展了党史知识竞赛。坚持机制创新，推动党史研究工作创新发展。制定《荔湾区2011—2015年党史工作规划》，把党史工作纳入党建责任制。加强党史工作队伍业务培训和教育，共培训党史工作人员200余人次，开展党史专题研讨10余次。

（区委组织部　陈银飞）

老干部工作

【概况】　2011年12月，全区有离休干部、处级以上退休干部992人，其中：离休干部132人（女性44人、1937年7月6日前参加革命工作的1人，抗日战争时期参加革命工作的23人，解放战争时期参加革命工作的108人）、市副局级以上退休干部70人、处级退休干部790人。离休干部中80岁至89岁的102人，90岁以上的7人。同年去世老干部31人，其中：离休干部13人、处级退休干部18人。全年走访慰问老干部500多人（次）；组织老干部体检700多人（次）；组织680多名退休处级干部疗养；组织老干部早茶会127场，共9000多人（次）；组织老干部兴趣小组活动332场次、老干部大学授课288节、参加学习的老干部2900人（次）；组织老干部参加省、市、区大型活动6场；全年参加各类活动人数达1.62万多人（次）。全年13次获得省、市、区各种奖项，1人被评为区级优秀共产党员、1人被评为省先进老干部工作者、4人（次）被评为行业先进个人。

【关心老干部】　区委老干部局为使全区老干部更好地了解广州市和荔湾区城市环境新面貌，分八批组织近900名老干部开展“参观新美景，感受新生活”为主题的“一日游”参观活动；组织离退休老干部观看《建党伟业》《杨善洲》专场电影；参与协办在文化公园举办的“荔湾区庆祝中国共产党90周年图片展”，并将16名抗战老干部的奖章、证书、图片和回忆录等珍贵史料置于图片展中进行展览，同时组织老干部参加启动仪式并安排专场参观展览。向82名区级班子老领导发放省委组织部《换届纪律明白卡》；协助区委组织部组织近100人（次）老干部参加区换届选举工作会议，并做好会务服务工作。组织70多名老干部参加广州市第二届“共创文明城——万人同唱文明歌”群众歌咏活动；组织关工委“五老人员”300多人（次）参与基层社区的创文工作。利用报刊杂志、电视网络、荔湾信息和老干部特刊等平台，宣传区内老干部的活动风采。在《荔湾学刊》、广州《老人报》《红枫》《秋光》《荔湾信息》等报刊刊载《从硝烟战场上走过来的老英雄》《荔湾区老干部风采录》等专辑和老干部活动动态，较好的营造出敬老尊老和老干部健康向上的舆论氛围。

根据老干部大部分进入高龄期、高发病率期的“双高期”特点，做好老干部走访慰问工作，把提高服务质量、加强与老干部的沟通作为工作重点。在平时做好对住院、每年做好春节、中秋的专题走访慰问工作，在纪念建党90周年活动期间，分组开展对136名离休干部和部分区级班子老领导进行专题走访慰问工作，全年走访慰问老干部近500人（次）。做好老干部的体检工作。2011年分13批组织800多名老干部进行体检，并结合体检结果邀请专家进行专题保健咨询讲座；分5批组织680多名处级退休干部疗养。

办好老干部迎春茶话会、“三八”节座谈会、“迎国庆、贺中秋”敬老祝寿会。利用“早茶会”与老干部沟通情况、听取意见、排解难题，2011

年约有9000人（次）参加早茶座谈会。根据上级部门有关精神，为全区134名离休干部办理调整提高护理费待遇的工作；为27名科级以下的离休干部办理提高生活待遇的工作；为10名离休干部办理住院自费药的补贴审核工作；为136名离休干部发放煤气费补贴。做好老干部信访维稳工作，把主动为老干部排忧解难，稳定老干部队伍作为一种政治责任，承诺做到来访必接，有访必复，全心全意为老干部解难事。注重做好老干部中可能存在的不稳定因素的摸查工作，发现思想苗头，主动上门慰问化解，在重要时期注重做好信访应急预案，严格实行接访人员“首问首办”、“一次性告知”、“限时办结”等服务承诺制度。全年共处理老干部来信5件、来访6人（次），办结率100%，无一投诉和越级上访。

【老干部文化生活】　老干部活动中心是老干部的活动之“家”，是老干部进行“学、乐、为”的阵地。组织老干部参加省、市、区系列活动。在纪念建党90周年活动期间，组织60多名合唱团老干部和在职工作人员编排诗歌舞《红旗颂》节目参加区纪念建党90周年红歌会汇演；组织100多名老干部参加由省、市举办的广州地区老干部庆祝建党90周年《灯塔颂》大型歌会；组织老干部参加市老年干部大学“红旗飘飘”建党90周年诗朗颂大赛；组织区60多名合唱团老干部参加广州市第十四届老干部合唱节，通过多场比赛获该合唱节最高奖“星海杯”，是参赛队伍中唯一获得最高奖的区级老干部团队。组织老干部积极拓展区内活动。举办“2011年荔湾区老干部新春联欢会”，会上老干部表演自编自导自演的13个优秀文艺节目，集中展示老干部开展文体活动的成果。组织老干部积极参加书画、摄影、粤曲、歌咏、舞蹈、太极、烹调、鼓队等兴趣活动，全年有1.62万人（次）参加各项兴趣活动，书画、摄影、粤曲组的老同志还积极与外单位进行交流丰富老干部的精神文化生活。不断加强老干部大学的建设，注重师资选配，优化课程设置。在保留《歌唱技法班》《八段锦健身班》《民族

2011年6月24日，荔湾区委老干部局组织100多名老干部参观在广州市文化公园举办的“荔湾区纪念建党90周年大型图片展”。

舞蹈班》《电脑知识培训班》基础上，2011年又新增《交谊舞培训班》，举办“荔湾风采美”摄影专题讲座。

【老干部服务】 改进老干部政治学习方式，实行送学上门。调整并充实《荔湾老干部特刊》的版面和内容，发给离休干部、市副局级以上退休干部和处级退休干部系统小组，为老干部了解区情和老干部局工作提供平台。收集老干部革命史实资料，开展革命传统教育，探索举办老干部专题图片展和专访专辑。建党90周年前夕，在《荔湾学刊》建党90周年专刊上，大篇幅刊载介绍4名从东北战场一路浴血奋战打拼过来的区内老干部的英雄事迹《从硝烟战场上走过来的老英雄》；由区委组织部、区委老干部局和广州市《老人报》编辑部联合对区内16名身体尚健的抗战老干部进行专访，在《老人报》刊登《纪念建党90周年——荔湾区老干部风采录》专辑二期。采访过程中收集到的老同志的奖章、证书、图片和回忆录等珍贵史料参与“荔湾区庆祝中国共产党90周年图片展”展览。

开展老干部“四就近”工作。制订工作方案，编写宣传提纲，并在逢源街、金花街进行试点。联合街道专业社工走访慰问老干部、开展逢源地区“老干部、老党员纪念建党90周年”座谈会、“老党员政治生日会”；与金花街联合举办“共创文明、老当益壮”荔湾区老干部创文宣传活动等，辖内近200人（次）老干部代表参加活动。逢源街把辖内的老干部老领导纳入其社区“心连心”呼援平台的服务系统，有专业社工负责定期联系和问候老干部并提供相应服务。在与老干部沟通上减少集中活动，多上门看望；开展“送学上门”、“亲情服务”，为老干部上门送温暖。定期召开区老干委委员会议、退休处级干部系统小组长会议、兴趣小组长会议，通报老干部工作开展情况及经费使用情况，对老干部待遇落实、老干部工作开展听取意见，不断改进工作方法，提升服务水平。

【关工委工作】 2011年，全区街道社区关工组织成员有1100多人，全区参加活动的“五老”人员近1万人。各基层组织先后开展“迎亚运”、纪念建党90周年、创建文明城市、“评选暑假好孩子”等系列主题活动。组织47名“五老”人员配合区内各街道“创文”工作的开展。区关工委为区内有关学校贫困学生募集经费17万元，帮扶近100人。组织发动3700人（次）“五老人员”参加关工委讲师团帮教活动，为老干部“老有所为”创建平台。2011年初，关工委先后举办街道关工委常务副主任和社区关工小组组长学习培训班，落实中国关工委提出的“领导班子建设好、骨干队伍作用好、制度建设执行好、活动经常效果好、探索创新好”的“五好”标准，推动基层创建“五好”关工组织的创先争优活动。结合社会管理创新，把关工工作纳入区社会治安综合治理一票否决的考核体系，参与区委区政府对各街道的综治工作检查，调动基层重视关心关工工作的积极性。荔湾区关工委工作得到省市领导朱小丹、方旋和上级有关部门的充分肯定，经验在全市推广。省关工委主任张幗英带领全省地级市以上关工委主任培训班的学员到区参观考察后，对荔湾区基层关工组织的建设给予了高度评价。

（区委老干部局　彭洁红）

编　制

【政府机构改革评估】 2011年，区机构编制委员会办公室按照省、市关于开展地方机构改革评估的文件要求，采取单位自查评估和评估小组现场评估相结合的方式，着重对新组建的、职能调整或转变较大的以及明确需要理顺职责关系的单位进行评估。通过听取情况报告、查阅相关档案材料、现场巡查、召开座谈会等方式，重点对22个政府工作部门“三定”规定执行情况、理顺部门间职责关系等情况进行督察，认真做好各项评估工作，加强改革的跟踪和调研，加强机构编制管理，促进政府职能转变，深化和巩固了党政机构改革成果。

【简政强区事权改革】 根据《中共广州市委

广州市人民政府关于简政强区（县级市）事权改革的决定》文件要求，荔湾区共承接市事权下放项目57项，涉及16个职能部门。截至2011年9月30日，共完成下放事项56项（其中39项已签署有关协议或委托书），有1项正与市相关部门沟通协调，尚未承接。

【政府机构改革】 做好社区卫生服务机构编制配备工作，构建以政府举办的社区卫生服务中心为主体的社区卫生服务网络。经审核批准，全区由政府举办的社区卫生服务机构共设21个社区卫生服务中心，核定事业编制662人，经费由区财政按财政补助一类拨付。设立景区管理中心，根据精简、统一、效能的原则，结合事业单位分类改革，将荔湾湖公园等5个公园整合为荔湾区景区管理中心，并将荔枝湾涌、陈家祠广场等精心打造的景区纳入统一管理。设立白鹅潭管理委员会，解决在白鹅潭地区建设和发展中遇到的实际问题，加快白鹅潭荔湾区域内的基础设施及公共配套建设。设立中共广州市荔湾区代表大会代表联络服务工作室，牌子挂在区委党史研究室，同时增加4名事业编制。理顺排水设施的维修养护职责，将荔湾区市政设施维护一处与市政设施维护二处合并，组建广州市荔湾区市政设施维护处，成立区排水设施维护管理所。加强基层和一线食品安全监管行政执法工作，分配下达了食品安全监管行政执法专项。理顺上下九商业步行街的管理，区上下九商业步行街管理服务中心成建制由区经贸局划转为华林街管理。优化整合教育资源，调整、撤并、更名一批小学和幼儿园。将区政府办公室出租屋管理科编制由区政府办划归区综治办，更名为荔湾区综治办流动人员和出租屋管理科。另外，调整区城市管理局属下事业单位、区交通管理总站等的机构编制。

【事业单位登记管理】 对已注册登记的事业单位实行年度检验，进行网上登记、年检工作。截至2011年11月，共办理事业单位法人登记管理业务461宗，其中设立登记20宗，变更登记104宗，换（补）证书4宗，注销登记4宗，年度检验329宗；推进政务和公益专用中文域名应用普及工作，全年审核通过中文域名289个。

（区编委办 刘素华）

区直属机关党工委

【区直属机关党的建设】 围绕“服务中心、建设队伍”两大任务，以改革创新精神加强和改进机关党的建设。加大干部培训力度，2011年，区直机关党工委举办党务干部、入党积极分子和基层工会干部等培训班2期130多人次，不断提高机关干部领导科学发展的能力和水平。组织400多名机关党员观看电影《建党伟业》，举办“光辉历程与未来展望”主题演讲等“知党史、强党性、报党恩、促发展”系列教育活动，激发爱党爱国的自豪感、荣誉感和使命感，提升党员干部理论水平、思想修养和政治觉悟，引导机关党员干部爱党爱国的满腔热情转化为“加快转型升级、建设幸福荔湾”的强大动力和自觉行动。

推进机关党组织和党员队伍建设，贯彻执行基层组织工作条例，按照区党代表的条件要求和比例构成，选举出92名出席中国共产党广州市荔湾区第十一次代表大会代表，指导19个基层党总支（支部）完成换届工作，选举产生一批政治坚定、作风正派、能力突出、群众信任的党务工作者。加强和改进机关党员干部的教育、管理、监督工作，2011年发展30多名新党员，优化党员队伍的知识和年龄结构，为党员队伍注入新的生机和活力。组织召开“坚持以人为本执政为民理念、发扬密切联系群众优良作风”专题民主生活会，开展批评和自我批评，鼓励和保护党员干部讲真话、讲心里话，营造党内的民主氛围。落实21条机关党建工作细则，每季度公布基层党组织生活内容指引，加强对基层党组织的指导。落实党内激励、关怀和帮扶机制，2011年，区直机关党工委组织基层各党总支（支部）向市、区党内关爱基金捐款20多万元。落实区委32条服务民生举措及其19条补充意见和挂点联系基层制度，开展“送服务、送温暖、送点子”、“关爱党员，增强党性”等活动，与冼基、沙基、富力东、增滘等社区开展结对帮扶工作，慰问年老、患病和生活困难的党员90多人次，发放慰问金5多万元。

落实公开承诺制，组织开展“讲党性、重品行、作表率”教育活动，引导机关党员干部亮明身份、践行承诺，发扬“敢想、会干、为人民”的精神和实干作风，发挥机关党组织的战斗堡垒作用、党员的先锋模范作用，引导党员干部投身到“两圈”经济建设、“五区一街”建设、河涌整治、“三旧”改造、创文行动等中心工作中，涌现出一批先进基层党组织和优秀党员，2011年，区直机关有3名优秀共产党员受到市委表彰，15个先进基层党组织、14名优秀党务工作者、42名优秀共产党员受到区委表彰。

加大党工委党建网站阵地建设，完善“党员风采”、“党务问答”、“职工之家”、“青年园地”、“妇女之友”等栏目，运用网络信息引导、教育和管理党员干部。指导机关党组织创新党建载体，加大党建网络平台建设，抢占舆论宣传阵地，发挥科学理论正面引导的主渠道作用，增强机关党员干部参与党的组织生活的吸引力和影响力。

区直属机关党工委组织“八一”座谈会

【创先争优活动】 党工委以推动荔湾“十二五”、幸福荔湾建设、深化创先争优活动和机关党建工作为着力点，通过“双促”、“三创”大力推进和深化主题实践活动，形成“创先进、争优秀，当先锋、作表率”的浓厚氛围。市内部刊务主题实践活动《简报》、市《机关建设》多次刊发荔湾区开展“创先争优促发展”活动的做法。

实施白鹅潭经济圈和十三行商圈“两圈”带动、现代服务业和新型工业“两轮”驱动，商务服务、创意产业等现代服务业规模和质量不断提升。发挥基层党组织的战斗堡垒作用和党员的先锋模范作用，调动机关党员干部配合推进广州国际医药港、中烟广州生产基地、广东塑料交易所、铁路南站项目和欧洲城等重点工程项目建设，推动荔湾区“十二五”规划开好局。

加强机关党的建设，通过“荔湾大讲坛”、“网络简报”等载体，开展党的先进性教育、“双创双争”和庆祝建党90周年系列活动，不断提高执政能力。区委组织部党支部结合“组织部长下基层”“组工干部挂点基层”等活动，及时帮助基层解决存在的困难和问题，增强机关服务的针对性和有效性。区人大机关开展“感恩·励志”党性教育活动，引导党员干部立足岗位，争创一流业绩。

推动学习型机关建设。建立健全学习培训制度、拓展学习途径、丰富学习内容、严格学习考核，确保学习教育落到实处、取得实效。区委办党总支着力“四个增强”（增强学习的力度和自觉性、增强学习的高度和敏锐性、增强学习的深度和前瞻性、增强学习的广度和实效性），推进学习型党组织转型升级，擦亮“同树读书新风尚，共建书香齐分享”学习品牌，营造氛围宽松和谐的读书学习环境。推动服务型机关建设。组织开展“三进”（进基层、进联社、进社区）活动，提升服务企业、联社和基层群众的水平。区侨联开展“三热情一丰富”（热情服务侨界企业、热情服务困难侨众、热情服务来访侨胞，丰富侨味活动）活动，增强侨联组织的亲和力和归属感。区纪委监察局党总支通过电子科技手段加大工程建设领域关键部位、重点环节的监督力度，取得了良好的经济效益和社会效益。

【机关党风政风建设】 2011年，区直机关党工委落实党风廉政建设责任制，推进教育、制度、监督并重的惩治和预防腐败体系建设。经常开展批评和自我批评，对照廉洁自律有关规定进行深刻反省，本着关心爱护干部，彼此之间相互提醒，防止放松对自己的严格要求。通过坚持不懈的点滴教育、严格监管，机关干部拒腐防变能力明显增强。加强机关作风建设。推进深化“基评”工作，组织开展“服务先进单位”“服务示范窗口”“服务标兵”等系列教育活动。2011年，“两代表一委员”、企业、基层和对口科室对80个区属机关作风总体评价满意度达到97.37%，机关“四服务”能力和水平得到提升。根据办事窗口群众评议点击器的服务情况，通过服务对象对区属36个办事窗口的服务态度、服务质量、服务效率等方面测评，窗口服务综合满意率为96.18%。

【区直机关文体活动与工青妇建设】 2011年，区直属机关党工委组织举办荔湾区直属机关运动会，26支代表队560多名运动员参加了篮球、羽毛球、乒乓球、拔河、跳绳、100米短跑等6个项目的比赛，共评出一等奖10个、二等奖10个、三等奖10个、四等奖3个、五等奖3个、六等奖3个，获奖运动员共140多人次。

同年，区直属机关工会举行“低碳环保我给力，绿色出行我做主”12公里自行车越野接力比赛，21支队参加角逐，区人大机关一队、区农业水务局等基层工会以优异的战绩荣获团体一等奖。区直属机关团委举办“追寻红色足迹·共创幸福家园”摄影比赛活动，《轮椅骑士》等作品荣获摄影一等奖，《阳春那漠春扶贫考察纪行》等作品荣获二等奖。摄影作品力求思想性和艺术性有机统一，从不同的角度折射出当代团员青年的价值观、幸福观。深化文明创建，扩大群团组织的感召力。组织开展“团结、和谐、文明”机关建设，提高干部职工的文化品味和文明素养。区机关妇委会深化“巾帼文明服务岗”和“奉献在岗位”活动，组织开展“2011年‘书香羊城’——全民阅读活动”，30多名机关干部被评为荔湾区“书香家庭”、6名机关干部被评为广州市“书香家庭”。区直属机关工会、团委和妇委会邀请荔湾区摄影协会副会长兼秘书长黎永东作“光线与构图”摄影技能专题讲座，吸引了80多名机关干部职工参加。机关团工委深化“青年文明号”的活动，5个省、市级“青年文明号”通过审核认定。

（区直属机关党工委　李志勇）

党　校

【概况】 2011年，区委党校深入贯彻落实科学发展观，贯彻落实区委全会精神，紧紧围绕党和国家的工作大局，围绕建设“广佛之心”和“文化荔湾、低碳荔湾、智慧荔湾、幸福荔湾”的战略目标，突出党校特色，深化教学改革，完善教学布局，抓好教学培训和理论研究等各项工作落实，提高教学质量和办学水平。

区委党校办公楼

【干部理论教育】 2011年，区委党校举办的主体班、培训班等列于下表。

2011年区委党校办班统计表

名　　称	期数	人数
一、主体班		
1. 处级公务员任职培训班	1期	31人
2. 中青年干部培训班	1期	25人
3. 科级非领导职务公务员任职培训班	1期	54人
4. 科级领导职务公务员任职培训班	1期	81人
5. 党的基本知识培训班	6期	631人
6. 党（工）委专职副书记加强社会管理进修班	1期	25人
小计	11期	847人

（续表）

名　　称	期数	人数
二、联合办班		
1. 非公有制企业党组织党务工作培训班	1 期	150 人
2. 荔湾区直属机关党工委党务干部培训班	1 期	80 人
小计	2 期	230 人
三、参与组织办班		
荔湾大讲坛	3 期	730 人/场
小计	3 期	2190 人

【理论研究】　2011 年，区委党校有 13 篇文章在各类理论研讨会获奖。其中 1 篇文章获广州市党的建设学会 2010 年度优秀调研报告一等奖；2 篇文章获广州市党的建设学会 2010 年度优秀调研报告三等奖；1 篇文章获中共广州市纪律检查委员会、中共广州市直属机关工作委员会主办的“2010 年广州市树立正确利益观”征文活动二等奖；一篇文章获荔湾区庆祝建党 90 周年正文活动三等奖。有 12 篇论文在各类刊物公开发表，其中陈剑玲和李海峰撰写的研究报告《“一队伍三中心”：荔湾区街道管理体制改革新探索》发表在中共广东省委政策研究室主办的《研究报告》上；有 16 人次提交论文，参加由广州市委党校、广州市党的建设重点研究基地联合举办的广州市党校系统纪念中国共产党成立 90 周年理论研讨会和由中央党校中共党史教研部、中央文献研究室第一编研部、中央党史研究室第三研究部以及广州市委宣传部联合举办的广州市纪念中国共产党成立 90 周年理论研讨会等研讨会；编辑出版“白鹅潭经济圈专辑”和“庆祝中国共产党成立 90 周年特刊”2 期《荔湾学刊》。

在全市党校系统第六届科研成果评选活动中，区委党校荣获科研工作组织奖和优秀科研管理工作者奖，2 项科研成果荣获二等奖，7 项科研成果荣获三等奖。

【师资队伍建设】　2011 年，区委党校在行政管理方面，制定和完善《校长会议议事规则》《校务会议制度》《科务会议制度》《考勤制度》《区委党校工作人员公共服务行为投诉处理办法（试行）》和《区委党校首问首办工作责任制试行办法》；在教学科研方面，继续完善《科研管理制度》《教师集体备课制度》《授课评讲制度》《教学质量追踪制度》和《党校课时折算标准》等。用制度覆盖党校教学科研、行政管理工作的各个方面，从制度上保证对教学科研、行政工作全过程的管理，从而使党校工作更趋制度化、规范化。

开展形式多样的学习交流活动，加强对教师队伍的建设和培养。开展创先争优活动，学习讨论优秀共产党员的标准条件，营造学先进、当先进、超先进，立足本职，争当优秀共产党员的氛围。开展“建设学习型党校，争当学习型党员”等主题实践活动，把经常性的思想教育作为创建学习型党组织的一项基础性工作来抓。通过营造和谐氛围，搭建各种平台，让干部教师在快乐学习中长知识，在快乐工作中长才干。开展读书推荐交流活动，使全校上下自觉做到爱读书，读好书，善读书。派出干部教师参加上级党校的业务培训和理论研讨会，扩大信息交流。输送推荐干部教师参与区内的重点工作和到街道跟班学习，促其在实践一线锻炼提高。组织党支部委员和骨干老师到荔湾区对口扶贫工作点阳春市开展专题调研活动，并给云帘村小学的孩子们送上一批学习用品。组织全体教职员工积极参加区“庆祝建党 90 周年”文艺表演并获三等奖。向组织部门推荐能干事、干成事的好干部，使干部健康成长，当年提拔了一名副处级领导干部。

（区委党校　王瑞琛）

人　事

【公务员管理】　2011 年，区人力资源和社会保障局采取面试考官委派、抽签方式集中组织公务员公招面试工作，共为 5 个单位招录公务员 7 人；加大从基层公招公务员的选拔力度，分别从外来务工人员、乡镇企事业单位、亚组委中招录 5 名公务员；通过竞争上岗从事业单位调任公务员

区人力资源社保局举办2011年人事干部培训班

8人，区内调整交流60人，区外调入3人；同年，全区有40个单位近120人经竞岗程序提任科级领导，230人提任科级非领导职务。

2011年对区内公务员开展转变经济发展方式基础知识的全员培训，完成率达100%；举办科级任职培训班两期，2010年以来晋升科级公务员的146人参加了培训，参训率达95%；公务员初任培训参训率达100%，公务员学分完成率达98%；组织举办大部制改革后的第一期人事干部培训班，编印相关工作指南；大幅度调整学费资助政策，提高公务员在职学习学费报销比例和报销次数，其中本科报销比例达100%。

2010年，全区共有各类公务员4155人。2010年荔湾区公务员年龄人文化程度构成情况与公务员考试情况分列于以下各表。

2010年荔湾区公务员年龄情况表　　单位：人

总计	35岁及以下	比例（%）	36~45岁	比例（%）	46~54岁	比例（%）	55岁及以上	比例（%）
4155	885	21.30	2071	49.84	1086	26.14	113	2.71

2010年荔湾区公务员文化程度情况表　　单位：人

总计	研究生以上	比例（%）	本科	比例（%）	大专	比例（%）	高中以下	比例（%）
4155	175	4.21	2580	62.09	1232	29.65	168	4.04

2010年荔湾区公务员考核情况表

优秀	称职	基本称职	不称职	合计
672	3005	24		3701

【事业单位人事管理】 2011年已基本完成全区261个事业单位的单位信息及8050名在编事业单位人员的信息录入工作。配合区医改小组，对区内新成立的21个社区卫生服务中心的人员及岗位问题进行指导。除新组建的事业单位外，完成各事业单位的岗位设置审核及人员聘用工作。

企事业单位工作人员的补充与调整。2011年18个事业单位公开招聘工作人员33人，卫生系统事业单位公开招聘工作人员52人，教育系统事业单位公开招聘工作人员50人；区内事业单位调动19人，从区外调入2人，调出区外12人，办理借调手续10人次。区内企业引进人才55人，其中博士研究生1人、研究生11人、本科生38人、大专生5人、中级专业技职务人员2人。

2011年，全区共有事业单位人员8050人，其年龄与文化程度构成情况列于以下各表。

2011 年荔湾区事业单位人员年龄情况表　　单位：人

总计	35 岁及以下	比例（%）	36～45 岁	比例（%）	46～54 岁	比例（%）	55 岁及以上	比例（%）
8050	2477	30.77%	3538	43.95%	1388	17.24%	647	8.04%

2011 年荔湾区事业单位人员文化程度情况表　　单位：人

总计	研究生以上	比例（%）	本科	比例（%）	大专	比例（%）	高中以下	比例（%）
8050	247	3.07%	5242	65.12%	1585	19.69%	976	12.12%

【工资福利】　2011 年，区人力资源和社会保障局配合事业单位岗位设置，审核时，同时兑现事业单位岗位设置后的工资及津贴待遇。深化教育系统绩效工资改革，制定实施《荔湾区公共卫生与基层医疗卫生事业单位绩效工资实施办法》。按照国家、省市文件精神，按时完成提高全区机关事业单位离休干部生活补助和扩大发放范围的工作。

【专业技术人员队伍管理】　2011 年完成 2011—2013 年享受区政府特殊津贴专家的选拔工作，入选的 50 名专家都是区内各领域人才的杰出代表，涵盖教育、卫生、体育、科技、城建、公安等领域及骨雕、广绣、彩瓷、茶艺、收藏、书画经营管理等行业。提高特殊津贴标准，由原来每月 300 元，提高到每月 500 元。同年，由荔湾区推荐的广州市第四中学教师陈秋兰被评为“121 人才梯队工程”享受政府特殊津贴的后备人才（第三梯队）。筹办荔湾菁英俱乐部，为区内高层次人才提供了一个学习、交流的平台。

区人力资源和社会保障局与广州远程教育中心合作开设《专业技术人员职业修养与发展》《创新思维与创新力开发》和《加快转变经济发展方式基础知识培训》，全区共有 720 人次参加学习。

做好专业技术资格评审、认定和考试的审核工作。全区 353 名通过专业技术资格认定的人员办理了资格审批和资格证的发放。为教育、卫生等 10 多个部门的 491 人办理申报评审初、中、高级专业技术资格的审批和审核。完成专业技术人员网上继续教育审核验证 824 多人。

2011 年，全区各类专业技术职务人员情况列于下表。

2011 年荔湾区专业技术职务人员分布情况表

单位：人

类别	各类人员			合计
	高级	中级	初级	
工程技术	132	634	1952	2718
卫生	364	951	2486	3801
教育	1002	6210	3025	10237
经济	1	256	876	1133
审计		16	23	39
会计		523	2235	2758
统计		10	93	103
档案	2	29	93	124
律师		15	28	43
体育	1	23	29	53
其他	18	82	1843	1943
合计	1520	8749	12683	22952

2011 年，全区有 5 人享受国务院特殊津贴人员，1998 年批准 1 人，1999 年批准 1 人，2000 年批准 1 人，2004 年批准 1 人，2007 年批准 1 人。详细情况列于下表。

2011 年荔湾区享受国务院特殊津贴人员情况表

批准年份	姓名	业绩简介
1998	张博钧	博士研究生，享受国务院特殊津贴专家，现任广州妙医斋生物科技有限公司总工程师、中国药学会会员、化学学会会员、抗癌协会会员。一直从事药物化学的研究与开发工作，具有扎实的专业理论知识和实验技巧，熟悉国内外药物化学研究的发展方向和理论前沿，具有较强的开拓新研究领域、完成开创性课题的能力。
1999	荀万祥	中学高级教师，享受国务院特殊津贴专家，现任广州市真光中学校长、全国优秀教师、全国名校长、市优秀专家、省优秀党务工作者、省校长工作室主持人、华南师范大学兼职硕士生导师、广州大学教育硕士专业学位研究生导师。在他的带领下，真光中学四次进入广州市高中毕业班工作一等奖 10 强行列。
2000	沈坚华	主任中医师，享受国务院特殊津贴专家，现任荔湾区中医医院院长。熟练地运用中医理法方药，对常见病、多发病、疑难病进行辨证论治，能解决中医药专业的某些复杂疑难技术问题，特别是在治疗不孕不育症方面，创新性提出了“三步六法十八方”的中医特色疗法，并获得广州市科技进步三等奖、荔湾区科技进步一等奖。
2004	刘东樑	主任法医师，享受国务院特殊津贴专家。从事刑事技术工作 29 年来，不畏艰苦，开拓创新，先后对数千起人身伤亡案件进行法医学检验鉴定及复核鉴定，利用刑事技术破获了一大批案件。他主持完成的“根据人类胸骨推算年龄”等科研成果，达到了世界先进水平，并在侦查破案中得到广泛应用；他主持开展的《尸体解剖开颅自动化技术的应用研究》攻关项目克服了技术上重重难关，完成了全自动开颅机的样机设计和零部件加工制造，现已进入样机装配调试阶段。
2007	张民辉	高级工艺美术师，享受国务院特殊津贴专家，现任荔湾区花城博雅工艺厂艺术总监、中国工艺美术大师。是广州象牙雕刻业的杰出代表和知名人物，是当代既有牙雕文化艺术理论又善于工艺技能创新的大师级人物。在张民辉主持创作和监制的牙、骨雕精品中，参加省、市以及全国专项评比荣获金奖就有 30 多项，被国家及省级部门或博物馆收藏的珍品有 6 件。他在省非物质文化遗产保护工作中做出了显著成绩和贡献，成为行业中颇有影响的先进人物。2010 年 1 月被命名为广州市非物质文化遗产项目象牙雕刻代表性传承人。

【军转干部安置】　全面完成 2010 年度军转干部安置工作。2010 年度广州市下达荔湾区接收军转干部的计划安置任务为 44 人，其中正团职 6 人，副团职 6 人，营以下干部 14 人，技术干部 18 人。区人力资源与社会保障局与区委组织部沟通协调，2011 年底，完成计划安置任务，其中安置到公务员单位 22 人（参公事业单位 8 人），安置到事业单位 2 人。团职干部和技术 9 级以上技术干部全部按要求安排相应职务。一些立功受奖及长期在边远艰苦地区服役的军转干部，也都按照政策得到了照顾性安置。安置效果基本实现了部队、接收单位和军转干部“三满意”。

【人事人才公共服务】　人事代理和人才服务能力不断提高，向区内企业普邦园林、广州数控、强生公司、广东农行等提供人才引进、大学生接收、代购保险、人事代理等多方面服务。市人力社保局正式将人力资源服务行政许可的事权下放，区人才办采取设置宣传窗口、指定专人负责、提前摸查基数、组织业务培训等多项措施，完成承接人才中介服务行政许可的工作任务。

（区人力社保局　李广新）

宣传工作和精神文明建设

【概况】　2011年，区宣传文化战线深入贯彻落实科学发展观，按照“高举旗帜、围绕大局、服务人民、改革创新”的总要求，以启动实施“十二五”规划纲要为契机，围绕打造“广佛之心”的战略目标，抓住“加快转型升级，建设幸福荔湾”的核心任务，以建设文化强区培育世界文化名城核心区为龙头，提升文化引领功能，为推动全区经济社会又好又快发展，提供强大的思想保证、精神动力、舆论支持和文化条件。

【新闻宣传】　2011年，区委宣传部围绕区党代会、“两会”等中心工作，以及赴港招商会、“一队三中心”社会管理专题、“十件民生实事”等重点工作，召开新闻发布会23场，组织新闻采访424次，发布新闻信息1620条，策划28个专版，刊发头版、头条新闻11个。围绕街道、社区服务管理改革创新工作，在《人民日报》刊发《社区管理模式不宜一刀切》，在南方杂志刊发专访区委书记《社会管理，党委政府要甘当“上马石”》，在《南方日报》刊发《幸福花开》文章专题特刊，展示荔湾区在推动“惠民工程”工作中的重要举措和成果。选派各单位负责宣传工作的分管领导和干部230人到市培训，提高各单位舆论引导能力。巩固和壮大新闻通讯员队伍，完善《广州市荔湾区宣传干部管理办法》，发展和培养一支立场坚定、政治敏锐、业务精湛的网评队伍。加大荔湾区政府门户网站的建设力度，切实提高网站点击率。完善《关于进一步规范广州荔湾网新闻信息发布管理的工作办法》。协调有关单位妥善处理媒体关注的突发事件42宗。

【理论研究】　按照“武装头脑、指导实践、推动工作”的总要求，推进理论武装工作，发挥党的理论创新成果统一思想、推动实践的作用，夯实广大干部群众推动荔湾科学发展的思想基础。2011年，区委中心组共集中学习29次，全区各党委（党工委、党组）中心组共集中学习982次，派发各类学习资料1.65万册。区委中心组学习被广州市评为优秀等次。提升和打造“西关大学堂”和“书香荔湾——全民阅读系列活动”品牌，开展中国特色社会主义理论体系的宣传普及活动。围绕“以西关文化为代表的岭南民俗”的主题，结合民俗活动，深入社区、景点举办“西关大学堂”公众讲座，并设置专家学者与群众互动交流环节。开展覆盖机关、学校、社区、家庭、企事业单位“书香荔湾——全民阅读系列活动”，激发阅读热情，构建惠及广大群众的全民阅读网络，提高市民文化素质。联合有关单位组织60多位中外专家学者，举办“广州十三行与清代中外关系”国际学术研讨会。组织参加“2011广州论坛·广州与世界高峰论坛”，荔湾区在论坛上作了“让广州十三行再次走向世界”的主题发言。组织开展纪念中国共产党成立90周年暨“开启十二五，建设新荔湾”理论研讨征文活动，献计荔湾经济社会发展。组织推荐优秀论文参加市委宣传部等单位主办的理论研讨征文活动，其中《荔湾区实施“文化引领”战略的实践与思考》论文获广州市“庆祝建党90周年，推动思想政治工作创新”征文活动一等奖，《“敢想、会干、为人民”的历史验证和荔湾实践》论文入选《中国共产党与中华民族的伟大复兴——广州市纪念中国共产党成立90周年理论研讨会论文集》。《打造岭南特色社区，丰富群众精神文化生活》论文入选《社会转型期基层思想政治工作新探》一书。

【思想道德教育】　开展“知书识礼、书香荔湾”全民阅读系列活动。开展荔湾区“书香机关、书香校园、书香社区、书香家庭”创建活动、“红领巾读书节”和“处级干部双休日大学堂”。打造主题为“品味经典·悦读人生”的荔湾读书节活动品牌。开展以“做文明有礼的荔湾人”为主题的现代公民道德教育实践活动，2011年，真光中学副校长艾连娣、金花街锦绣社区居民袁建明、南源街侨联义工连秀群等9人上了中国好人榜。坚持开展“文明礼让你很棒——大拇指”行动，开展“排队”、“让座”、“互助”等主题推动日活动和“争做文明使者”活动。组织开展“科技活动周”和“青春与法同行、构建平安和谐荔湾”等一系列活动。丰富“我们的节日”主题活动。着眼于弘扬中华民族优秀文化，利用春节、元宵、清明、端午、中秋等重要传统节日，精心设计群众喜闻乐见的项目，把经典文化、红色文化、民俗文化融入节日活动。2011年，广州市举办的“一约三则”主题辩论赛，荔湾区代表队荣获亚军。立足学校和社区两个平台，着力推进学校、家庭、社会“三结合”工作网络建设。强化社区关工委作用，组建各类型工作组。推进家庭教育网络建设，加强家长学校建设。加强街道社区“五老”队伍、社区青年志愿者服务队伍等社区未成年人思想道德教育队伍建设。深入开展“做一个有道德的人”主题活动，同年在广州南海中学、西关培正小学、西关实验学校等设立“做一个有道德的人”联系点。在广州市第三届中小学生诵读经典美文表演活动中，环翠园小学、广州市四中分别获得一、二等奖。开展“党旗飘扬我成长”主题教育、优秀童谣征集传唱展示、“童心向党”歌咏比赛和文明小博客评选等活动，培养未成年人爱党爱国情怀。推进社区各类教育资源向未成年人免费开放，加强未成年人校外活动阵地建设。开展公办学校与民办学校结对共建活动，加强流动人口子女思想道德教育。荔湾区代表队参加广州市第二届“共创文明城——万人同唱文明歌”暨“爱国歌曲大家唱”群众歌咏活动荣获金奖。

【创建文明城市】 2011年，创建工作紧紧抓住“迎国检、促大变”重大机遇，统筹推进城市文明创建各项工作，市民文明素质和城市文明程度显著提高。区委、区人大、区政府、区政协等领导共巡查创文工作380余人次，专题召开各类创文工作会议10余次。区创建办制作宣传资料和宣传物品17万件，编印60期《荔湾区创建快报》。在“创文”冲刺阶段，市《创建简报》《创文明简报》共刊登荔湾区信息20篇；市以上各新闻媒体报道荔湾区创文工作信息300多条；全区督促整改巡查发现问题692个，督促办复群众信访和网上投诉60余件，书面转办、督办各类市容环境执法问题2100多宗。抓第六批市级文明示范社区创建工作，组织邻里节、社区文化节、家庭文化节等多种形式的主题创建工作，区级以上文明社区创建覆盖率达85%以上。2011年，荔湾区被中共广州市委、市政府命名为广州市文明城区，逢源街耀华社区被评为全国文明社区，冲口街杏花社区被评为广东省文明社区，金花街世纪社区和冲口街杏花社区荣获广州市文明社区示范点，南源街和平新村社区、华林街连登社区、多宝街丛桂社区等9个社区被授予市文明社区，逢源街耀华社区被评为市十大最幸福社区之一，沙面街鹅潭社区被评为市最具文明风尚社区，白鹤洞街山顶社区、花地街花地城社区、石围塘街万盛社区等3个社区荣获第九批市一级绿色社区。广泛深入开展科教、文体、法律、卫生“四进”社区活动，共举办各类讲座达4000场次，举办各类培训班1000场。着力打造“诚信荔湾”，开展“百城万店无假货示范商城”、“守合同重信用商业城”创建活动，上下九商业步行街被命名为“广东省百城万店无假货活动示范街”。

【文化宣传】 坚持文化引领战略，围绕建设广州世界文化名城核心区的目标，提升荔湾文化基础设施水平和文化软实力。2011年，荔枝湾二期工程圆满竣工，三期工程正式启动，荔枝湾灯会顺利启动，成为广州市文化活动的又一亮点。建成沙面博物馆，完成沙面文化休闲步行区路面整体改造，打造广州旅游文化的又一品牌。举办“荔湾风华”系列民俗风情活动，“西关美食节”，“生菜会”等传统民俗活动，在荔枝湾、聚龙村等景区组织常态演出等活动，大力推进“穗港澳粤剧日”等特色文化活动开展。2011年，全区举办各类演出200多场、参与群众12万人次。完成第三次全国文物普查工作。特别是加强白鹅潭经济圈、十三行商圈和“三旧”改造中的文物普查和保护工作。先后两次组织召开十三行博物馆方案研究专家座谈会。落实“文化惠民工程”，区内城市“10分钟文化圈”基本建成。完成100家漂流驿站的选点、图书配给和上架指导，为低收入家庭和农民工家庭免费发放2万个文化惠民卡。开展电影惠民活动，组织108场数字电影放映进社区，每月免费为各街道困难家庭、弱势群体和外来务工人员提供1000张电影票。区文化艺术中心向社区群众和民间艺术社团免费开放场馆，先后举办“荔影群芳油画展”与“王孟奇书画作品展”等8批展览。图书馆全面实现免费开放，举办公共图书馆服务宣传周、传统文化经典诵读等13项活动，2011年投入19万元改善设备条件，全年接待读者23.6万人次，外借图书25.3万册次。编辑12期内部参考读物《荔图文摘》，并链接到区政府网站，方便广大领导干部群众参考阅读。珠江黄金西岸滨水创意产业带和花地河新经济带集聚效应和辐射效应不断增强。全区共集聚创意企业法人单位1400多家，从业人员2万多人。“1850创意园”和欧划动漫公司被评为广东省版权兴业示范基地。

（区委宣传部）

统 战

【多党合作和政治协商制度建设】 结合纪念中国共产党成立90周年和辛亥革命100周年，引导统战成员坚定走中国特色社会主义道路的信念。配合市开展以“重温历史、同心同行”为主题的纪念活动。结合改善民生和服务社会实践开展了“同心”理念，感恩意识教育。落实政治协商规程。严格按照相关规定，主抓换届人事推荐、协调、安排工作。广泛发动、深入摸查、充分协商、严格把关，形成政协荔湾区第十四届委员会委员建议名单281名和常务委员会组成人员建议名单57名。经与区委组织部共同研究、协商，推荐了新一届市人大代表2名，市政协委员10名。指导协助民主党派及工商联顺利完成换届工作。协助区委制定《2011年区委与区民主党派和各界代表人士政治协商的计划建议》，坚持高规格、高标准、高质量召开相关的民主协商会、谈心会，共召开民主协商会、谈心会10多次，根据区委《会议纪要》精神，并全程跟进抓好落实。

2011年，成立荔湾区非公有制经济组织创先争优活动指导机构，负责指导区开展非公有制经济组织创先争优活动。制定《关于做好非公有制经济代表人士综合评价工作的方案》，具体部署荔湾区非公有制经济代表人士综合评价工作，促进区非公有制经济代表人士队伍健康发展。指导协助广州立白企业集团成立全省首个非公有企业统战部。

【加强民主党派自身建设】 支持民主党派加强思想建设。召开民主党派负责人的主委会议、谈心会、季度例会，以会代培，加强与民主党派领导班子之间的交流。在各民主党派的换届改选中，着重推荐综合素质较高的中青年干部，以改善民主党派领导班子的年龄文化结构，提高参政党的合作共事能力和参政议政能力。新一届的民主党派领导班子有正、副主委32人，其中女性有17人，占53.13%；平均年龄45.56岁，其中40岁以下有2人；大专以上学历有30人，占93.75%，本科以上学历有27人，占84.38%，研究生以上学历有7人，占21.88%。民主党派领导班子呈现出年轻化、知识化、专业化的特点。

【党外干部队伍建设】 落实广州市《2010—2020年党外代表人士教育培训改革和发展纲要》，举办全区党外干部培训班，强化对党外后备干部的理论培训。重视党外代表人士培养选拔和安排使用，加大党外干部选拔任用力度，搭建符合党外干部特点的成长平台。2011年，共推荐提拔2名副厅级和2名正处级的党外领导干部，选送2名党外领导干部参加广州市社会主义学院举办的非中共副处级以上干部进修班。在全区党外干部和1000多名党派成员中，高标准、高起点挑选学员78人，参加为期五天的荔湾区2011年党外干部培训班学习，采用理论教育和实践考察相结合的方法，对党外干部进行培训教育。

【服务工作】 落实原黄埔军校老学员生活困难补助。根据《关于解决居住在我市部分原黄埔军校老学员生活困难问题的通知》的文件精神，与区有关部门的多方协调，为区原黄埔军校老学员办理广州市城镇职工基本医疗保险和社会化管理，并发放生活困难补助；协调解决一起原黄埔军校老学员家庭纠纷问题，得到其家属的来电致谢。在“新春”、“中秋”举办了茶话会慰问老学员，并做好生病老学员的上门慰问工作。

【区各界知识分子联谊会】　区各界知识分子联谊会是以新的社会阶层人士为主体的无党派代表人士的社会组织。2011 年，召开理事会会议和会员大会，通过部分会员调整和增补的有关事项；组织联谊会成立两周年志庆、新春座谈会、“迎国庆、贺中秋”晚会等联欢活动，为会员搭建与区委、区政府的沟通平台；开展会务活动，先后组织书法讲座、小组文化沙龙和拓展联谊等活动；开展全区范围无党派人士的摸查工作，发展了 6 名会员。

【海外统战】　区主要领导亲自带队赴香港举办港澳知名人士座谈会，拜访香港的太平绅士、广州市荣誉市民、省市区政协香港委员等 20 多人，接待香港全港各区工商联等香港有关社团领袖和爪哇集团等企业的负责人达 100 多人次。还通过接见在广州投资的港商，为他们解决了多年的疑难问题。广州荔湾海外联谊会赴港拜访社团、商会 27 个 359 人次；接待港澳访问团 20 个 1627 人次。通过走出去、请进来，加强沟通联系，已与香港新界工商联总会等 8 个商会、旺角街坊会等 19 个社团、原氏宗亲会等 4 个宗亲会建立了友好往来关系。接待香港岛各界协会、香港中国星火基金会、香港公民协会、香港国际妇女会访问团、新界工商联总会组织的香港大学生访问团等；赴港出席社区脉搏、黎松山堂、宋庆龄基金会、深水埗狮子会、五金商业总会等社团就职典礼及志庆活动。在香港举办“粽香情浓聚今宵”——欢度端午节茶话会；在广州白天鹅宾馆举行“幸福荔湾，携手共创”——广州荔湾海外联谊会 24 周年志庆活动，来自港澳台、海内外乡亲等近 500 人参加了志庆盛会，着力推介荔湾“西关文化、十三行文化、欧陆风情、水秀花香”四大品牌，提高荔湾文化的知名度和美誉度，让更多的海外友人认识荔湾、了解荔湾，争取海外友人对荔湾文化产业建设的支持。新推荐 12 名社团骨干、商界代表人士为荔湾区第十四届政协委员，11 名为特约委员。

（区委统战部　江丽晴）

对台工作

【对台宣传交流】　制定对台宣传交流计划并严格实施，宣传党的对台方针政策和大陆改革开放成就，促进荔台两地人员往来和文化交流。向台商、台胞、台属和区内有关单位推介《台湾工作通讯》和《两岸关系》并做好征订工作，宣传党的对台方针政策；做好台湾参访团接待工作，与到访台湾客人进行沟通交流，向台湾客人宣传荔湾区经济、文化建设成就，2011 年共接待台湾来访团体 20 多批次。同年，组织区领导、区属单位的有关领导分 2 批赴台进行经贸合作、社区建设与管理等方面考察，与台南市农工商界人士沟通交流，搭建荔台两地经贸合作与文化交流平台。台湾多家媒体曾对此进行报道，取得良好宣传效果。

【指导、服务台资企业】　2011 年，区台办加强对台资企业的指导，做好台资企业权益保障工作，促进台资企业健康稳定发展。选派干部兼任市台协荔湾分会副秘书长，参加协会的理事会议，保持与台商的经常性接触和沟通，了解台资企业的生产经营状况。深入台资企业调研，及时掌握台资企业的生产需求和存在困难，帮助推动台资企业转型升级。指导市台协荔湾分会组织台商赴缅甸等地进行实地考察，帮助台商全面准确了解市场信息，及时调整经营思路，促进企业健康稳定发展。组织台商参加“知情看广州、问计促发展”走访市政府职能部门系列活动，帮助台商了解广州市经济社会发展“十二五”规划以及广州市政府关于产业布局和企业转型升级的最新政策，有利于台资企业及时调整生产经营策略，化解生产经营风险。

【涉台信访】　贯彻落实全区维稳工作会议精神，妥善处理涉台信访案件和涉台突发事件，促进两岸关系稳定和谐。2011 年共受理涉台来电来访案件 20 多宗，涉及投资咨询、子女入学、行政纠纷等多个方面。本着涉台事件无小事的原则，区台办协调有关部门妥善加以解决，化解矛盾，促进和谐。台胞陈雅珍因不满违法建设被拆除而四处投诉，区台办协调街道和城管执法部门予以耐心解释，为其提供解决问题的法律途径，逐渐平息其不满情绪，事情得到圆满解决。台胞陈俞安夫妇经营的“老殿典藏馆”因文物保护需要，场地租赁合同到期后不能续租，因此可能遭很大损失。区台办与场地出租方沙面街道办事处沟通协调，在兼顾文物保护和保护台商合法权益的前提下，事情得到妥善解决。

【区台属联谊会】　区台属联谊会做好台胞台属服务工作，团结台胞台属为荔湾区建设作贡献。区台办联合区台属联谊会举办台胞台属贺元宵茶话会，区委副书记王慎初、区委统战部部长陆小荣等领导到场慰问台胞台属，表达区委、区政府对广大台胞台属的关心爱护。台胞台属借此平台进行亲切交谈，加深了解，增进友情。台办领导、区台属联谊会正、副会长利用端午、中秋等传统节日，一起对区内台胞台属走访慰问，关心台胞台属的工作和生活，为台胞台属排忧解难。2011年月召开区台属联谊会第七届二次全体委员会议，总结过去一年活动开展情况，传达市对台工作会议精神，通报对台工作情况。会议补选李建鑫为副会长。推荐区台属联谊会会长李飞、副会长杨丽成功当选为区政协第十四届委员，增强台属联谊会的参政议政能力。同年举办“尊师重教、捐资助学”捐赠活动，区台联和区台协共为活动捐款5万元。

（区台办　郑田玉）

民族宗教

【民族团结进步社区创建活动】　2011年，区民族宗教局制定《荔湾区创建全国文明城市民族团结进步项目迎评工作方案》，成立以区委、区政府分管领导为正、副组长的创建工作领导小组及办公室，做到组织机构健全、工作人员到位、制度方案落实。创建工作方案确定南源街西焦社区和茶滘街金兰社区为荔湾区民族团结进步模范社区创建活动第一批试点社区，以点带面，推动全区各街道的民族团结进步创建活动。经市民宗局组织验收考评，西焦社区和金兰社区获得广州市民族团结进步模范社区称号。区民宗局、区民族团结进步协会获得广州市民族团结进步先进集体称号，杨承华等4人获先进个人称号。

【组队参加市民族宗教体育花会】　按照市民宗局有关举办市民族体育花会的通知精神，区民族宗教局组织区民族进步协会成立区民族体育花会领导小组，组队参加于2011年月举行的广州市少数民族暨宗教界体育花会。经严格选拔，共挑选少数民族竞赛运动员26人、表演赛运动员12人，参加板鞋竞速、押加（藏式拔河）、投竹篓、袋鼠跳接力、跳绳接力等项比赛，以及体育艺术表演。荔湾区获得此次体育花会组织奖一等奖、表演赛一等奖，在个人项目五项十二类别奖项中获一等奖5个、二等奖3个、三等奖5个。

【宗教场所管理】　区民宗局从维护大局出发，维护宗教界和信教群众的利益。根据区政府部门人事调整、区领导工作分工等因素，以及为适应黄大仙祠近阶段工作需要，2011年对黄大仙祠协调工作领导小组及顾问委员会成员进行调整和补充。经过人员的调整和补充，区对黄大仙祠事务管理的力度得到加强，对维护好嘉游公司与道教黄大仙祠双方的经济利益和合理诉求发挥积极作用。

区民宗局牵头组织区教育局、广州市佛教协会、佛教陶轮学社等单位，就陶轮学社与区教育局房产交易产权移交存在问题召开协调会议。区民宗局努力促进区教育局与陶轮学社友好协商、尊重历史、信守承诺，切实履行交易合同所规定的双方义务，最后双方达成共识，区教育局指派专人负责产权交易事项，协助陶轮学社尽快办理房产过户，该历史遗留问题已得到初步解决。

区民宗局一直十分重视福胜庵异地拆迁重建工作，配合区政府协调区各职能部门，于2011年多次召开专题会议，解决福胜庵异地重建问题。区民宗局与区委统战部协调有关部门，在区主要领导的重视下，在荔湾区可用地范围内提供约1200平方米土地进行复建。区民宗局多次为福胜庵重建方案邀请专家、学者对重建方案进行论证。

基督教万善堂属广州市基督教协会物业，因万善堂属涉文物线索单位，市基督教协会一直未能着手对其修复。2011 年 10 月，万善堂主楼因年久失修而局部倒塌，区民宗局获知情况后，立即联同区文化局、相关街道等到现场调查处理，多次请市基督教协会有关负责人到区文化局进行协商，指出涉文物线索单位建筑不可违反《中华人民共和国文物保护法》。经协调沟通，市基督教协会同意遵照区文化局及文物管理专家意见，将涉文物线索单位的万善堂按文物保护法要求进行原状修复。

区民宗局成立创建工作领导小组，同时制订第二批创建“和谐寺观教堂”活动实施方案。确定佛教陶轮学社、道教黄大仙祠、基督教十甫堂和芳村堂为第二批开展创建活动场所。要求各参评场所认真组织人员开展学习，制订创建工作具体实施方案。同时，各参评场所进行自查，对照创建标准进行整改，做好创建活动的迎检工作。上述 4 个参评场所总体上以高分达标，上报为广州市第二阶段评选“和谐寺观教堂”达标场所。

【宗教场所消防安全检查】 2011 年，区民宗局开展宗教活动场所消防安全检查，防止发生火灾事故。按照国家宗教局有关通知，要求区内各场所组织力量，切实自查，宗教场所主要负责人要亲自抓，发现问题及时整改，彻底消除火灾隐患。明令各场所认真做好场所值班工作，要求各宗教活动场所要安排值班人员，昼夜巡查，保持高度警惕。制定和启动应急机制，保持联络畅通，发现问题及时报告并采取有效解决措施。要求各场所自觉接受消防部门的指导和监督，根据消防工作要求和各自实际情况，配齐配足必要的消防设施，并对场所人员进行训练。各场所切实落实各项制度和措施，开展安全防火教育活动，提高安全意识，杜绝消防安全事故。

（区民宗局　陈中伟）

侨务与外事

【侨务信访】 2011 年，共收到各种侨务来访、来电、来信 130 宗（件）199 人次，涉及侨务法律法规、落实侨房政策咨询、回国定居、子女就业就学、维护房产利益等社会各方面的问题，区侨外办根据职能，按照有关规定对所有的来信、来电和来访进行了办复。

【侨捐监管】 2011 年，区侨外办加强和受赠单位及其主管部门的联系，对侨捐项目进行监督管理，推进全区侨捐项目的日常监督管理工作。配合广州市侨办编印《侨爱颂》，对荔湾地区的侨捐项目情况进行梳理，对符合入选《侨爱颂》条件的 17 个项目的资料进行整理，并报送市侨办。根据市侨办《转发国务院侨办关于进一步规范华侨捐赠管理工作的意见的通知》精神，对 2008 年以来荔湾区的华侨捐赠、使用、监管情况及存在问题进行自查，加强侨捐监管。

【扶贫助困活动】 2011 年 1 月，区侨外办牵头主办以“新生活・新荔湾”为主题的荔湾区侨界新春茶话会暨第四届“千叟宴”活动。广州市“五侨”单位有关负责人、区长唐航浩等区领导和有关部门领导出席活动。活动得到荔湾侨界企业家的热烈响应，共有 15 家侨界企业共在活动中捐赠 30 多万元。在春节和中秋节期间，区侨外办对区内部分困难归侨与侨眷进行慰问。

【侨界联络】 2011 年春节期间，区侨外办组织一系列走访慰问活动，拜会广州市荣誉市民朱恩馀等侨界知名人士，拜会香港旺角街坊会等港澳地区社团，感谢他们对荔湾侨务工作的支持和帮助，这些慰问活动加强彼此间的联系和沟通，增进友谊。

【外事管理】 2011 年，区侨外办按照中央、省、市关于进一步加强因公出国（境）管理的有关精神和规定，加强对区党政干部因公出国（境）的审核报批工作的细化管理。规范审批权限，凡区内党政干部申办因公出国（境），均严格按照《荔湾区领导干部出国（境）管理暂行规定》中的审批权限制度进行审批，否则不予办理有关出国（境）手续；针对出国（境）团组任务的必要性、报批材料的真实性、行程安排的合理性进行严格审核。区侨外办结合实际工作制定审核细则，对邀请函是否真实并符合要求，团组成员构成与出国（境）任务是否匹配，出国（境）路线安排是否合适，出访团组是否严格执行批准日程，经停城市是否必需等多项内容进行严格把关。

【外事接待】　2011 年 3 月 8 日接待 22 家驻穗总领事馆女领事官以及领馆官员夫人一行 58 人；3 月 22 日接待新疆外事考察组一行 8 人参观荔枝湾涌；3 月 23 日接待北京市外办副主任胡东参观荔枝湾涌；3 月 30 日接待外交部驻香港特派员公署李元明副特派员一行 6 人参观荔枝湾涌；4 月 27 日协助接待加纳全国民主大会党干部考察团来区考察河涌整治工程；4 月 28 日协助接待香港创价幼稚园参观团参观陈家祠。

【外事服务】　2011 年，解决荔湾旧城的雨污分流，加强排水系统管理和发展水务建设事业，通过区侨外办多方努力与联系，参与组织由区长唐航浩带队，由区水务和农业局、区规划分局、市水务局及市水务规划勘测设计研究院等单位人员参加的赴法国和意大利参观考察团进行专题考察和对口交流。

围绕区“五区一街”建设规划，配合有关部门和各街道做好 2011 年对外招商与交流工作，主动解区各项招商活动情况和效果，对需要赴境外开展招商活动的人员在证（照）办理方面给予协助。做好支持民营企业“走出去”工作。将广州市民营企业人员申办 APEC 商务旅行卡与区实施政务 VIP 服务工作相结合，加强与区经贸、科技、工商、税务等部门的联系与沟通，为区民营科技企业、外向型企业和拥有名牌产品的企业循因公渠道赴境外开展商贸交流合作活动提供便捷和优质的服务，为区重点企业及纳税大户开通“绿色通道”。

配合上级外事部门，圆满完成多项外事任务。2011 年 6 月 28 日，区侨外办接到广州市外事办转来的国家外交部明传电报，要求尽快派陪护因精神状况不稳定滞留印度的荔湾居民廖某某回国的任务后，区侨外办立即与区慢性病防治中心及逢源街办事处成立“赴印度接回滞留人员专项工作小组”，通过精心安排以人为本的服务，7 月 16 号早晨 7 时安全将其送回家中，与亲人团聚。

【外事监督管理】　2011 年，区侨外办加强因公出国（境）计划报备工作，做好年度因公出国（境）计划，严格控制出国（境）团组总量，做好因公出国（境）团组量化管理工作。加强因公证（照）统一管理，定期对全区的公务护照、因公普通护照和因公往返港澳通行证的清理和收缴，公务护照严格按照规定（回国后 7 天内）收缴和上交，确保区内因公证（照）正确合理使用，杜绝持因私证（照）公费出国（境）。加强因公出国（境）人员费用监督管理，凡因公出国（境）人员报销费用，均需以广州市外事办出具的任务批件和证（照）上所显示的出入国（境）的日期为依据。建立联合检查机制，严肃外事纪律，由区纪委、区委组织部、区人社局、区审计局、区国资局和区侨务和外事办等部门共同组成荔湾区治理党政干部公款出国（境）旅游专项工作小组，联合检查区因公出国（境）的有关情况，联合查处重大外事违规违纪案件。

（区侨务外事办　何凤华）

信　访

【概况】　2011 年，区信访局共受理群众信访件 8112 件次。其中来信 1793 件、来电 1536 人次、来访 1514 批 3321 人次。进京上访 38 批 62 人次，与 2010 比较，批次上升 90%，人次上升 1 倍多；越级到省集体访 5 批 116 人次，与 2010 年比较，批次下降 28.5%，人次下降 37.6%；越级到市集体上访 4 批 182 人次，与 2010 年比较，批次下降 80.9%，人次下降 52.2%；到区集体上访 84 批 1495 人次，与 2010 年比较，批次下降 23.6%，人次下降 1.7%。共组织市、区领导公开大接访活动 7 次，受理群众信访件 515 批 791 人次，现场解决 76 批次，现场调处 25 起 2264 人次。办理省、市、区领导批示重点件 232 件。办理信访复查复核案 28 件次。收到群众感谢信 4 封，锦旗 2 面。详见下表。

2011 年荔湾区信访工作情况统计表

总数（件次）	其中				进京访（人次）	办结率（%）	现场调处
	来信（件）	来访	来电（人次）	集体上访			
4112	1793	1514 批 3321 人次	1536	93 批 1793 人次	38 批 62 人次	95.4	25 起/2264 次

【重大活动期间的信访】　2011 年，在全国、省、市、区“两会”，区党代会、建党 90 周年、党的十七届六中全会、深圳大运会等敏感时期，区信访局未雨绸缪，提前制订信访应急处置预案，落实值班制度，派驻工作组，排查化解不稳定因素，及时平息化解了诸多集体上访案，如珠岛花园居民因用电、房产证办理和成立业委会等问题的集体上访案、新中国大厦物管权移交引发的聚集上访案、东沙街辖内森和运输公司因交通事故引发死者家属聚集上访案、廉江市籍 76 名出租车司机滞留区内到省政府上访案等群体事件确保敏感时期的大局稳定。全年，共排查出突出矛盾隐患 28 起，有效化解 17 起；排查出多次进京上访或扬言进京上访重点人员 35 人，并认真督促有关单位落实稳控责任和措施。

【化解信访积案百日行动】　按照广州市的统一部署和要求，区信访局制定《荔湾区化解信访积案百日行动方案》，集中解决了一批信访积案和突出问题。围绕“平安大运”目标，认真组织开展清明前后“基层大接访”活动和信访积案化解百日行动，积极畅通信访诉求表达渠道，确保了 3 月农村换届选举专项、4 月征地拆迁专项、5 月涉法涉诉专项大接访，“8.5”、“8.8”、“8.11”、“8.31”共 7 次市、区领导公开大接访活动有序进行。活动中共受理群众信访件 515 批 791 人次，其中广州市市长万庆良接访 2 件次，中共广州市委常委王晓玲接访 7 件次，区委书记周亚伟接访 19 件次、区长唐航浩接访 23 件次。通过督办、催办，领导接访案全部办结，做到件件有着落、事事有回音。通过落实领导包案、现场督查、一线协调、带案下访、现场接访、召开协调会等方式，解决一批信访积案和重大突出信访问题。化解因联社换届引发的河沙村民集访案，茶滘、河沙村部分社员因村务公开问题、南漖村因征地拆迁、原东漖镇属企业人员因购买社保等问题相继聚集和上街堵路等事件。是 10 月 14 日，快速协调处理广州市常务副市长邬毅敏接听海龙街居民周东昌反映的农田受浸案，受到邬毅敏称赞。

【信访事项复查复核】　区信访局按《信访条例》规定，受理群众的复查复核案件申请，推行信访问题“三级终结”和“案结事了”。2011 年共受理办结群众申请的复查复核信访件 28 件次。坚持实事求是、依法办事原则，共 36 次组织相关部门、街道召开协调会，研究处理方案，提出工作意见供区领导参考。注重横向联系，及时了解兄弟区对一些类似信访问题的处理办法，及时提出针对性建议供区领导决策。

【驻京与驻深劝返】　按照区领导的要求，区信访局在 2011 年初即对全国“两会”、建党 90 周年和深圳“大运会”等重大敏感时期的驻京、驻深劝返工作进行部署，牵头成立驻京驻深劝返工作组，确保荔湾区进京、赴深上访人员随到随接，随接随返，做到不回流，不失控，不滞京、滞深，不造成不良政治影响的目标。全年共劝返截回进京上访人员 38 批 62 人次，劝返截回深圳“大运会”期间到深上访人员 3 人次，实现全国“两会”和建党 90 周年、深圳“大运会”期间等敏感时期荔湾区零进京与零到深上访的目标。

【现场信访稳控】　2011 年初，中共广东省委换届巡视组驻广州大厦对广州市考察期间，区信访局派驻2名干部参加市信访工作组驻点值班，成功劝返3名拟到现场非正常上访人员。全年全局信访干部16次深入现场一线做好中央和省、市领导来荔湾区视察、调研期间的信访稳控工作，协调处理和劝离拟现场上访人员6人次，确保领导视察调研活动的顺利进行。

【信访工作机制】　区信访局在“创先争优”活动中，与区纪委加强配合沟通，创新工作机制。完善信访监察督办联动系统，加大信访件的督办力度和办理效率，此创新受到广州市的重视并在全市推广。2011年落实了60平方米的办公场地，为建立“信、访、网、电”四位一体诉求表达格局的信访网络接访大厅做好了准备；开通使用全国信访信息系统，落实专人负责，专人跟踪处理，每天上网查办交办事项，做到点对点报送材料。

【服务基层】　区信访局围绕信访突出个案和疑难案件，深入街道，带案下访，协助基层化解信访难题，推动化解、平息一批信访突出个案和问题，石围塘街化解万盛苑小区因物管纠纷引发的闹访案，中南街梁健荣因反映河涌整治致房屋受损反复上访案，昌华街辉洋苑小区因欠电费公共梯灯被停电案，龙津街罗万年长期反映宏新华庭出入口纠纷案等。加强与国家、省、市信访局以及省、市人大信访局的纵向联系，对一些要求过高，信访“三级程序”已终结的信访人及时劝返，不作通报，以减轻基层压力。

（区信访局　林烃）

机关事务管理

【财务管理】　区机关事务管理局（区机关服务中心）做好全区17个单位的财务代核算工作。2011年完成局及17个代核算单位的各种财务报表。配合区审计部门做好团区委主要负责人任期经济责任的相关审计工作，保证被审计单位主要负责人任期经济责任审计的顺利进行。

【后勤服务】　落实区委、区政府、逢源、东漖大院的安全保卫和日常维护工作。每周五对区委办公大院、大楼进行全面消防安全检查，每天做日常保安巡查、站岗和记录工作。实行保安定时分段巡逻检查制度，发现问题及时处理，2011年机关门卫共办理出入登记2000多人次，成功劝阻上访人员30多宗，办理装修施工人员出入证50多个。2011年共投入资金1万多元，完成区委大院的视频监控、红外线监控、报警系统及户外线路维护工作。实现全年无安全责任事故、无火灾事故的目标，保障机关工作的正常运转。

全年收发平件9.9万件、密件3.8万件；接听干部职工电话400多人次；为机关单位新装电话37台，迁移电话48台，办理电话、手机改账、过户等业务150多户次。

全年共完成大院各项维修工程385宗，做好8台电梯的维护、维修工作。做好全区全年1300多次大小会议的音响服务和设备保障工作。

完成区委大院临时用房改造，将区委大院原围墙建筑，通过改造，使其作为大院配套用房得以使用，并设立理发室、医疗室、司机休息室；解决区委政法委、出管办的办公用房问题。

【公务用车管理】　区机关事务管理局配合区纪委推进公务用车专项治理。配合区纪委制定《区党政机关公务用车问题专项治理工作方案》，填报《一般公务用车配备使用情况登记表》；配合区公车治理办对全区公务用车情况进行核查，对全区421辆公务用车安装广州市公务用车使用管理信息系统车载终端设备；做好全区公务用车的调整归位工作。做好公务车辆使用保障工作，保证干部职工上下班交通车，确保区内大型活动、大型会议的接待用车。做好各类会议期间的车辆指引与停放工作，并与区交警大队协调，落实会议期间区委大院周边的交通疏导。2011年受理全区各有关单位小汽车定编申请业务42份，办理定编许可证23个。

【办公场地改造与调配】　2011年，区机关事务管理局与区科技信息局、设备供应商、施工单位配合在区会议中心建成了全广州最大的室内显视屏。同时按照区领导的要求，重点完成逢源大院办公场地的调整工作。将逢源路8楼原旧荔湾区委会议大厅改造成办公室，解决区文联、区地志办的办公场地；配合区侨办、区外事办完成办公场地的装修改造；实现了区人力社保局集中办公；督促落实区南片计生服务站的搬迁，解决区纪检派驻机构、区信访局网上服务大厅的办公场地。

【迎春花市】 承办2011年荔湾区迎春花市及春节焰火晚会后勤保障工作。坚持“以人为本，安全第一”的方针，紧扣“欢乐、祥和、安全、整洁”的花市工作主题，精心策划，周密组织，加强统筹，狠抓落实，共设置花市档位421个，3天人流量超过130万人次，成交额超过650万元，花市范围内未发生刑事案件和消防安全事故，荔湾区被市花市办评为优秀组织奖和最佳效益奖。为确保正月初一焰火晚会顺利举办，局内干部职工牺牲与家人团聚的时间，充分准备，确保晚会供电、场地安排等各项后勤保障工作落到实处，使广大市民度过一个欢乐祥和、充满年味的新年。

2011年1月28日，区机关事务管理局举行迎春花市应急演练。

【区会议中心及配套停车场建设】 荔湾区会议中心及配套停车场工程于2010年动工建设，经过一年多的紧张施工，于2011年1月24日正式投入使用，随后进入紧张的竣工验收工作。7月28日完成竣工验收。工程移交前要求各施工单位确保设备运行良好，相关操作人员培训到位，保证接管后的正常使用。收集并整理项目建设中的照片和文字材料，编印《荔湾区会议中心及配套停车场项目建设纪念册》。

【重要接待和服务】 协助区委、区政府、区委组织部完成中共中央政治局委员、广东省委书记汪洋考察逢源街社会管理服务体制创新，省委巡视组及驻穗部队、省纪委、省委组织部换届风气督查组，中共广东省委常委、中共广州市委书记张广宁调研荔湾水环境治理、视察耀华社区建设，中共广州市委换届考察组，新疆维吾尔自治区领导和中直机关事务局考察等后勤保障工作；做好对省、市小汽车定编办、市政府办公厅、市纪委等省、市、外县单位领导300多人次到区检查指导工作的接待任务。完成区委、区政府在陈家祠广场举办“与幸福同行——庆祝‘五一’国际劳动节暨纪念‘五四’运动92周年大型主题歌会”、第二届“共创文明城——万人同唱文明歌”群众歌咏活动等大型广场活动的后勤保障服务工作。完成广州亚运会、亚残运会赛后物资调拨发放工作。

【重要会务】 做好区委十一届一次全体会议、区第十一次党代会、区政协十三届八次会议、区人大十四届六次会议、区政协十四届一次会议、区人大十五届一次会议等区一级会议的会前、会中、会后各个环节的衔接和服务工作，将“高标准，严要求”的工作作风贯穿于会议的全过程。2011年共保障服务南片区委办公大楼和区会议中心大小会议800多场次、北片区政府办公大楼大小会议500多场次。

（区机关事务管理局）

档　案

【档案公共服务】 设置“政务档案信息服务窗口”。在区政务中心通过网络向市民和社会各界提供已公开的现行文件和档案信息查询，实行“异地查档，实地出证”一站式服务。接受电话、网上预约查档远程服务。2011年，区档案馆共接待查阅利用档案3470人、2449宗、4173卷、1133件，开出证明材料361份，复印9361页，图书资料利用172册，电话咨询627人次。

【档案行政管理】 规范档案行政执法。根据《广州市荔湾区行政执法依据梳理工作方案》要求，结合档案局职责，进行档案行政执法许可的梳理，确定19项档案局行政执法职权。

加强基层单位档案工作指导，区档案局与荔湾经济发展总公司研究转制企业档案处置办法；与国资局合作举办国有企业档案培训班；与广州市档案局联合举办档案培训班，培训档案员662人次。

2011年5月30日，副区长邹璇到区档案馆，与正在举行“幸福档案”书画雅集的艺术家交流。

【基础业务建设】 2011年，区档案馆接收机关单位的文书档案5097卷近3.62万件，并接收名人档案和艺术档案386件，以及基建、勘界、照片等门类档案。

抢救重要、珍贵档案。2011年完成荔湾区委、区政府、区人大全宗等全宗的文书永久档案数字化处理约17万页。

参与区重大活动拍摄工作，采集照片2201张。

【档案信息化】 2011年，区档案馆关于电子政务文档一体化数据移交及利用项目通过区科技立项。对原“荔湾档案网”和“广州十三行档案信息资源管理中心”网站资源进行整合，实现区内直属单位对馆藏多媒体档案的网上查阅利用。全年完成馆藏照片翻拍与档案目录电子文件挂接近1.37万张。

【档案编研开发】 2011年，区档案馆完成《荔枝湾系民生情》《张广宁在荔湾》《回顾“十一五”光辉历程，启航“幸福荔湾”新征程——纪念中国共产党成立90周年图片册》的出版，以及《何香凝大事年表》《荔湾区亚运大事记》《古今羊城八景》的编撰工作。

组织艺术家围绕“幸福荔湾”主题创作了纵2米、横5米大型国画《荔湾胜境》。举办书画雅集，征集卢有光、李醒滔、沈文江、陈永康、朱永成等书画家的作品。征集许恩福制作的《水秀花香》广彩瓷碟和黄永平制作的《春到荔枝湾》醴陵瓷碟。开发具有荔湾文化元素的《花地通津》《云津曲水》醴陵瓷花瓶等工艺品。

【档案文化宣传】 利用馆藏档案资源，宣传文化荔湾。2011年，区档案局与区委组织部联合在文化公园举办《回顾“十一五”光辉历程，启航“幸福荔湾”新征程——纪念中国共产党成立90周年图片展》；在荔枝湾举办《庆祝建国62周年图片展》。

选送馆藏的杨善深、黄子厚、关爱莲等艺术、名人档案参加《广东省民间档案珍藏汇展》，分别获最佳藏品奖，荔湾区档案馆荣获最佳组织奖。

【“创文”档案】 按照《荔湾区2009年—2011年创建全国文明城市工作规划纲要》的工作任务，2011年，区档案局做好每月创文材料审核、整理及实地考察材料审核、指导等工作，出色地完成任务，被评为广州市创建全国文明城市积极贡献单位和区创建全国文明城市突出贡献单位。

【机关文件归档管理改革】 2011年，区档案局制订工作制度，推进机关文件归档管理改革试点，完成10个单位文书档案纸质整理工作，全部数据均实现主系统著录和数据挂接，实现了试点单位2010年文书档案的网上检索和查阅利用。

（区档案局 陈有荣）

地方志编纂

【概况】 区地志办贯彻广州市市长万庆良于2011年11月签署的《广州市地方志工作规定》，按规定要求做好区志续修与年鉴编纂工作，《荔湾区志（1991—2005）》于2011年1月6日原则通过广州市地方志终审委员会的终审，区地志办经过几个月的修改充实，广州市地方志办公室于2011年9月8日批准该区志出版。同年12月完成《荔湾年鉴（2011）》的编辑出版工作。该年鉴将荔湾区为广州亚运会筹备等情况作为特辑置于其中。

【区志续修】 2011年初，广州市地方志编纂委员会在市政府会议室，举办《荔湾区志（1991—2005）》终审委员会，原则上通过对《荔湾区志（1991—2005）》的终审。委员们也提出了志稿中尚存在的问题，要求荔湾区志编辑部对志稿作进一步推敲，完善后再送市志办审查。会后针对各条意见一一认真修改。2011年3月，形成《荔湾区志（1991—2005）》终审修改稿并附上修改情况说明，呈市志办审查。经市志办同意，区地志办于3月底将志稿、图片送广东人民出版社出版。2011年4－6月，区地志办与出版社协力合作，经过三次校对，区志将样本送市志办作公开出版前的把关审核。同年9月，《荔湾区志（1991—2005）》经市志办同意后公开印刷出版。

【编纂出版《荔湾年鉴（2011）》】 2011年4月启动《荔湾年鉴（2011）》编纂准备工作。召开工作动员暨业务培训会议，全区90多个年鉴供稿单位与会，提高各供稿单位主笔人员的业务水平。5月底，全区承修单位基本上都报送了年鉴材料，包括工作总结、图片及各单位出版的出版物等。还向广钢、广船等驻区企业以及西关古玩城等10多个区内知名企业发出征稿函，以扩大年鉴覆盖面，更全面反映区内各行业2010的发展变化情况。鉴于年报与年鉴工作有资料性的共同点，2011年年鉴征稿工作，结合年报编写要求，极力扩大征稿的覆盖面，初步实施“一报两用”。6月初，年鉴编辑部分工编写各部分初稿，8月形成《荔湾年鉴（2011）》初稿，9月份送广东省出版集团花城出版社排版。10月份将初稿退回各承修单位审核、进行保密把关，并将全稿刻录成光盘送区领导、年鉴主审、编纂委员会各成员单位领导审核。经综合各方意见，修改稿件，12月底完成《荔湾年鉴（2011）》印刷出版工作。

【编纂《广州亚运会志》（荔湾部分）】 按照广州市亚运会志编纂委员会编纂《广州亚运会志》的工作部署，荔湾区要承担参与“亚运”筹办、举办情况的编纂工作。2010年2月，根据区政府办公室《关于印发广州亚运会志荔湾区编纂工作实施方案的通知》要求，亚运会志荔湾区编纂工作在全区铺开。至2010年底，分两次收集各相关单位的资料，2011后春节后进入编写初稿阶段，3月份形成10万字的初稿（含图片90幅），送市志办审阅。志稿的时效性及质量，均得到市志办的充分肯定。《广州亚运会志》（荔湾部分）作为专题形式编入《荔湾年鉴（2011）》。

【纪念詹天佑诞辰150周年系列活动】 2011年4月26日是爱国知识分子、近代科学与工程技术的先驱，铁路工程师詹天佑诞辰150周年纪念日。4月20日至5月20日，区地志办、区文化艺术中心在荔湾区文化艺术中心一楼展厅举办“工程巨擘詹天佑图片展”，展览100多幅詹天佑故居纪念馆常设的展品拍摄照片以及旧照片，宣传詹天佑热爱祖国，毕生以发展工程技术推动社会进步的艰苦奋斗、自强不息、科学严谨的精神和伟人风采，激励后人努力奋进。此次展览附设“中国土木工程詹天佑奖（1－10届）”图片展览。4月24日，詹天佑故居纪念馆与詹天佑小学联合在詹天佑科技廊举办“广州2011年蒸汽火车模型运转会”。邀请专家讲授“火车发展历史”，通过模型火车、铁路模拟运行，开阔学生的视野。

《人文广州》图片展在詹天佑故居纪念馆进行半年的展出。借“后亚运”及詹天佑诞生150周年纪念的契机，詹天佑故居纪念馆参观人数比往年明显增多。11月，编制詹天佑生平事迹户外版，参加在广东外语外贸大学组织的“纪念辛亥革命胜利一百周年”系列活动之“追忆·峥嵘岁月”大型博物馆联展活动。

2011年4月，区地志办开展纪念詹天佑诞辰150周年系列活动，图为詹天佑小学的学生们向少年詹天佑像献花。

【纪念中国共产党成立90周年活动】 2011年是中国共产党成立90周年，区地志办与区委组织部、区委党史研究室、区文化广电新闻出版局开展资料收集、整理，编辑《荔湾红色史迹寻踪》图片册（600册）及图片展，图片展先后在区文化艺术中心一楼展厅、詹天佑故居纪念馆展出。图片展内容丰富翔实，真实记录发生在荔湾区的革命事件和革命故事。

荔湾区总工会

【概况】 2011年，区总工会在区各项事业建设中，充分发挥好党联系职工群众的桥梁和纽带作用、国家政权的重要社会支柱作用、职工利益的代表者和维护者作用。

【工会组建】 2011年，抓好行业工会建设，建立区级建筑、餐饮、环卫等行业工会联合会，将工会工作延伸到职工权益最容易受到侵害的领域；加强世界500强以及规模以上企业工会组织建设，发挥好龙头导向作用；建立完善社区工会组织覆盖各类小、散型企业，对社区内下岗失业、个体从业人员等进行规范的组织管理；抓好鞋业、水产、药材等专业市场工会联合会建设，丰富工会组织的管理层次；推进经济联社工会工作，全方位把外来务工人员吸收到工会组织中来。2011年，全区共有基层工会3344家，其中独立工会3089家，联合工会255家，涵盖1.95万家单位，会员16.11万人。坚持边组建、边规范、边发挥作用，加强合格“职工之家”建设，基层工会组织得到发展壮大。

【职工维权】 推进工资集体协商和签订集体合同制度的落实，建立集体协商人才队伍，确定协商重点，加强分类指导，抓好大型企业工资协商的规范运作，开展行业性、区域性集体协商，提高协商的签订率，监督按时足额支付职工工资，推动企业规范合理的工资增长率。2011年，全区企事业单位建立平等协商集体合同1.2万家，建制率72.4%；签订工资集体专项合同190份，覆盖单位1.03万家；签订女职工权益保护专项集体合同231份，覆盖企业1.2万家。完善三方协商机制建设，研讨涉及收入分配等劳动关系的热点问题，主动向区委、区政府反映职工的意见和要求，在聚龙工业区等企业体制改革中，参与对职工补偿、安置等方案的制定。完善工会参与劳动争议处理机制，与区司法局共同建立起“企业职工权益法律服务中心”，成为广州市首家有法律专业队伍作为保障的区级职工维权载体。落实工会劳动法律监督，每年深入企业开展工会劳动法律监督工作自查和检查。做好职工信访工作，配备专人负责、设立接访专线，办结率100%。推行厂务公开民主管理，提高企业厂务公开民主管理建制率，共1814家单位推行会务公开工作。做好职工劳动安全卫生保护工作，组织开展以“十个一”为主要内容的“安康杯”竞赛活动，开展职工安全生产意识宣传教育，加强检查企业生产环境、劳动保护用品的使用情况等，及时督促整改安全隐患，确保职工生产生活安全。

【帮扶困难职工】 建立和完善区、社区两级困难职工帮扶指导载体，打造广东省首支社会化工会专职干部队伍——社区工会工作协理员队伍。开展系列“情暖职工心”活动，建立特困职工、下岗失业人员档案，组织企业信息库促进再就业，进行各类急、难慰问和职工工伤探视，设立“荔湾区工会干部权益保障金”，开展“金秋助学”行动，与区教育局工会共同创办全日制外来工子女教育学校，协助民政部门落实好特困职工进入“低保”。至2011年底，共推荐职工再就业9670人，办理387份困难证，慰问困难家庭5832户，发放慰问金213.8万元，救助款53.22万元，助学金13.46万元。做好两个保障计划工作，累计办理职工重大疾病保障计划2.54万人，办理女职工安康保障计划2.31万人。

【群众性建功立业活动】 开展“创建学习型组织、争做知识型职工”、“技术能手竞赛”、“技术创新比贡献”、“科教兴区立新功”、“双爱双评”等各具主题特色的群众性经济技术创新活动，调动广大职工参与经济建设的热情。推选了13名全国、省级、市级劳动模范和1名“全国五一劳动奖章”。组织职工文明礼仪形象大赛以及百万职工学英语、学礼仪活动；组织窗口单位开展服务效能专项竞赛活动，展示区广大职工的良好形象。

【区工会第十次代表大会】 区工会第十次代表大会于2011年12月9日在区会议中心大礼堂举行。会议的主要任务是：总结区工会第九次代表大会以来的工会工作，明确未来五年区工会工作的任务，选举产生荔湾区总工会新一届委员会委员和经费审查委员会委员。本次会议代表301名，由专兼职工会工作者、工会积极分子、先进模范人物、一线工人、知识分子、党政领导干部、非公企业职工以及民主党派、少数民族等方面人员组成。大会选举产生了荔湾区总工会第十届委员会委员35名，其中常委9名，植文龙当选为区总工会主席、殷淑芬当选为常务副主席、杜夏婴当选为副主席。

【工作制度建设】 区总工会建立健全各项工作制度，规范机关干部的工作行为和提高办事效率；协调有关部门、单位配齐配好街、局工会干部，开展各类专题研讨会、业务培训班，共累计培训工会干部2000多人次。按照《荔湾区街、局、直属单位经审工作规范化建设标准》抓好经费审查工作，财务管理使用各项制度健全，工会经费运作规范廉洁，保证工会工作健康、高效的开展。

（区总工会 彭健毅）

共青团荔湾区委

【概况】 2011年中国共产主义青年团荔湾区委员会，全区共有在册团员1.68万人，基层团委16个，基层团工委23个，基层团总支1个，团支部796个。2011年，团区委围绕巩固和扩大党执政的青年群众基础这一根本职责，以创先争优为契机，履行四项基本职能，团的各项工作和建设取得显著成效。

【引导青年】 2011年，团区委组织全区团员青年开展重点课题调研、“创先争优活动”等系列主题教育活动，以学习“全国道德模范”为契机，召开“全国道德模范”事迹主题宣讲会，引导青年向典型学习、树高尚情操。举办“学党史、知党情、颂党恩、跟党走”革命传统教育报告会，开展“党在我心中”青少年学党史系列活动、“红领巾心向党”主题队日活动等，激发广大青少年热爱党、热爱祖国、热爱社会主义的感情，引导青少年坚定跟党走中国特色社会主义道路的信念。

【“青年文明号”创建与志愿服务】 2011年，创建荔湾区房屋登记交易所为区内第一个全国青年文明号集体，推动服务承诺和岗位示范，带动全区青年文明号的管理水平提升。

依托全市开展“青年岗位能手”评选，评选市级青年岗位能手2人。开展青年志愿服务。以成立志愿服务队为依托，强化与高职院校的志愿结对，促进志愿服务长效发展。春节期间，组织50多名青年志愿者到芳村客运站、滘口汽车站为旅客提供扶老携幼、维持秩序、购票咨询、乘车指引、帮提行李等温馨服务，方便进城务工人员平安返乡、返穗，协助有关部门做好旅客人流疏导、帮助运输部门维持秩序等工作。全区21个"西关小屋"志愿服务站点坚持每周六、日对市民、群众开放，开展"漂书活动"、"美食地图"等特色志愿服务服务。组织4支"关爱农民工子女"青年志愿服务队与固定农民工子女学校进行结对，每月定期开展送温暖志愿服务活动等。发动各方志愿者开展文明出行、大拇指行动、倡导垃圾分类等志愿服务。"创文"迎检阶段，安排志愿者在全区主干道18个交通路口、43个公交车站开展"大拇指"行动，21个志愿服务站点全天候开放对市民、群众提供服务，共计出动志愿者1.1万余人次，累计服务时数达5.6万小时。

【服务青年】 推进青年就业创业见习基地建设，兴华工业园、欧化动画、英达尔药业等企业先后为青年就业和未来创业提供实践岗位1200多个。在"荔湾青年"网站开设青年就业招聘信息专栏，搭建青年与用工岗位之间的对接平台，为区内青年及时提供就业信息。通过青年专场招聘会、"再就业援助企业现场招聘会"等方式，为外来务工青年及应届毕业生提供就业帮助。

2011年7月12日，荔湾共青团2011年"青春社区行"大学生暑期社会实践暨助学帮扶志愿服务活动正式启动。

创建金花街市级"幸福社区"志愿服务项目以及龙津街、茶滘街区级"幸福社区"志愿服务项目，通过探索"社工+志愿者"的工作模式，引进一批服务项目，吸引一批志愿服务队伍参与到社区志愿服务之中，将社区志愿服务走向常态化自主运作。依托岭南街青少年事务工作室为载体，吸引大学生及社会上的志愿者担任区政协委员助理，定期接待青少年来电、来访，为青少年解决问题和困难。2011年，青少年事务工作室共开展户外宣传咨询活动4次，接待群众200人次，上门来访15人次，召开专题讲座2次，座谈会1次，开展主题活动22次。

【关爱青少年成长】 团区委深化"圆梦计划"，推进福彩大学生助学项目，发动做好金龙鱼农民工子女助学金、广州市扶孤1+1助学金以及福彩大学生爱心助学金的申报和发放工作，切实解决青少年实际困难，2011年度共发放助学金达52.3万元，受惠学生127人。坚持在春节、中秋等节日广泛开展形式多样的献爱心慰问活动，进一步擦亮"青春暖流"与"情满西关"公益活动品牌。发动区青联委员为区内贫困家庭学生以及从化市的山区学生捐资助学，发放爱心慰问金和慰问品共计12.3万元，受惠学生52人。组织2011年荔湾区优秀青年干部（人才）座谈会，为优秀青年展示才华、全面发展创造机会和搭建交流平台。

【实施青春维权工程】 加强对荔湾区社区青少年事务岭南街工作室的管理，完善工作制度，充实活动内容，倾听青少年呼声，畅通青少年的利益诉求。推进华林街社区法制宣传教育中心建设，打造"法制学堂、法律图书馆、学法网络"青少年学法用法平台。利用假期举办"羊城之夏"等丰富多彩、寓教于乐的活动，学习宣传《未成年人保护法》《预防未成年人犯罪法》和《广东省未成年人保护条例》，为青少年的健康成长营造良好氛围。强化法制教育工作，推进法制副校长工作。2011年全区100余所中小学校已配备近200名法制副校长和法制辅导员，针对违法犯罪活动相对多发的职业教育学校、流动人口集中的学校进行有针对性地重点授课。

【共青团组织建设】 深入调研基层团建，争取区委组织部支持，草拟《关于加强新形势下全区党建带团建工作实施意见》。依靠“党建带团建”，以街道团组织格局创新为抓手，探索推进街道共青团区域化工作格局，结合各街道党建工作特色，推进街道团的组织格局创新。全区22个行政街100%完成编外团干部的配备，吸收一批以优秀企业团干、青联委员等为主的编外团工委副书记。探索实施机关与“两新”组织团干“双挂双兼”等团建模式；机关团组织开展“创先争优”活动、团员意识、“五四”红旗团委创建等主题教育活动，基层团组织不断焕发新的活力。依托党建带团建、工团共建，召开全区街道组织格局创新及非公团建工作专项培训推进会，加强工作指导，扩大团组织在两新组织的覆盖面，2011年全区新建非公经济团组织229个、新社会团组织33个，农民工聚集地团组织1个，完成“两新”团建工作任务。加强团干部的能力建设和实践锻炼，组织开展团干部和志愿者骨干学习培训，一批优秀团干部顺利转岗交流，大批热爱团的事业、素质全面的年轻同志充实到共青团工作岗位，团干部队伍结构不断优化。高度重视团员队伍建设，坚持加强团员管理，做好推优工作，2011年，全区共发展团员1015人，推荐21名优秀团员加入中国共产党。

完善团务公开机制，建立“荔湾青年”网站，发挥对团建工作的宣传交流和督促指导作用，利用团干QQ群、微博以及飞信、手机短信平台等有效载体密切联系团员青年。

【第十四次团代会】 2011年12月7日，共青团广州市荔湾区第十四次代表大会在区会议中心隆重召开，217名来自全区各行各业的代表出席大会，共商共青团事业发展大计，大会总结荔湾区第十三次团代会以来全区团的工作，明确今后三年全区共青团工作的主要任务；选举产生共青团荔湾区第十四届委员会。大会选出共青团荔湾区第十四届委员会委员29人，候补委员15人。大会后召开第十四届一次全会，选举产生团区委新一届领导班子，郭勉军当选团区委书记，王稳建当选副书记。

（团区委　谭慕容）

荔湾区妇联

【第十三届四次执委扩大会议】 区妇联第十三届四次执委扩大会议于2011年8月22日召开，区委副书记王慎初、区委组织部副部长朱清英、区妇联执委、各街道妇联主席与专职副主席、各局妇委会主任等70多人参加会议。会议选举宋春梅为区妇联主席。

【实施妇女与儿童发展规划】 2011年是妇女儿童发展规划承上启下的重要一年。为确保两个规划各项指标如期达标，在区妇联主导下，区政府专门召开专题工作会议，制订迎接市督导组检查工作方案，协调形成监测统计报表和终期评估工作报告，通过了《广州市妇女儿童发展规划(2001—2010)》终期评估检查组的督导检查，检查组对10年来荔湾区实施妇女与儿童发展规划情况予以高度评价。为全力以赴做好新一轮规划编制工作，成立新规划编制工作领导小组，制定《荔湾区妇女儿童发展规划（2011—2020年）编制工作方案》，召开荔湾区妇女儿童新规划编制工作会议，分解编制任务，正式启动新规划的编制工作。

【街道妇联与社区妇委会组织建设】 2011年，区妇联下发《关于做好2011年荔湾区社区（经济联社）换届选举中妇女进“两委”工作的通知》，把推动妇女进“两委”工作纳入区妇联系统工作考评的重要内容之一。各街道妇联在换届选举工作筹备阶段积极介入，争取街道党工委出台“社区‘两委’成员中要有妇女干部”的选举工作意见。全区193个社区提前于2011年3月底完成换届选举，共有1032名妇女干部进入社区“两委”任职，社区妇女进“两委”率为100%。

各级妇女组织按照“党建带妇建”的工作要求积极强化自身建设，年内10个基层妇女组织先后完成换届选举与人员调整工作。区妇联于2011

年1月底在全区193个社区建立“妇女之家”，完成了100%的社区建设“妇女之家”的工作目标，实现了辖内社区“妇女之家”全覆盖。

发挥基层妇女组织力量，开展各项主题实践活动，区妇联联合岭南街举办“关爱妇女，服务社群”法制宣传暨就业援助活动；联合区关工委、南源街党工委举办荔湾区第八届“南源杯”少儿围棋、国际象棋擂台赛；联合彩虹街妇联开展“端午传情，尽情放粽”心灵手巧包粽赛活动；联合桥中街妇联举办“文明出行月”主题活动等，过万名妇女群众参与其中，激发广大妇女投身“创文”活动的热情。

【妇女干部培养】 推动女性参政议政，提早介入区人大、区政协换届选举，保证换届成员中妇女比例达到上级要求，为妇女参政议政提供良好的外部环境。区人大与区政协换届后，区人大代表中女代表68人，占总代表260人的26.15%；区政协委员中女委员82人，占总数330人的24.85%，符合省、市要求。

完善荔湾区女领导干部联谊会、区女企业家协会等组织，组织开展会员活动。2011年先后举办女领导干部游泳提高班、舞蹈班、太极班等健身活动，广大会员热情参与。

组织街道妇联、局妇委会干部等参加广州市妇女干部学校的“广州市妇女大学堂”，近300人次参加培训。组织区妇联机关干部、街道妇联干部参加市妇联举办的2011年广州市领导干部北京大学公共管理高级研修班。通过培训，拓宽女干部视野，提高综合素质。

【维护妇女儿童权益】 2011年，区妇联共接待来电来信来访212宗，信访结案率99%。加强妇女维权阵地建设，区妇联联合、区综治办在全区22个街道、193个社区设立妇女维权站（点），实现妇女儿童维权与维稳工作相结合。联合区综治办、区司法局等单位举办“维护妇女权益、给力幸福荔湾”——2011年荔湾区“三八”妇女维权周活动，接待群众咨询600多人次，发放法律等各类宣传资料2000份，为100多名群众进行健康体检，发放计生用品800盒，参加活动的群众达3000多人。开展“不让毒品进我家”的禁毒预防教育活动，组织辖内50名妇女群众到市禁毒教育馆参观；联合区禁毒办、区教育局等单位举办荔枝湾禁毒宣讲坛启动仪式暨《禁毒法》颁布实施三周年宣传活动。参与市、区禁毒委联合举办的“慧眼识毒，给力青春”大型禁毒宣传活动等。联合区人力社保局、龙津街党工委（办事处）等单位举办“2011年荔湾区妇女就业招聘会”，47家企业进场招工，提供就业岗位528个，吸引近2000人次参加，281人次当场达成就业意向。响应市妇联“共建幸福家园”倡议，联合区卫生局开展“相约健康社区行”——“健康同行”大讲堂活动，在20多场活动中，约有1500名妇女参与，发放资料3000份，取得了良好的宣传效果。

【创建文明家庭】 2011年在全区范围内开展荔湾“现代好丈夫、好妻子”评选系列活动，评选表彰荔湾“好丈夫”100人、“好妻子”101人，以及荔湾金婚、银婚、铜婚好夫妻200人。在广东省妇联举办的好夫妻评选中，区内有2人荣获“夫妻恩爱幸福永远——广东百对银婚好夫妻”称号；3人分别荣获好妻子、好丈夫称号。

各级妇女组织共举办254场“爱羊城讲文明颂美德”家庭美德和科学教子家教知识宣讲活动，有1.7万多人参加。发动广大家庭参与广州市“同读一本书、同写一篇文、同诵一首诗”大赛活动，来自茶滘街的吴玉莲家庭荣获总决赛一等奖。组织21户家庭共63人参加市妇联举办的“绿色广州，幸福家园”——2011羊城家庭植树春游活动，倡导健康环保的生活方式。动员广大妇女和社会热心人士参与市妇联发起的“姐妹情深10元捐”行动，共筹集捐款6.5万元。

【巾帼献才建功】 2011年举办了“荔湾区妇女文明形象大赛”，来自机关、事业、企业、社区等各行业的妇女代表共25支队伍参加比赛，从10个优秀节目中选送区文化广电局的歌舞《红红的日子》代表荔湾区参加广州市妇女文明形象大赛，荣获三等奖。沙面街翠洲社区红菱健身队获得2007—2010年度广州市群众体育先进单位称号。

配合省市妇联开展“爱我家园”巾帼文明社区志愿服务活动；组织20名巾帼志愿者参加市文明委举办的广州“讲文明树新风”城市文明志愿服务全民行动启动仪式；华林街鸿昌社区举办的专题活动，接受市妇联的现场督查获好评；整理区内540名妇女参加广州市妇女志愿者协会的信息登记工作。

【纪念“三八”妇女节】 3月8日上午，在区委会议中心大会堂举办“百舸争流新百年巾帼再创新业绩”——荔湾区纪念“三八”国际劳动妇女节101周年大会。区妇联全体执委、基层妇女组织负责人，以及部分历届妇联领导代表、“三八”红旗手、红旗集体和巾帼文明岗单位代表、社区妇女代表等600多人参加大会。大会对荣获全国妇联基层组织建设示范社区的华林街兴贤社区、茶滘街茶滘新村社区，荣获广东省“平安家庭”创建活动先进示范街称号的昌华街道办事处进行了颁奖。对荔湾区妇女文明形象大赛中的10个优秀节目颁奖。

【帮扶助困】 2011年，依托“亚德客”助学助困基金、林凤娥助学金、利海绿色基金，为区内582名困难家庭学生提供助学助困金53.24万元，为单亲特困母亲提供助困资金21万元，对妇女儿童提供了切实有效的帮扶。

【创建优秀家长学校】 配合“创文”迎国检工作，下发《关于开展落实社区家长学校工作情况摸查的通知》，详细了解各社区家长学校具体情况。区妇联领导分别带队到迎检重点社区进行工作督导，对存在的问题提出整改意见，切实强化社区家长学校阵地建设。推荐8所家长学校参与2011年广州市优秀家长学校评选活动，并通过市优秀家长学校查验专家组的检查验收。

【羊城“小市长”评选活动】 联合区教育局举办第八届羊城“小市长”荔湾赛区竞赛活动，在区属各中小学进行海选，从4000多名学生中选拔出40名学生，以“我有一个梦想”为主题，以竞选演讲、特长展示和现场答辩的方式进行复赛，最终决出10名“梦想之星”入围第八届羊城“小市长”评选活动复赛。

（区妇联 李丹）

荔湾区工商业联合会

【概况】 区工商联围绕2011年荔湾区的中心工作，做好民营企业“三促进一保持”工作，促进非公经济转型升级。2011年，区工商联有非公有制企业会员3000多人，属下有商会、同业会13家，街道分会16家，会员总数和行业商会、基层分会数在广州市各区（市）工商联中位居前列。商会与同业会有：民营企业商会、直属分会、饮食商会、西关古玩商会、百货商会、华林玉器商会、鞋业商会、蔬菜食品业商会、电子商会、源胜工艺商会、南方茶叶商会、广宁茶贸易促进会、机电五金业同业会。街道分会有：金花街分会、西村街分会、南源街分会、逢源街分会、多宝街分会、龙津街分会、昌华街分会、岭南街分会、华林街分会、站前街分会、彩虹街分会、桥中街分会、花地街分会、冲口街分会、白鹤洞街分会、东沙街分会。

【参政议政】 区工商联走访基层商会和会员，及时发现并反映企业在生产经营方面呼声和诉求。先后以推进行业协会商会改革、解决民营企业发展瓶颈难题、促进民营企业转型升级、加快发展等为题在区政协大会发言，提交一批内容充实、针对性强的政协提案，有《加快转变政府职能，让行业商会协会参与我区经济和社会管理》与《加强联系沟通，加大服务民营企业力度》。2011年共提交提案、建议和意见30多份。区工商联会员中被区政协第十三届委员会评为优秀委员和积极分子的有：吕小勤、杨浩益、宋伟洪、李湛等21人。

2011年10月，区人大、区政协换届，32名会员当选新一届人大代表，35名会员当选新一届政协委员，6人当选为政协常委，5人担任相关委员会兼职副主任。

【公益慈善事业】 区工商联（商会）引导基层商会及广大会员参与广东扶贫济困日和广州“慈善一日捐”活动，参与荔湾区帮扶阳春市、从化市对口扶贫工作，参与区辖内社区扶贫济困、助残恤孤、慰问“创文”一线人员、拥军慰问等一系列公益慈善活动。各街道工商联分会充分利用组织优势，发动会员慷慨解囊，热心参与。区民营企业商会在“六一”儿童节亲切慰问站前街困难学生，送上近3万元慰问金，“八一”建军节前夕，走访慰问中山六消防中队和广空山顶炮兵连，为部队捐资助建，为困难战士送上慰问金。区百货商会成立“特殊儿童关爱中心”，募集10万元资金，为首批荔湾区立贤学校33名困难学生开展爱心资助。区商会机关心系街道“创文”工作，带着消暑饮料慰问奋战在一线的彩虹街城管中队，为关爱党员基金和“广东扶贫济困日”捐款近万元。据不完全统计，2011年，区商会会员慈善捐款捐物达1400多万元。

2011年5月31日，区纪委、区工商联、站前街道办事处会同区民营企业商会和彩星、幸福楼酒家联合举办“关爱连心庆六一”活动。

【商会组织建设】 区商会指导各同业会、基层商会按照《广东省行业协会条例》要求，调整基层商会组织架构，健全完善有关制度，创新形式活跃会务，增强商会凝聚力。2011年，荔湾区百货商会进行整合重组，成立东沙街分会，华林玉器商会、西关古玩商会、饮食商会先后进行换届改选，筹备成立茶礼品商会和电子商会，壮大商会队伍，扩大商会影响力，全年共发展会员200多人。继续按照2010年制定的《关于进一步加强工商联街道分会工作的意见》，努力推进在全区全部街道均成立工商联分会的目标任务，东沙街分会成立后，全区22个行政街中已有16个的街道成立工商联分会组织。

【对外交流】 2011年，区商会先后赴香港走访香港九龙商会、香港各区工商联、中小型企业商会、香港公民协会等友好商会，并热情接待了他们的回访；组织会员和商会友人参加在香港举办的荔湾新春招商会、市工商联的“穗港澳工商界人士新春联谊会”以及区海外联谊会庆典。在交往活动中宣传荔湾的投资环境，加深穗港澳三地工商界人士的了解与联系，为会员企业寻找发展商机，做好构筑平台和穿针引线工作。

【非公党建】 区工商联协助荔湾区非公经济组织党工委熟悉和掌握非公企业的情况，走访企业，树立典型，宣传党组织创先争优活动和党建工作对企业生产发展所起到的积极作用。2011年4月，协助举办全区140多个非公企业党组织党务工作者参加的党务工作培训班。11月，组织区非公企业党组织负责人以及党建指导员参加广州市举办的培训班。成立3个非公企业党组织，非公党建工作得到了拓展。10月成立广东省第一个非公有制企业党委统战部——中共广州立白企业集团委员会统战部，为推动新时期新形势下非公企业统战工作的发展创造了条件。

（区工商联 严咏欣）

荔湾区文学艺术界联合会

【概况】 2011年，区文联有37个基层文艺组织。其中有19个文艺协会，18个街道地区文联。联系区辖内文艺工作者3800多人。2011年区文联有委员66人、常委30人、名誉主席10人、顾问8人。2011年，区文联在履行“联络、协调、服务”工作责职和围绕中心、服务大局、推动地区文艺繁荣方面成效显著。

【主题文艺活动】　2011年，区文联举办“三月三·荔枝湾”名家诗书画雅集；“西关好”油画作品展；建党90周年粤曲演唱会和荔湾、清远粤剧交流活动；“纪念辛亥革命100周年书画展”；“振兴杯”荔湾地区私伙局粤剧曲艺大赛；庆祝国庆62周年书画雅集；“风雅颂——辛卯金秋书画展”；“庆祝建国62周年——吕志强、黄锐才、莫仲池书画印联展”等。

【艺术创作和交流】　区文联注重抓艺术创作和艺术交流活动，努力弘扬西关文化。2011年编辑出版《荔湾文艺》共5期。2011年6月23日，组织40多位文艺骨干赴从化采风；8月20日，组织作协骨干赴阳西县开展文学交流和采风活动；11月28日，组织摄影作者赴怀集开展写生创作活动；以上活动为作者开阔视野、交流创作心得，搜集创作素材创造出更多更好的条件。

【基层文联与协会】　2011年，区作家协会副主席贺远宁编写的新书《中小学生学对联》在南国书香节首发、主编的《光辉历程》入选广东教育出版社“千万少年颂党恩”丛书系列；区粤剧曲艺协会举办莺燕春嬉荔枝湾——2011年荔湾地区粤剧曲艺协会迎春茶话会；区美术书法家协会举办“爱心满人间”——作品义卖捐资活动；区音乐舞蹈协会在蓓蕾剧院举办“我梦飞翔”文艺晚会；区摄影协会举办“人物专题艺术创作活动”；荔苑诗社积极配合区文联搞好国庆书画雅集活动；岭南地区文联举办《古老西关，今日岭南》书画作品首发式；金花地区文联举办“红红火火过大年”迎新年送春联活动；沙面地区文联举办“亚运风采、广州新貌”优秀摄影作品展览；站前地区文联举办庆祝建党90周年书画摄影比赛；石围塘、南源、东漖、桥中地区文联联合举办“创文明迎中秋”文艺汇演。

（区文联　林文安）

荔湾区归国华侨联合会

【文化引侨】　2011年，区侨联以第四届（广州）华人文化艺术节召开为契机，邀请中国侨联副主席乔卫到荔湾区调研，组织“西关文化古迹游”，邀请10多个海外友好社团中的近100名华侨华人到荔湾区参观荔枝湾涌和聚龙村古建筑群，为参观者赠送《知游荔湾》《荔湾区旅游地图》《西关搵食图》和《投资指南》。协助聚龙村邝其照女儿的后人、美籍华人黄植良回乡寻根问祖，区侨联特意邀请邝其照第四、五、六代后人与黄植良在祖屋相聚。区侨联和区教育局侨联一起发动和组织全区中、小学生参加“第十二届世界华人学生大赛”，荔湾区荣获作文一等奖2篇、二等奖3篇、三等奖7篇的好成绩。

【侨联建设】　区侨联机关中共党支部撰写的《把为侨服务贯穿创先争优活动的始终》，荣获区“提升基层党建科学化水平、开启幸福荔湾建设新征程”党建理论研讨征文三等奖。该文在《中国侨联工作》与《华夏》杂志及省、市侨联网站理论研讨专栏刊登。指导站前地区侨联全面开展“党建带侨建”工作机制，使之成为荔湾区第一个全面推进“党建带侨建”工作机制的基层组织。开展党内关爱扶助工作。逢节假日上门慰问结对帮扶对象——华林街湛露社区2名因病致困党员和白鹤洞街观鹤二社区10名困难党员。区侨联在华林街芭迪剧场举办“荔湾区侨界庆‘七一’暨对口帮扶华林街特困群体活动”，为华林

2011年6月24日，荔湾区举办侨界庆“七一”暨对口帮扶华林街特困群体活动，与会领导为华林街困难党员代表赠送风扇。

街辖内32名困难党员和区侨联对口联系的57户特困群众赠送风扇和洗涤用品，并围绕建党90周年颂唱红歌。

【“情暖侨心”工程】 2011年，经区侨联重新摸查，确定73户困难、孤寡归侨侨眷为援助对象，实现连续8年坚持每个月为困难侨众送米送油、为孤寡老人赠送助养金。区侨联与卓越团队合作，分别在康迪学校和立贤中学举办“心连心”爱心助学活动。与百胜行物流服务有限公司联合举办“幸福手拉手”新春联谊晚会，该公司董事长张建忠连续4年与受助学生及孤老签订助学、助养协议。区侨界企业家、政协委员劳添荣连续6年助学。振兴实业有限公司连续6年支持区侨联开展“振兴情暖侨心”归侨侨眷中秋敬老茶话会。2011年，区侨联共接受信访案8批25人次，主要涉及房屋析产、拆迁补偿、回国定居、子女入学等事项，每件均获较圆满解决。

【选贤荐能】 2011年3月召开区侨联八届四次全委（扩大）会议，增补委员、常委3人，增聘名誉主席1人。2011年5月召开区侨青会理事会，增补副会长、常务理事、理事各1人。推荐13名有实力、有爱心、有社会责任感的侨界精英人士当选为区第十四届政协委员，为反映侨情民意、维护归侨侨眷权益畅通渠道。推荐留学美加博士、奇码科技有限公司董事长黄亚欣和留英硕士、欧划动画技术有限公司总经理亓晓梅参选“第二届广州新侨创业杰出贡献奖”评比活动。黄亚欣获杰出贡献奖，亓晓梅获贡献奖。

【侨界活动】 2011年10月，区侨联首次举办主题为“传承亚运精神，擦亮泳乡品牌”2011年荔湾区侨界游泳比赛，活跃侨界文体生活。同年7月，区侨联与卓越进阶83班、海防二团外伶仃二连联合在珠海市外伶仃岛举办“军民心，鱼水情”八一拥军联欢晚会。

（区侨联 李凌云）

荔湾区科学技术协会

【概况】 2011年，区科协以开展全国文明城市创建工作、创建新一轮全国科普示范区工作为契机，充分发挥“三个服务一个加强”的作用，做好提高区公众科学素质的工作，为建设“文化荔湾、低碳荔湾、智慧荔湾、幸福荔湾”提供智力支撑。

【创建全国科普示范区】 2011年是新一轮创建“全国科普示范区”之年。区科协多次组织召开有关协调会议，专题部署迎检验收准备工作。为做好迎检工作，对全区所有科普设施和宣传画廊进行全面检查，整理历年的文件、文书及照片录像等迎检资料，总结近几年区科普工作好的经验和做法。区科协与有关单位及迎检重点单位进行沟通协调，制定符合实际的迎检计划，分解任务责任到人，为迎检工作打下良好基础。迎接省、市科协预检中，全程记录跟踪，不断查漏补缺，听取省市检查小组的意见建议。最后，荔湾区以总分103分的高分通过了上级检查验收。

【科技工作者之家】 2011年，区基层科协相继举办各类论坛，区环境科学学会举办毒性气体监测技术、污染减排工作的开展和管理、区域环境噪声监测等培训；广钢科协举办“钢结构建筑——绿色、环保、节能”、“钢铁科技创新朝低碳方向发展”、“新能源技术在钢铁工业中的应用”等科普讲座及编印《健康科普知识》发给科技人员学习，表彰44篇优秀科技论文。区科协策划出版的《广州蝴蝶》一书，内容集区科普志愿者“云山蝶友”三十年科研成果整理出版的，为科技工作者建言献策提供平台。

【科普进社区】 开展以“创新支撑智慧荔湾、科技引领幸福生活”为主题的“科技活动周”系列活动和以“科学健康文明生活，共建智慧幸福广州”为主题的“全国科普日”系列活动，迎接创建全国文明城市工作。与区科信局、詹天佑小学、广州市第四中学联合组织“少年科学院院士评选与表彰”活动；与逢源街科协共同举办“科技引领生活，给力幸福家园”荔枝湾畔2011年科技活动周活动等科普活动；与区科信局、区护理学会、区疾控中心等部门在仁威庙广场联合举办“纪念5.12国际护士节”暨“卫生科技进社区”大型义诊科普宣传咨询活动；与区慢性病防治中心联合举办“慢性病防治讲座”活动；与詹天佑小学共同举办“低碳生活，从我做起”科普活动等系列宣传活动。

【青少年科普教育】 开展科技创新活动，打造“荔湾特色”的青少年科技教育品牌。5月10日，与区科信局、区教育局、詹天佑少年科学院、广州市第四中学联合举行了“2011年荔湾区青少年科技活动月启动仪式暨荔湾区詹天佑少年科学院成立五周年庆典活动”。表彰“第五届荔湾区詹天佑杯青少年科技创新大赛”、“荔湾区优秀科技辅导员”和“2010年学年度詹天佑少年科学院优秀科技学生”的获奖者。开展青少年科技竞赛，开展“2011年广州市青少年机器人竞赛”、“2011年荔湾区青少年我爱祖国海疆航海模型比赛”、“第九届广东省少年儿童发明奖评选活动”、“荔湾区首届‘詹天佑杯’中小学生摺纸飞机模型比赛”。开展詹天佑少年科学院科普宣传快车进校园活动。区科普志愿者团队——云山蝶友与詹天佑小学的天佑科技辅导站联合开展青少年生物探索活动，着重研究“蝴蝶与人类及生态环境的关系”，3月份全部完成《蝴蝶初探》1－6册全套校本教材及教学光碟。

【编纂出版《广州蝴蝶》】 区科普志愿者“云山蝶友”团队三十年如一日观察研究广州蝴蝶，积累了相当丰富的蝴蝶生态资料，区科协了解这一情况后，主动为科普志愿者们提供平台，组织整理三十年的资料，编纂出版科普读物《广州蝴蝶》，并开展系列科普活动，受到市民、学生的欢迎和热捧，人民网、新华网、中央人民广播电台、中国科协网、新浪网、凤凰网和《南方日报》《羊城晚报》《南方都市报》《广州日报》等网络及平面媒体相继给予报道及传播，区科协署名文章《关于将“广州蝴蝶”的环保价值转化为城市创新发展资源的设想》被2011年8月份第8期广州市委《广州调研》刊登和《试论“广州蝴蝶”环保价值转化为城市创新发展资源》被2011年8月广州市人民政府《穗府调研报告》第11期刊登。

2011年5月10日，区教育局、区科信局、区科协、区关工委共同在广州市第四中学举办2011年荔湾区青少年科技活动。

（区科协　陈志毅）

荔湾区残疾人联合会

【概况】 2011年，区残联在社会各界的大力支持，经过全体残疾人工作者的共同努力，残疾人工作在康复、教育、就业、扶贫、文体、法制等方面都得到全面的发展，残疾人事业得到持续、快速、稳定的发展，为改善残疾人生活状况，构建和谐新荔湾，全面建设小康社会发挥应有作用。

【康复机构】 2011年，成立6个残疾人指导中心和22个康复站与广州仁爱服务中心合办脑瘫儿童康复中心和弱能青年职前培训中心，资助残疾儿童及青年参与中心训练，2011年在该中心有8名脑瘫儿童和15名弱能青年接受服务；扶助以“民办公助”方式经营的3间聋儿语训机构，参加康复训练的儿童约有100人。康园工疗站建设。2011年，全区22个街道已建有残疾人康园工疗站23个，招聘工作人员57人，下拨康复经费347.4万元，学员训练津贴91.87万元，并安排580名学员到工疗站进行康复工作治疗。组织文娱和培训活动，提高康园工疗站的管理服务质量，加强全区各工疗站之间的交流。举办“迎新年、游荔湾，情暖康园——新荔湾涌新貌半日游迎春活动”、番禺大夫山举办经验交流会等。“人人享有康复服务”。区专门成立工作的领导小组和办公室，印发《荔湾区残疾人“人人享有康复服务”实施方案》，多次召开有关部门的联席会议，部署落实工作。对区所有持证残疾人进行调查，全面掌握残疾人的基础资料，了解残疾人的康复需求，进行康复需求评估，严格按照辖区户籍人口的2%建档立册，做到残疾人“一人一档”。至2011年，区已完成残疾人康复服务档案1.36万份，建立康复服务档案的残疾人占全区有康复需求的残疾人总数的100%，并按要求完成各类残疾人康复任务。

【残疾人社会保障】 抓好重度残疾人专项补助金的审核、发放工作，2011年共为全区约5158多符合条件的贫困重度残疾人发放补助金，共计发放补助金共382.84元，切实做到应补尽补；全面实施《广州市残疾人康复经费管理办法》，已有约50名残疾儿童、500名精神病人、90名肢体残疾人、10名聋人获得康复资助；为一、二级重度残疾人办理免费乘车证和年审，为三、四级残疾人办理乘车半价优惠证，2011年综合办理一至四级乘车证共3553个，年审乘车证4250人次；协助市残联办好残疾人医疗保险理赔工作，为全区有慢性病的残疾人办理《慢性病医疗救助凭证》14个；办理残疾人慢性病医疗保险申请17人；推进残疾人证办理工作。1－11月共办理第二代残疾人证业务（包括新证、换证、补证、改证、迁出、迁入、注销等业务）总计12872个，其中新证1792个，改证3604个，补证131个，一代证换二代证6187个；切实为做好残疾人扶残助学金的摸查申请、发放工作，残疾人学生和残疾人子女共有529人申请“扶残助学”金，其中残疾人学生109人，残疾人子女420人，市、区共需经费29.86万元，其中区残联负担金额约6.3万元作为扶残助学经费。

【残疾人就业】 按比例安排残疾人就业年审工作做好残障金征收工作，促进残疾人就业。2011年，根据市残联的要求，按比例安排残疾人就业年审工作在市残联就业中心年审点进行办理。2011年1－11月按比例安排残疾人就业年审的单位（发出年审通知、催审通知）达2645个，应收就业保障金1388.94万元，实收到748.20万元，这些单位一共安排残疾人334人；2011年在区就业服务所登记求职的残疾人共有79名，加上历年累计登记求职的残疾人共280人，上述人员经区残疾人就业服务所推荐就业的有85人次，其中成功就业的有68人。就业率比2010年59名的人数大大提高。到所登记求职的残疾人普遍存在年龄偏大、文化程度偏低、综合素质差。部分残疾类别在社会就业岗位很少。从社会企业招工的需求情况看，除部分文化程度较高、年龄偏小的肢残类和聋哑类残疾人有就业可能外，其余残疾类别的社会就业率几乎为零。

【残疾人职业培训】 2011年5月，举办一期街道专职委员培训班，及与市电大合作举办一期刺绣培训班，共培训残疾人学员66人；2011年失业证新办、就业转失业、以旧换新、灵活就业转失业共计758人，续期169人，总计927人。

【残疾人帮扶】 2011年，共接到包括市、区领导大接访转来办理的来访、来信90人次。都给予热情接待，一一记录，逐个核实情况，逐个解决问题，做到事事有结果，事事皆满意；有相当一部分特困残疾人长期身患疾病，针对特困残疾家庭的生活状况，区残联对每户特困家庭给予不同程度的支持，每逢春节、中秋节、助残日都给特困家庭送上节日的问候、慰问金和节日礼物，解决其温饱问题。

【无障碍系统改造】 实施残疾人居家无障碍改造工程，重点解决肢体、听力、视力三类残疾人在家庭生活方面的障碍。创文期间，建设局和无障碍领导小组等多次对上下九路步行街、陈家祠、荔枝湾涌等公共场所和主干道进行督促整改。

【残疾人机动车管理】 根据《广州市残疾人机动轮椅车综合管理工作方案》，结合区实际，制定实施《荔湾区残疾人机动车综合管理工作方案》，对全区残疾人机动车主进行检查并召开代表座谈会，发放1000多份宣传单张，通过多种途径加强对残疾人机动车主的教育。组织残疾人机动车驾驶员情况调查。全区共有861名残疾车驾驶员参与调查，其中有参与营运的584人、不参与营运的有277人，符合社区残疾人事务员的有225人。为残疾人机动车驾驶员发放2009及2010年机动车燃油补贴，每人每年200元。按照各街道统计的数据，2009年需补贴驾驶员816人共需16.32万元，2010年需补贴驾驶员875人共需17.5万元，2011年全部经费已下拨到街道，及时发放到残疾车驾驶员手中。

（区残联　苏穗渝）

荔湾区贸易促进委员会

【概况】　2011年，区贸促会以加快经济发展方式转变为主线，寻找贸促会职能与荔湾区经济发展工作的结合点，发挥贸促会联系境内外商协会与企业的桥梁作用，促进荔湾区国际贸易、投资与合作；探寻贸促工作的着力点，以科学发展观为指导，认真履行工作职责，为会员企业提供富有成效的公共服务，拓宽招商引资的渠道，引介企业投资落户荔湾。

【招商引资】　区贸促会会同区经贸系统等单位，配合做好区政府在香港举行“新荔湾、新商机－2011荔湾区新春招商会”。区贸促会直接参与招商会的相关筹备工作，负责联系外商，分发邀请函，落实重点外商与签约项目人员出席的跟进等项工作。在各部门的共同努力下，招商会成功邀请到香港中联办九龙工作部部长林武、广东省广新控股集团有限公司副总经理赵卫、香港恒基兆业地产有限公司执行董事孙国林、香港越秀集团总经理张招兴，加拿大置地有限公司董事长叶树林、全港工商联会长吴为赞、凯德置地（中国）投资有限公司总经理罗臻毓等香港海外大型房地产商、现代服务业、旅游业等等相关行业的知名企业负责人约200人参会。

2011年，区贸促会共发放宣传资料7000多份，分别引领了台北电脑公会、菲律宾华商会等考察团到荔湾进行参观考察，向考察团推介区情和招商项目，同引进投资项目3个，投资总额达600万美元。

【国内外经贸交流】　2011年，区贸促会共组织6次经贸代表团赴境外活动，参团总人数210多人次。重点是组织区属企业参加“2011年国际显示制程前瞻技术研讨会台湾分论坛”；组织广州市机电实业有限公司公司、广州市荔湾高新技术创业服务中心、广州舜松新能源科技公司等5家企业参与“广州经贸代表团”赴菲律宾、南非、津巴布韦三国的一系列经贸活动；针对区内电子产业比较集聚和专业市场的发展需求，组织70多家企业100多人参观“2011年香港秋季电子展”，在该电子展上还安排区内文石信息、硅芯电子和真善美照明等3家企业在创新发明专区展示其先进产品；12月，区贸促会组织20多名企业代表参加2011年香港“设计及创新科技博览”及“亚洲知识产权营商论坛”。

2011年10月13－16日，区贸促会组织70多家企业100多人参观“2011年香港秋季电子展”。

【服务企业】　2011年，区贸促会先后深入多家企业进行调研，了解荔湾区外向型企业的基本情况、发展规模和经营状况，在经营发展中存在的困难、问题及需求，据此制订工作计划，为切实服务企业作出谋划和安排。配合市贸促委就如何促进低碳产业发展在区内进行调研，市贸促委主任曾凯章向企业介绍国家低碳产业政策的最近动态与国家碳税征收信息。

2011年，区贸促会利用贸促系统及各种资源，注意收集相关企业和经济组织的信息，逐步建立外向型企业资源库、投资和采购商资源库和国际经济组织资源库，并与香港贸易发展局、香港广东商会、新加坡华商会、印尼华商会等数家国际商会、机构等建立工作联系。

【新增会员】 2011年，区贸促会新增12家会员企业：广州普益茶行、广州天鹰茶叶有限公司、广州兆威电子科技有限公司、广州硅芯电子有限公司、广州文石信息科技有限公司、广州中骅液晶城有限公司、广州虹雨照明工程建设有限公司、广州灶能电器有限公司、广州橙意科技网络有限公司、广州晟龙电子科技有限公司、广州力麒智能科技有限公司、生茂光电科技股份有限公司。

（区贸促会 刘洁芝）

荔枝湾旁的民居

军事 政法

◎ 人民武装
◎ 人民防空
◎ 政法委
◎ 公安
◎ 检察
◎ 审判
◎ 司法行政

军事　政法

人民武装

【概况】　区人武部按照“抓根本、打基础、促战备、争创一流成绩”的思路和“强素质、保稳定、谋发展”的基本要求，突出战备训练中心工作，开展“创建和培育”活动，全面推进民兵营（连）“四个基本”达标建设。2011年，圆满完成“三项”教育试点、民兵整组、双拥支前、扶贫、基础设施建设、民兵报废危险品销毁、征兵等各项工作。同年，区人武部被广东省军区评为先进人武部、宣传工作先进单位，被中共广州市委、广州市政府、广州警备区评为拥政爱民标兵单位。

【思想政治建设】　区人武部以“开展主题教育、思想作风教育整顿和反腐倡廉教育”试点工作为抓手，加强党的创新理论学习，强化党员干部思想政治建设。通过组织开展“三项”教育活动，针对武装工作任务特点，宣扬人武战线上的先进典型和事例。2011年，涌现出立白企业集团、广药集团，金花街道、冲口街道社区民兵营（连）等先进单位。3月，在担负广东省军区开展的“三项教育”试点工作中的经验被广州军区、广东省军区转发。同年，区人武部在《解放军报》《国防报》《战士报》《民兵生活》《广东武装》和中央电视台军事频道，广东、广州电视台等军地媒体发表文稿128篇。

【党建】　2011年，区人武部党委结合“创先争优”活动，突出抓党委班子和干部职工队伍建设。在“创建学习型党委、效率型机关”活动中，突出提高班子讲政治、强业务、守纪律和能解决问题等综合能力建设；突出抓干部职工队伍建设，开展“正确对待分工”、“爱岗敬业，献身人武事业”等教育，单位上下形成比、学、赶、帮的良好氛围。7月，区人武部党委被广州警备区评为先进团级单位党委。

【军事训练】　2011年，区人武部推进军事工作。抓战备工作落实，规范“三室二库”建设，及时补充各类战备器材，机关深入北江大堤查看担负的抗洪任务段，时刻做好备战准备。强化干部能力素质训练，广州警备区组织的业务集训，均以总评前三名的成绩完成军事考核。在执勤中锻炼民兵队伍，协助地方完成春运联防执勤，参与“花卉博览会”、冲口“生菜会”、春节焰火晚会等执勤活动。10月13日深夜，荔湾区遭受强降雨袭击时，区人武部接到命令后，及时组织民兵应急分队，出色完成任务。抓好民兵武器装备管理和弹药报废工作，对仓库进行补漏维修，提高装备管理要求；部领导坚持每月不少于2次检查，确保安全无事故；按计划安全顺利完成清查报废弹药、销毁弹药、调运弹药任务。

2011年6月24日，区委常委、常务副区长晏拥军看望慰问高炮分队训练。

【“四个基本”建设】　2011年，区人武部按照省军区“四个基本”建设“三期八年”工程要求，抓收尾工作。年初，部党委协调区委组织部、区人事局组成联合工作组，推进“四个基本”建设固强补弱工作。8月，在警备区指导下，对全区街道武装部及民兵营（连）按照达标细则要求进行逐一验收。10月通过省委、省政府和省军区联合工作调研验收。实现区人武部、基层武装部及基层民兵营（连）的全面达标。

【兵役】　区人武部以新兵质量为核心，突出抓廉洁征兵。2011 年 11 月 1 日，区征兵办在陈家祠广场完成广州市征兵办赋予的征兵宣传暨应征青年签名仪式活动。12 月 8 日，在区征兵工作欢送大会上，中央电视台军事频道、广州电视台、民兵生活等军地媒体对荔湾区征兵工作作全程报道。区人武部为加强群众监督，下发征兵监督卡，设立全程举报电话，安装举报箱，实时接受群众的监督。2011 年，区人武部结合士官直招、应届毕业生预招等方式，保质保量完成新兵征集任务。

【双拥共建】　2011 年，区人武部发挥纽带桥梁作用，拓展双拥共建领域，协助转业干部、随军家属和军人子女做好就业和就读工作，组织退伍士兵职业技能培训及安置。抓扶贫“双到”工作落实，在 6・30 广东省“扶贫帮困”日，组织干部职工先后向灾区捐款 4 万元，为“八一”希望小学和新农村建设捐款 2.3 万元。坚持春节、“八一”期间，走访慰问定点长期关心的 5 户贫困家庭。在创建双拥模范城评选活动中，配合区民政局、双拥办制作宣传汇报画册，汇报驻区部队“双拥”工作，为“创城”工作贡献力量。

（区人武部　董洪福）

人民防空

【概况】　2011 年，区民防办在完善民防指挥通信体系建设，推促警报网络建设，落实人防工程“三级管理”和地下空间防汛机制，提升简政强区后政务运行水平，开展人防专业队伍整组，推进现有公共工程开发利用，谋划新式人防工程建设等方面工作取得实效。

【人防工程建设与管理】　为全面掌握和了解人防工程现状，提高人防工程维护管理水平，按照《广州市人防工程普查实施方案》有关要求，2011 年区民防办对区内地下空间（包括人防工程和非人防工程）进行普查。并按照区三防办和市民防办的统一部署，制订荔湾区地下空间防汛工作预案，建立 24 小时防汛工作值班制度，对地下空间易涝易灾点实施监管。结合人防工程普查工作，对不符合防汛要求的 35 个工程发出整改通知，保证了区内地下空间安全度汛。从提升平战结合整体能力入手，对早期人防工程进行维护、修缮，增强其防护能力。加强政务服务中心窗口建设，共办理行政审批民用建设项目审核 10 宗，人防工程拆除 1 宗，防空地下室验收备案 3 宗，人防工程使用审批 4 宗，依法收取易地建设费 95 万元。

【通信警报建设和管理】　区民防办定期组织全区各警报点单位维护管理人员进行业务培训。2011 年完成全区防空警报器普查，重新核实区内警报器编号、坐标、地址、维护人员等基本资料，更新警报器图册，对警报器进行油漆翻新和检修，升级改造有线控制线路。

【人防宣传教育】　人防宣传教育坚持经常教育与集中教育、普及教育与重点教育、理论教育与实际教育相结合，针对不同对象确定相应的教育内容和教育方法。2011 年采取全方位、多层面地开展人防宣传教育活动。在中学生中开展人防专题教育，督促全区各学校制定人防教学计划，保证防空防灾教材的落实。并组织学生到人防教育基地学习，适时开展人防演练，让学生锻炼自救本领。分别为区领导和区内各单位订阅各级人防杂志；在区政府举办人防宣传图片展，还印发公民防空知识与技能教育（防汛和三级管理）资料 1000 余册，分发给区内各部门和街道社区工作人员。通过举办展览、张贴画报和派发宣传资料等方式，在企业和社区中广泛开展人防宣传教育活动。充分利用人防网站这块阵地开展宣传教育，重点宣传人防法规、知识和防护技能。

【人民防空演习】　2011 年 10 月 27 日，荔湾区结合广州市年度防空警报试鸣，组织开展“羊城天盾—2011”城市人民防空演习。通过开设基本指挥所、同步发放各种防空警报信号、派出机动指挥车参加展示观摩等内容演练，圆满地完成荔湾区所承担各项演练保障任务。

2011 年 10 月 24 日，荔湾区“羊城天盾—2011”防空演习工作暨警报器操作培训会议在区政府三楼大会堂召开。

（区民防办　余瑞玲）

政法委

【概况】　2011 年，区委政法委围绕“加快转型升级、建设幸福荔湾”的大局，发挥牵头抓总、指导协调、督促检查、管理监督的职能作用，推动政法、综治、维稳工作在“后亚运”时期实现新发展，为荔湾区创造和谐稳定的社会环境，公平正义的法治环境，优质高效的服务环境。同年，原区政府办出租屋管理科划归区综治办，并更名为区综治办流动人员和出租屋管理科，为区综治办内设科室。

【维护社会稳定】　2011 年，区委政法委坚持重大紧急事件涉稳形势综合研判，全区重大涉稳事件预警率达到 100%。着力排查掌握社会矛盾和不稳定因素，调处化解重大矛盾纠纷，上级交办个案办结率达 80%。成立专责小组全力防范和妥善处置了新中国大厦等一系列涉稳问题。完成全国“两会”、建党 90 周年、深圳大运会、市和区党代会等重点防护期的维稳安保目标任务，确保全区社会政治大局的持续稳定。

【综合治理】　2011 年，组织开展道路运输交通秩序整治行动，重点整治十三行地区、芳村客运站、滘口客运站周边地区交通秩序。通过整治，十三行商圈“五类车”聚集点基本消除，非残疾人驾驶残疾车现象明显减少，“五类车”交通违法行为和非法营运得到有效控制，实现交通警情、交通事故与 2010 年同期相比大幅度下降的良好成效。推进平安社区、平安街道、平安家庭、平安校园、平安文化市场等各类平安建设活动，平安创建工作得到广泛的认同和参与。抓好围院式小区建设，探索治安防范新模式。坚持群众路线，摸索出许多群防群治的有效形式。

【流动人口和出租屋管理】　2011 年，流动人员和出租屋管理工作的重点是全面开展“人屋”登记核查工作、流动人员和出租屋管理专项整治行动、探索创新流动人员服务模式、建立和完善流动人员和出租屋管理工作长效机制。在管理服务工作中强化“以屋管人、以证管人、以业管人”措施，加强流动人员实有、实时动态管理；全面开展出租屋治安、消防安全的大整治行动；加强社区服务站建设，将服务工作延伸到最基层，形成网格化管理格局。全年累计登记纳管流动人员 32.23 万人、出租屋 16.97 万套；累计办理（包括续期）居住证 40.9 万张；向 15.63 万符合条件领取交通补贴的流动人员派发亚运交通补贴 781.55 万元。

【禁毒】　2011 年，区禁毒工作较好完成全年的任务目标，年度禁毒工作考核被市评为“优秀”。

2011 年 6 月 1 日，荔湾区在荔枝湾涌举办禁毒宣讲坛启动仪式。

全年组织3万多名中学生、外来人员及歌舞娱乐场所从业人员参观市禁毒教育馆，全市排名第一。更新完善禁毒教育基地的禁毒展览厅设施，区小学生有一个禁毒教育基地。按照国家、省、市部署，春节期间开展“禁毒流动课堂”宣传活动。全年举办三期荔枝湾禁毒宣讲坛活动及“6.26国际禁毒日”大型禁毒宣传活动。与区科技局和海星信息技术公司合作，开发出社区戒毒（康复）管理工作系统，社区戒毒（康复）工作实现网络化管理。

【“严打”】 2011年，荔湾区严厉打击严重暴力犯罪，深入开展“粤安11”、“剑锋11”、“银盾”、“反盗窃”重点打击行动，“春雷”整治行动等“严打”专项行动，打击一批违法犯罪活动，处理一批违法犯罪人员。打击“黑恶势力”犯罪，建立“打黑除恶”专门队伍，当年通过对伤害类警情分类处置，排查并打掉两个涉黑恶团伙，打黑除恶工作在全市排名第二。打击“三电”违法犯罪，有效控制盗窃破坏电力设施案件发案，立盗窃破坏电力设施案件比2010年下降26.7%。打击“黄赌毒”活动，从严管理整治娱乐公共服务场所、出租屋、精麻药品和易制毒化学品等，全区共查处15家娱乐公共服务涉毒场所。全区受理涉黄涉赌警情比2010年下降4.9%，打掉赌博团伙及窝点一批。

【“创文”专项工作】 2011年，全区未发生影响区域性社会稳定的重特大群体性事件，未发生重大交通火灾安全事故和刑事治安案件，全区社会大局保持和谐稳定。针对在“创文”过程中曝光出来的治安和交通热点问题，协调有关职能部门，采取有力措施，迅速扭转局面，实现辖区群众对治安环境和交通环境的满意度双提升，为广州市荣获全国文明城市称号作出重要贡献。

【执法督查】 区委政法委围绕“息诉罢访、群众满意、案结事了”的工作目标，开展涉法涉诉信访工作及重点信访督办件的办理。抓住涉法涉诉清理积案和案件评查两个工作重点，落实涉法涉诉定期排查、定期报送制度，组织开展矛盾纠纷排查化解和案件评查、复查工作，完成2011年中央交办重点信访案件化解工作任务；评查案件100件、复查案件61件，区委政法委机关全年自收自办信访件28件。荔湾区的涉法涉诉信访工作受到市委政法委的通报表扬，工作经验在全市涉法涉诉信访工作会议进行交流推广。

（区委政法委　郭赟）

公　安

【概况】 2011年，区公安分局以构建“平安和谐荔湾”为目标，固化亚运安保成效，完善社会治安防控体系，妥善处置群体性事件，创新社区警务运作模式，全面开展派出所勤务制度改革，创新警区巡逻运作模式，确保全区社会政治和治安大局持续稳定。

【维稳】 2011年，区公安分局按照“下好先手棋、打好主动仗”的要求，拓宽情报信息收集渠道，细化矛盾纠纷排查措施，健全应急处突机制，组建辅警机动大队，提高应急处突能力。

【打击刑事犯罪】 2011年，区公安分局抓住“打击街面犯罪和社区犯罪”两个重点，开展一系列有效压减刑事案件的专项行动。深入打击以大要案为主的毒品犯罪和经济犯罪：成功侦破重大制造贩卖毒品团伙案等一批重大毒品案件；成功侦破特大信用卡诈骗案、特大假冒注册商标案、特大合同诈骗团伙案等一批对社会影响较大的经济犯罪案件。推进“清网”行动。按照上级公安机关的统一部署，组织精干警力，全力开展追逃工作，取得可喜成绩。

【重点场所和行业治安管理】 2011年，区公安分局推进旅馆业、易销赃场所、娱乐场所治安管控系统的安装使用，安装率达98%以上，切实打击娱乐场所“黄赌毒”活动。

【户籍管理】 截止至2011年12月31日零时，荔湾区共有人口户24.66万户，71.04万人，其中男35.7万人，女35.3万人。

2011年，荔湾区推进流动人员“一证通”制度，全面加强流动人口出租屋管理工作。开展“人屋”专项整治工作，加强社会面的治安防控，提高出租屋流动人口管理水平。

2011年1月27日，区公安分局便衣大队捣毁街面盗窃犯罪团伙。图为为此召开的新闻通报会现场。

【道路交通管理】 2011年，区公安分局做好交通安全宣传工作，提高企业单位、及社区居民交通安全意识。开展道路交通秩序整治工作，各联动部门对非法上路“五类车”进行打击。

【消防安全管理与宣传】 2011年，区公安分局对全区的消防安全重点单位重新进行核定，对非重点单位的公众聚集场所进行调查摸底，建立工作台账，全面开展达标验收工作。通过召开会议、举办讲座、拉横额、出墙报、上门派发宣传资料、组织消防演练等灵活多样的形式，加强全民消防安全宣传教育工作。

【出入境管理】 2011年，区公安分局办证中心共受理中国公民出国（境）申请近24.56万份。利用人像监控系统发现多起违规办证案例，抓获1名网上追逃人员。

【外国人管理】 规范外国人管理制度，严厉查处“三非”外国人，深入开展“飓风”行动，加大对区内外国人聚居的荔港南湾、环市西苑、中山八路童装市场等重点部位的清查管理。

【社区警务】 对全区的社区、“城中村”及治安重点防范区域进行全面排查，发动社会义务力量，有效达到群防群治的目的。区公安分局人口大队认真落实对派出所社区警务的指导和监督工作。

（区公安分局　邬丽凡）

检　察

【概况】 2011年，区检察院按照“以人为本，振奋精神、开拓创新、再创辉煌”的工作思路，找准检察工作服务经济发展的切入点，以执法办案为中心，以社会矛盾化解、社会管理创新、公正廉洁执法三项重点工作为着力点，充分履行法律监督职能，全面提升检察工作水平。成立案件管理中心，实现对案件办理的动态监督。扎实推进“阳光检务”工作，举行“检察开放日”活动，召开重大案件新闻发布会，建立案件查询系统，主动接受社会监督。深化“恪守检察职业道德、促进公正廉洁执法”主题实践活动，树立检察机关服务群众、执法为民、践行社会主义法治理念的良好形象。

2011年12月20日，广州市人大常委会主任张桂芳（左）向荔湾区检察院检察长胡筎颁发任命书。

【刑事检察】 2011年，区检察院共批准逮捕各类刑事案件937件1244人，提起公诉1028件1384人。严厉打击严重影响社会治安和人民群众安全感的多发性、暴力性犯罪，共批捕“两抢一盗”、“黄、赌、毒”、绑架及故意伤害案件760

件871人，起诉788件1027人。开展打黑除恶专项行动，起诉黑恶性质团伙犯罪案件13件74人，其中有陈某某等15人组织、领导、参加黑社会性质组织案。妥善办理了曾某某等在新中国大厦聚众扰乱社会秩序、故意伤害案。严厉打击侵犯知识产权、危害食品药品安全和制售假冒伪劣商品犯罪活动，起诉由中央督办的涉案金额达3000多万元的宋某某假冒注册商标案。办理刑法新罪名案件，起诉危险驾驶案件23件23人。贯彻宽严相济的刑事政策，依法对未成年人犯罪案件、轻微刑事案件以及轻微犯罪中的初犯、偶犯等实行从宽处理，促成双方达成刑事和解，促进社会和谐。

【职务犯罪检察】　2011年共立案侦查各类贪污、贿赂犯罪案件12件16人，均为大案，其中处级以上要案7件10人；立案侦查渎职侵权犯罪案件3件3人，其中处级要案1件1人。通过办案为国家和集体挽回经济损失共计人民币6600万多元。

【控告申诉检察】　2011年，区检察院办理群众来信来访96件，每件案均做到按时办结，及时答复，让群众满意。开展“全国文明接待室”创建工作，建立接访窗口轮岗工作制度，创新申诉案件公开审查和网上接访、预约接访等办案模式，连续两届被最高人民检察院授予“全国文明接待室”称号。完善执法办案风险评估机制，防止引发新的矛盾和不稳定因素。开展领导带案下访及巡访活动，面对面倾听群众诉求，全面排查潜在不稳定因素。开展检调对接，对5宗轻微刑事案件启动检调对接机制，当事人均达成和解，取得较好效果。贯彻国家赔偿法，对符合规定的刑事诉讼当事人及时赔偿。

【诉讼监督】　2011年发出《要求说明不立案理由通知书》3份、《建议立案函》2份、《撤销案件意见书》16份、检察建议45份，公安机关已立案侦查2件、撤销案件15件。对不符合逮捕、起诉条件的，依法决定不（予）批准逮捕306人，不起诉26人；对应当逮捕而未提请逮捕、应当起诉而未移送起诉的，纠正漏捕66人，纠正漏诉54人。对法院刑事裁判依法提出抗诉2件4人，法院改判1件2人。向法院提出量刑建议877份，法院采纳率达95.4%。

2011年，立案审查不服法院生效裁判的民事行政申诉案件59件，依法提请市检察院抗诉1件，建议市检察院提请省检察院抗诉6件。建议市检察院提请抗诉的深圳林氏脚手架有限公司与上海金俊和建设工程有限公司租赁合同纠纷一案获广东省高级人民法院依法改判，为申诉人林氏公司挽回经济损失110多万元，《检察日报》及广州电台对该案进行了报道。加强执行工作监督力度，监督执行案件11件，息诉9件，促成执行和解2件。

2011年，共审查减刑、假释、暂予监外执行案件1083人，确保刑罚执行依法规范进行。批准逮捕监外服刑人员又犯罪案件2件2人，提起公诉6件7人。坚持日常驻监驻所检察监督，共向监管场所发出检察建议5份、检察意见9份，提出口头建议9次，均被监管场所采纳，驻荔湾看守所及广州监狱检察室被评为全省检察机关二级规范化检察室。开展社区矫正工作，通过与公安、法院、司法等部门建立联系制度和定期对监外服刑人员的考察制度，强化对监外服刑人员监管活动的监督。加大监所检察检务公开力度，向服刑人员及家属派发检务公开手册300份，为服刑人员讲授法制教育课5次，受教育达2000人次。

【职务犯罪预防】　2011年，区检察院开展“说身边案例、敲长鸣警钟”预防职务犯罪宣传，编印《阳光推进“三旧”改造——预防职务犯罪工作指引》派发区内有关单位。组织开展惩治和预防渎职侵权犯罪展览巡展工作。加强行贿犯罪档案查询工作，为企业提供行贿档案查询69次，促进从源头上遏制和减少职务犯罪发生。开展廉政宣传和预防职务犯罪警示教育，举办法制宣传、讲座、座谈会50多次，受教育6000多人次。

（区检察院　曾琥）

审　判

【概况】　2011年，区法院坚持“三个至上”指导思想，围绕“科学发展”主题和“加快转变经济发展方式”为主线，切实加强审判、执行工作和队伍建设，并与区综治委共同建立拆前联调机制，与保险公司、工商部门建立保险纠纷、非诉讼调解司法确认机制。区法院全年新收各类案件1.02万件，另有上年存案2161件，合计受理案件1.24万件，审结、执结案件9654件，存案1195件；结案率达到88.99%。民事案件调撤率为60.07%，比2010年上升1.62个百分点，上诉案件发改率为4.6%（详见下表）。同年7月，区法院获广东省高级人民法院授予全省法院联络工作嘉奖集体。2011年，区法院收案、结案情况列于下表。

2011年区法院各类案件收案、结案情况统计表

单位：宗

案件种类	收案	结案
合计	10223	9654
刑事案件	1018	1016
民事案件	2596	2343
房地产案件	1695	1550
商事案件	609	475
行政案件	194	193
申诉、再审案件	4	4
执行案件	4052	4010
公示催告、督促催告	55	63

【刑事审判】　2011年，区法院审结故意伤害、“双抢”、盗窃等严重危害人民群众生命财产安全的犯罪584件；审结信用卡诈骗、合同诈骗等严重破坏社会主义市场经济秩序的犯罪43件，涉案标的金额547.5万元；审结妨害公务、毒品犯罪等严重妨害社会管理秩序的犯罪327件，其中审结被告人陈某某等15人、被告人罗某某等8人组织、领导、参加黑社会性质组织案。审结贪污、受贿、渎职犯罪案件9件。推进量刑规范化改革，适用量刑规范化审结刑事案件842件，占同期刑事案件总数的82.87%。

【民事审判】　2011年，区法院审结婚姻、继承等家庭纠纷案件644件；审结劳动争议案件461件；审结金融借贷纠纷案件105件、民间借贷纠纷案件263件，涉案标的金额2.42亿元；审结买卖、股权等企业间纠纷案件610件；审结房地产纠纷案件1713件。继续落实“调解优先、调判结合”和“全程、全员、全面”调解原则，民事案件调撤率为61.24%。成功处理涉及全国各地台资企业好又多百货公司股权确认纠纷案件45件，结案后全国台湾同胞投资企业联谊会专门致函广东省高级人民法院表示感谢，高度评价区法院审判、执行工作；23件涉荔枝湾路“揭盖复涌”工程搬迁纠纷系列案被评为全省法院践行能动司法理念优秀案例。

【行政审判】　2011年，区法院促成行政诉讼和解案件18件；对65件行政机关依法作出行政处罚决定的案件予以支持；对22件行政机关事实不清、证据不足的案件作出撤销行政处罚决定等判决。

【少年审判】　2011年，区法院派出审判人员先后到广州市美华中学等7所中小学校，为在校学生上法制课，听课学生5800余人。对47名犯罪情节轻微、符合从宽从轻惩处条件的未成年人罪犯依法判处非监禁刑，未成年人罪犯非监禁刑适用率59.49%。落实判后帮教回访69人次，帮助未成年人罪犯矫正犯罪心理和行为恶习，使他们顺利回归学校和社会，全年没有发生再犯罪的情况。

【执行工作】　2011年，区法院促使当事人自动履行义务512件；强化查封、冻结、扣划、边控等强制执行措施执结案件1894件；强化和谐执行，促使当事人达成和解680件，和解结案同比上升34.65%，涉及执行案件的信访、投诉同比下降8.19%。妥善处理涉民生执行案件，其中包括执结房地产案件1177件，结案标的金额6062.26万元；执结劳动报酬案件366件，执结标的金额486.78万元。切实做好执行中的矛盾疏导、化解工作，对16名确有困难的申请执行人发放执行救助专项资金35.93万元，全年未发生因执行方式方法不当而产生的矛盾激化事件。

【人民陪审员制度】　2011年，区内人民陪审员参加审理案件1238件，参审2087次，在普通程序案件中的参审率达到76.61%，同比上升10.1个百分点；调解132件，促成案件调解成功47件。

【诉前联调机制及司法确认机制】　区法院与区综治委配合，共同建立诉前联调机制，制定《荔湾区诉前联调工作实施细则》，2011年5月10日成立诉前联调工作室，全年受理诉前联调案件584件，调解成功率、自动履行率均达100%。

拓宽司法确认工作领域，与保险公司、工商部门建立保险纠纷、经济纠纷非诉讼调解司法确认机制。2011年10月19日，区法院在市工商局荔湾分局合同科和消委会设立“广州市湾区人民法院经济纠纷拆前联调、司法确认工作室派驻点”。全年处理司法确认案件531件，同比上升35.46%，涉案金额402.74万元，均得到当事人自觉履行。

2011年11月3日，区委副书记、区长唐航浩一行到区法院调研指导工作。

（区法院　张鸣鸣）

司法行政

【概况】　2011年，区司法局以社会管理创新为抓手，切实履行法制宣传、法律服务、法律保障三大职能。当年度，区司法局被上级部门给予立功、嘉奖的集体和个人达到57人次。荔湾区人民调解、法律援助、社区矫正、基层司法所建设、法制宣传、法律服务等工作经验，分别被《法制日报》《中国法援》《南方法治报》《广东政法网》《广东普法》《广州信息》《穗府信息》等市级以上媒体宣传报道51篇次。

【安置帮教】　2011年，全区共有在册刑释解教人员508人，安置率97.4%；累计接收社区服刑人员338人，在册人员162人，重新犯罪率和脱管率均为0。2011年，区司法局在安置帮教工作中推出“西关阳光驿站”新机制，并以区司法局为“西关阳光驿站”总站，明确社区矫正和安置帮教领导小组成员各职能部门为中转站，各街道司法所为分站，构成三位一体，辐射全区的过渡性帮扶网络。联合公安、检察、法院和人力社会保障等部门的工作力量，重点解决“三无”社区服刑人员基本生活出路问题。

【社区矫正】　2011年，设立区街两级心理咨询工作站，在南北两个片区各开立一间心理辅导工作室，安排5名心理矫治医师定期为社区服刑人员提供服务。同时建立起完善的工作制度，为每个服刑人员设立心理健康档案，每半年为服刑人员开展一次“心理健康体检”，还创办了心理健康刊物《心乐章》，全年共编印1000多份向服刑人员发放。引入志愿服务力量，与华南师范大学团委合作，招聘在校大学生66人，作为区社区矫正工作志愿者，为区社区服刑人员提供法律、心理、思想上的帮助。同时，发挥区友善社会服务中心在社区矫正工作中的作用，介入对社区服刑人员的社会适应指导工作，在已提供服务的91名对象中，无一人重新犯罪，实现了有效预防和减少重新犯罪的目标。

【普法教育】　2011年，区司法局制定《荔湾区关于在公民中开展法制宣传教育的第六个五年规划》。在“创文”迎检期间，组织开展形式多样的法律宣传活动，将法制意识深入到社会各个层面，各类人群。培养领导干部和国家公职人员的法制观念和法律素质，不断提高行政执法人员懂法、守法、依法决策、依法行政、依法管理的能力。加强对青少年、中小学生、下岗职工和外来务工人员的法制宣传教育，有效提高广大人民群众用法的意识和全社会法治化管理水平。结合“创文”测评体系指标，及时编印《携手共建与法同行》“创文”法制宣传资料近30万份、海报1万多份，向基层派发，提高全民法制知识的知晓率。全年，共举办现场法律咨询活动385次，派发各类宣传资料54.45万份，受教育群众17.50万人次；刊出法制宣传橱窗（栏）1678期；上法制课655次；开展法制宣传图片展285场。

【公职律师】　2011年，区司法局组织公职律师参与“三旧”改造和荔枝湾涌整治工作，服务区城市改造和经济建设。仅在参与恩宁路的拆迁中，就向居民发出律师函125封，协商调解迁出63户，诉讼调解结案5宗，判决结案4宗，未发生一起因拆迁引发的群体性事件和治安案件。在荔枝湾涌整治工作中，安排公职律师全程跟进该项目的规划、论证、动迁和建设等全过程，在风险评估、释疑解惑、矛盾调处等方面发挥了作用。在配合东沙南漖二类工业用地的征地拆迁工作中，还指派公职律师现场办公，为该项目的顺利推进提供贴身的法律服务。

【法律援助】　为维护社会稳定和公平正义，为困难群众提供法律服务，区司法局本着第一时间“应援尽援”的理念，深化法律服务工作。安排法援律师和“12348”窗口值班人员负责接待群众日常来访来电咨询；协调公职律师队伍，于每周一到五到法援处轮值，补充窗口工作力量；组织专职律师于每周一、三到法援窗口值班，负责接待疑难、复杂案件当事人，为受援人提供周到专业的法律服务。2011年，区司法局法援处接待来电来访群众2831人次，共办理各类法律援助案件424宗。

【律师公证与司法鉴定】　2011年，区司法局通过组织法律顾问团参与综治维稳工作，发挥律师中立、专业、亲民的特点，在代理诉讼中正确引导公民依循法制的轨道解决矛盾，较好地发挥了律师在综治维稳方面的作用。

2011年，区司法鉴定机构规范经营，实现零投诉。区辖内的广州医学院第三附属医院检验科通过了中国合格评定国家认可委员会（CNAS）的DNA亲权鉴定和DNA个体识别能力验证。

【人民调解】　2011年，区司法局扩大调委会规范化建设，结合区内实际情况，建立以区、街、居委三级传统人民调解组织为主体，专业市场和行业协会调解组织为补充的调解工作网络。在城市建设、环保、消防安全等部门和消费者协会及医疗机构中成立5个专业调解组织。完善、规范荔湾区7个专业市场和5个行业协会调解组织的各项工作制度和调解工作流程，营造和谐消费经营环境。当年，全区共发生5人以上重大矛盾纠纷68宗，调处成功47宗，成功率为69.3%；各基层调委会调解各类民间纠纷1055件，成功调解1034件，调解率100%，调解成功率98%。

【基层司法所】　司法所参与街道综治信访维稳中心工作，整合各种资源，发挥耳目多、手脚快、经验足的优势，第一时间掌握信息、介入调解、化解矛盾。2011年，司法所共参与街道维稳综治中心调解纠纷76宗。中南司法所依托综治维稳中心，开展“三段式”调解破解外来工矛盾纠纷的工作经验，在《南方法治报》《广州信息》等报刊刊载。

（区司法局　柳灵琳）

城区建设

◎ 城市规划
◎ 市政建设与市政管理
◎ 交通运输
◎ 水利
◎ 国土资源与房屋管理
◎ 城市更新改造
◎ 城市管理
◎ 城管执法
◎ 环境保护
◎ 白鹅潭经济圈建设

城区建设

城市规划

【概况】 2011年，荔湾规划分局坚持“科学规划、阳光规划、依法规划”的总目标及区委、区政府实施“文化引领、商旅带动、产业转型、创新驱动、环境优化”五大战略，努力实现荔湾区“十二五”时期的奋斗目标。确保机构改革工作的推进和事权下放的无缝对接，有效推进“后亚运”时期市、区内各项重点工程的顺利完成。

【城市规划编制及用地审批】 2011年，规划分局指导花地、东漖等22个经济联社开展“城中村”改造规划修编工作，配合完成各经济联社的“城中村”改造规划方案。同年，大坦沙地区控制性详细规划（含河沙村、坦尾村、西郊村）通过市政府审批。配合荔湾区开展“三旧”改造历史用地相关规划核查，完成22个“城中村”的规划核查工作。其中，花地一号地块建设项目已竣工；核发西塱裕安围第一、二期改造项目《建设用地规划许可证》；核发茶滘、东漖村的“城中村”改造《建设用地规划许可证》以及第一期项目的《建设工程规划许可证》。

【建筑工程报建审批】 加强对“城中村”改造、保障房建设及“退二进三”环境改造的行政审批服务。与有关单位的沟通协调，及时掌握和研究“三旧”改造工作中遇到的有关问题，采取方案报批提前介入的方式，为“三旧”改造建筑方案提出合理的意见及建议，使正式送审的建筑方案更趋完善；案件受理以后采取特事特办，专案追踪的方法，支持区“三旧”改造工程。与市规划局沟通协调，争取技术支持，将有关问题和建议反馈给市规划局，为今后制定旧城区更新机制、策略提供决策依据。2011年底，已审批西塱村裕安围地段等6个“城中村”改造、复建房项目共52幢，建筑面积58.3万平方米；审批西湾路旧城改造项目（住房保障项目）配套设施和商业建筑方案，审核单体建筑6幢，总建筑面积7.61万平方米，并严格按照住房保障工作方案的办理时限，在10日内核发该项目14幢住宅楼及配套用房《建设工程规划许可证》，审批总面积30.6万平方米，保证了荔湾区当年住房保障工作目标的完成；办理荔湾区西郊村经济联合社周门办公大楼的报建审批，审核建筑总面积近5万平方米。支持龙溪路原高尔夫球场地块商住项目的建设，审批该项目的建筑方案并审批单体建筑19幢，建筑面积15.46万平方米。审批区内重点项目芳村沃野商业广场，建筑面积6.85万平方米。

【城市规划监督检查】 2011年，分局参与区内各项环境综合整治工作，强化整治过程中的规划监督检查力度，解决综合整治中遇到的规划问题。加强与城管执法部门的联系沟通，加大对违法建设的清拆整治力度。督促、指导荔湾区城管综合执法分局清拆上下九名汇大厦旁、十三行新中国大厦边等多处影响社会安全或市容景观的各类违法建筑，合计3.27万平方米。以“创文”为目标，配合推进“招牌广告”和“房中房”等专项整治行动，协助相关部门开展芳村大道西桥东小区路段商铺立面、招牌广告及业态调整工作；及时向荔湾区出管办提供“房中房”的报建验收档案等相关规划信息；配合对荔湾区2001年以来的100多万平方米临时建筑超期使用情况进行全面核查，敦促有关单位贯彻落实过期临建的清拆整治。与荔湾公安分局反复沟通，在充分了解历史原因及现状派出所办公面积已足够的前提下，同意对派出所部分办公用房改为住宅（房改房、拆迁安置房）的建筑给予办理规划验收手续。向市办证办提供紫景阁、金花小区19片A幢等4宗建设项目的规划审批资料及规划意见，切实解决涉及群众切身利益的办理房屋产权的历史遗留问题。

全年共核发《违法建设处罚决定书》62宗，查处违法建筑7万平方米，核发《建设工程规划验收合格证》46宗，验收总建筑面积56.56万平方米。

【市、区重点工程】 支持“中烟”项目的建设。2011年，完成南漖复建房项目建设用地规划许可证变更及修建性详细规划审批。同时配合开展将南漖截污工程复建房纳入南漖烟厂复建房用地统一规划建设中，并完成工作方案。及时协调办理城管部门送审的相关违法建设定性案件，保障“中烟”厂房二期项目的拆迁及公开出让工作。

广州国际医药港项目。该项目所涉及东塱村、沙洛村、鹤洞村的经济留用地已取得调整后的《建设项目选址意见书》，协助办理《建设用地规划许可证》（涉及白鹅潭城市设计）。跟踪医药港所涉及的看守所异地复建选址的协调工作，该项目的规划论证报告终审调整方案已编制完成。市局已复文同意选址。

福胜庵异地重建选址。分局配合区政府相关部门深入研究。经反复论证，将福胜庵异地选址位置纳入《荔枝湾文化休闲区规划》。2011年，已完成该规划方案，拟上报市规划局审批。

河涌综合整治规划。2011年，河涌整治工作进入项目工程的收尾阶段。配合区水务农业局和区建设局，完成东漖地区污水收集支管工程等5件截污管线验收案件。同时协助区相关部门及时完成花地河新经济景观带“花地河口至葵蓬涌”段的环境整治规划方案。

【“退二进三”规划管理审批】 分局引导企业及时编制厂区“退二进三”改造方案，通过合理规划，提升物业使用价值。2011年审批广州金珠江厂“退二进三”环境改造项目配套服务用房项目、七喜控股股份有限公司荔湾区信义路环境改造项目、广州市商业储运公司办公楼改造项目、广州市广易实业有限公司厂房“退二进三”项目。

（区规划分局　王海玲）

市政建设与市政管理

【概况】 2011年，区建设和园林绿化局以“开启十二五，建设新荔湾”为主题，围绕打造“文化荔湾、低碳荔湾、智慧荔湾、幸福荔湾”的发展目标，着力推进项目建设，改善人居环境，提升行业管理水平，完成全年各项工作任务，为“十二五”规划的开局奠定坚实基础。全年推进包括市政路桥建设、绿化建设、征地拆迁等31个项目，完成工程量12亿元。

【市政基础设施建设】 2011年实施的市政基础建设包括：2项新建项目、4项续建项目及9项前期项目。基本完成芳村体育中心规划路三期、花地河东岸规划路南段等2条续建道路项目的建设，芳村大道南扩建、龙溪大道东延长线等另外2条续建道路初见成效；启动玉兰路延长线、沙面西桥加固、黄大仙祠南侧规划路等一批新建项目的施工；开展广弘食品集团铁路专用线拆除及市政道路建设、广州发电厂南侧规划路、龙溪大道快速化改造、立白大厦北侧规划路、花地河规划桥、站前路延长线、沙面西桥新建工程等一批项目的前期工作；配合市相关部门加快推进洲头咀隧道工程的建设，配合开展如意坊放射线、康王路下穿流花湖隧道、荔湾路南延长线、西湾路扩宽等工程的前期工作。

【园林绿化建设】 2011年，全区新增绿化面积20.5万平方米，新增绿地面积16.1万平方米，年底，全区人均公共绿地面积达7.51平方米。“青山绿地”工程。在广州市城建资金紧张的情况下，争取到龙溪林中村绿化建设、海南林中村绿化建设、大坦沙岛环岛绿化建设、龙溪大道至佛山城际交界面绿化升级改造、五丫口大桥两侧绿地建设等5项“青山绿地”工程项目资金。2011年，完成除五丫口大桥两侧绿地建设以外的4个项目，五丫口大桥两侧绿地建设也已落实建设用地。绿道建设项目。同年，广州市下达荔湾区新增25公里绿道，2011年底已完成27.6公里绿道步径及标志标线系统等工程，并打造出大沙河湿地绿道精品。完成的绿道线路主要包括：大沙河湿地及花地河沿线精品线路、大坦沙环岛、荔枝湾沿线、花地大道沿线、沙面环岛等城市绿道及区属各公园绿道。其他绿化项目。完成西塱村裕安围绿地、区政务中心门前绿化改造、东沙玉兰路绿地改造、花地大道侧绿化景观建设、昌华街社区服务中心绿化、陈家祠广场模纹花坛建设、西郊涌桃花种植工程等12项绿化建设改造项目，总面积约2万平方米。节日鲜花摆放。陈家祠广场立体花坛布置、荔枝湾涌迎春花会布置、广州市文化公园迎春花展布置等3项，建设面积约2000平方米。

【人居环境整治项目】 2011年，主要实施荔枝湾二期（食养坊—黄沙大道）环境整治及西关大屋社区服务中心周边整治等2项人居环境整治项目。按照荔枝湾二期指挥部的工作安排，2011年工作重点是对荔枝湾涌（食养坊—黄沙大道）段河涌两侧进行景观升级改造。经过半年完成沿线岭南建筑、广场、堤岸景观、绿化等工程的施工。西关大屋社区服务中心周边整治项目，主要是配合昌华街整治西关大屋社区服务中心环境，对社区服务中心进行室内装修，同时，对其周边的三连直街及逢源正街实施建筑立面、路面与绿化整治，打造亮点社区。

2011年8月9日，荔湾区对口帮扶吕田镇建设项目主体竣工仪式举行。

【征地拆迁】 2011年，主要是南漖二类工业用地项目、泮溪停车场项目以及配合市推进轨道交通、市政路桥项目的征地拆迁工作，完成工作量约9亿元。

南漖二类工业用地项目征地拆迁。2011年完成194栋房屋的征拆工作，拆迁房屋面积近7.34万平方米，完成投资额7.53亿元。在"中烟"300万箱双喜香烟下线仪式前完成了征拆任务。泮溪停车场项目的拆迁工作。自2010年启动，年底全部完成40户房屋动迁，拆迁面积约2713平方米，签订补偿金3897万元。配合广州市实施的重点工程，包括：地铁六号线征地拆迁、洲头咀隧道及康王路下穿流化湖隧道工程等。地铁六号线征地拆迁工作全部完成；洲头咀隧道完成隧道主体路段的征拆工作，尚余花蕾路两侧19栋房屋正在动迁，因无安置房，市项目办拟向区政府申请在茶滘"三旧"改造项目中解决房源问题；康王路下穿流花湖隧道拆迁工程项目业主为市隧道公司，正与市建委、市规划局协调调整规划红线，建设安置房。配合市地铁公司开展地铁八号线、十三号线的前期摸查工作。

【迎亚运工程验收及结算】 全区有216项迎亚运工程竣工验收与结算。荔湾区共需竣工验收的迎亚运专项项目291个，2011年已完成190个，完成进度的65%；需结算的迎亚运专项项目共1767个，2011年完成初审238个，完成进度的14%，完成终审105个，完成进度的6%。

【安全生产管理】 2011年，区监管的在建工程项目75项，建筑面积约280万平方米。通过建立"四级网络"监督机制，狠抓重点监控工程和工程关键环节、关键部位，特别是特种工持证上岗、深基坑、高支模、大型机械设备及雨季、防台风等安全措施的落实情况。成立应急抢险救援专家库，落实应急抢险队伍及应急救援物资，迅速处理宝盛沙地二期旧城改造、茶滘自编16A地块、水泥厂商业办公楼A2栋、万科T10T11等工程基坑险情，确保在建工地施工的安全和质量保证。全年共受理拖欠工程款和农民工工资纠纷6件，解决被拖欠的工程款和工资约670万元。

【市政交通设施管养】 依法开展行政审批工作，2011年共受理城市道路挖掘申请125宗，临时占用城市道路申请65宗。对市政交通设施按照"网格化"管理切实加强日常巡查，全面监管市政设施运行状态，根据轻重缓急按照计划进行养护，确保各项市政交通设施完好。加强桥梁检测和维护，组织对全区桥梁涵洞进行全面模查，初步查明全区桥梁涵洞有596座，按要求落实桥梁常规检测和专项检测，并与检测机构对桥涵检测中发现的问题进行分析研究，对部分严重缺陷桥梁采取安全防范措施。迅速处理应急抢险工作，处理了环市西路路面塌陷、黄沙大道荔湾涌桥结构损坏、陈家祠广场水浸等应急抢险工作。对局面市政维护处进行分拆和合并，将涉水事务管理职能移交区水务农业局，做好涉水相关人员、设备等分拆移交；完成原维护一、二处的合并交接工作。

【城市绿化与管理】 2011年，在绿化巡查发现需整改的问题53宗。完成大批乔木、灌木、地被的补植、修剪，清理树上灯饰、钉挂物等共525宗，清运绿化垃圾682吨，路树涂白9342株；迎“创文”检查整治应急出动1023人次；配合城管、民政部门整治公共绿地盲流聚集黑点11个。做好行政审批，共办理修剪、砍伐、迁移树木行政许可48宗。抓好“三防”抢险工作，全年应对台风及大风暴雨12次，出动1265人次，完成绿化抢险735宗。开展全民义务植树活动，全年投入资金约40万元，种植乔、灌木4.5万株。

【招投标管理】 加强市场运作管理和监督检查，规范工程交易行为。2011年建设工程招标备案项目共81项，预算价28.24亿元，公开招标56项，邀请招标25项，合计中标价27.61亿元，节约资金6263.71万元，应公开招标项目的招标率继续保持100%。协助区招标领导小组4次召开工作会议，研究解决10多项招标与投标议题。

【房地产开发管理】 加强对房地产开发企业的管理与服务，完善项目手册备案工作。2011年，全区在册的房地产开发项目约90项，正常运作的项目共约70项。在年检过程中，对项目严格抓好公建配套移交和各专业验收手续。做好区属房地产开发企业的资质年检初审工作，促进开发项目的规范管理。

【民生实事】 区建设同林局担负2011年荔湾区“民生十件事”中的第七项“进一步改善出行环境”任务。年初计划改造内街巷道路3万平方米，新增公共绿地5万平方米，新建绿道8公里，新建路灯6000套。实际改造内街巷道路3.12万平方米，新增公共绿地16.1万平方米，新建绿道27.6公里，新建路灯6009套，均超额完成区政府规定的任务。

（区建设园林局　陈海武）

交通运输

【概况】 2011年，全区货运量1243.8万吨，货运周转量共99955.12万吨/公里，比2010年分别增长6%和7%；客运量1516.2万人次，客运周转量3122.08万人/公里，同比分别增长5%和4%；受理行政许可964宗；办理营运证年审8132宗、车辆营运IC卡6833宗。

【春运情况】 2011年春运，历时40天，春节前，由区交通局牵头组织市、区相关职能部门及属地街道开展联合行动和应急演练活动，加强对辖区内各火车售（取）票点的巡查，维护交通秩序；芳村、滘口、广佛三大公路运输枢纽站共发车10.14万班次，发送旅客155.16万人次；春运期间对辖区各客运站场，火车站全面开展安全生产大排查，共查扣“三品”1.4万件。春节后，火车西站到站列车191列、到达48.15万人次；疏运旅客3836班次、15.9万人次。

2011年春运期间，副区长江智涛慰问志愿者。

【公交线路及站点建设】 区交通局协调市交委推进区内路网规划建设，2011年共优化公交线路3条，新开线路7条，方便市民换乘出行。协调市交委调整兴隆北路、公交车位线路标志牌和公交车站的设置。

【运政稽查】 2011年，全区查扣违法违章各类案件共4233宗，其中：查扣涉嫌非法营运车辆132辆，不按规定站点上下客线路牌21块，暂扣异地营运出租车10辆，查处维修无证经营和不按期进行二级维护共纳案267宗，配合公安、交警部门查扣非法营运的机动三轮、两轮车2164辆及电动单车1217辆，收缴非法无线电对讲机16台；在执法过程中遇4人暴力抗法，已移送公安机关处理。针对十三行一带存在的突出交通问题，按照市、区两级部署，实行设定交通管制区域、实施错峰限行、设置禁行标志、设立固定检查点、调整公交线路、规范残疾人车管理、实行手推车准入制度、设置小货车临时装卸货点等措施，该地段交通秩序明显好转。

【迎接“创文”检查】 2011年，区交通局联合相关部门派出检查人员33人次，检查占用城市道路停车路段49条和检查康王路、中山路、荔湾路、花地大道等主要干道沿线停车场53家，铲除多占泊位125个。检查维修企业15家，发出整改通知书4份，迎接创建全国文明城市检查。

【交通维稳】 2011年初，油价、车辆通行费上涨，引发部分地区出租车及货车骚乱、罢驶等事件。为此特制定《荔湾区货运出租车行业群体性突发事件应急处置预案》，及时掌握行业动态，及早发现苗头，依靠街道深入各企业做好宣传和矛盾化解工作。同年针对“4·15”新中国大厦新物管公司临时撤场事件，区交通局专门组建交通执法小分队进驻大厦做好应急工作，特别加强对大厦周边地区如广场南北南侧的机动车非法营运清理整治，及时化解矛盾，避免群体性事件的进一步蔓延。2011年共处理各类信访投诉131宗，转办信访案件101件。

（区经贸局　钟宇琦）

水　利

【三防保障】 2011年汛前，对全区堤围、水闸、泵站、排水管网进行全面排查，共抢修维护水闸、泵站55座次，维护堤围13公里。加快防汛指挥体系自动化、现代化建设步伐，建设群闸站联控系统。全年共出动抢险队伍4000多人次，备足防汛抢险物资，成功防御“7.15”、“8.9”、“10.13”、“纳莎”等多场台风暴雨，确保全区安全度汛。

【荔枝湾二期工程】 2011年1月，根据省市区各级领导的指示，区水务农业局派员进驻荔枝湾二期工程，做好协调、督办、拆迁等多项工作，推进二期工程。区治水团队倾注全力，克服重重困难，荔枝湾二期于2011年12月22日圆满竣工。中共广东省委常委张广宁，中共广州市委书记万庆良，市委副书记、代市长陈建华等省、市领导莅临竣工仪式祝贺。通过二期建设，荔枝湾体量增加1.5倍，水生态系统得到较好恢复，水质安全更有保障，给群众带来更多实惠。

【花地河沿岸整治】 根据区委全会提出的“着力打造以唯品会和广佛数字创意园为代表的花地河新经济带，构建生态经济发达，景观环境优美，乐居宜业的生态经济廊道”的要求，2011年，区水务农业局将花地河整治改造列入重点项目，多次召开花地河两岸整治及产业升级改造专

2011年4月19日，区委副书记王慎初（中）调研花地河节点园工程建设工作。

题会议，对工作任务进行细化分解，同时做好花地河节点园建景观工程收尾工作，准备交付运营。

【内涝治理项目】 2011年，区水务农业局将排涝黑点治理工作纳入民生工程加快改造。坦尾路、桥西路边、西湾路、高寿里等4项工程已基本完工；华贵路、广雅小区等2项工程正快速推进；荔枝湾涌排涝泵站、恒海社区、南岸路周边、海龙路、浣南东街等5项排水改造工程已完成前期工作。全年共投入500万元，对兴东路、文园路、西华路等及周边内街排水管损坏严重、收水设施不足导致内涝的路段实施排水改造工程。

【水务设施管理】 2011年完成花地河四个大闸的维修养护运行管理测算，探索水利工程管理养护方案，系统开展群闸联控工作；同年新增18.02公里堤围纳入管理，全区堤围和附属设施长度达71.46公里，面积达到115万平方米；完成11项渠箱清淤工程的施工任务，总长9932米，完成清淤泥量1.63万立方米；完善对排水管网的日常管理，重点做好汛前各低洼点、内涝点的排水清疏养护工作，完成管道养护1980公里，共清理各类沙井16万座；完成排水接驳核准114宗，其中历史排水户87宗，一般排水户接驳核准13宗，施工临时排水许可审核14宗，有效处理各类投诉共300多宗。继续对河涌排污口进行排查，全年共排查黑名单单位79家，餐饮、洗车店147家。严厉打击各类水事违法行为，全年查处水事案件45起，其中立案查处39起，及时处理5起，移交其他部门处理1起。

【水利项目】 2011年，迎“亚运”治水项目全部完工，其中28个项目完成单位工程验收，13个项目完成竣工验收。驷马涌调水补水改造工程进入施工阶段。同年，区内海南复建房主体框架结构完成，预计2012年6月交付使用。同年受理各类信访60件，接待来访群众300余人，没有发生因河涌治理引发的重特大群体性事件。2011年完成广州市污水公司西南片区19个项目的摸查和概算编制，签订12个项目的合同，完成5个项目的场地移交，场地面积约3万平方米。做好新增水环境治理项目储备，新增32个储备项目已全部报送市水务局待批。完成水利普查清查阶段工作。推进广州市第一次全国水利普查工作，通过市清查数据成果验收。

2011年开展区内城中村水改工作，对全面摸查，重点推进增滘村、海北村、海中村等3个经济联社的水改工作。

（区水务农业局　刘子建）

国土资源与房屋管理

【概况】 2011年，市国土房管局荔湾区分局围绕区“四区六化”的发展定位、打造“广佛之心”的核心任务，按照建设文化荔湾、低碳荔湾、智慧荔湾、幸福荔湾的要求，主动服务，严格规范管理，团结协作，攻坚克难，奋力拼搏，在保护资源、保障发展、惠及民生、夯实基础和优化作风等方面取得新的成绩。

【土地管理】 2011年完成新一轮土地利用总体规划修编工作。优化全区土地利用布局，全区耕地保有量和基本农田保护面积分别由666.7万平方米和366.7万平方米核减到150万平方米，核减率分别为77.5%和60%。

2011年，办理征地预公告12宗，总面积27.8万平方米；上报办理用地报批手续的用地项目10宗，总面积39.24万平方米；获上级批准农转用和土地的用地项目8宗，总面积66.59万平方米；办理批后实施9宗，总面积55.9万平方米；办理征地结案9宗，总面积60.77万平方米；取得《建设用地批准书》23宗，总面积79.85万平方米；有力保障武广铁路、广州医药港等国家、省、市重点项目的用地需求。为荔湾区的重点项目建设办理拆迁许可、核发拆迁公告8宗，拆迁许可证延期手续4宗，共办理拆迁补偿协议备案手续326宗、建筑面积4.9万平方米；核定复建房526户。2011年，完成14个“城中村”改造涉及土地勘测成果和建筑物现状实测数据复核工作，合计用地总面积178.2万平方米，房屋实测总建筑面积104.35万平方米；完成权属调查案件85宗、面积839万平方米。做好南漖二类工业用地宅基地证撤证工作，共收 26 宗撤证材料，其中撤证 20 份。

完成 2010 年度土地和矿产资源卫片执法检查，核实新增建设用地 17 宗，面积 61.88 万平方米；其中违法用地 7 宗，面积 3.95 万平方米，并已全部进行立案查处。违法用地宗数、面积、占用耕地面积相应占新增建设用地宗数、总面积、占用耕地总面积的比例分别为 41.2%、6.4%、4.5%。2011 年 9 月 29 日，通过国土部检查组的检查验收。做好“城中村”“三旧”改造历史违法用地的处理，累计收件 21 宗，立案查处 21 宗，立案率 100%；已做出处罚 19 宗，面积约 411.25 万平方米，结案 16 宗。

【房屋管理】 按照“房更靓、城更美”的要求，制定《荔湾区房屋（私房）安全普查工作实施方案》，开展私房督修和危破房改造。零散危破房督修：至 2011 年底，完成 2007—2009 年在册危破房改造任务 671 幢，7.13 万平方米的零散危破房督修任务；历史文化保护街区：已选定昌华—逢源大街作为试点项目，并完成前期摸查和可行性方案研究等工作，其中昌华—逢源大街项目改造方案已经区政府同意印发实施，项目范围内两个试点房屋已完成施工图纸设计，正办理招标手续，确定中标单位后进入施工阶段；消防安全：截至 12 月底，出动检查人员约 9140 人次，检查直管房约 14.6 万余间次，完成直管房消防安全整改约 650 余间次，安装消防卷盘 2670 多个，投入整改资金约 3954.04 万元，派发消防宣传单约 1.3 万份，灭火器 4810 多个；短信平台：截至 12 月底，发送安全提示短信 13.5 万条次；应急抢险：截至 12 月底，共出动抢险 18 宗，出动抢险 630 余人次，抢险面积约 2325 平方米；直管房修缮：2011 年全年已安排修缮资金 4724 万元，其中淘汰重建直管房 165 幢，面积 1.41 万平方米，投入资金 2148 万元；5 万元以上原状维修直管房 168 幢，面积 4.98 万平方米，安排资金 1376 万元；养护工程安排资金 1200 万元。截至 12 月底，直管房租金入库后提留修缮费为 4621 万元，共支付修缮费 3591.25 万元，基本实现了修缮费均衡开支。在全市率先开发并完善直管房登记系统，实现直管房产权业务申请、审批电子化管理。截至 10 月，收缴直管房租金约近 1.2 亿万元，预计全年可达到 1.5 亿元；追缴欠租及租金补偿款 345.34 万元，租金收缴率达 99.40%。全区约有 2.12 万户租户已委托银行划账代扣租金。

【白鹅潭经济圈土地储备】 制定《公开引入社会资金推进白鹅潭经济圈土地储备开发工作方案》，按“政府主导、企业参与、银行支持”模式为相应地块的开发提供资金支持。修改完善《白鹅潭经济圈“十二五”专项规划》，完成实施策略研究成果，对启动区的整体定位、运作流程、战略合作方式提出解决思路。制定《白鹅潭经济圈 2011－2013 年储备开发方案》，确立土地储备模式，细化土地储备内容。开发完成“阳光动迁”房屋征收管理软件系统，保障动迁工作的社会稳定性。与区委党校合作编辑《荔湾学刊（白鹅潭经济圈专辑）》，梳理总结阶段性工作成果和经验。全年完成土地出让约 60 万平方米，完成土地储备约 4.8 万平方米，正在办理土地储备约 108 万平方米。新隆沙单元动迁工作顺利推进，AF020114 地块 64 户直管公房住户中有 63 户签订搬迁协议，AF020122 地块 12 户租户中有 8 户签订搬迁协议，新隆沙西 85 号私房业主已签订拆迁补偿协议。东沙医药港全面完成征地补偿工作。金碟公司已签订收储协议，金蝶地块成为白鹅潭经济圈内第一块以区土地开发所为主体成功收储的旧厂改造项目。龙溪大道南地块完成农用地收地工作。

【住房保障】 荔湾区在全市率先将直管房纳入住房保障体系，利用收回违例住宅房屋解决住房困难户 64 户。2011 年，超额完成住房保障工作目标任务，其中公共租赁住房 406 套、拆迁安置房 7442 套；完成 4502 多户登记在册低收入家庭住房状况排查。截至 2011 年底，共收到经济适用房申购表约 5461 份，廉租住房保障申请表 1233 份，完成登记在册低收入家庭住房状况排查 4502 多户。审核区内 41 个单位的住房货币分配申请表 210 份。

【房地产交易登记】 荔湾区在全市房地产交易登记率先实现“平行受理、平行审核”服务窗口建设；率先引入并完善POS机代征税、深化和完善公安局身份证识别系统的使用、对业务办理申请人作摄影备案等方式，提高交易登记工作的工作效率以与安全性。加快登记发证速度，实际办理时限比法定时限最高提速83%。建立“部门自检——质审部抽检——质量监督领导小组抽查”三级质检体系。截至11月15日，分局共受理房地产交易登记案件2万多宗、审结1.96万多宗、发证近1.95万宗，创税3.67亿元，收取土地出让金5485万元。

【地质灾害防治】 加大地质灾害隐患点和隐患地段的监测力度，落实组织、协调、指导、监督工作职能，认真开展地质灾害防治工作。2011年制定地质灾害防治规划和年度地质灾害防治方案报区政府审定实施。完善工作制度，制定汛期地质灾害值班制度、地质灾害灾情速报制度、地质灾害巡查制度、地质灾害应急调查制度、地质灾害监测预警制度等五项工作制度。群专结合，区内各隐患地段均聘请安排群众监测员，配备铜锣、哨子负责监测预警，加大巡查、监测工作力度。开展隐患点的工程治理工作，消除安全隐患。加强宣传教育，通过制发宣传画报、小册子、隐患地段明白卡等文件资料，组织举办学习培训班，开展地质灾害隐患点普查等的形式宣传、普及地质灾害防治知识。

【物业管理】 荔湾区在全市率先成立区级物业管理联合会。2011年，分局共协助处理物业管理纠纷130多宗；指导成立业主大会，选举产生7个业主委员会；共办理物业服务项目备案35宗。“创文”期间，共出动150多人次对260多个小区进行全面检查；办理房屋租赁登记备案16.79万宗，备案率达99.85%。办结经租房发还案件6宗，发还房屋8幢、1442平方米。完成区内9.87万平方米历史留用地欠账的兑现工作。

【行政管理】 2011年，修订完善《依法行政手册》《内部管理制度汇编》《直管房管理十项制度》等共四个体系80多项规章制度。建立用地报批工作机制，提高用地报批工作效率。落实土地执法共同责任制，把土地执法共同责任细化分解到国土、规划、城管、街道等26个单位，破解土地执法只有国土部门“一家管、执法难”的困局。区街采取现场办公会议、座谈会、联席工作会议等多种方式，开展零散危破私房的督修。非住宅直管房出租模式，实行非住宅出租分类管理，使房屋的出租和使用与荔湾区经济发展规划相符合，提高租金回收率。

截至11月15日，分局共办结信访案件704宗，与2010年同比增长10%，接待咨询群众1717人/批次，接听群众来电1601人/次；按时完成“8.11”、“8.31”市领导公开大接访的交办案件。完成《区维护稳定社会治安综合治理目标责任书》的各项工作任务。

（区国土房管分局）

城市更新改造

【概况】 2011年是实施“十二五”规划的开局之年，在区属各部门与街道办事处的配合下，区更新改造办紧紧围绕打造“广佛之心”，建设文化荔湾、低碳荔湾、智慧荔湾、幸福荔湾的总体目标和“一江引领、两圈带动、三片集聚”的全区发展战略布局，落实“文化引领、商旅带动、产业转型、创新驱动、环境优化”五大发展战略，大力推进“三旧”改造工作，给力荔湾转型升级。

【宝盛沙地二期项目】 宝盛沙地二期连片危破房改造地块位于老城中心区，紧邻长寿路地铁站及荔枝湾涌一期工程，2010年下半年完成拆迁启动建设。规划建设5栋安置住宅共1138套安置房，配置幼儿园、公交站、文化健身场所、社区居委会等公建配套，总建筑面积8.82万平方米，2011年上半年进行地下室施工，8月进入地面建筑主体施工阶段，预计2012年底完工。项目与恩宁路和泮溪停车场两个旧城改造重点项目相距不到300米，提供的优质房源将为推动旧城改造起到重要作用。

【西湾路项目】 西湾路项目由荔湾区以“公益征收、合理补偿”方式征收西湾路北段工业用地、拆除旧厂，与原用地单位合作建设占地19.8万平方米的全市最大旧城改造安置房项目，新建4848套房源，住宅建设面积32万平方米配套大型体育公园、小学、敬老院、商业中心等城市生活服务设施。经协商，先后与旧厂用地单位广州水泥厂和广州市政集团达成补偿协议。2011年9月底项目开工，全部4848套安置房列入广州市2011年保障房开工建设计划，预计2015年建成，建成后1.5万人受惠。

【恩宁路改造项目】 恩宁路改造项目总用地面积11.37万平方米，规划建筑面积9.7万平方米，拆迁投资额15亿元。恩宁路改造项目控制性详细规划调整在2011年6月获得市规划委员会全票审议通过，新控规采取“减法”原则，最大限度保留历史建筑，新建量少于拆除量，降低建筑密度、增加开敞空间，为打造历史文化街区奠定了蓝图。2011年成功争取到市追加3亿元的“三旧”改造专项资金额度，为动迁工作提供了资金保障。年底，已动迁居民1781户，完成动迁总量的97.7%，拆除危破旧房6.9万平方米。

【泮溪停车场改造项目】 控制性详细调整规划于2011年6月获市规委会高票通过，调整后的用地性质为社会停车场兼容商业，规划新建三层地下停车场和约5000平方米的西关精品园林建筑。2011年底完成项目范围内230户有产权房屋的动迁，拆除危破旧房1.4万平方米，为项目建设筹备工作提供了场地。

【“城中村”改造】 荔湾区有20个“城中村”，其中有18个列入广州市52个“城中村”的五年改造计划，其中花地、西塱裕安围、茶滘和东漖4个村改造规划方案已于2009年获市批准。区更新改造办与属地街道加强指导，改造以村为实施主体，推进4个村的改造工作。

西塱裕安围完成全市首例城中村整治改造，项目总投资3.28亿元，经过近两年努力，2011年已完成整治改造。共拆除6万多平方米破旧建筑，增加约1万平方米绿地面积，打通消防通道3条，铺设管道4000多米，实现“三线下地、雨污分流”，完成村内河涌堤岸和滨水景观带建设、房屋立面整饰，村貌焕然一新；新建安置房和社区文化中心各1栋，总建筑面积约8500平方米，可提供66套安置房安置回迁村民。初步实现“恢复岭南水乡特色、促进村集体经济发展、提高农转居民生活水平、弘扬爱国主义传统”的整治改造目标。

花地村先安置后拆迁，首期228套安置房项目完工。花地村以“搬积木”形式分三期实施全面改造，其中以东漖北路1.66万平方米原集体物业用地作为启动安置地块，改造成本约1.8亿元，拆除约3万平方米旧建筑，新建总面积约8万平方米的两栋23层住宅楼和一栋20层商业楼于2011年10月竣工，228套房源为后续改造提供了现楼支持。

茶滘村改造一期中——“汾水花园”安置房项目占地约3公顷，规划建筑面积约14万平方米，可提供房源1646套，其中的1456套已列入广州市保障房建设计划。项目于2010年下半年开工，2011年内可施工至地面第9层，计划2013年底整体完工。

东漖村改造一期南埠地块占地2.3公顷，涉及拆迁161户约3.2万平方米建筑，上年底全部完成补偿安置协议的签订，2011年初完成全部旧建筑的拆卸，全程实现“零钉子户”、“零强拆”。新建834套约8.3万平方米安置房，于2011年9月正式动工，计划2013年底完工。

4个村最先启动的工程都是安置房工程，确保安置先落实，保障村民切身利益，再有序实施其他改造环节，因而“城中村”改造获得村民的大力支持。

【大坦沙岛改造】 2011年7月，广州市规委会高票通过1.70毛容积率的大坦沙岛控制性详细规划；10月，市政府审议通过整岛控制性详细规划，11月，市“三旧”改造工作领导小组审议原则通过整岛改造方案。

荔湾区将通过大坦沙岛改造，率先在全市探索“多村并联‘三旧’连片改造”新模式，整岛面积355公顷，实际改造范围239公顷。改造采取“统一土地整理与储备、统一规划、统一公共基础设施配套，统一城市管理”的改造策略，打破旧村、旧厂、旧城界线，归并河沙、坦尾、西郊3个城中村与数十宗国有用地，统筹安置，合理布局复建、融资地块，统一规划基础设施、公共服务设施。

【“十三行”商圈建设】 2011年完成规划的深化修改。在对北片“三旧”资源作出全面分析的基础上，提出了21个旧城片区的改造控规建议，使控规调整参考方向更细致并切合区情实际。疏理了商圈内“十二五”时期的10个重点实施项目，以重点项目带动商圈建设。完成了《广州市十三行商圈产业转型升级的思路与对策研究》和《荔湾区培育和建设世界文化名城核心区可行性研究》两项专题研究。

（区更新改造办　陈纯娜）

城市管理

【概况】 2011年区城市管理局全面推进垃圾分类、环境卫生整治、流动商贩管理、户外广告整治规范、创建星级街道、病媒生物防制等方面的工作，取得了较好的成绩和社会反响，顺利完成“创文”工作任务。

【城市保洁】 组织“双竞赛”检查评比活动，每月对各街道进行3次检评，力争检评工作“公开、公平、公正”。规范车队作业管理工作，做好车辆维修维护，提高车辆完好率，合理安排运力，调配好小黄车、垃圾车的运作，确保垃圾日产日清。2011年投入50万元对主干道采用大型机械化清扫，提高机械化作业水平和降低工人劳动强度。每天出动洒水车100车次、投入6台大型扫路车，清洗面积达400多万平方米。为确保“创文”成功，增加保洁人员及保洁时间。从2011年8月起，各保洁公司共增加60名工人，各主要路段保洁时间延长至晚上零点；在每周模拟检查期间安排工人加班1200人次，在国检期间（9月18日至25日），每天加班600人次，共加班6000多人次，全年投入加班费72万元。投入800个果皮箱及500个果皮箱内胆，200个垃圾桶，用于更换主次干道路及支持各备检社区的迎检工作。

【市容整治】 重点整治影响城市市容的乱张贴、乱涂写、乱拉挂和零星余泥乱偷倒、乱堆放等问题。与各街道签订《门前市容环境卫生责任区告知书》，发放宣传资料2.85份；指导各街道及有关单位开展整治户外广告和招牌活动，基本完成各街自选的25条内街招牌整治工作。监督加强对市政建设工程队余泥排放的监管，对容易产生余泥污染的重点路段和区域加强夜间及节假日巡查，切实加强零星余泥乱偷倒清运工作。主动服务做好户外临时宣传品审批与管理。2011年审批临时户外宣传品5宗，清理乱张贴75万多张、乱涂写15万多处、督促有关单位拆除乱拉挂横额1356条、串旗5120串、刀旗5293面、充气拱门91个；配合清理乱倒零星余泥315处。

【星级街道创建】 2011年，根据市创建星级卫生街道的工作部署，制订区工作方案，落实人员做好分工，认真对照8大方面的创建标准，找差距、订措施、落实整改。巩固前阶段14条街道的“创星”成果；重点推进南源街、华林街、西村街、海龙街和花地街等5条街道开展“创星”工作。2011年，沙面街通过市的“创星”暗访和正式考核验收，东沙街、中南街开展“创星”的申报工作并通过市的考核验收。

【病媒生物防制】 2011年，制定《荔湾区2011年病媒生物防制工作方案》和《荔湾区2011年病媒生物防制技术方案》。投入25万元购买安装2000多个防蚊闸板，投入130多万元购买各类灭蚊药物、器械下发给街道消毒站，并储备一批药品和器械。除区政府财政投入外，各街道办事处也有不同程度的经费投入，用于辖内公共场所的病媒生物消杀。2011年开展春秋季灭鼠行动，配备3000多个灭鼠屋，出动3600多人次，投放灭鼠药1.45万公斤，捕鼠6000多只。同年在爱国卫生行动月活动中，组织了4次大规模的统一卫生整治行动。开展以防控登革热为重点的，病媒生物防制行动，清理卫生死角和翻盆倒罐清积水消除蚊虫孳生地；出动1.2万多人次，动用包括车载超低机、热烟雾机、常量机在内的各种器械2000多台次，使用药物烟熏下水道约400千米，喷洒公共场所约500万平方米。2011年，全区没有发现鼠疫，登革热疫病得到有效控制，只发生3起本地性病例。

病媒生物防制行动——烟熏沙井

【控烟宣传】 2011年，开展3次大型控烟咨询活动，500多人次接受咨询，派发控烟宣传资料6万多份广泛宣传《控烟条例》，以发放宣传资料、健康咨询等各种形式，投入3万多元印刷《控烟条例》单行本1万本和460份大型宣传海报，以及市爱卫办下发的宣传品，共向全区各机关、团体、企事业单位和一、二级马路经营场所派发《控烟条例》2万册，控烟知识问答小册子4万份，控烟折页4000多份，大型海报460多张，控烟标志11万份。局多次召开控烟执法工作会议，明确各单位控烟工作职责，控烟执法基本程序、技巧和应注意的问题，投诉电话受理和投诉处理程序等。同年组织区卫生局、区食品药品监管局、区工商局、区文化局等部门3次开展联合执法督导检查，检查区内的机关团体、社区、星级宾馆、餐饮行业、学校和医院的控烟情况。6月30日，市城管委党委书记、主任李廷贵亲自带队对控烟工作进行复检，区食品药品监督管理局对控烟不力的新茶香居酒家开出了罚单。全区有250多个单位开展无吸烟单位创建活动，2011年荔湾区有201个单位被授予无吸烟单位称号。

【“数字城管”机制建设】 设视频监控指挥中心每天对各街道主干道和“六乱”黑点进行全天候视频监控，发现问题立即呼叫辖区单位处理。2011年共视频巡检6万余次，截至11月20日，“城管通”综合巡检发现城市管理问题5893宗，办理5488宗，其中“六乱”2428宗，店外经营997宗，市政管养483宗，环卫475宗，广告374宗，井盖246宗，市容205宗，交通设施83宗，施工管理80宗，流浪乞讨71宗，其他城市管理问题46宗。这些问题经责任单位整改，巡检人员“城管通”现场核查，绝大多数都得到了及时有效解决。特别是市政设施管养及次干道市容环卫问题，群众投诉较少。在“创文”实地考察迎检期间，监控指挥中心作为荔湾区“创文”迎检指挥部，充分发挥了快速反应、指挥调配、监控路段、监督行为和现场取证等方面的优势。截止11月20日，中心共受理城市管理案件近2.44万宗，其中群众投诉、建议近1.61万宗，主动巡查发现8289宗（不含区级视频巡检发现案件）。受理投诉已结案2.41万多宗，办结率98.9%。全年做到了投诉受理100%，案件分派100%，案件处理100%。通过加大案件催、督办力度，案件按期办结率总体保持在98.7%左右，实现了年初预定的95%以上目标。

【流动商贩管理】 制定《荔湾区2011年度整治和规范流动商贩管理工作方案》，以加快流动商贩临时疏导区建设，推动疏导区向社区延伸，安置一定数量的流动商贩。截止2011年10月，共收到10个街道办事处关于设置流动商贩临时疏导区的申请，一共申请设置22个流动商贩临时疏导区。根据程序对申请的疏导区进行资料审核，并陆续安排到现场勘察，已现场勘察14个流动商贩临时疏导区，审批3个疏导区。

对南源街东风西路废弃铁路、逢源街文昌北路2个流动商贩临时疏导区具体设置进行了研究，制订出环境整治设计方案，对两个疏导区进行升级改造。举办《广州市流动商贩公众网上服务系统》操作应用荔湾区培训会，明确学习《荔湾区流动商贩管理方案》《荔湾区2011年度整治和规范流动商贩管理工作方案》和《流动商贩临时疏导区设置实施细则》等文件，规范疏导区的设置程序和管理规定。

【垃圾分类处理】 按照中共广州市委、市政府"解决垃圾围城"的总体战略思想，2011年，制订全区开展垃圾分类工作方案并对所需经费进行测算，除试点街道沙面街和东漖街外，其他20个街道则须选取3个社区开展垃圾分类示范社区建设。每月开展"垃圾分类全民行动日"，开展咨询活动、张贴宣传画、上门入户宣传、派发宣传品等形式向居民进行宣传，动员广大市民自觉参与生活垃圾分类，营造全民参与的良好氛围。2011年共组织5次街道城管基干专题业务培训；派发宣传手册2800份，各类宣传单张3万多张。街道社区、单位、学校、酒店参与分类率90%，居民知晓率90%，居民分类投放准确率65%。2011年，全区运入兴丰垃圾填埋场处理的生活垃圾每天约950吨。

2011年投入550万元垃圾分类专项经费，用于沙面街、东漖街全面开展垃圾分类的经费补助、购买分类收集箱、购买部分居民楼道分类收集桶、开展社区垃圾分类宣传活动、补贴垃圾分类运输经费等方面的支出。全年给居民小区派发小型分类垃圾桶1441个、垃圾袋2.5万个，在114个居民大院设置45升四色垃圾桶，在公共场所设置186个欧陆风情特色分类收集果皮箱。区城市管理局专门组建一支由4台小黄车、2台压缩车组成的分类运输队伍，专门运送区内分类的餐厨、花木垃圾及软包装可回收垃圾，初步形成社区、学校、环卫车队、终端处理的运输路线图。

【余泥渣土排放管理】 2011年共出动2800人次巡查工地、路面，处理道路污染46万平方米，清理无主余泥1.8万吨，处理解决群众投诉及反映情况76宗。同年检查工地2810个次，联合综合执法部门查处违章工地32个次，检查余泥运输车辆3644台次，共办理排放证45个，余泥排放量60多万立方米，办理车辆准运证副证366个。

【环卫设施维修与升级改造】 2011年，区城市管理局完成南漖车场用地报批手续，完成罗冲围车场升级改造第一期工程。实行对环卫车场的数字化管理，在车场安装20余个视频监控头，保证环卫车场的安全生产。

"创文"迎国检期间，对照标准逐一对区内公厕的无障碍设施现况进行排查，从市城管委申请改造资金49万元，对18间公厕进行无障碍设施改造；向市城管委申领11座流动公厕，配合区委区府及区其他职能部门、街道举办大型活动摆放流动公厕40余座次。

区内芳村花园垃圾压缩站与环翠园垃圾压缩站设备陈旧、场地老化、环境污染大，争取市城管委资金与压缩设备的支持，通过多次宣传沟通，取得与周边居民如芳村花园业主等的理解，进行设备升级和场地改造。

定时巡查，逐一清点，严格验收，确保环卫设施完好率。对全区19座垃圾压缩站、187座公厕、环卫工具房登记造册，图文存档。除日常巡查外，公厕管养公司每月上报各公厕现状照片，每季度对全区187座公厕设施完好情况进行全面大检查，发现需小修小补的问题责令管养公司即刻整改。2011年，对6间公厕、2座垃圾压缩站等公配环卫设施进行验收移交，对未达到验收标准的提出整改意见，确保交付后得以正常使用。

2011年，与广州市华邦投资有限公司签订协议，由其出资对文昌南路48－50号公厕进行装修改造及保洁管理。通过制订各项具体条款，约定公厕移交管理后继续接受区城市管理局的监督考评，保证公厕保洁管养维护达到标准要求。

2011年共投入资金530余万元招标采购果皮箱、分类桶、环卫工具车、环卫工具房、分类垃圾袋等设备，节约经费近30万元。同年，受华林街道办事处与商业步行街管理委员会的委托，组织上下九路—十甫路的道路保洁项目的招投标工作。

（区城管局　杨凌燕）

城管执法

【概况】 2011年，区城管执法分局以"做细、做优、做靓”六字方针为指导，以创建国家文明城市为中心，打好区重点项目建设和整治“六乱”、查控违法建设、清拆违法户外广告招牌、工地管理等城市管理攻坚战，共出动执法人员7.6万人次，开展大型执法行动200多次，累计拆除违法建设179宗，3.28万平方米，控制违法建设8875.36平方米，拆除违法户外广告和招牌28处，800多平方米，查处余泥渣土排放和夜间施工案件111宗，整治占道经营近1.74万宗、乱摆卖3.58万多宗，办理乱张贴、乱涂写案件478宗，处理信访案件近1.7万宗，办结率99.8%。

在广州电视台、《广州日报》《南方都市报》《新快报》《广州建设报》等省内媒体发表通讯30余篇；在论坛上撰写、发表原创文章及跟帖评论、转贴文章100多篇，有原创帖29篇，共计2万多字；编辑工作简报24期；在公开刊物发表各类研究城市管理方面的论文12篇。

【机构改革】 围绕街道“三中心一队伍”试点，设立荔湾区城管执法督察工作委员会，建立《督察委员会工作方案》《首问责任制》与“创文”责任倒查责任制和执法工作指引等工作机制，规范执法程序，强化督察职能；2011年5月至11月，逐步完成步行街中队整体移交华林街道管理，12月正式组建分局女子特勤中队。

【效能建设】 2011年，组织全体执法队员学习《中国共产党党员领导干部廉洁从政若干准则》等党内法规以及省、市、区纪委印发或拍摄制作的正、反面典型案例，并根据岗位特点，开展排查廉政风险点活动。在此基础上，按照“一把手”负总责、分管领导“一岗双责”和“谁主管、谁负责”的原则，与各单位签订《党风廉政建设责任书》，形成“分工明确、责任具体，一级抓一级、层层抓落实”的责任体系。利用区信访监察联动督办信息系统，对重点信访案件进行跟踪处理，对正在办理信访件的进程，已办理信访件的时效进行管理，确保在规定时间内办结。全年共收到纪检信访案件18宗，其中区转办13宗，市转办5宗，回复率100%，没有发生一起干部队员严重违法乱纪行为。

【工作机制】 推行超常规24小时“白+黑”工作机制，建立“六乱”日常巡查机制，由直属中队每日向属地执法单位发《城市管理综合执法工作交办函》和《创文督办通知书》等措施，督促属地执法队依法履行日常治理职责。同时成立迎检应急分队、后勤保障分队，完善“创文”每日巡查制度、考核制度及日常转办、督办制度，并组建三个督导小组进行全程督察协调。2011年，共投入近20万人次，增配执法车3辆、800M数字对讲机200台、相机6部。同年发出“六乱”类交办函、转办函和督办函303份，派发创建全国文明城市倡议书8000张、《致荔湾区建设工地的公开信》100多份、少数民族文字和语音宣传材料1000多份。

【“六乱”整治】 推行市、区、街三级联动执法模式，启用语音告知系统治理乱贴（涂、画），落实流动商贩临时疏导区工作，开展多部门联合整治和专项整治行动等多种形式，抓重点路段、商业繁华地区的市容环境整治。2011年开展“市局—分局—街道执法队”三级联动执法行动58次，安排步行街专项整治月、黄沙水产市场专项整治、卫生清洁月、市容环境卫生责任区、社区容貌专项整治、西华路联合整治、中山八路市容专项整治等各类专项整治32项，起到标本兼治的作用。全年，共整治占道经营近1.74万宗、乱摆卖3.58万多宗，办理乱张贴、乱涂写案件478宗。

【工地管理】 向辖区内工地派发《致荔湾区建设工地的公开信》，引导有关责任单位规范施工，加强日常巡查，及时发现违章行为；建立“执法意见书”、交办函、督促函等工作制度，加强工地执法工作的检查监督，对个别影响较大、问题较突出的违章重点案件，实行直属队伍直接查处制度，建立夜间值班制度，严格查处工地违章夜间施工和建筑废弃物违章运输等行为。推行“信息公开、相互监督”的余泥监督互相联系制度，建立余泥监督员联系簿、工作日记、工地余泥排放监督联系栏和办案卡，在每一施工工地现场公布，树立政府机关为民所想，方便民众的服务形象。2011 年余泥中队出动 4000 多人次，对全区 40 多个工地进行余泥运输监督，检查余泥运输车辆 9000 多车次，查处无证施工案件 22 宗，夜间施工案件 17 宗，余泥类处罚案件共 26 宗，无证运输车辆 43 宗，余泥漏洒案件 9 宗，全年没有发生因违法施工导致的安全事故。

【拆除违章广告招牌】 2011 年，分局按照《广州市户外广告和招牌设置管理办法》以及相关管理规定，加强属地执法队和直属中队的日常巡查，及时发现、制止、拆除违法户外广告招牌。加大楼顶广告、严重影响市容市貌的广告招牌的查处力度，区内违章广告招牌得到有效控制，基本杜绝新违章广告发生，带有广告内容的民警提示牌也全部按要求在“创文”国检之前拆除完毕，并限期整改 LED 广告屏 5 宗，协助有关部门开展内街巷广告招牌整治 22 处。

【“两违”查控】 协助做好东沙二类工业用地储备工作，成功拆除东沙 6.87 万平方米征收范围内 65 宗违法建设，面积 4013.5 平方米；协助做好荔枝湾二期拆违工程，协调铁路分局加快二期铁路范围内违法建设的查处进度。推进“城中村”改造以及“二进三”、美食园和花地河沿岸经济带等重点项目工程。2011 年 10 月，荔湾区启动拆除违法建设专项整治行动月，相应成立清拆违法建设行动领导小组，制订详细工作方案，对 36 宗共 9131.73 平方米的违法建设建档立案，并限期拆除。印制派发 1.79 万份《珍惜资源杜绝违法建设建设幸福新荔湾——致荔湾区城中村居民的一封信》，并通过志愿者服务活动、法律咨询活动等多途径宣传城市规划方面的法律法规。严格落实属地管理原则，将拆违升级为控违，加强巡查密度，及时发现、报告和制止违法建设。2011 年，共拆除违法建设 179 宗、近 3.28 万平方米，将 160 宗、2.95 万平方米的违法建设控制在萌芽状态，化解东沙观涛路一带出现的抢建风潮。

【构建城管大网络】 2011 年，加强部门协作，推进属地管理，并强化与各相关部门合作，建立起部门间良性互动的联动机制。同时，强化办事处、社区居委会的基础性作用，努力构建“两级政府、三级管理、四级网络”的城市管理综合执法体系。不断创新管理办法，疏堵结合，科学管理，严格考评，坚决问责，形成协调运转、齐抓共管的新局面。加强宣传，继续推进执法服务进社区、进学校、进企业、进“城中村”等“四进”活动，增强市民参与城市管理的积极性，协助城管队伍进行调查、取证、文书送达和见证法院强制执行。

（区城管执法分局　李义生）

环境保护

【环境质量监测】 2011 年，荔湾区环境监测站负责对沙基涌、大沙河、荔湾湖、荔湾涌、澳口涌、增埗涌、塞坝涌、花地涌、东塱涌、二尾涌、水口涌、坦尾涌等水体质量进行地表水环境质量监测。除荔湾湖外，全年按枯水期、丰水期、平水期进行采样分析，采样时间枯水期在 3 月 1 日，丰水期在 7 月 5 日，平水期在 9 月 6 日；荔湾湖的采样时间为每季度第一个月上旬。监测项目有溶解氧、高锰酸盐指数、生化需氧量、氨氮、硫化物、粪大肠菌群等 25 个项目。其中粪大肠菌群、氟化物项目委托广州市环境监测中心站检测。

2011 年，大气连续恒温采样监测包括二氧化硫、二氧化氮、总悬浮颗粒物三项。大气连续恒温采样监测点和降水采样点设于荔湾区环保局天台，二氧化硫、二氧化氮、总悬浮颗粒物项目每星期一、三、六采样一次，每次连续 24 小时监测。降水逢雨监测。硫酸盐化速率、降尘采样点设在广雅中学、西来西小学（妇儿商场）、陈家祠（水利设计院）、广州市第 12 中学、铝制品公司（林凤娥小学）、广州紧固件厂、广钢医院（真光中学）、茶滘茶苑楼（红棉苑小学）8 个测点，每月 20 日收样（放样）监测。

2011 年，功能区环境噪声监测在全市统一设点中的两个监测点进行：居民区代表点——西增路北部湾酒店，工业集中区代表点——水厂路省冷冻厂招待所。全年按四个季度定期监测，每次连续监测24小时，每小时监测一次，每次监测10分钟，监测间隔为一秒；城市区域环境噪声监测的监测网格点数为11个，监测在5月进行，选择在星期一至星期五的正常工作日的昼间进行测量，每个测点监测20分钟，监测间隔为一秒；道路交通噪声监测点数49个，监测在5月进行。道路交通噪声每个测点监测20分钟，监测间隔为一秒，同时记录车流量。

【污染源监测】 区污染源监督监测的范围主要是辖区范围内的污染源企业，监测项目主要有废水、废气、噪声等，监测项目和分析方法按照《环境监测技术规范》及相关标准执行。2011年对辖区内污染源企业监测形成的水、气、声监测报告约2500份。

【环境质量】 空气质量情况。2011年，区降尘月平均值为5.47吨/平方公里·月，优于广州市地方标准。硫酸盐化速率为0.775三氧化硫毫克/100平方厘米碱片·日，二氧化硫为0.042毫克/立方米，二氧化氮为0.049毫克/立方米，总悬浮颗粒物为0.139毫克/立方米，均优于广东省地方标准。全年降水总量为1594.5毫米，降水pH雨量加权平均值为5.09。

水环境质量情况。从2011年荔湾区地表水环境质量各项指标的全年平均值来看，pH值、挥发酚、氰化物、砷、汞、镉、铜、铅、锌、铬（六价）、硒、硫化物、氟化物均优于国家标准GB3838—2002的IV类标准。各监测点超过IV类标准的项目主要是生化指标，如溶解氧、生化需氧量、化学需氧量、氨氮、总磷、总氮等。

声环境质量情况。2011年，荔湾区功能区噪声二类区Ld为58.4db（A），Ln为50.4db（A），三类区Ld为61.4db（A），Ln为54.4db（A），二类区日间噪声和三类区的日间、夜间噪声优于国家标准，但二类区夜间噪声高于国家标准。2011年的区域环境和交通环境噪声分别为54.8分贝和68.5分贝，均优于国家标准。

【水环境治理】 严厉打击威胁水环境安全的漂染、电镀、印花等企业，进一步推进规范排污口工作，确保涉水企业排污口规范率达到100%；加大水环境执法力度，严查超标准、超许可总量向江河湖泊等水环境排放水污染物的违法行为，2011年关闭5家污水超标排放企业。开展荔枝湾文化休闲区的升级改造，完成荔湾湖（含荔枝湾涌一期）生态修复工程建设任务，与区水务农业局、区建设园林局、区景区中心等部门，共同制定《荔湾湖水质改善工作方案》和《荔枝湾涌（二期）规划方案优化意见》。

【大气环境治理】 2011年，加强对含挥发性有机物污染的控制，将所有加油站纳入环境监管，确保挥发性有机物污染治理设施正常运行，确保污染物稳定达标。加强机动车排气监管，根据市局对机动车尾气专项执法安排，从2011年6月起，在（广佛）穗盐路收费站主要路口设置固定路检点，部署遥感检测车进行遥感检测执法，全年共遥测各类机动车近2.62万辆，劝返96辆，下达《责令限期整改通知书》11份。通过执法进一步控制和削减了机动车大气污染物排放，促进了区内空气质量的改善。

【油烟综合整治试点】 2011年，区餐饮业油烟综合整治试点工作，按照《关于印发学习借鉴港澳先进经验进一步加强饮食业油烟污染防治工作方案的通知》和《印发2011年广州市餐饮业油烟污染综合整治试点工作指导意见的通知》要求，从区情出发，精心部署，试点历时5个多月，共投入治理资金312万元，完成15个工程项目整治，使用新技术7项，其中专利技术5项；试点区域油烟排放量从原来每月0.94吨下降到0.11吨，油烟去除率达88.9%；废油脂安全处置量49.25吨。2011年环境投诉下降73%，群众满意率达到99%，全面达到6个100%和4个示范的试点目标。

【重金属专项整治】 按照“铁腕治污”环境执法现场工作会议精神，吸取北江铊污染事件、云南铬渣污染事件、紫金铅蓄电池事件教训，重视重金属和危险废物的管理和污染防范，对区辖内产生重金属的企业进行地毯式排查。2011年5

月对花地蓄电池厂依法实施关闭，妥善处理遗留的铅废物，消除了重大环境隐患；对安华电子、俊朗电子等产生重金属的企业纳入重点监管，加大督查督办力度，每月最少两次到现场进行监察，从严查处偷排超排行为，加强企业的生产全过程监管，规范危险废物管理，加大危险废物的转移监管力度，严格执行危险废物转移联单制度，督促企业完善各类突发事件应急预案并加强演练，防止发生次生环境污染事件。

2011年部署开展专项执法行动13次，出动执法人员5600人次，检查企业2741家次，立案295宗，作出行政处罚237宗，责令停止违法排污行为1453宗，停止项目生产或使用73宗。其中检查餐饮企业1855家，下达责令整改通知书107份，立案处罚79家，关闭违法排污餐饮企业133家。

【环保设施建设】 加强污染自动监控管理。2011年，区内开通各类视频监控点68个、排污数据监测点17个，油烟治理设备监控点466个，试点开展油烟在线监测点3个。其中：区属重点污染源在线监控点9个，市属企业视频监控点4个和排污数据监测点8个，交通主干道尾气视频监控点7个，重点河涌视频监控点48个。已全面理顺各监控点的运营与管理，建立起政府补贴建设，企业委托运营，环保执法监督的在线监控建设和运营工作机制。

2011年共现场勘察项目1112宗，现场勘察率97.6%，共审批建设项目299项，总投资49.63亿元，其中环保投资8044万元，占投资总额的1.6%，验收498个项目，变更备案企业67家。

【"退二进三"进展情况】 推进第二批环保类"退二"企业的停产搬迁工作，2011年初，关闭了广州市明盾金属表面处理厂、广州市立康制衣有限公司，由第二批环保类退二企业调整至第三批，至此，荔湾区第二批影响环保类"退二"的6家企业已经全部关闭、搬迁，提前一年完成第二批影响环保类"退二"任务。协调有关部门推进"退二"工作配套政策措施的落实，保护退二企业的正当权益。指导新展有机硅有限公司、美业针织印染厂有限公司向市政府提出退二贷款贴息申请获准受理。

【环境宣教】 2011年，区环境保护局与区政协联合举办低碳生活大讲坛活动，邀请时任国家环保部宣教司副司长贾峰作"节能减排你我同行"的专题报告；与区人大联合举办《中华人民共和国环境保护法》法制讲座，开展以"手牵手共建生态文明，'大环保'有我有他有你"为主题的签名宣传活动。举办"资源节约、垃圾减量、循环再用"大型公益环保活动，增强社会各界的环保意识和守法意识。

【绿色创建】 2011年为白鹤洞街山顶社区、石围塘街万盛社区、花地街花地城社区3个区级绿色社区申报市级绿色社区创建工作。截至2011年，全区共创建国家级绿色社区2个、省级20个，市级54个，区级172个，绿色社区总数占全区社区的89%。共创建国际生态学校1所、国家级绿色学校4所、省级绿色学校32所、市级绿色学校100所，全区所有中小学校与幼儿园均通过了区级环境教育达标学校的评估。

【排污总量控制】 2011年，主要水污染物总量控制种类由2项增加到4项，以水污染物总量减排促进水环境质量改善。推进工业锅炉清洁能源改造，新华线业有限公司工业锅炉改用BMF燃料，完成广州高得针织染整制衣有限公司、广州市市政水泥制品有限公司等5个主要减排项目，完成削减化学需氧量42.122吨、氨氮1.228吨、二氧化硫19.982吨、氮氧化物15.912吨。超额完成市下达的主要污染物削减任务指标，为完成"十二五"主要污染物削减目标打下良好的基础。

【环境信访】 2011年，区环保局共受理群众投诉1251宗，比2010年同比下降15.81%。办结1194宗，办结率95.44%。按投诉方式分，来电685宗，来信来函478件，来访32批46人，互联网3宗。按投诉来源分，受理596宗，"12319"转办168宗，市环保局转办366宗，区信访局转办106宗，其他15宗。信访复文105份，移送案件113宗。

【国家环保城市复核】 2011年是广州市环保模范城市“复核”年。按照市创模办文件精神，制定《荔湾区迎接国家环保部对广州市国家环境保护模范城市复核工作方案》。按照市创模办的统筹安排，做好“复核”工作的协调、督促工作。开展重点工业企业“一源一档”资料整理，组织开展对全区产生危险废物单位进行专项执法检查，强化对重金属污染物排放企业的环境监管等专项工作，并协调其他部门全力以赴做好迎检工作。

【创文明城市】 2011年，制定《荔湾区环保局创文明城市工作方案》，对创文明城市中涉及的各项环保工作进行分工，明确相关责任主体及工作程序，在2011年“创文”国检中，上级下达的各项创文明城市环保工作全部按时完成，确保“创文”工作顺利进行。

（区环保局）

白鹅潭经济圈建设

【概况】 白鹅潭管理委员会（简称“管委会”）成立于2011年5月24日，配事业编制20人，下设综合部、土地开发部、工程建设部、招商服务部、资金管理部，主要负责协调有关部门对荔湾区白鹅潭区域内的规划、建设、招商、融资等进行统一管理和服务。2011年，管委会围绕打造“广佛之心”的战略目标，以土地储备为抓手，以新隆沙和白鹤沙为突破口，加快白鹅潭经济圈内重点地块储备、重点项目推进、重点配套设施建设。

【土地储备计划】 2011年6月，管委会制定《白鹅潭经济圈2011—2013年储备开发方案》，明确2011—2013年重点实施白鹅潭经济圈启动区3.5平方公里的土地储备工作。其中，土地储备工作总目标为343.70万平方米，具体包括启动区内262.17万平方米、启动区外81.54万平方米；计划出让土地111.28万平方米，包括启动区内34.73万平方米、启动区外76.54万平方米。

2011年实现全年区土地实物储备工作目标的147%，超额完成市政府下达的年度土地储备任务。其中，已完成土地实物储备工作目标47公顷，具体为广州医药港（B、L、M地块）21公顷、龙溪大道地块21公顷、白鹤沙地块二期5公顷。开展计划外土地实物储备22公顷，具体为新隆沙AF020122与AF020114地块、南漖工业地块、铝厂、金蝶、兴达及金桥四个旧厂改造地块。

【规划路建设方案】 2011年，白鹅潭周边道路交通配套设施进展顺利。按照白鹅潭经济圈控制性详细规划路网的要求，参照广州市内等级道路的规划标准，编制了《白鹅潭经济圈启动区2011—2013年市政配套设施建设规划》，初步拟出新隆沙、白鹤沙、聚龙村、滘口等四个地块共38条规划路的建设方案。其中白鹤沙地块拟建11条规划道路，包括1条临时施工便道及原有1条道路改造；新隆沙地块拟建8条规划道路，利用地铁一号线进行交通接驳，最大限度提升地块价值；聚龙沙地块拟建11条规划道路；滘口地块拟建8条规划道路，形成“三横三纵”的路网格局。

【宣传推介】 2011年通过《南方日报》《广州日报》《羊城晚报》《文汇报》香港《荔湾学刊》等主流媒体及杂志的正面报道，提高白鹅潭经济圈知名度。开展招商引资推介工作。先后与新海能源集团、凯德置地、恒基地产、南丰集团、苏宁环球、富力地产、保利地产、绿地集团、合景泰富、广州港集团、广新集团等企业洽谈沟通。

【创新土地储备融资模式】 2011年，管委会努力探索土地储备融资新模式，引入社会资金推动白鹅潭经济圈土地储备工作，在全市率先采取“政府主导、企业参与、银行支持”模式，实现将融资和储备两个体系分开，单独运行；借鉴了“勾地”做法，确保公开出让的土地顺利在市场上拍出。同时制定《关于公开引入社会资金推动白鹅潭经济圈土地储备开发工作方案》，以吸引有实力、有信用、有品牌的开发主体参与白鹅潭经济圈建设，共同探索一条符合政策、适应发展、有效可行的土地储备新路子。

【土地开发模式及实施策略研究】 2011 年 5 月，白鹅潭经济圈启动区土地开发模式及实施策略研究工作完成。该研究对启动区的整体定位、开发模式、开发时序、风险控制、政策保障及各阶段实施策略提出了基本方案，对土地储备运作流程、关键点控制、战略合作方式等提出了解决思路，使白鹅潭经济圈开发建设工作更具全局性和前瞻性，边研究边应用，积极将阶段性成果应用到实际工作中，取得一定成效。

（区白鹅潭管委会　梁政骥）

西堤六二三纪念碑

经　济

◎ 规划、计划、粮食管理与经济体制改革
◎ 物价管理
◎ 统计管理
◎ 财政
◎ 国家税务
◎ 地方税务
◎ 金融
◎ 经济服务
◎ 政务服务
◎ 国有资产监督
◎ 审计
◎ 工商行政管理
◎ 劳动管理
◎ 安全生产监督
◎ 食品药品监管
◎ 质量技术监督
◎ 工业
◎ 农业
◎ 商贸
◎ 对外贸易
◎ 上下九商业步行街
◎ 旅游业
◎ 供销合作社

经　济

规划、计划、粮食管理与经济体制改革

【概况】　区发展改革局挂区粮食局、区物价局牌子。另设粮食管理所、价格认证中心。2011年，区发改局完成“十二五”规划编制工作，参与区重点项目建设，推进体制改革，促进区国民经济的健康发展和社会事业的全面进步。

【计划编制与立项审批】　2011年，区发改局编制《广州市荔湾区2010年国民经济和社会发展计划执行情况与2011年计划草案的报告》。报告在全面分析2010年计划指标完成情况的基础上，结合国内外经济发展环境和区内实际，提出2011年经济社会发展目标与任务，并围绕年度工作目标任务，制定相应的工作重点和保障措施。

2010年底部署区各部门和街道编制2011年固定资产投资项目计划。2011年初，对各部门和街道申报的项目计划进行筛选整理，征求区财政局、区建设园林局和市规划荔湾分局等部门意见，确定荔湾区2011年重点建设项目与固定资产投资项目计划。2011年，荔湾区计划安排重点建设项目34项，年度计划投资155.71亿元；固定资产投资项目90项，年度计划投资180.22亿元。

2011年，区发改局完成政府财政性投资立项审批219项，总投资额102.7亿元；完成社会投资备案登记36项，总投资额40.4亿元。

【区重点项目管理】　2011年，荔湾区重点建设项目34项，全年完成投资118.47亿元。其中城市建设主干类13个项目年度计划投资49.94亿元，完成12.68亿元，占全区重点建设项目同期完成投资总额的10.70%；生产力骨干类19个项目年度计划投资105.56亿元，完成105.72亿元，占全区重点建设项目同期完成投资总额的89.24%；社会事业类2个项目计划投资0.2亿元，完成0.07亿元，占全区重点建设项目同期完成投资总额的0.06%。城市建设主干类项目方面，荔枝湾二期改造项目（食养坊—荔湾湖—珠江口）于2011年底竣工。生产力骨干项目方面，广东中烟广州生产基地易地改造项目开始试生产，广东塑料交易所二期项目与世贸服装城项目已封顶，计划于2012年开始试运营。

【固定资产投资管理】　2011年，全年完成固定资产投资按项目在地口径统计完成223.13亿元，同比增长19.2%；按法人在地口径统计完成124.17亿元，同比增长28.7%。

路网、城市环境建设：芳村大道南扩建工程、龙溪大道东延长线、玉兰路延长线等项目建设工作进展较快，花地河东岸规划路南段、芳村体育中心等一批道路投入使用。

“三旧”改造工作：完成全区20个“城中村”改造规划方案的编制工作；西塱（裕安围）成为全市“旧村”整治改造典范，花地村首期228套安置房交付使用；宝盛沙地二期、西湾路、茶滘等安置房项目加紧落实，7848套保障房项目稳步推进；恩宁路改造项目完成动迁1872户，占动迁总量的97.8%，项目的控制性详细规划调整获得市城规会通过，全区完成7.13万平方米的危破房改造任务。白鹅潭经济圈建设力度不断加大，全年完成土地储备100万平方米。完成国际医药港地块、欧洲城地块的收地工作。

【体制改革】　2011年，区发改局落实企业上市扶持奖励政策，对广州酒家和珠江钢琴集团申请后备上市企业奖励的申报材料进行实质性审查，并给予各50万元资助上市。加强“政银担企”（政府、银行、担保机构、企业）四方合作，为荔湾区中小企业搭建金融服务平台，提供各项发展所需的金融支持，向区内中小企业、专业市场提供“全方位、一站式”的金融服务和强大的金融支持。积极搭建合作共赢的小额信贷平台，监管和协助区内小额贷款公司开展业务，举办业务交流会，为荔湾区广大企业客户提供各种类别的

小额贷款及相关融资、财务咨询服务。

2011年，完成基层医疗卫生机构综合改革任务。实现"从集体单位"向"公益一类事业单位"转变，全区核定社区卫生服务机构21个及人员编制662人。实现"编制管理"向"岗位管理"的转变，社区卫生服务中心实行定岗定编不定人，全区37名社区卫生服务中心正副主任通过公开选拔走上领导岗位，349名工作人员通过公开竞岗签订聘用合同。实现"岗位工资"向"岗位绩效工资"的转变，从2011年10月份开始，社区卫生服务中心工作人员实行岗位绩效工资制度，建立起以绩效考核为主的同岗同酬激励机制，实行以服务数量、质量、效果和居民满意度为核心的考核，在分配中坚持多劳多得、优绩优酬。实现"自我供给"向"财政供给"的转变，从2011年10月份开始，社区卫生服务中心实行收支两条线管理，按照"核定任务、核定收支、绩效考核补助"的办法在财力上给予充分保障，充分发挥财政资金效益。实现"以药养医"向"以绩养医"的转变，辖区内政府举办的社区卫生服务中心全部配备使用基本药物并实行零差率销售，建立起药品采购、使用的监管机制，基本药物制度实现全覆盖，群众看病贵问题得到初步缓解。

【粮食管理】　2011年，辖区内粮食供需总量平衡，产品质量安全，粮食市场价格在基本区间内波动，总体形势稳定。广州市首家市级储备粮代储资格的民营粮食企业落户荔湾区，使辖区粮食应急体系建设向前跨进了一步。同年8、9月份，区内有50家平价粮油肉菜店进入社区并开始运营。

（区发改局　林炳朝　刘联合）

物价管理

【概况】　2011年，区物价局加强与民生价格息息相关的监管力度，稳定价格秩序，开展价格监督检查，及时发现并查处价格违法案件；加强价格举报工作，维护消费者合法价格权益；加强价格和收费管理，做好落实减轻群众和企业负担工作；完成全省平价商店进社区示范区建设；提高价格认证水平，做好价格认证服务工作。

【收费管理】　2011年，区发改局按照市的部署，会同监察（纠风）、财政、审计等部门开展全区性的收费综合年审。重点审查已取消或停止执行的行政事业性收费项目、收支两条线管理、票据使用等，对部分收费单位在执收过程中存在票据使用不规范等问题进行纠正，进一步规范行政事业单位的收费行为。收费综合年审共审查收费总额近1.21亿元。

【建设全省平价商店进社区示范区】　区发改局贯彻落实《国务院关于稳定消费价格总水平保障群众基本生活的通知》精神，按照"政府引导、企业运作、农商协调、合作互利、平价惠民"的原则，多渠道推进平价商店选点和建设工作至2011年12月底，全区建成运营平价商店49家（个），其中供销社系统"小鲜驿站"7家、平价粮油专营区29个、平价农副产品专营区11个、农贸市场平价蔬菜专营区1家，军供站农副产品平价商店1家，形成覆盖全区的平价商店网络。另还有2家将于2012年1月建成运营。

【价格监管和调控】　2011年，区发改局物价检查所先后开展教育收费、医疗收费、机动车停放保管服务收费、节假日市场价格、春运票价、商品房销售明码标价、街镇村外来人员收费、公共自行车服务收费等专项检查。在"创文"期间，与多个职能部门一起，加强对商户的明码标价行为进行巡查，规范各商户的经营行为。3月，受日本"3.11"大地震影响，市面上一度出现抢购食盐哄抬价格现象，物价检查所迅速出击，快速处理这起市场价格异动事件，抢购风波得以迅速平息。5月在陈家祠广场，与省、市物价局一起联合举办"12358"价格举报电话开通10周年纪念日价格咨询宣传活动。

2011年，全区共受理各类价格举报件141宗，办结率100%。同年查处价格违法案件共14宗，查出违法金额145.27万元，退还金额57.23万元，没收金额88.04万元，罚款0.82万元。

【价格认证】　2011年，区发改局价格认证中心共受理完成业务总量2370宗，标的总金额4662.3万元，其中：受理完成刑事案件委托涉案物价格鉴定1660宗，鉴定案值2531万元。价格咨询1389宗。受理完成民事案件委托涉案物价格认证43宗，案值889.2万元。受理完成行政案件委托涉案物价格认证5宗，案值41.5万元。受理完成社会委托价格认证7宗，认证标的总值31.5万元。受理完成道路交通事故车物定损199宗，定损总值1169.1万元，其中，单方委托价格认证84宗，认证损失价值429.91万元；双方委托定损115宗，鉴定损失价值739.2万元。

（区发改局　林炳朝　刘联合）

统计管理

【概况】　2011年，区统计局对统计数据实行制度化管理，落实层级责任，从源头上把好统计数据质量关。加快统计创新步伐，现代服务业主要指标研究进入实质性阶段、耗能监测统计工作得到加强、科学发展观评价指标体系得到进一步完善，继续完善相关统计方案。统计产品不断推陈出新，统计服务科学发展的能力得到提升。

【统计法制】　2011年，区统计局加大普法教育、宣传、执法办案、督查巡查和依法行政力度，不断提高统计数据质量。通过区、街、部门三联动，重点检查41个单位，发出统计催报通知书68份，立案查处8个企业，其中，1宗罚款、7宗通报批评。积极推进依法治统工作，全年共召开宣传动员法律法规知识讲座1场；派发学习宣传材料1000多份，组织培训1500多人次，在一定程度上净化了统计工作环境，遏制了统计违法行为，提升了统计数据质量。

【统计调查】　2011年，区统计局做好“创文”入户调查工作，开展住户调查、万户调查、全省劳动力抽样调查、低收入居民家庭生活状况调查、全国第二次R&D资源清查等、其他专项和非专项调查工作，为区情服务。完成当年新增企业调查核实工作和固定资产投资项目清查工作，其中单位调查核实共查出新增单位760多户，固定投资共清查出达到起报点的固定资产投资项目单位35个。开展全国第六次人口普查工作，完成普查各阶段的工作任务，获得广州市唯一的“全国第六次人口普查国家级先进集体”称号。

【统计服务】　2011年，区统计局以服务为第一要义，充分发挥“晴雨表”、“监视器”的作用。推行统计调研分析课题工作责任制，确定全局重点调研课题和重点统计调研分析篇目，明确责任，狠抓落实。定期召开经济形势分析会，及时向区领导和有关部门提供全区经济运行情况，为地区管理决策提供对策和建议。重点加强统计数据资料的收集整理工作，全年共撰写统计调查分析约37篇，发表简讯约45篇，统计投资专刊9篇；根据区情编印《科学发展铸就辉煌——十一五时期广州市荔湾区经济发展综述》《辉煌十一五给力十二五——荔湾区“十一五”期间主要经济指标完成情况》彩册作为区人大十四届八次会议和政协十三届六次会议的会议参阅材料，获得区主要领导的好评；编印《科学发展铸就辉煌——“十一五”时期广州市荔湾区经济发展情况》专刊，共收录专题分析11篇，全面反映区域经济的发展成果，切实为区委区政府进行科学决策提供参考资料。开展对现代化服务业发展情况等的课题研究。参与2011年政府工作报告、计划草案报告及财政预算报告中统计数据的核对工作。发布2011年荔湾区国民经济社会发展统计公报。围绕经济社会发展重点，认真做好《荔湾统计月报》相关统计指标数据的收集、整理和汇总工作。做好2011年统计年鉴编制工作，为各级部门提供详细的年度统计资料。围绕职能部门、社会大众需求提供统计咨询服务。协助有关部门做好“十二五”规划统计指标的制定和测算工作；为区妇儿工委撰写全区妇女儿童发展规划报告；积极为基层企业服务，分别为广州百花香料股份有限公司、广州台达制塑管业有限公司等多个单位申报名牌产品提供统计证明服务。

【统计“四大工程”建设】　2011年，区统计局大力推进统计“四大工程”（指基本单位名录库、企业一套表制度、数据采集处理软件系统和联网直报系统等互相联系、共为整体的四大工程）建设，组建区统计“四大工程”建设工作领导小组，落实人力和经费问题。组织统计“四大工程”试点，做好基本单位名录核查，组织“企业一套表”培训和试点，及时排解企业上网直报困难，努力提高企业网上直报率，确保区统计“四大工程”的有序推进。

（区统计局　陈晓云）

财　政

【概况】　2011年，区财政局加大财政工作力度，努力增加财政收入，比2010年增长24.4%；优化财政支出结构，最大限度服务于荔湾区的经济发展和社会稳定。

【财政收支】　2011年，全区一般预算收入完成近36.89亿元，为年度预算32.68亿元的112.9%，同比增收7.2亿多元，同比增长24.4%。一般预算支出完成51.78亿元，为年度预算45.15亿元的114.7%，比2010年增支7.26亿元，增长16.3%。

【预算外资金管理】　2011年，区内行政事业单位组织的预算外资金总收入完成近1.94亿元，为年初收入计划1.7亿元的113.9%。其中，一般预算外资金收入完成9085万元，为年初收入计划8281万元的109.7%；专项预算外资金收入完成1.03亿元，为年初收入计划8748万元的117.8%。根据各单位组织预算外资金收入的职责任务和工作需要，结合全区建设和发展的重点，按照“量入为出，收支平衡”的原则，统筹安排预算外资金的支出。一般预算外资金主要用于弥补征收成本、补充单位经费，专项预算外资金严格按照有关规定，实行专款专用。

2011年预算外资金支出近1.8亿元，为年初支出计划近1.82亿元的98.9%，其中，一般预算外资金支出9654万元，为年初支出计划8980万元的107.5%。

【财政监督管理】　2011年，区财政局加强财政资金监督检查，提高财政资金使用效益。开展“小金库”专项治理与复查工作，发现个别事业单位存在“小金库”问题，涉及金额48.5万元。对区计生局、区体育局、区残联、区民政局等12个单位的部门预算执行情况、财务收支情况、会计信息质量情况、专项资金使用情况进行监督检查，促使这些单位内部财务管理制度进一步规范。

认真做好政府债务管理工作。初步建立起监测政府性债务的指标体系和预警机制。安排资金579万元归还部分政府债务，使政府负有直接偿债责任的显性债务余额逐年下降。认真配合有关部门做好区政府融资平台整改工作。制定针对旧城改造资金和土地储备资金的管理的《国家开发银行贷款账户资金使用管理规定》与《白鹅潭经济圈土地储备融资贷款专项资金管理暂行办法》。

【财政体制改革】　区财政局深化部门预算改革。2011年完成全区85个一级预算单位全面编制部门预算工作，上报区人大代表大会审议。科学合理地制订部门预算各项基本支出定额标准，足额安排公安系统公用经费。完善部门预算编制程序、流程，升级完善部门预算编制软件系统，筹备出台《荔湾区部门预算管理办法》，促进区部门预算管理工作规范化。同时，推进国库管理制度改革。全面开展清理整顿财政专户工作，督促各预算单位严格执行区财政局2011年初下达的预算，加快预算执行进度。完善财政国库支付制度，所有财政资金实施财政直接支付或授权支付，2011年财政国库集中支付金额合计为54亿元，同比增长33%。在区属预算单位全面实施公务卡结算工作，共有47个预算单位办理公务卡，全年办卡829张，累计办卡1541张。此外，积极配合推进简政强区事权改革，做好荔湾区承接事权下放的经费测算工作，对相应单位的市计划转移数、实际需要经费测算数和资金缺口情况进行摸查。

【政府采购】 区财政局规范政府采购监管，启用政府采购网网络新系统，采购工作畅顺运行。2011年，全区政府采购预算7670万元，实际采购7240万元，节约财政资金430万元，节约率为5.6%。

【财政投资评审】 2011年，改善评审工作流程，提高评审工作效率，促成区财政投资评审电子系统上线运行，严格执行《荔湾区财政性投资建设工程项目管理办法》等一系列管理财政性投资建设行为的规范性文件，全年共审核工程概、预、结算项目1473项，审核金额65.57亿元，核减不合理开支7.65亿元。区财政性投资建设工程项目连续5年未出现超预算价、超中标价的现象，经济效益和社会效益显著。

【会计事务管理】 做好会计从业资格管理，加强对会计代理机构新办审查和年检，组织会计专业技术资格考试。2011年，会计从业资格考试全面实行无纸化方式。针对会计从业资格考试、初级电算化考试方式进行改革的状况，通过发放宣传单等各种方式使考生熟悉了解会计从业资格考试的新规定，并在报名现场首次引进了“第二代居民身份证阅读器”，提高工作效率，减少错漏，方便群众办事。2011年参加网上报名人数约9900人，现场确认人数为7914人。

【增加惠民资金投入】 完善低保救助体系，扩大就业，落实惠民措施66条和补充意见17条的财政补助资金。2011年安排再就业专项资金900万元，比2010年增加100万元。安排最低生活保障资金5797万元，同比增长35%。安排“城市医疗救助”经费887万元、“老年福利”经费2366万元、退伍军人安置、抚恤及经费1806万元。另安排3816万元用于完善社会养老体系和加快社会医疗保险制度建设。

【区重点项目资金支持】 2011年，区累计拨款3.18亿元用于荔枝湾景区建设。推动白鹅潭经济圈建设，累计借出1亿元专项用于新隆沙等9个地块土地储备工作。大力支持“三旧”改造，对恩宁路项目、茶滘安置房项目转拨市财政资金2亿元，监督各个项目从银行贷款资金。积极配合中烟基建项目建设，分九批累计拨付资金6亿元，专项用于南漖二类工业用地征地拆迁工作。支持对口帮扶从化市吕田镇有关项目建设，已拨付从化市吕田镇对口帮扶开发工程建设资金3386.46万元，拨付应急专项资金100万元。

（区财政局 刘德敏）

国家税务

【概况】 区国税局机关位于西华路284号港丰大厦，下设两个办税点：第一办税点设在局机关办公楼，第二办税点位于浣花路111号。区国税局内设办公室等9个职能科室和机关党委办公室，以及信息中心、机关服务中心、票证中心（与办税服务厅合署办公）等3个事业单位，下设10个税务分局。截至2011年底，区国税局共经管纳税人4.74万户，其中一般纳税人3965户，小规模纳税人1.2万户，个体工商户3.15万户。

【税收规模】 2011年，区国税局共组织税收收入（含海关代征收入）185.48亿元，同比增收19.10亿元，增幅11.48%，突破了180亿元大关，创下历史新高。全年共组织区级收入9.21亿元，同比增长15.41%，增收1.23亿元。2010年度汇算清缴共减免企业所得税1.91亿元，2011年纳税人直接享受增值税免税销售收入额22.64亿元，办理增值税减免税1510万元。办理出口退免税12.93亿元，惠及全区161家出口企业，较好地支持了荔湾区企业的发展。

【税收职能】 2011年，区国税局发挥税收经济职能作用，落实新发票管理办法实施细则、增值税一般纳税人资格认定管理办法、小型微利企业所得税优惠政策等各项税收政策，定期向区委、区政府通报税收收入完成情况、税收政策调整情况和税源发展动态。从税收贡献的角度对区经济发展模式进行调查分析，为区委、区政府招商引资、制订经济发展规划以及应对形势变化提供决策参考。全年共向区委、区政府报送12期税收收入分析。

【税法宣传】　区国税局把握不同社会群体的税收宣传需求，开展形式多样、效果显著的税法宣传活动。2011年，局领导带队到重点税源企业走访调研；举行2010年纳税大户授牌表彰大会，听取纳税大户的意见及建议；联合地税等部门在荔湾广场举办了一场大型的户外税宣活动，现场设置了税法政策咨询、税法有奖问答及税务文化宣传等环节；配合市国税局做好“新版发票使用管理规范”和“税收管理无纸化——企业所得税汇算清缴网上申报功能介绍”两期在线专访活动；组织各税务分局在4月份分别召开一场税法宣讲会；继续以学校带动家庭辐射社会为切入点，开展了一次税收知识讲座、一次税收演讲比赛以及一次“结对帮扶助学”活动；开展2场个体专业市场户外专题税宣活动；组织代征点和专业市场税收墙板评比活动。

区国税局举办2011年户外税宣活动

【税收征收管理】　2011年，区国税局着力强化税源专业化管理，优化个体专业化管理模式和明确综合岗的工作职责、考核内容以及纳税评估岗人员配备条件；掌握区国税局税源分布、管户结构、人员配置等情况，制订该局税源专业化管理试点工作方案，全面谋划税源专业化管理试点工作；推进所得税汇算清缴网上申报系统的试点和全面推行工作，将电子发放的税务文书由8种扩大到102种；试点应用税收资料流转无纸化支撑系统，初步建立了前台受理、后台扫描登记归档及调阅影像资料审批涉税事项的“单轨制征管资料管理”新模式；编制《荔湾区国家税务局大企业税收管理工作办法》及《荔湾区国家税务局大企业税收风险预警监控管理指引》，综合大企业风险管理因素制订8项预警指标，及时实施后续管理工作，搭建“纵向联动、横向互动、内外协作”的大企业税收管理运行机制。

【税收法制建设】　2011年，区国税局继续巩固制度建设的成果，着重做好制度汇编的编撰工作；推进重大税收执法决策事项集体审理，适时修订和完善相关办法，全年进行集体审理事项8宗，坚持科学民主决策；开展税收执法检查，全年共对1513户次企业开展抽查工作；加强稽征部门联动，抓好税收违法案件的查办工作。

【纳税服务】　区国税局两个办税点共设有4个办税服务厅，51个服务窗口，受理170多项税务事项。2011年，区国税局优化办税服务厅环境建设，增加可让纳税人进行发票扫描认证、申报、发票验旧、领购等操作的终端机，为纳税人提供更加良好的办税环境和更加便捷的办税服务；以上门扫描认证大户、购票大户为主要对象积极推行预约服务，同时对一次上门未能办结涉税事项的纳税人发放“免轮候优先服务单”，落实“首办责任制”；开发使用“文书查收指引”、“小型微利企业备案”等辅助业务软件，提高办税效率；设立意见簿、意见箱，及时收集、解决和反馈纳税人的意见和问题，全年共收到纳税人的意见和建议并反馈处理情况30宗，回访纳税人282户次；全年共开展12期纳税服务接待日活动，接待近180名纳税人，为纳税人解决疑难问题、税务咨询9宗。

【税务文化建设】　2011年，区国税局推进税务文化的宣贯与落地活动，将荔湾国税文化理念展示会与年度春节联欢会庆典活动相结合，充分展示文化理念的丰富性和实效性；按照市局下发的《广州市国家税务局税务文化行为规范手册》，结合“12345”的税务文化理念和局实际工作情况，开展税务文化行为规范培训；在局机关办公楼建立两条税务文化走廊，内容涵盖依法治税、税收征管、廉政建设、税企活动等，充分展示出国税局整体和各部门的文化理念。

【廉政建设】　2011年，区国税局落实党风廉政建设责任制，进一步加大教育、制度、监督、改革、纠风和惩处的工作力度，推进惩防体系建设，努力构建反腐倡廉长效机制。围绕“以人为本、执政为民”活动主题，通过落实“每周一课”学习制度和各项谈话制度、组织预防职务犯罪专题讲座、举办第四届“清源杯”廉政演讲、开展“以案为鉴”警示教育、参观廉政教育基地等一系列学习活动，不断提高广大干部职工廉洁自律的能力；扎实推进内控机制建设，建立《荔湾区国家税务局风险信息库》；进一步深化廉政文化建设，积极开展《廉政共建公约》签约活动，全年共签订《税企廉政共建公约》398份。

（区国税局　于朝阳）

地方税务

【概况】　2011年，区地税局负责区内5.9万户纳税人的营业税、企业所得税、个人所得税、城市建设维护税、地方教育费附加、车船税、房产税、土地增值税等地方税费的征收与管理，同时负责社会保险费的全责征收、残疾人保障金征收等。

【税费金收入规模】　2011年，区地税局共组织税、费、金收入91.76亿元，同比增长18.09%，增收14.05亿元。其中税收收入51.89亿元，同比增长4.93%，增收2.44亿元；费金收入39.87亿元，同比增长41.11%，增收11.62亿元。

【税收征管】　区地税局强化税源监控，创新税费管理，加强税种管理，夯实征管基础，提高税收征管质量。税收预测保持高水准，在深入分析区域经济、税收政策、征管措施的基础上做出准确的预判，争取组织收入计划安排的主动性。纳税评估谋求新突破，2011年共补征税款和滞纳金近1.4亿元。“数据管税”发挥新作用，构建“翼税服务体系”，目前应用在线开票的业户已覆盖全部行业，使用在线开票系统用户已达4690户，占全部购票户6100户的77%。精心组织“两业”发票专项检查，查获假地税票280份，入帐假票金额近452万元，查补入库税费近74.04万元、滞纳金近5.5万元和罚款2.48万元。

【社保费残保金征管】　坚持社保费随税同征、同管、同查、同服务的工作方式，建立健全社保多部门协作机制、优化社保费管理体制，完善社保费征管制度，提升社保费征管水平。2011年，区地税局组织社保费收入30.6亿多元，增长34.22%，征缴率为97.7%。残保金收入4231万元，比上年增长100%。新开征的地方教育附加收入2.63亿多元；价格调节基金收入126万元，征收率达100%。加大对欠费企业的追缴力度，减少历年欠费，提高清缴率，保证社保基金的安全入库。全年共清理欠费数据58万条，4570户企业，金额近1.06亿元。

【个体工商户及零散税源委托代征】　完善和深化个体委托代征工作，广泛征求区政府、各街道及有关职能部门的意见，2011年制定出台《荔湾区深化个体工商户及零散税源委托代征工作方案》。根据荔湾区实际情况，开展地税代征资源整合试点工作。将各街道个体代征工作站与个人出租屋管理机构整合并归口到个人出租屋管理机构，统筹安排工作人员开展代征和协管工作。积极推进个体委托代征业务前移。前移工作站业务包括“大集中”个体管户55项业务中的49项业务，其中33项为个体税收业务，16项为个体社保业务。

【纳税服务】　2011年，荔湾地税局以完善服务细节为抓手，不断提升纳税服务效率。率先推出社保申报免填表服务，征收工作效率提高近2倍。对同时涉及税收和社保费的事项，实行统一窗口承办，避免缴费人往返多个窗口。开设短信提醒业务，有效减少补缴费款的人流量。落实再就业、促进就业优惠政策，残疾人减免个人所得税；落实2011年房产税和土地使用税困难减免政策。联合财政、国税三方组成的区级非营利组织免税资格认定工作小组，完成非营利组织资格认定工作。

【税收宣传】　2011年，区地税局以“税收·发展·民生”为主题，开展一系列特色突出、影响广泛的税收宣传活动。开展“全国税收宣传日”大型户外现场咨询活动；举办“地税开放日”活动；与重点税源企业开展近10场“税法进企业”税收宣传辅导活动；举办15场专题培训，如《企业所得税热点问题解读》与《高新企业优惠政策辅导》；与区内60余户企业组织召开税企座谈会等。充分利用现代化手段，参与制作《地税纵横》等电视宣传片。利用电台《民生热线》栏目现场解答老百姓的咨询，将最新政策及解释及时挂到网上。开通税管员短信平台，与企业或纳税人、缴费人一对一沟通。开办“纳税人学校”，对区内纳税人进行集中式专题培训辅导。制作印发宣传栏、“纳税指引”等宣传资料数万份，受到社会公众广泛关注。

【廉政建设】　2011年，区地税局通过六条措施，即教育谈话、自查自纠、排查渎职风险、清理制度、召开税检联系会议、狠抓检查落实等深入开展预防渎职侵权工作，促进和谐荔湾地税建设。区地税局连续四年做到“四项零记录”，即税务人员廉政投诉信访案件是零，纳税服务的有效投诉为零，各级部门明察暗访问题是零，在检察机关立案为0。

（区地税局　周小娟）

荔湾区地税局荣获“全国职工职业道德建设先进单位称号”

金　融

【中国银行广州荔湾支行】　2011年，中国银行广州荔湾支行隶属于中国银行广东省分行，支行本部位于广州市荔湾区中山七路304号之二，辖16个网点，即芳村支行、站西路支行、茶滘支行、龙津中路支行、文昌支行、东风西路支行、六二三路支行、沙面支行、西华路支行、宝华路支行、环市西路支行、汾水支行、中山八路支行、嘉和苑支行、城北支行和流花路支行，主要分布于广州市荔湾区和越秀区。

荔湾支行秉承“扎根荔湾、服务荔湾”的宗旨，鼎力支持荔湾区的经济建设，为个人与企业投资经营提供优质高效的金融支持与服务，在发展传统个人、企业存贷款业务的基础上，还为个人提供个人投资经营性贷款、商业用房贷款、一手和二手楼宇按揭、汽车消费贷款、代收付、理财等业务；为企业客户提供银行汇票承兑、代收付业务、跨境贸易人民币结算等国内外结算产品，资产支持贷款、人民币同业存放及委托付款业务、房地产企业贷款、中小企业贷款等贷款产品，为集团客户提供现金管理平台服务。荔湾支行以市场为导向，加深网点转型、调整客户结构、提升服务质量、提高管理水平，为个人、企业提供全面、优质、系统的金融服务。

（中国银行广州荔湾支行　李秀娟）

【中国工商银行荔湾区分支机构】　2011年，工商银行在荔湾区共设4个一级支行：西华路支行、荔湾支行、十三行路支行和芳村支行，42个营业网点，其中财富管理中心2个、贵宾理财中心32个、一般理财网点5个和金融便利店3个，离行式自助银行3间，从业人员合计1041人。

工商银行荔湾区分支机构以支持荔湾经济社会发展为宗旨，紧跟荔湾区广佛中心建设的发展机遇，加大资源投入力度，加强业务创新和产品设计，为政府、企业、个人提供存贷款、支付结算、投资理财、结售汇、贵金属、贸易融资、跨境金融等全方位与一站式金融服务。同时，加强网点渠道建设，推进网点综合化经营改造，强化风险管理和内部控制，提升服务质量，增强综合金融服务能力。截至2011年底，工商银行荔湾区分支机构本外币各项存款余额464.76亿元，比年初增加27.49亿元；本外币各项贷款余额262.8亿元，比年初增加23.83亿元，其中小企业贷款余额18.6亿元，比年初增加5.45亿元，个人贷款余额98.73亿元，比年初增加7.58亿元。

（工商银行荔湾区分支机构　钟爱群）

【中国建设银行广州荔湾支行】　2011年，建行荔湾支行下设26个营业网点：营业室、西城支行、西村支行、流花支行、富力桃园支行、人民中路支行、西华路支行、石路基支行、荔湾广场支行、荔湾路支行、康王路支行、中山八路支行、长寿西路支行、杉木栏支行、南岸路支行、龙津支行、广交会支行、保利国际广场支行、黄埔大道中路支行、芳村支行、鹤洞支行、桥东支行、百花支行、芳村大道支行、花地大道分理处、汇美支行。经营范围主要包括办理人民币与外汇存款、贷款、结算、票据贴现等业务。

支行坚持践行“以市场为导向，以客户为中心”的经营理念，以“客户至上，注重细节”为服务理念，不断提高服务技能，注重服务质量和效率，竭诚为客户提供精细化服务。树立了解客户、理解市场、全员参与、抓住关键的风险理念，进一步加快业务转型，促进各项业务的不断发展和安全运行，以优质的金融产品和真诚的态度服务客户。支行大力发展综合融资服务，积极破解客户信贷需求和供应不足的矛盾，努力推动经营转型和结构调整。同时，支行大力支持地方区域经济建设，落实区域各项改革发展措施，进一步增强荔湾区域的业务拓展冲击力，提升经营效益，实现跨越式发展。2011年底，建行荔湾支行全口径存款约258亿元，各项贷款约136亿元，中间业务收入突破2.5亿元。

（中国建行银行荔湾支行　何玉薇）

经济服务

【概况】　2011年，区投资促进中心围绕“加快经济发展方式转变，提升城区经济实力”这条主线，发挥招商、稳商重要作用，宣传推介荔湾区的投资环境，全力以赴抓项目的落实和企业的落户，推进区内经济结构调整，推进全区的招商引资、区域协作、对口帮扶和驻穗机构管理工作，取得一定成效。

【健全工作机制】　2011年，区投资促进中心完善荔湾招商服务平台建设，升级改造荔湾招商网，建设英文版荔湾招商网，推介宣传荔湾区的投资软硬环境。健全并完善区内招商引资常态性联动工作机制及重点招商项目联动工作机制，共同构建招商网络、整合资源、对接投资项目，协调解决项目的相关问题。加强与省、市投资促进机构、部门、外国商会驻穗机构、行业协会、商会、中介机构等的沟通联系，共同构建投资促进工作网络。加强与区投资载体业主的联系和沟通，及时掌握其建设情况和招商进度，常态性介绍客商前往洽谈。

【招商宣传推介】　2011年，区投资促进中心参加广州市政府主办的2011年“新广州·新商机”上海推介会、西部推介会、港澳推介会。组织2011年香港新春招商会的筹备及项目推介工作，承办珠江黄金西岸荔湾滨水创意产业带推介会，协助组织召开白鹅潭经济圈推介会，做好2011年荔湾文化旅游推介会的会务工作。组织策划有针对性的招商推介活动，与冲口街、“922园区”共同举办“百年传承、文化引领、创意集聚”——宏信·“922”创意社区招商推介会，与区发改局、广东奇才融资担保有限公司联合举办“新荔湾·新商机”政银担企合作推进会暨共建中小企业金融服务平台签约仪式，携手广州外商投资企业协会在区会议中心举行“新荔湾·新商机”投资环境推介会。协助举办“百佳（中国）连锁妇婴医院投资管理有限公司华南总部揭牌暨广州伊丽莎白妇产医院开幕盛典仪式”、“第二十一届广州国际鞋类、皮革及工业设备展览会”、“哎呀呀乔迁之喜联欢晚会”和“广州工业设计科技园开园典礼暨入园企业签约仪式”等招商推介活动。编印《新荔湾新商机——荔湾区商机指引》、“新荔湾新跨越新商机”招商册等招商宣传资料，并在省、市、区组织的各种招商会上派发。同年，先后组织并接待韩国商工会、韩国服装协会、香港工业总会珠三角工业协会、香港电子科技商会、香港中小企业经贸促进会、香港南丰集团等多批国内外经贸代表团到荔湾参观考察。

2011 年 7 月 12 日，区投资促进中心组织韩国商工会、韩国服装协会代表团一行到荔湾区进行传统文化、旅游资源和投资载。

【项目引进】 2011 年，荔湾区新增注册资金 500 万元以上企业共 120 家，合计注册资金 27.72 亿元，新增投资和增资额在 3000 万元以上企业共 23 家，合计注册资金 18.67 亿多元。成功引进广州市伊丽莎白投资股份有限公司、广州市芭迪鞋业有限公司等一批项目和企业。协助广东哎呀呀饰品连锁股份有限公司扩大选址搬迁至和业广场，协助广州松发酒店设备用品有限公司、广州雅迪装饰有限公司等项目办理增资手续。和业广场、金昊大厦、红棉大厦，广佛数字创意园、珠江黄金西岸滨水创意产业带等一大批招商载体招商情况良好，广佛数字创意园一期 3.3 万平方米已完成招商，已有 40 家企业进驻园区。

【投资服务】 2011 年，区投资促进中心认真做好招商引资服务工作，跟进重点项目和重点税源单位，落实招商引资成果。为区生产力骨干项目提供服务，如协助广东塑料交易所引进和办理会员企业注册入驻的相关工作；密切跟进广州国际医药港项目、世贸服装城项目，龙溪大道高尔夫球场改造项目；配合沃野明丰商贸城及原创元素时尚创意设计产业园开展招商引资工作。服务重点税源单位，跟进重点企业的税收情况，适时向区政府提出政策建议，协调有关部门加快办证速度，跟进一批注册资金在 1000 万元以上的企业注册登记等服务工作。密切跟踪了解区重点项目进展，配合做好相关服务工作。

【落实区督办项目】 2011 年，区投资促进中心贯彻落实区政府会议精神，擦亮荔湾美食名片，打造荔湾美食亮点，提升美食园建设，举办多场推介会，吸引饮食界品牌进驻。邀请省市老字号协会、广州市饮食行业协会以及著名餐饮企业、老字号企业参加，推介广州美食园龙津桥以南龙津西路延长段项目并带客商进行实地考察。大西豪、沧州、合记饼业、洲星、如丰、宝生园、太平馆等企业表达落户美食园的意愿。根据区政府《关于促进驻我区分支机构做强做大的工作方案》，区投资促进中心做好在荔湾区的分支机构设立独立法人公司的招商服务和跟踪落实工作，了解在荔湾区有一定规模 105 家区外分支机构企业的总部注册地点和基本经营状况，反馈给各属地街道，与部分街道一起走访企业，深入了解企业的组织架构，动员企业在区内设立独立法人公司。

【经济协作】 区协作办与相关驻穗机构加强联系，开展区域协作和经贸交流工作；引导辖内各驻穗机构配合职能部门做好维护稳定工作；参加市驻穗机构联谊会的活动，将政务信息交流、区域合作发展与策划协作系统文体活动、情况通报、考察交流、参观联谊、培训讲座等活动有机结合。组织企业参加天津、兰州、成都、南昌等地的商品展销会、博览会，以及国内各地举办的重大经贸洽谈活动，为企业搭建经贸合作与产品销售平台，协助企业以展示展销、品牌输出、联营销售、联合采购等方式拓展国内市场。通过多渠道互通信息，发挥“窗口”、“桥梁”作用，促进与各地的区域经贸合作。

做好2011年广州博览会的组织参展工作。荔湾区以“新荔湾·新商机——建设文化荔湾、低碳荔湾、智慧荔湾、幸福荔湾”为主题，从人居环境综合整治、“十一五”经济发展成效、“十二五”发展规划、重点项目和重点企业等四个方面宣传，展现荔湾新风采。区协作办组织广州国际医药港、广东塑料交易所、站西鞋城、中华液晶城、启秀茶城、广州市贡香茶有限公司等12家企业参展，共组展32个展位，超额完成参展任务。区协作办获得广州博览会组委会颁发的“突出贡献奖”和“最佳布展奖”。

【对口帮扶与支援】　2011年，区协作办跟踪落实荔湾区对口帮扶梅州市五县（市）295.49万元、广西百色市52.5万元和长江三峡库区移民帮扶资金30万元的财政帮扶任务。同年，区协作办继续跟进荔湾区援助100万元建设的广西那坡县城厢镇永宁村完小教学综合楼迁建项目，联系跟踪落实永宁村完小迁建项目实际进展情况。

同年，区协作办向广州市援疆办上报《荔湾区对口支援新疆疏附县建设项目规划表（2011—2015年）》；上报广药集团援助喀什昆仑维吾尔药业股份有限公司建设项目，项目总投资约3000万元，建设规模约6000平方米，生产基地设在喀什地区疏勒县，公司总部拟注册在疏附县，计划2015年完成。

【扶贫“双到”工作】　区协作办推进对口帮扶阳春市扶贫开发“规划到户责任到人”（下称“双到”）工作，及时申请和划拨财政资金，至2011年底共拨付到村的区财政资金1855.5万元，落实广州市奖励两个先进村的资金共100万元；和市一起举办广州市帮扶阳江市“扶贫开发献爱心”村企共建企业捐赠活动，共组织荔湾区19家爱心企业捐赠154.78万元；协调做好帮扶工作规划，推进帮扶项目；派员到区驻阳春市工作小组，加强与驻村干部的一线扶贫工作；组织迎接省市相关检查及区领导的视察工作；抓好教育帮扶工作，制定《荔湾区帮扶阳春市13条贫困村教育帮扶方案》及实施意见，并协调组织实施；编制荔湾扶贫简报；做好报表和材料的汇总报送工作；组织开通“荔湾扶贫网”（http://www.lw.gov.cn/lwfpw/），为荔湾区的扶贫工作搭建信息交流平台。

同年，推进扶贫“双到”工作。帮扶阳春市13条贫困村1524户贫困户、4642人，至2011年底，全区共筹集帮扶资金6492.13万元，其中落实中央、省及当地财政专项扶持资金776.94万元；落实帮扶单位自筹资金（含广州市、区两级财政资金）2662.58万元；筹集行业扶贫资金2650.95万元，筹集社会扶贫资金401.66万元。已累计投入资金6306.69万元，其中到户资金1521.89万元，到村资金4784.8万元，平均每个村投入资金485.13万元。产业发展带动贫困户774户，解决7446户农户饮用水安全，贫困户参加农村合作医疗、纳入低保做到“应保尽保”。组织岗前培训1413人，帮助772户1342人外出务工经商，组织农技培训4743人次，帮助贫困户完成危破房改造281户，贫困户脱贫率为100%。2011年贫困户人均纯收入增长到8297.3元。落实村集体经济项目53个，帮扶教育、文化、卫生、交通、农田水利等项目133个。建设公路10条32.11公里，农田工程20宗，受益农田8280亩，建设公共文化卫生设施144个。2011年平均每个村集体经济收入增长到11.92万元。对每个村都制订助学奖学方案，共资助663名贫困户子女学生入学，使之完成学业。全区筹集2386套课桌椅捐赠给14所贫困村小学，向693名小学生赠送书包、文具。

【重点项目】　广州国际医药港。该项目位于东沙现代产业聚集区内，是国家食品药品监督管理局唯一批准建设的现代大型综合医药商贸物流综合园区项目，被列入国家级物流调整与振兴重点项目、国家开发银行重点支持项目、广东省重点项目。项目总投资额42亿元，占地面积73万平方米，建筑面积150万平方米，集商贸、物流、会展、科普、电子商务、观光、旅游以及配套等功能于一体。项目已开工建设，建成后将成为全国规模最大、配套齐全、管理规范的中国医药旗舰基地。医药港的发展目标是创立现代服务业典范，成就医药商贸第一品牌。

广东塑料交易所。位于东沙现代产业聚集区内，是经国家商务部批准成立的全国唯一一家塑料电子交易所，是广州市政府重点建设的大宗商品电子交易平台，由交易所创立的塑料“广州价格”和“广塑指数”已成为塑料行业的价格风向标。广东塑料交易所的“电子商务和物流”项目总投资额10亿元，总用地面积近13.13万平方米，总建设面积20.53万多平方米，将建设成塑料行业电子交易平台、配套完善的物流全程服务和配套的交易商务中心。项目将于2012年年底建成。

广东光电科技产业服务基地。位于大坦沙岛，由研发设计产业区、中华液晶城和海角红楼商务配套区三大板块组成，将打造成为光电类科技创业、研发、电子商务、金融服务等综合生产服务功能区，总投资额28亿元。中华液晶城项目已开工建设。

财富天地商贸城。位于广州市荔湾区西湾路东侧（原广州水泥厂旧址），距地铁5号线西村站约900米，是广州城建集团迄今开发的最大型的商贸经营项目，总建筑面积26.5万平方米。有银行、公寓、写字楼、会议中心、物流、餐饮、停车场等配套设施，拟打造成具有休闲购物特色，零售、批发、展贸功能一体化的大型商贸城。项目工程建设已完成，正进入招商阶段。

广州世贸服装城。位于流花服装商圈核心地段，总建筑面积28万平方米，设3000多个铺位，总投资达30亿元。项目集商铺、写字楼及其他餐饮、会所、会展等众多配套功能于一体，拥有完善的硬件设施和软件发展空间，将打造中国首个服装品牌500强基地。项目将于2012年年底建成。

和业广场。地处康王商圈核心位置，占地面积1.3万平方米，总建筑面积9万平方米，共建29层；1至4层是商业裙楼，5至26层是超甲级写字楼，配套约500个车位。2011年，已进驻一批金融机构、大型企业地区总部、品牌优质企业，还有部分写字楼在招商中。

广佛数字创意园。位于广佛同城、荔湾白鹅潭经济商圈的中心区域、花地河新经济产业带内，距离坑口地铁站仅5分钟路程，西侧面临花地河，景观宜人。一期3万平方米已完成选企招商，一批发展前景广阔的初创企业、种子企业入驻园区。二期规划占地面积近8.19万平方米，总建筑面积11.15万多平方米，其中地上7.4万多平方米，地下近3.71万平方米，着力引进文化创意、工业设计、服务外包、电子商务等现代服务业，地下主要用作停车场和仓库。

广州工业设计科技园。位于东沙现代产业聚集区，是花地河新经济产业带的重要节点。规划建筑面积约16.8万平方米，分三期进行，第一期建筑面积约4.8万平方米正在招商，二期建筑面积约4万平方米，三期拟规划建筑面积约8万平方米，项目拟引进工业设计、服务外包等现代服务业，已有10家工业设计企业进驻。

（区投资促进中心、区协作办　梁薇）

政务服务

【概况】　区政务办，加挂荔湾区政务服务中心、区企业服务中心牌子，为区政府派出机构，正处级单位。内设综合协调科、政务服务科以及企业服务部（科级事业单位）。

2011年，区政务办在完善区政务中心建设上下工夫，加强政务服务、企业服务工作，在规范、提高、拓展的主旋律下，完善“一站式”网上行政审批系统，拓展政务服务平台，努力构筑服务型阳光政府形象，各项工作取得一定成效。

【区政务服务中心】　为适应办事群众的不同需求，配合创建全国文明城市的要求，2011年，区政务办在中心服务细节上下工夫：完善无障碍设施，增加无障碍电梯、残障人士专用洗手间、盲道等；设置少数民族咨询窗口，提供劳动保障、就业咨询等方面的引导；大厅各层增设10余个公示栏，针对群众使用较多的表格示范模板、办事流程予以公告；编印《政务服务礼仪手册》，对大厅服务礼仪进行规范管理。同时，联合区监察局每月对窗口工作人员的考勤、服务评价等情况进行通报，在此基础上评选每月文明服务之星，并在大厅公示。

至2011年底，区政务服务中心办事大厅共服务18万多人次，其中地税办理个人社保的月业务量跃居全市前列，满意率100%。在2011年12月30日广东省情调查研究中心发布《2011广东省地方服务型政府建设系列调研报告》中，在被调查的全省55个县级政府政务服务中心政务服务满意度中，荔湾区位列省全3位，广州第1位。

2011年6月16日，副区长江智涛到区政务服务中心调研工作。

【服务评价系统升级改造】　为建立公正、透明、廉洁、高效的政务服务运作机制，加强对窗口工作人员在服务质量、办事效率、工作作风、行政效能等方面的监督，提升政务服务水平，2011年，区政务办与区监察局、区基评办联合印发《建立统一的服务评价标准和服务质量通报制度的实施方案》，按照市政务的统一部署，遵循“三统一”原则，对区服务中心的服务评价系统进行全面升级改造，统一服务评价标准、统一服务评价系统、统一服务评价器，推行“一事一评，现场评价”。

【一站式网上行政审批系统】　区政务办在区政务服务中心积极推行实体与网络相结合的创新型政务服务模式，建有政务服务数据信息平台，大厅运作采用“荔湾区一站式网上行政审批系统”，可实现入驻大厅各窗口部门的信息公开，了解各事项的办理进程，并设置公共服务专栏，提供咨询、表格下载等服务。在全面梳理、整合各入驻单位的行政审批（许可）事项和服务事项以及企业办事流程的基础上，该系统公开了18个部门共112项办事指南。2011年累计办结收件2676件、出件2401件，网站专栏页面访量1.1万多人次。

【街道政务服务中心】　为贯彻落实省、市关于建设四级政务服务体系的精神，区政务办在深入街道调研的基础上，2011年制定《关于开展区、街政务服务系统联动试点的工作方案》，选定金花街政务服务中心作为试点；草拟《关于创新完善政务和信息网络提升街道、社区服务水平的实施方案》，发到全区各单位广泛征求意见，待区政府审定后实施，从而全面提升街道、社区服务管理水平，建立以公共需求为导向，以信息技术为支撑，联通区、街道、社区的政务和信息网络，实现公共服务全覆盖。

【企业服务】　2011年4月修订《企业办事实务手册》和《办事指南》，为广大投资者提供指引。全年先后跟进、服务广州唯品会信息科技有限公司、广州南新制药有限公司、广州卷烟二厂生产二部、广州钢铁企业集团有限公司、广州国际茶叶交易中心、广东省广新外贸集团、广州市白鹅潭投资有限公司等多个区内重点建设企业（项目）。其中广州唯品会信息科技有限公司在短短三年内，迅猛发展，已跃居华南地区电商企业榜首。

【调研】　对企业普遍存在的问题和困难进行梳理及分析，为荔湾区经济发展出谋献策。2011年上半年，区政务办先后对广东光电产业基地企业及部分区领导联系重点企业进行调研，撰写《关于走访部分区领导联系重点企业有关情况的报告》与《关于服务广东光电产业基地企业的有关情况汇报》等研究材料，提供给区政府决策参考。

（区政务办　张柳）

国有资产监督

【概况】 区国资局设办公室（与党委办公室合署，挂监察室牌子）、企业管理科、资产管理科。2011年，区国资局深入贯彻落实区政府工作报告中对于国资工作的部署，着力抓管控机制建设，促管理提升，依法依规盘活国有资产，各项工作均取得明显成效：深化改革和调整结构取得新进展，国有企业经营效益和活力得到增强；统筹盘活资产解决国企历史遗留难题，民生问题得到进一步解决；国有资产实现保值增值，国资收益稳步增长。

【国有企业管理】 2011年，区国资局深化管理架构改革，提升国有企业市场竞争能力。保留荔源国资公司、西关国投公司、建设开发公司、西关荔华公司等四家直属企业，调整二级企业管理，按性质划分为资产管理类、投资经营类。通过合理调整管理层次，降低企业经营管理成本，提高企业解决历史遗留问题的能力；另整合企业资源配置，优化经营班子配置，为企业下一步发展奠定基础。

西关国投公司作为荔湾区的基础建设投融资机构，为区“三旧”改造和白鹅潭经济圈建设等重点建设项目进行投融资。国资局通过无偿划拨优质资产、划转股权、现金注入等方式迅速为其增资，支持公司投融一体化运作，增强其融资资质。

【国有资产管理】 2011年，区国资局通过公开市场挂牌方式，盘活和依法处置存量资产（股权），重组债权债务，促进国有资产保值增值，吸引投资促进区域经济发展。紫阳观连锁店以1.45亿元的交易价格成功转让康王路1083号物业资产。荔湾建设开发公司通过国有股权公开挂牌转让与债务重组方式，以4831万元的价格成功转让西场电子城项目国有48.1%股权，引入社会资金盘活“烂尾”10多年的商业开发项目，减少了国有资产的进一步损失，为荔湾区妥善盘活国有资产处理历史预留问题探索了新的模式。

建立国有资产信息化动态管理系统，已在局属企业范围录入数据并试运行，计划2012年在全区推行使用。借助计算机网络信息技术，将全区行政事业单位、企业的资产，全部录入数据库，即时动态掌握区属国有资产的分布和使用情况，实现国资管理的“准、实、快”，提高监管质量和效率，促进国有资产管理模式程序化、制度化。全面清理国有无形资产，经统计，局属企业无形资产（注册商标）共26项，已对需续展的8个荔湾饮食商标品牌注册商标办理了续展手续，并着手研究如何发挥这些无形资产的效益，深入挖掘体现荔湾特色的传统饮食品牌价值，保障企业无形资产的安全和完整。

【解决国有企业历史遗留问题】 指导局属房地产开发企业成立解决历史遗留问题专责部门，逐项解决困扰群众多年的临水临电、小业主办证、拆迁安置等历史遗留问题。多渠道筹措资金，2011年共投入400万元用于解决企业遗留的临水临电改造问题，完成金花小区永久用水用电改造、汇成花园永久用水改造等工程。恒晖阁安置房建设于11月竣工交付使用，妥善解决区水务农业局治水拆迁安置以及芳村房地产公司等共300多户临迁多年的拆迁户问题。各企业共为小业主办理房产证267户。多渠道推进富多来安置小区、康王路二号地块的确权工作。

【加强企业档案管理】 2011年，区国资局联合区档案局，加强和规范区内国有企业档案管理，联合印发《关于加强国有企业档案管理的意见》，将企业改制、重大资产处置等档案管理列为重点。在全市范围率先组织国有企业档案管理培训和检查指导，汇编印发具实操性的《国资档案管理整理资料汇编》工具书；对局属企业进行档案收集、管理工作大检查，通过自查、检查、整改工作，确保企业档案的齐全、完整和安全。

（区国资局　袁旭　徐欣）

【西关国投公司】 广州市西关国有资产投资有限公司（下简称西关国投公司）是区政府于2009年4月批准成立的国有独资企业，是政府投融资平台。2011年底，公司所有者权益增至10亿元，已分别为南漖工业地块储备项目、茶滘安置房建设项目融资4.84亿元，为西湾路旧城发行项目获得国家开发银行授信14亿元，为白鹅潭经济圈开发土地储备项目引入社会合作伙伴——苏宁环球集团股份有限公司，为白鹅潭经济圈土地储备开发的资金筹备奠定基础。

（西关国投公司　孙伟　曾舒）

审　计

【概况】　2011年，完成审计和审计调查项目23个、上级审计机关统一组织的审计项目2个、重点项目跟踪审计4个、基本审结的审计项目6个，全年合计完成审计项目35个，顺利完成年初确定的31个审计项目计划，查处违规金额64万元和管理不规范金额6122万元。另外，还对区经贸局、规划分局、多宝街等9个部门和街道进行了内审指导。

【预算执行审计】　2011年，区审计局对2010年区财政预算执行和其他财政收支情况进行审计，对区国资监管局、区政务办开展部门预算执行审计，对区人力社保局、区环保局、东沙街、站前街、石围塘街、逢源街等6个预算单位进行抽查。对审计发现的问题，区审计局依法进行了处理，并提出有针对性的意见和建议。

【经济责任审计】　为加强对党政领导干部经济责任的审计监督，2011年，区审计局对15位党政领导干部进行离任经济责任审计工作，审计发现负有主管责任的违规金额28万元、负有主管责任的管理不规范金额6418万元，反映出区内党政领导干部的大局意识、责任意识不断增强。

【专项审计与调查】　按照市统一部署，2011年，区审计局对区人民医院2009至2010年度收费情况进行专项审计调查，同时延伸调查部分本地区药品生产企业、经销商及药店等单位。对区中小学校舍安全工程的建设情况进行审计。

配合市审计局对地方政府性债务的审计，区审计局结合区情，及时向区政府提出贯彻落实意见，成立专项工作小组，全面动员和部署，促使该项工作按时按质完成。

同年，根据上级的统一部署，结合荔湾区实际及时制订荔湾区普通高中债务调查的实施方案，成立区联合工作组，摸清地方公办普通高中债务情况，分析债务资金的来源和用途，提出加强普通高中债务管理、建立长效机制、促进普通高中教育持续健康发展的意见和建议。

【区重点项目跟踪审计】　2011年，区审计局成立区重点项目跟踪审计工作领导小组，重点关注政府重点投资项目的安全性、经济性和效益性，为推进重点项目建设服务。区审计局及时到区更新办、区水务农业局、区建设园林局等单位了解掌握项目进展情况，开展工作对接，主动提供服务，做到有问题早发现、早提示、早控制、早解决，充分发挥国家审计的“免疫系统”功能作用，这一做法得到相关单位的一致肯定。

（区审计局　张丽燕）

工商行政管理

【概况】　2011年，市工商局荔湾分局认真贯彻落实市工商局、分局年初的工作部署，结合“创文”迎检工作，全面践行广州工商核心价值理念，深入推进网格化服务监管机制，提升公共服务效能，强化执法监管力度，不断加强队伍自身建设，较好的完成全年各项工作。

【服务市场】　2011年，分局制定《扶持与促进企业发展36条措施》，对区“退二进三”“白鹅潭经济圈”和“十三行商圈”等重点招商引资项目，实行保姆式服务。对申请迁入广州美食园、荔枝湾的企业开通绿色通道，协助引入15户饮食经营户。加强窗口建设，简化办事流程，将从受理注册登记到完成审批的时间从15个工作日缩短到7个工作日，大幅提高办证速度。运用技术手段，创新服务方式。结合政风行风上线工作，促进“一点通”软件升级改造，强化分局“两网”“两屏”建设，拓宽政务公开渠道。在政务大厅和18个工商所设置无障碍服务铃与使用指引标志，为有需要的群众提供一对一贴心服务。2011年分局注册登记的经济组织近7.23万户，引进注册资本100万元以上的企业298户，其中注册资本500万元以上的企业24户，注册资金总额达122.54亿元。全区市场主体类型中，内资企业1783户，私营企业1.29万户，个体工商户5.68万户，农民专业合作社2户。

同年，分局强化扶持举措，加强品牌建设。分局与外办机构交流，建立友好的商标维权合作关系。分局与日本贸易振兴机构在十甫假日酒店共同举办“深化行政指导保护知识产权研讨会”，日本驻广州总领事卢田真亚出席并致辞。采取措施促企业申报著名商标认定。通过走访形式加深对荔湾企业的了解，引导辖区共7家企业申报市著名商标认定，4家企业申报省著名商标认定，协助50家企业开展省市著名商标延续认定。年底，全区共有中国驰名商标7件，省著名商标57件，市著名商标101件，其中“陈李济”被认定为中国驰名商标。

充分发挥协会作用，加强企业会员凝聚力。举办多场自主创业扶持政策培训班；聘请常年法律顾问协助会员企业解决法律难题；为会员开通绿色窗口，提供送证照、送资料上门服务。

【信用体系与维权体系的建设】　2011年，分局成功举办“3.15国际消费者权益日”大型宣传咨询活动。同年，12315中心受理申诉举报案件5198宗（比2010年的6334宗下降18%）其中，申诉案件3073宗，举报案件2125宗，办结率98.3%。接待来电来访1663人次，为消费者挽回经济损失240多万元。加强合同管理，强化纠纷调解。2011年共发展“守合同重信用”企业236家，个体户16家，调解合同争议312宗。办理动产抵押29宗，抵押金额达6.49亿多元。分局与区法院联合开展经济纠纷诉前联调及司法确认工作，有效整合调解资源，强化纠纷处置能力。

【食品安全监管】　2011年，分局快速监测食品近1.25万批次，抽检食品1342批次，为往年的3倍，立案查处不合格食品案件42宗，对与群众生活密切相关的乳制品、散装熟食、桶装水、糕点等开展“回头查”；全年共受理食品流通许可申请5860宗，为639户乳制品经营者换发食品流通许可证，引导1.2万个食品从业人员办理健康证；摸清24家食品添加剂经营主体情况，引导和督促“前店后场”店铺对食品添加剂的使用情况进行备案；深入开展食品安全专项整治，累计出动执法人员4000余人次，开展13次不合格食品清查行动；主动联合区食安办对清平地区的水发产品进行持续整治，销毁不合格水发产品近500公斤。加强牲畜屠宰管理，2011年，区政府组织召开荔湾区首次屠宰管理工作会议，推动落实屠宰属地管理责任。开展“秋风”整治行动，共检查农贸肉菜市场9416个次，肉品经营业户2.76万多个次，对经销私宰肉行为立案84宗，查扣无合法来源生猪30头、猪肉2856.4公斤、牛肉1520公斤、鲜羊118只，罚没入库41.05万元。放心肉上市量从1月份的日均821.9头，上升至12月的日均962.43头。

【无证照整治】　2011年10月组织召开荔湾区查处取缔无证无照经营工作联席会议，使各职能部门和街道统一思想认识，形成整治合力。按照“政府牵头，工商协调，属地管理，部门联动”的原则，疏堵结合，疏导为主，全面开展清理工作。2011年共立案查处无照案件556宗，引导办照219户，取缔无照经营户67户，向相关前置部门发函733份。

【打击假冒与打击传销专项行动】　分局以站西市场群、文园市场群两大重点区域为切入点，组织工商所交叉巡查方式开展打击侵犯知识产权和制售假冒伪劣商品专项行动，2011年共出动执法人员4575人次，立案196宗。全年共开展打击传销专项行动43次，清查传销场所2858个、出租屋1165间，取缔疑似传销窝点5个，教育并遣返人员81人，有效防止传销活动的反弹回潮。

开展无传销社区（村）创建工作，全年新增无传销社区（村）17个，通过在写字楼推行“五个一”工作机制，在荔湾区写字楼集中的地区共试点创建“无传销写字楼”2个。目前，全区无传销社区（村）总数达到90个，打击传销基础性工作继续保持良好势头。

【净化辖区市场环境】 2011年，分局加强对不正当竞争、走私贩私等违法行为的打击力度，查处不正当竞争案件11宗；开展以食品、化妆品、服装、鞋帽为检查重点的专项整治行动，查处经销不合格产品案件58宗；保护商标专用权，查处商标侵权案件196宗；净化广告市场秩序，责令整改违规广告55户，拆除76户，办理广告案件8宗；取缔黑网吧15家。同时认真抓与司法的衔接，严肃追究违法犯罪责任，共有7宗案件移送司法机关。

在“创文”迎检期间，分局对紫来、万涛和金花三个备检市场进行升级改造，提升农贸市场硬件水平，为顺利通过“创文”迎检奠定了基础。组织、指导市场参加广州市创建星级市场活动。鹤洞蔬菜批发市场、东川新街市彩虹分场被评为广州市三星级农贸市场，东川新街市宝华分场被广东省工商局评为广东省2011年度创建诚信市场先进单位。

【控烟广告监管】 分局加强对辖区户外和公共场所设置烟草广告的监管，严查未经登记批准在烟草经营场所内设置发布烟草广告。2011年，累计出动269人次、56车次、检查商铺1234家，发现并现场责令商家停止未经登记批准发布烟草广告6家。

【个私协会服务】 区私营企业协会与个体劳动者协会履行服务个体私营经济的职能，通过电话联系、会员回访、上门服务等多种形式服务辖区企业。2011年共受理消费者投诉案件78宗，向消费者提供咨询服务750多人次，为消费者免受经济损失7.3万多元。组织开展评选“放心消费商店”活动，共评选出广州市妇儿公司等14家企业为荔湾区“2010年度放心消费商店”。

（市工商局荔湾分局）

劳动管理

【劳动就业】 2011年，荔湾区登记在册城镇失业人员7.88万多人，其中：就业困难人员2.79万多人；高校毕业生1.21万多人。通过区、街共同努力，实现就业近5.66万人，就业率为71.81%；就业困难人员实现就业1.76万人，再就业率63.12%；全区登记失业的应届高校毕业生就业率为91%。2011年全区公益性岗位安置3794人；特困人员就业率为96.61%，零就业家庭就业率100%。

2011年，区政府共安排就业专项资金900万元，比2010年增加100万元，为扶持就业政策体系提供资金保障。进一步扩大就业专项资金的资助范围，增加就业困难群体免费培训的次数，在市实施培训券政策的基础上，增加低保、低收入家庭困难人员、“4050”人员、特困失业人员、“零就业家庭”人员、已享受创业培训资助后的失业人员第二次全免费培训补贴，把社区培训的补贴标准从每人100元提高到200元，并根据参加培训学习但没有报考、缺考、考试不及格等不同情况按培训和鉴定费用的30%、60%、80%比例给予补贴，较好地体现了政府重视民生，关注困难群体、通过培训促进就业的宗旨。2011年，荔湾区已连续九年获广州市就业目标责任制考核优秀单位。

2011年广州市社工就业辅导服务暨“就业携行计划”推进会在荔湾区开展，推行社工就业辅导服务。

【技能培训】 技能培训工作围绕荔湾区就业目标责任制考核指标任务以及落实民生十件实事工作展开。根据荔湾区商贸旅游发展定位和茶叶、花卉专业市场的特色，经市批准，成功增加茶艺师和插花员的初级和中级四个鉴定项目。2011 年共免费培训近 2.29 万人，完成全年计划的153%，其中商贸类技能培训 7124 人，其他技能培训 1408 人，SYB（国际劳工组织和中国劳动与社会保障部积极倡导的专门为创业者、中小企业量身定做的社会化创业全程扶持指导体系，以企业促进就业。）创业培训 806 人，社区岗位培训2194 人，职业指导 1.05 万人，低收入困难人员培训 813 人（其中：639 人参加社区培训，174 人参加技能培训）。除此之外，培训在职人员 30 期共 1038 人，跨省农民工 39 期共 1306 人，农转居人员 7 期共 405 人，“双转移人员”4 期共 137 人，举办创业指导进社区活动 22 场。广州市从2011 年起实施职业技能培训券政策，有广州市户籍、法定劳动年龄范围内且具有一定条件的人员可申领职业技能培训券参加财政补贴的职业技能培训。2011 年，全区共有 4509 人申领培训券，其中 3752 人由区劳动就业训练中心实施免费培训，其余 757 人在广州市其他定点培训机构参加培训。

2011 年区人力社保局开展失业人员技能培训

【劳动保障监察】　区人力资源和社会保障局加强劳动关系三方组织建设，完善劳动关系三方协商机制，调整区三方会议及办公室领导成员，把区经贸局、区工商联纳入到区三方会议。推进和谐劳动关系企业、园区的建设，2011 年，全区共有 59 家企业成功申报劳动关系和谐企业。实施劳动监察检查任务目标管理责任制，重点做好事前监督和服务工作，通过不断完善巡查机制，及时发现、纠正和制止企业劳动违法行为，预防和减少劳动纠纷的发生。全年，区、街两级劳动保障监察机构共处理投诉案件 616 宗，涉及劳动者人数 718 人，涉及工资总额约 261.80 万元；处理劳资纠纷突发事件 18 件，涉及 916 人，含处理 30 人以上突发事件 10 件，涉及 827 人，涉及金额989 万元。在劳动执法中依法处罚企业 35 家，处罚金额 35 万元，案件错案率和行政复议、行政诉讼应诉率为零。

【劳动合同管理】　2011 年，综合计算工时和不定时工作制共审批 126 个单位，涉及近 4.46 万人，与 2010 年同期相比增加 32%；审查 152 份工资集体协议，涉及 5.37 万人，其中，区域性工资集体协议 81 份，覆盖 6726 个单位，涉及 4.5 万多人；审查 71 份集体合同，涉及 3.03 万多人，其中，区域性集体合同 29 份，覆盖 2688 个单位，涉及 1.67 万多人。

【劳动保障年检】　建立用人单位“一户一卡”登记和跟踪服务制度。2011 年，局劳动保障监察“pj5 系统”用人单位信息数据采集完成 1.39 万户，建立用人单位信息一户一卡，完成劳动年审0.85 万户，对用人单位实施日常主动巡查和劳动纠纷矛盾隐患排查 1.26 万户次，涉及用工人数27.49 万人。

【劳动仲裁】　2011 年，全区立案受理劳动争议仲裁案件 1248 件，其中 10 人以上 30 人以下集体案件 12 件，30 人以上的集体案件 3 件，案件总标的额为 3296 万多元。审理结案 1271 件（含上年结转 75 件），审结率 95.83%。

（区人力社保局　李广新）

安全生产监督

【概况】　2011 年，区工矿商贸（含建筑）企业发生生产安全事故 3 起，死亡 4 人，受伤 4 人，直接经济损失 419.5 万元。未发生较大以上生产安全事故。与 2010 年同期相比，事故起数持平，死亡人数、受伤人数、直接经济损失分别上升

33.3%、100%、215.4%。

2011 年发生火灾 28 起，受伤 1 人，死亡 4 人，直接经济损失 170.17 万元。未发生较大以上火灾事故。与 2010 年同期相比，死亡人数持平，火灾起数、受伤人数、直接经济损失分别上升 55.6%，100%，183.97 万元。

2011 年发生道路交通事故 15 起，死亡 15 人。与 2010 年同期相比，事故起数、死亡人数同比分别下降 25%、28.57%；

2011 年，荔湾区安全生产形势总体保持稳定，道路交通事故宗数、死亡人数都有所下降。但是生产经营企业和消防安全生产形势严峻，几项重要指标都有所上升。

【安全生产责任制】 2011 年初，组织安委会成员单位的相关领导和人员组成 4 个考核组，对全区 12 个职能部门和 22 个街道 2010 年安全生产责任制落实情况进行考评。经考核，各单位成绩全部优秀。同年共与区经贸局等 12 个有关部门和金花街等 22 个街道签订《荔湾区 2011 年安全生产责任书》，明确各相关单位 2011 年的安全生产职责和工作任务。结合区内实际，修订《荔湾区 2011 年度安全生产责任制考核评分细则》，并报区政府审定，同时筹备 2011 年的考核工作。

【安全生产宣传】 组织开展“安全生产月”活动。精心组织“安全责任，重在落实”为主题的安全生产月活动，部署大宣讲、现场咨询服务、执法警示、大检查、发放宣传资料等形式多样、内容丰富、近民亲民的宣传教育活动，努力营造有利于加强安全生产工作、促进全区安全稳定的舆论氛围。

【安全生产培训】 区安委办制订全区安全生产培训工作计划，对各街道培训指标进行分解，积极指导、协调区内各培训机构开展培训，2011 年共培训新增安全主任 171 人、安全主任继续教育 2079 人、新增生产经营单位主要负责人 305 人、生产经营单位主要负责人继续教育 521 人。通过各类安全生产培训，有效提高企业负责人和安全管理人员的安全管理技能。

【创建安全社区】 2011 年，区安委办按照省市有关部署，经初步筛选，按照自愿原则，动员广州市汇美商业物业管理有限公司等 7 家企业参加创建工作。同时制定《荔湾区全面推进全国安全社区创建工作实施方案》。通过学习外地经验、深入调研和征求街道意见，选定沙面街和西村街为创建全国安全社区的试点，全面启动创建全国安全社区工作。

【安全生产专项行动】 2011 年印发《关于印发荔湾区开展创建全国文明城市安全生产专项整治行动方案的通知》、《荔湾区关于开展严厉打击非法违法生产经营建设行为专项行动的通知》、《荔湾区 2011 年安全生产月活动方案》等文件，严密部署创建全国文明城市安全生产专项整治行动，以及打击非法违法生产经营建设行为专项行动，以行业监管和属地管理原则，全面深入对危险化学品、建筑施工、消防、道路交通、人员密集场所等行业开展安全生产隐患排查，以排除安全隐患，确保全区的安全生产稳定态势。

【危险化学品安全生产检查】 按照《关于进一步加强危险化学品安全监管工作的通知》要求，2011 年，全区各街道在建立和完善危险化学品安全生产监督管理基础台账的基础上，每月组织一次对辖区内危险化学品生产储存企业、重大危险源、加油加气站和零售店进行全面的安全检查。特别是在创建国家文明城市期间，由局领导分组带队对重点企业开展检查，严格落实政府安全监管主体责任，督促企业落实安全生产主体责任。

【用电安全整治】 2011 年拨出专项资金帮助 1500 多户困难家庭和五保户更换老化的电线、电缆，以减少安全隐患与火灾事故的发生。向区政府申请 500 万元资金开展用电整治。

（区安监局　左朝辉）

食品药品监管

【药品与医疗器械监管】 药品、医疗器械监管严格按 GMP（优良制作标准）与 GSP（良好的药品供应规范）管理规范要求，通过“突出专项检查、跟踪检查和日常监管相结合”、“现场检查和书面检查相结合”、“重点检查和一般检查相结合”的方法，突出对辖区药品生产企业和经营麻醉药品、精神药品、疫苗的企业、新开办的企业及城乡结合地区进行重点监管；突出特药、疫苗、复方止咳制剂等单轨制处方药和进口药品等品种；突出医疗机构药品使用质量管理及生产企业等环节。建立起专门的跟踪检查电子文档和书面记录档案，规范辖区药械单位的管理。强化企业第一责任人意识，实施药品质量安全信用分类管理。根据实施药品质量安全信用分类管理的要求，结合区监管实际，循序渐进地开展“三品一械”质量安全信用体系构建工作，逐步建立药品生产经营企业、使用单位的基础信用档案、安全信用评价系统和激励惩戒机制，提高“三品一械”监管水平，增强管理相对人的守法诚信意识。2011 年，辖区 70% 的企业已实施信用分类管理。全年未发生一起重大药械安全事故，较好地维护了医药市场秩序和群众用药安全。

【保健品化妆品监管】 2011 年，区食品药品监管局现场查验 1250 档次经营的保健食品票据、索证和台账，对不符合国家有关要求的保健食品责令下架，停止经营。开展保健食品化妆品生产违法添加“塑化剂”等化学物质专项检查，从源头上加强保健食品化妆品质量管理。关闭清平市场和港东保健品档口。加强保健食品违法广告监测，净化市场环境。全年共监测发现保健食品违法广告 15 条，为上级部门查处保健食品违法广告提供了有利线索。重视对合法企业的服务指导，树立“教育引导”理念。创新监管方式。将被动说教转变为主动请教，沟通解决问题。坚持现场检查与规范引导相结合。针对现场检查发现长寿路化妆品经营不够规范的现状，编辑印制有针对性的化妆品宣传知识单张，派发到每个经营业户手中，并对企业提出的疑问进行现场答疑。引导企业建立索票索证制度。从根本上解决经营户的认知问题，逐步规范化妆品市场秩序。积极开展国产非特殊用途化妆品产品再次备案工作，指导企业网上备案，严格审查备案产品。企业化妆品产品标签说明内容得到规范，企业的守法意识得到加强，规范化妆品的生产与管理。

【集体食堂食品安全监管】 2011 年，区食品药品监管局借鉴集体食堂食物中毒事件的经验教训，重点抓集体食堂用餐的制作过程、食品来源的索证、食品卫生质量的控制。同时，联合教育部门开展学校（托幼机构）食堂食品安全大检查，随机检查环翠园小学、海南中学、真光中学等 30 多所学校食堂。各学校按照要求，对各自的食堂进行自检，食品安全情况良好。开展 2011 年度中、高考期间的食品安全检查工作。考前派员前往供应膳食的学校食堂进行现场检查。发现问题及时提出书面整改意见，现场督促整改，确保广大考生和教职员工的食品安全。

【“五小”餐饮服务店档治理】 围绕重点难点不断规范“五小”餐饮服务店档治理。严格要求业户执行食具消毒制度，完善消毒设施，做好消毒记录。2011 年对基本符合发证条件的小型餐饮服务单位发放临时餐饮服务许可证 206 个，督促从业人员办理健康证明共 2.66 万人，定制悬挂式健康证明牌 2000 多个，印制 8300 多份食品原材料台账登记册，定制量化分级牌匾 2300 多块，出动检查人员 2200 人次，检查小型餐饮服务单位 1207 家次。责令停业并劝导转营单位 169 家；函告工商部门对无证经营餐饮单位逐一核查，对 222 家企业根据不同经营性质分别给予处理。

【重大节日食品安全保障】 2011 年，区食品药品监管局通过三项措施切实做好重大节日和重大活动餐饮服务环节食品安全保障工作。节前深入餐饮服务企业一线，重点检查企业工作人员持证情况，是否建立购销台账，操作间是否按照卫生标准执行，是否存在使用不合格食用油等情况进行重点检查。制订重大节日（活动）食品安全检查方案，按时间、进度、要求抓安全防范措施的落实，确保工作落到实处，同时按要求从合法途径购进食品，确保食品来源正当，符合卫生要求。如保障亚太经合组织工商理事会 2011 年第一次会议期间的食品安全、保障“三月三·荔枝湾”活动、“沙面西餐文化节”、广交会、荔枝湾涌龙舟巡游活动等大型集团活动聚餐的食品安全等，确保供应食品安全可靠。制定《突发事件处理程序及群众投诉处理程序》，做好应急准备。做好应急值守，遇到紧急、重要情况要按照有关时限规定及时报告，做到反应迅速、上报及时、处置得当。

【添加剂专项整治】　2011年在全区范围加强餐饮服务环节违法添加非食用物质和滥用食品添加剂专项整治。主要检查餐饮服务单位采购、使用、保管食品添加剂的情况，督促餐饮服务提供者落实食品添加剂采购索证索票制度，严格按照标准规定的范围和使用量使用食品添加剂。

【控烟】　2011年，全区控烟工作成效明显。积极参加区爱卫办组织的“关于开展清洁城乡健康广州爱国卫生日行动”的控烟督查工作和“世界无烟日”的控烟执法检查工作，及时处理控烟投诉，根据《区城市管理工作交办函》对部分酒楼控烟工作进行督办，将控烟工作处理情况书面上报区爱卫办。

【“地沟油”违法犯罪专项治理】　根据《中共广州市委办公厅广州市人民政府办公厅关于迅速严厉查处“地沟油”的紧急通知》精神，荔湾区食安办迅速组织有关部门，全面开展“地沟油”和餐厨废弃物的专项清查整治行动，规范食用油市场秩序，确保广大人民群众的饮食安全。尤其是2011年9月全国、全省召开严厉打击“地沟油”违法犯罪电视电话会议以后，荔湾区食安办认真贯彻国家、省市的决策部署，将打击“地沟油”专项工作列为食品安全整顿的重点，制定下发《荔湾区关于开展严厉打击“地沟油”违法犯罪行为专项工作方案》，并于9月5日、9月28日、11月10日、12月1日、12月31日先后5次开展联合执法专项行动，取得明显成效。

食品药品监管部门严查、严打餐饮环节“地沟油”违法犯罪行为，采取网格化方式实行日常监管，并定期对全区餐饮服务单位特别是中小型餐饮企业和集体食堂进行食品安全大检查，共出动车辆50台次，执法人员474人次，检查餐饮经营单位778间次，发出监督意见书300多份，发现购进食用油脂未落实进货查验记录和索证索票制度单位70多户次，查处使用无标志或其他不合格食用油脂案件8宗。注重执法监督与宣传教育相结合，强化餐饮服务单位经营者和从业人员的法律意识及食用油脂安全常识，设立、公布专项整治举报电话，及时受理群众举报，充分发挥社会监督作用。

【广州国览医疗器械城】　广州国览医疗器械城是全国唯一获得国家许可的医疗器械交易市场，以定单化、规模化、集约化、品牌化的创新模式，打造“全球医疗器械采购中心”。首期完成总投资6.6亿多元，建筑面积4.5万平方米，共有商铺800多个，设“医用器材交易中心”、“口腔器材交易中心”、“实验室器材交易中心”等18个专业服务中心，医疗器械品种齐全，成为国内外医疗机构的重要采购平台。广州国览医疗器械城与厂商签订《产品质量保证书》和《质量管理协议》，确保医疗器械质量，防止假冒伪劣产品销售，依法维护采购商和消费者的合法权益。自设网站“国览网”立足广州、面向全球医疗器械公司、医疗机构、医药公司、外贸公司、设备设计机构、科研实验机构等相关行业，为这些行业提供全方位捆绑式宣传推广，展示高端品牌实力。中国政策科学研究会、中国卫生部《健康报》社、中国民营医院联盟、中国医疗器械行业协会等单位与广州国览医疗器械城建立长期合作伙伴关系，并在国览城内设立中国医疗器械产业市场化研究基地，共同创造国际化的医疗器械市场。

广州国览医疗器械城第二期正紧锣密鼓地筹备中。

【清平中药材专业市场监管】　围绕“药出清平必正宗”的目标，加强对清平中药材专业市场的监管。清平中药材专业市场始终是监管的重点和难点，也是社会关注的热点。区食品药品监管局定期组织检查，对于问题较多的经营商铺实行定期回访，指导帮助改变经营方法，规范其经营行为。

针对媒体有关清平中药材市场非法销售打硫磺中药材问题的报道，局领导高度重视，组织执法人员对该市场1300家档口进行地毯式检查，现场对涉嫌打硫磺党参的4家档口进行抽样，登记保存涉嫌有质量问题的党参100多公斤。2011年6月在清平中药材专业市场二层发现某档经营疑似穿山甲片、蛤蚧等国家重点保护的珍贵、濒危野生动物，涉案货值达16万元。

【创建全国文明城市食品药品安全】　2011年，先后制订"创文迎评工作方案"、"创文药品安全整治方案"、"创文餐饮服务环节食品安全工作方案"、"创文迎国检工作方案"等一系列实施方案。多次召开会议，强化"抓不好创建是失职，不抓创建是渎职"观念，把创建活动贯穿于工作的始终。根据地域、路段进行分片检查，在"创文"工作前期加强宣传教育，送政策、送服务上门，增强企业食品药品安全意识，为企业解决办证难等问题；在"创文"迎检阶段加强对违法违规行为的查处，增强对企业的震慑力度，提高"创文"工作成效。对"创文"保障区域进行了等级划分，将花地城实地考察地段和清平中药材市场纳入一线区域进行重点保障。在"创文"迎国检冲刺阶段，按照"责任明确、突出重点、兼顾一般、严防死守"的工作原则，将各路段、片区实施分段管理、守点监督，并落实措施、责任到人，强化一线和二线区域监管。全局除个别值班人员外，所有工作人员根据地域、路段分成19个小组，局主要领导亲临一线督导检查，局各分管领导分片负责，从早上7点至晚上12点，对小餐馆、药店等区域、环节进行全天候拉网式检查，确保不漏洞、不留死角，守好食品药品安全的防线有力地保障了"创文"迎国检工作的顺利通过。

（区食品药品监管局　谢永）

质量技术监督

【概况】　2011年，区质监局在质量监督管理、食品生产监督管理、标准化与计量监督管理、特种设备安全监督管理与开展稽查打假执法行动等方面取得可喜成绩。

2011年7月29日，荔湾区质量强区工作领导小组联席会议召开。

【质量监督管理】　2011年，区质监局推动5家商用燃气灶具生产企业获证，关停1家企业，促使1家企业转型为销售企业，指导2家企业获得质量管理体系认证。对辖区内的家电、音视频、电线电缆等14家家电及相关产品企业进行联合检查。全面推动质量强区工作，力促区政府出台《荔湾区开展质量强区工作实施方案》，力促珠江钢琴集团股份有限公司荣获首届广州市政府质量奖，力促珠江钢琴、立白集团等企业全面实施卓越绩效管理模式。2011年，辖区内企业共有231张质量管理体系有效证书，54张环境管理体系有效证书。辖区有64家工业产品生产许可证获证企业，有强制性产品认证企业39家，有效证书191张。

【食品生产监督管理】　2011年，区质监局补充和完善138家（食品115家，食品相关10家，化妆品13家）企业的证照、日常监督、年审备案、监督检验、违法行为数据信息等企业档案，推进食品生产企业诚信体系建设。采用"产品溯源抽查方法"，由源头开始追踪该产品的原辅材料索证索票、购进记录、领料记录、生产记录、销售记录及入厂把关与出厂检验等各方面的情况，提高检查质量。开展以乳制品、非法添加剂、"地沟油"等专项监督为重点，对糕点、肉制品、食用油等生产行业及乳制品、添加剂、食用油等使用单位进行指导与检查。实行企业自查与监督核查相结合的双重监管模式，落实质量安全主体责任。加强宣传培训，按照“边规范、边宣传、边指导、边监管”的工作方法，通过建立食品企业 QQ 群、以会代培方式，引导企业相互交流、相互借鉴，提升企业保障食品安全的能力。开展生产许可证获证企业的后续监管和年审工作，针对企业存在的问题，及时提出整改意见和措施，要求企业限期整改，规范企业的生产行为。

【标准化监督管理】　2011 年，落实《广州市标准化战略实施纲要（2009—2012 年）》。推动辖区内 11 家食品添加剂和化工产品生产企业的产品标准登记由 298 个提高到 2338 个。检查 106 家使用添加剂生产食品的企业产品标准登记情况，清理过期产品标准 268 个，注销废止过期产品标准 331 个，有 38 家企业的 3029 个产品办理了变更登记，使食品生产行业产品标准的覆盖率达到 98% 以上。重拳出击整治标志不合格，提升产品质量实物合格率，使纯标志不合格企业数和产品数分别比 2010 年下降 55.6% 和 48.1%。引导企业将专利技术转化为企业标准，帮扶指导广州微点焊设备有限公司、广州市天文光学科技有限公司和广州虎辉照明科技公司的多项标准顺利转化为企业标准。推广和执行《茶叶专营店特色服务规范》和《西关风情小吃店特色服务规范》，推动区辖内茶叶专营店和西关风情小吃店自觉执行上述两标准。

【计量监督管理】　2011 年，区质监局开展诚信计量体系建设，帮扶广州鱼市场完善计量管理制度，制定广州鱼市场的统一配秤方案，完成所有批发冰鲜鱼档口的统一配秤，对零售档口的电子秤实行统一管理。初步建立加油站行业诚信计量体系，推动 20 家加油站实行诚信计量公开承诺，与广州中石化石油公司协商制定《中石化加油站计量投诉管理服务规范》，建立起计量投诉快速反应机制。对大米、食用油、瓶装液化气、添加剂食品企业定量包装等四类产品开展专项检查，大米定量包装合格率 91.11%，食用油定量包装合格率 82.2%，瓶装液化气定量包装合格率 95.6%，添加剂食品企业定量包装合格率 100%。开展民生计量专项检查。在元旦、春节，“3·15”、“5·20”、“十·一”、中秋等开展民生计量专项检查，全年累计出动 286 人次，检查企业 86 家，检查计量器具 3737 台。强化车辆安检机构监管，对辖区 2 家安检机构和 1 家综检机构实行动态监管，指导大昌行喜龙机动车检测公司专门设置档案室，按照文件档案、人员档案、检验报告档案、设备档案、证照档案进行管理。推动重点耗能企业参与能源计量标杆示范企业创建活动，对列入“十二五”重点监管的西环电力、高得制衣、美晨集团进行调查摸底，建立企业档案。辖区 9 家重点能源企业计量器具配备率达到 3 个 100% 的要求，有 6 家企业通过计量保证体系认证，9 家企业计量管理人员全部持证上岗。

【特种设备安全监察】　提高电梯维保使用质量水平，2011 年实现辖内 14 家电梯维修单位执法检查的全覆盖，对其中存在从业人员严重不足、计量检测仪器超期未检、无证（超范围）维保、电梯维保质量较差等严重问题的 8 家维修单位予以责令整改并立案查处。把握“积极响应、明确责任、突出重点、主动协调、跟踪落实、及时报告”的工作原则，确保新中国大厦物业服务合同纠纷案强制执行期间大厦电梯正常运转。深入荔湾区重点项目——广东中烟东沙基地开展调研，为企业开通行政手续办理绿色通道，共同探索企业特种设备监管与服务的长效机制。开展以“关爱生命关注特种设备安全”为主题的宣传活动，通过电梯安全知识小课堂、《安全乘梯三字经》朗诵等方式宣传安全知识。推广特种设备安全使用管理上等级，2011 年，辖内有 6 家以上企业达到 B 级或以上，其中 A 级有 4 家。

【稽查打假执法】　2011 年，区质监局以鞋类、电器、化妆品、食品等为重点，全力以赴开展“双打”专项工作，出动检查人员人 320 人次，检查生产企业 193 家，查处各类案件 29 宗，涉及

“双打”的案件7宗，在全区形成打击侵犯知识产权和假冒伪劣商品的高压严打态势。开展“打非添”专项行动，全年出动执法人员700多人次，检查企业140多家次，发出整改通知书22份，约谈企业6家，立案查处14宗。全面清查整治“地沟油”，组织执法人员对可疑场所及时进行清查，对使用食用油企业进行检查，严查其食用油原料的进货把关、索证索票情况。

【安全教育】 2011年对200余家企业近300名负责人开展普法宣传。3月15日，联合工商等部门在荔湾广场举办“3·15”消费者权益日宣传服务活动，5月20日，在好又多芳村店广场开展“5·20世界计量日”宣传活动，展示计量作弊计量器具，接受计量投诉，并在现场向市民开展免费验光等便民服务。联合区安监局等部门举办“特种设备安全进社区暨民用液化石油气气瓶安全使用宣传活动”，向广大社区居民宣传质监法律法规和气瓶安全使用常识。联合区旅游局召开“荔湾区住宿业创文安全工作会议”，宣传住宿行业的特种设备、计量器具等业务知识。

2011年9月24日，荔湾区开展特种设备安全进社区宣传活动。

【全员执法】 2011年，在全局范围内全面推行“全员执法”模式。以处罚为手段，帮扶整改为任务，以提升产品质量为目标，实行执法办案与业务监管相结合的方式，推动企业认真落实整改，提升质量管理体系，深化企业落实主体责任。探索基于风险评估的食品企业动态分类监管模式，将风险意识融入到日常监管中，转变“保姆式”监管模式，使监管对象由全覆盖监管转变为重点监管高风险产品、高风险企业、高风险行业。经风险评估确定A类6家、B类80家、C类29家，按照“分类监管、突出重点、强化效能”的原则，将29家C类企业作为巡查的重点关注对象。积极探索特种设备安全监察新模式，建立“政府主导、部门合力、多级管理、责任共担”特种设备安全监察工作机制，健全“区政府负总责、职能部门负监管责任、企业负主体责任”的责任体系。与安监局签订《荔湾区特种设备安全监察工作合作备忘录》，建立起特种设备安全监察合作机制；与街道签订《荔湾区特种设备安全协管员目标管理责任书》，建立起沟通协管员与监管员联络沟通渠道，保证特种设备安全信息畅通。建立安全形势分析制度、安全情况通报制度，安监派员参加特种设备安全形势分析会，互通安全监管信息。探索推行责任保险等经济方式的约束，推进安全管理标准化，促进特种设备使用单位履责的主动性和管理的规范性。

（区质监局 刘克斌）

工 业

【概况】 2011年，荔湾区工业经济平稳运行，各项年度目标任务全部完成。当年，累计完成工业总产值461.48亿元，比2010年增长11%，规模以上工业总产值累计完成435.05亿元，同比增长11.2%。

同年，全区前20名重点工业企业实现工业产值370.21亿元，同比增长7.3%，其产值占全区工业总产值的80%。增幅较大的企业有：广州卷烟厂（原名广州卷烟二厂）、广州广船国际股份有限公司、广州珠江钢琴集团股份有限公司、广州新展有机硅有限公司、广州敬修堂（药业）股份有限公司。列前10名的主要重要工业企业选介于下表：

2011 年荔湾区重点工业企业选介表

企业名称	地址	企业类型	累计工业总产值（万元）
广州卷烟厂（原名广州卷烟二厂）	中山七路 333 号	国有企业	1684388
广州广船国际股份有限公司	芳村大道南 40 号	国有企业	722362.2
广州钢铁股份有限公司	芳村大道 1 号	国有企业	529822.7
广州珠江钢琴集团股份有限公司	花地大道南鱼尾西路 8 号	国有企业	129509.4
广州珠江化工集团有限公司	荔湾路 123 号	国有企业	89460.6
广州发电厂有限公司	东风西路 26 号	国有企业	64704.1
广州美业针织印染厂有限公司	龙溪中路 28 号	私营企业	60127.4
广州市广利船舶人力资源服务有限公司	芳村大道南 40 号	国有企业	52188.9
广州柴油机厂股份有限公司	芳村大道东 75 号	国有企业	42390
广州金莱冷轧带钢有限公司	桥梓大街 15 号	国有企业	40759.3

同年，全区共引进各类科技及创意企业 70 多家，全区高新技术产品产值 115 亿元，同比增长 26%。广州硅芯电子科技有限公司、广州市新之地环保产业有限公司两家高新技术工业企业简况列于下表

2011 年荔湾区高新技术工业企业选介表

企业名称	地址	企业类型	累计工业总产值（亿元）	产品
广州硅芯电子科技有限公司	大坦沙桥中中路 219 号	私营企业	1.98	主要产品有：LED 数码灯笼、LED 显示屏。公司拥有国际领先水平的光电驱动芯片设计技术和自主知识产权的高端 LED 显示专用驱动 IC。
广州市新之地环保产业有限公司	花地大道中 83 号金昊大厦 16 楼	私营企业	1.20	主要产品有：生物除臭装置，中心传动单管吸泥机、氧化沟转盘曝气机等。2011 年公司被评为“广州市第一批创新型试点企业”与“第一批广东省战略性新兴产业骨干培育企业”。

（区经贸局　钟宇琦）

【广州广船国际股份有限公司】　广州广船国际股份有限公司是中国首家造船上市公司，中船集团属下华南地区重要的现代化造船综合企业，中国最大的灵便型液货船设计和制造企业。

公司以造船（民船及特种辅船）为核心业务，可设计建造符合世界各主要船级社规范的 3－6 万吨级灵便型液货船，产品涉及大型钢结构、港口机械、电梯、机电产品及软件开发等。广船已成功进入滚装船、客滚船、半潜船等高技术、高附加值船舶市场，先后填补了中国半潜船、客滚船建造史上的空白。

公司坚持“做强造船、放活非船，以世界一流的性价比和客户化赢得市场”的经营宗旨，致力于成为“全球中小型船舶市场技术领先、服务卓越的知名企业”，成为华南地区重要的特种辅船建造和保障基地，努力打造非船第二支柱产业，最终形成造船、重机、服务和海洋工程四大业务格局。2011 年，广船生产、产值、人员等情

况列于下表。

2010—2011 年度情况表

年份	总产值（亿元）	主要产品与产值（亿、万元）	职工（人）
2011	72.35	造船完工 18 艘，70.34 亿元； 钢结构完工 0.61 万吨，4945 万元； 机电产品及其他 1.4 亿元；	3503

（徐向勇）

【广州卷烟二厂生产二部】　2011 年，广州卷烟二厂生产二部是广州卷烟二厂下属的三个生产部之一，位于荔湾区中山七路 333 号，厂区占地面积约 3.5 万平方米，设卷接包、制丝、膨胀烟丝三大生产车间，有 20 台套 PROTOS—GD 卷接包生产线，其中 10 台 PROTOS70 机、3 台 PROTOS80 机、7 台 PROTOS90 机、5 台 GDX500 高速软盒包装机，7 台 GDX1 软盒包装机、8 台 GDX2 硬盒包装机，一条德国 HAUNI 公司 8000 公斤/小时制丝生产线，一条英国 BAT 公司 800 公斤/小时膨胀烟丝生产线，固定资产价值 16.5 亿元，主要生产“双喜”品牌卷烟，截至 2011 年 8 月，在岗职工 1083 人。2011 年 1－8 月，生产二部共生产卷烟近 187.5 亿支（近 37.5 万箱），是 2010 年的 95.8%；实现产值近 55.6 亿元，是 2010 年的 97.36%。

2011 年，生产二部按照广州市“退二进三”的要求，顺利完成搬迁工作。7 月，第一台设备开始拆迁，经过短短几个月的时间，20 套卷接包机组、8 套成型机组、4 套嘴棒发射机、4 套封箱机及 1 条制丝生产大线和 1 条制丝实验小线等设备全部搬往位于东沙开发区（东沙街）的广州卷烟厂，搬迁过程中没有一件设备遗漏，没有发生任何安全事故，圆满实现搬迁目标。8 月 29 日，生产二部全部员工顺利迁至广州卷烟厂。

2011 年，生产二部积极贯彻落实国家烟草专卖局提出的“国家利益至上、消费者利益至上”的行业共同价值观，积极参加各种公益活动。春节期间，对劳模先进、生活困难、患重病和住院职工等特殊群体，开展多种形式的送温暖活动，全年共帮扶困难职工 628 人次。同年 5 月底，生产二部派出 4 名团员青年参加由广东中烟直属团委组织的“关爱留守儿童，共享喜悦童年”公益活动。生产二部团委响应公司直属团委的号召，开展“扶贫助困，献爱心”活动，向广大团员青年发出了每人每月捐赠 10 元，为始兴县沈所镇沈北村的贫困家庭和儿童奉献爱心的倡议。同年 8 月，生产二部共有 70 名员工参加无偿献血，其中第一次献血的员工有 10 人，累计献血超过 1000 毫升的员工有 14 人。

下属三个生产部全部顺搬迁到位于东沙开发区的广州卷烟厂。2011 年，广州卷烟二厂（含三个生产部及广州卷烟厂）共生产卷烟 137 万箱、实现工业总产值 168.43 亿元。12 月 23 日，双喜 300 万箱下线仪式在广州卷烟厂顺利举行，广东省省长朱小丹、副省长刘志庚，国家烟草专卖局局长姜成康、副局长何泽华等领导出席下线仪式，当天下午，还举行广东双喜与上海红双喜品牌合作的签约仪式，合作后，双喜一跃成为中国第一、世界第二的卷烟生产品牌。2011 年，广州卷烟二厂被国家人力资源和社会保障部、中华全国总工会、中国企业联合会/中国企业家协会、中华全国工商联合会联合授予“全国模范劳动关系和谐企业”荣誉称号，被国家烟草专卖局党组授予“全国烟草行业离退休干部工作先进集体”荣誉称号。

（张钰祥）

【广州珠江钢琴集团股份有限公司】　2011 年，珠江钢琴集团先后获得首届广州市政府质量奖、广东省标准创新贡献奖、广东省企业文化建设十佳先进单位、广东省自主创新 100 强企业、广东省最具核心竞争力企业等荣誉。

集团公司以市场为导向，坚持创新驱动，加大技术改造力度，在钢琴重要零部件制造技术上和新产品开发方面均取得重大突破。优化发展布局，精心组织生产及营销，产品结构不断优化，推出具有高品质和高性价比的民族品牌产品，2011 年共开发新产品 57 款，包括恺撒堡 KD（德国造）系列、KA（艺术家）系列，PTR 三大系列新增花式琴、京珠系列新增花式琴、GP275 高档奢侈品钢琴等，中高档产品销售比重较大增长。与此同时，还克服国内通货膨胀、欧美经济低迷、市场竞争激烈等种种困难，经营业绩稳步增长，产销大幅增长。钢琴产量实际完成数 11.6 万多台，同比增长 15.97%，钢琴销量 11.52 万多台，同比增长 14.74%，利润总额同比增长 25.24%。数码乐器产业发展平稳，实现销售 5118 台，国内外经销商数量达到 120 个，产品和品牌获市场认可。

2011 年，集团公司稳步推进各项重点项目工作。IPO 上市工作进展顺利，年初通过广东省证监局对集团公司上市前的辅导验收，上市申报材料如期上报中国证监会。增城珠江钢琴国家文化产业示范基地完成整体规划，一期募投项目完成 168 亩建设用地的征地，并取得国有土地使用证。北京珠江钢琴制造有限公司正式投产，2011 年，生产钢琴 3661 台，销售钢琴 7527 台，北京珠江钢琴制造有限公司将成为集团开拓北方市场的主要生产基地。

同年集团公司投入 1500 万元，用于设备改造升级，对现有厂房的改造、部分工艺路线的重新布置、设备投入、新建生产线等方面，从原厂房设计产能 8 万架提升到 13.5 万架的生产能力，并同步落实外协供应商的产能配套，完成生产布局和工艺调整，为 2012 年产销规模提升奠定基础。

集团公司坚持产学研相结合，与华南理工大学、中山大学、暨南大学等院校合作开展《高档钢琴音质和音板振动模态的研究》等 4 个科研项目，借助高校一流的科研人才和先进专业研发设备，开展核心基础理论研究，产学研成果的应用将进一步促进珠江钢琴核心技术水平的提升。全年获专利授权 10 项，参与制定国家或行业标准 2 项，2011 年公司共拥有专利授权 54 项，参与制定国家或行业标准 21 项，拥有技术秘密 200 多项，增强了产品的市场竞争力。

2011 年集团公司投入 300 多万元，开展对口帮扶茂名电白县和从化共 4 个村的各项帮扶工作，成立“助学教育基金”、购买中巴开通公交线路、采用股份制模式建设山瑞养殖基地、购买运输车辆租赁给物流公司、集资架设桥梁等创新帮扶方式，力争把好事做好，工作做实做出特色，达到村集体经济收入增长、贫困人口实现 100% 脱贫的目标。集团公司对口帮扶的茂名电白县望夫镇坡头村和塘肚村获广州市扶贫开发双到工作先进单位，获中共广州市委的通报表扬。

（陈平）

农　业

【概况】　2011 年，荔湾区积极调整农业产业结构，以花卉、观赏鱼为龙头，引导区内联社将蔬菜基地转为花卉种植基地，面积达 2300 亩，着力打造东漖盆花基地等五大花卉生产基地、二大花卉标准示范区、一大批发市场；引导联社与农业龙头企业向市财政申报 7 个支农资金项目，专项补助资金约 1700 万元，同时做好农业项目资金的跟踪、财评及完工验收工作，共组织 3 个项目验收，项目补助资金 280 万元。全年有效解决区内 1.2 万多名社员的就业问题，社员增加收入 6000 万元。

【农产品质量安全监管】　区水务农业局坚持组织技术人员每月对全区蔬菜基地进行上市前农药残留速测，2011 年抽样 2374 份，委托有资质的单位进行定量检测 100 份。按照《2011 年广州市农产品质量安全监测方案》要求，制订区内 6 个农产品批发市场的质量安全监测计划并组织实施，实时监测蔬菜产品农药残留样本近 1.99 万个，水产品样本 7706 个。全年检查 26 次，出动 147 人次，在对水产交易市场检查中发现无证经营假劣兽药，没收鱼宝万能药等假兽药 300 多公斤。提高检测手段，要求批发市场检测项目与时俱进，鱼市场检测室增加双氧水和硼砂检测项目。配合省、市下放到各区的水生野生动物利用特许审核工作，全年完成审核驯养繁殖许可证 10 个，经营利用许可证 34 个，为区内水生野生动物管理和依法养殖、经营打下良好的基础。全年共举办农产品质量安全培训班及现场会 10 次，培训 960 人次，派发宣传资料 5000 多份，提高经营者的法律法规意识及技术水平。

【防控动植物疫情】　抓动植物防疫，确保农业健康发展。严格把好乳猪宰前检疫和屠宰检疫关，2011年出动213人次，共检疫乳猪17.07万多头，检疫动物产品1405.22吨，无害化处理乳猪112头。区水务农业局在做好春、秋季禽流感强制免疫的同时，统筹做好新城疫、狂犬病等其他动物疫病的免疫工作，全年共免疫禽流感疫苗1.54羽份，免疫新城疫近1.51万羽份，免疫犬只1.06万只。根据《广州市主要动物疫病监测方案》，在区内加强禽流感、新城疫等重大动物疫病免疫抗体水平的监测工作。每月组织农民技术员对红火蚁进行地毯式普查监测一次，对发生疫情的河堤及时组织人员实施扑杀，共投放灭蚁药800多公斤，出动灭蚁专业人员900多人次，扑杀蚁巢3万多个，防控效果达92%以上。摸查香蕉穿孔线虫花卉疫情并进行扑杀，积极配合省、市植检部门对辖区花卉疫情易感品种（水草）进行抽样监测，发现疫情全部扑灭。做好出省植物检疫工作，全年共检疫花卉1650车次、68万多株。加强农田灭鼠力度，全年发放灭鼠药5000多公斤。

【“城中村”体制改革和管理】　2011年，全区21个经济联社领导班子换届审计和换届工作平稳完成；继续深化经济联社股权制度改革，推进二级核算的经济联社向一级核算过渡。2011年上半年组织召开“城中村”改制改造工作会议，并根据区政府部署，做好经济联社主要领导工作补助的发放工作；下半年联合区纪委、区财政局、区审计局等部门组成检查组，对全区21个经济联社财务管理规范化建设和社务公开情况进行检查，发现问题及时提出意见并整改，夯实经济联社财务管理基础工作。筹建经济联社财务计算机网络监管系统，并准备于2012年全面实施。认真组织联社财务管理人员和监事会成员培训，提高财务人员和监事会成员素质。积极做好联社维稳工作，全年办结24个信访件。

【落实惠渔政策】　为区内18只渔船的社员向区财政申请珠江禁渔期期间基本生活补贴3.46万元，以保障禁渔期制度的顺利实施和社会稳定。为支持渔民转产转业，落实惠渔政策，积极向市农业局申请渔民转产转业补助经费6.75万元。

【对口帮扶】　2011年2月，区水务农业局牵头实施从化市吕田镇帮扶工作，由局党委书记牵头，派干部驻镇全面铺开对口帮扶工作。至9月底，实现“半年初见成效”的目标，为“一年大见成效、两年实现目标”打下坚实基础。2011年底，援建项目的主体工程已顺利封顶；“一户一策”做法已初见成效，人均年收入达到5000元以上的有204户，比例为90%；为了不让一个孩子因为贫穷而辍学，从资金、教学、设备、住宿保障等方面进行全方位扶助；村级公共配套设施与镇村环境也得到了改善。

抓紧阳春市石望镇和民村帮扶工作。继续派驻干部担任和民村党支部副书记，增强对口帮扶村的组织建设，区水务农业局全体干部与贫困户结对子，进行家庭探访，了解脱贫意向，援助当地村民建设“发财树”基地、三黄鸡养殖基地、水库养鱼基地等，技术帮扶沙姜种植户，提高种植技术，多渠道帮扶贫困村集体经济。至2011年底，投入帮扶资金总额已达580.14万元，通过产业发展带动贫困户75户，与2009年底对比人均增收4100元；村的集体经济收入已达13.1万元，人均已超6000元；完成泥砖房改造20户。超额完成省要求的各项工作目标。

（区水务农业局　刘子建）

商　贸

【概况】　2011年，荔湾区完成社会消费品零售总额470.44亿元，比2010年增长16.1%；总量位居广州市十区（市）中第6位，增速列第9位。其中，批发业187.49亿元，同比增长27.4%；零售业242.45亿元，同比增长8.5%；住宿业2.86亿元，同比增长2.6%；餐饮业37.63亿元，同比增长18.7%。商品销售总额2852.12亿元，同比增长23.0%；总量位居广州市十区（市）中第3位，增速列第8位。

【重点商贸项目】　2011年，采取跟踪服务落地项目、紧盯落实签约项目、积极促成在谈项目的措施，区内重点商贸项目取得重大进展：促进欧洲城、宜家公司的投资合作协议，重新调整欧洲城地块的红线范围，确定补偿标准；广州国际医药港项目的国际医药展贸中心修建性详细规划已获批准；广东塑料交易所二期项目科研楼预计2012年完工；广州沃野商业广场、广州世贸服装城、财富天地广场等项目均进展顺利。

【商业经济转型】　2011年，区经贸局完成《荔湾区现代服务业发展十二五规划》与《荔湾区餐饮业发展规划》等规划编制。商贸总部经济发展较快，广东大参林连锁药店、绿茵阁、国药控股、广州医药集团、广州酒家、广州医药、白天鹅宾馆等7家商贸企业于2011年被认定为广州市2010年度总部企业。同年着重推进黄沙水产市场、站前路饰品市场、五湖四海文具交易中心的升级改造，特别是黄沙水产市场已着手进行全新建设，将物流分离到东洛围码头，现址建设为总部大楼。组织批发市场的经营户组团参加各种交易会，2011年6月1－3日，站西鞋城联合全体12家鞋类专业批发市场组团，参加第二十一届广州国际鞋类、皮革及工业设备展览会，首次设立“广州市荔湾区站西鞋城专区”，旨在打造站西鞋城品牌，帮助鞋城内鞋企开拓国内外市场。

同年，加快推进财富天地广场、世贸服装城、西城都荟、沃野商业广场、黄金西岸滨水创意产业带五星级酒店等大型购物中心与商业综合体建设，有望在2012年投入使用。加快建设广东商品国际采购中心，加紧培育芳村茶叶园区，争取申报下一批国际采购中心。

白鹅潭经济圈核心区效果图

2011年，“白鹅潭经济圈”核心区新隆沙地块储备出让工作稳步推进，安置区白鹤沙地块征地工作进展顺利；“十三行商圈”策略规划工作正加快推进；“上下九——十三行岭南商贸文化旅游体验区”被列为广州市“十二五”国际商贸中心重大项目；以珠江黄金西岸滨水创意产业带和花地河新经济带为龙头的创意产业集聚区将成为新的经济增长点。

【专业市场】　2011年，区内专业市场按大类可分为：消费品市场297个，生产资料市场5个，生产要素市场1个；按经营商品类别可分为：农产品类市场81个，纺织品服装鞋帽类市场60个，电器通讯器材类市场37个，建材装饰材料类市场10个。各类市场情况列于下表。

2011年荔湾区专业市场情况统计表

按大类分	消费品市场	生产资料市场	生产要素市场	
市场数（个）	297	5	1	
按经营商品类别分	农产品类	纺织品服装鞋帽类	电器通讯器材类	建材装饰材料类
市场数（个）	81	60	37	10

【餐饮业】　提升广州美食园水平。详细编制业态调整规划，并遵循修旧如旧原则修缮立面，将美食园地段旧骑楼打造成凸显骑楼风貌和美食氛围的特色街。按照广州市政府的工作安排，沙面岛要逐步实现步行化，打造成以欧洲大陆饮食风情为主要模式的高档西餐文化区。荔湾区一方面大力推进沙面步行化建设，委托广州市道路交通研究所开展沙面分阶段步行化研究，并于2011年4月16日至30日，对沙面二街以南区域进行步行化测试，还编制了《沙面文化休闲区设计方案》《沙面欧陆风情美食区规划设计方案》等。2011年“五一”和圣诞节期间，荔湾区举办了“广州沙面西餐文化节”和“欧陆风情沙面汇”活动，组织了70多家知名餐饮企业参加，接待市

民游客60多万人次，引起了各大媒体的高度关注和市民游客的好评，有力提升了沙面的知名度和经济效益。全年区内餐饮企业完成营业额40.50亿元，比上年增长17.4%，其中前10名重点餐饮企业完成14.35亿元，比重占全区餐饮业的35.4%，同比增长32.5%。良好的发展趋势吸引了香港稻香集团、陶然轩等规模大的企业进入荔湾区。

【重点商业企业选介】 广东大参林连锁药店有限公司。公司已跻身于“2010中国连锁百强榜”，完成了医药类连锁企业全国百强到全国连锁企业百强的大跨越，2008—2010年，连续3年为荔湾区纳税大户。2011年全国实现含税销售额34.38亿元，上缴税金2.45亿多元，公司广州本部实现含税销售额8.65亿元，上缴税金4980多万元，在荔湾区完成零售额达7.1亿元，同比增长4.0%，位居荔湾区零售额第6位。

广州市绿茵阁餐饮连锁有限公司。绿茵阁是广东省最大的西餐连锁品牌企业，起步于1989年广州市西湖路一间80平方米的咖啡厅，由林氏家族创立，于2000年开始西餐品牌连锁化的进程，开创了西餐连锁品牌的先河，并连续十年入榜全国餐饮百强企业，年营业额达3亿多元，占据了广州西餐一半以上的市场份额。

国药控股广州有限公司。公司2004年实现资产重组，注册资本4亿元，是国药集团一致药业股份有限公司（股票代码：000028）的全资子公司，承担国药一致分销事业部管控职能，以药品分销为核心业务，是中国医药集团、国药控股股份有限公司在中国南区的下属核心企业，承担抢险、救灾等国家药品器械特种储备任务的企业，正致力打造中国南区药品分销第一品牌。2011年在荔湾区完成销售额92.3亿元，与2010年同比增长15.8%，销售额排荔湾区第3名。

广州医药集团有限公司。公司是广州市政府授权经营管理国有资产的国有独资公司，主要从事中成药及植物药、化学原料药及制剂、生物医药制剂等领域的研究和开发（R&D）以及制造与经营业务（P&M），是广州市重点扶持发展的集科、工、贸于一体的大型企业集团。广药集团入选广东省50强企业，位居2011年中国企业500强第273位，在入选中国企业500强中的四家广州企业和各省市十几家医药制造企业中均名列第二，取得“双料亚军”的好成绩。

广州酒家。广州酒家集团主要经营业态有餐饮服务和食品生产经营。在中国饭店协会发布的“2011年中国特色餐饮品牌50强”中排名全国第四位。广州酒家集团正积极推进企业上市。2011年集团创立餐饮副品牌“天极品”，以高端商务宴请为亮点，新旧结合、中西合璧，着力打造高端粤菜精品。2011年，广州酒家全年完成零售额近4.26亿元，与2010年同比增长35.8%，是荔湾区餐饮业零售额第一位的企业。

广州风行发展集团有限公司。于2009年10月15日，经广州市人民政府批准由“广州市农工商集团有限公司”更名为“广州风行发展集团有限公司”，是广州市农业现代化大型国有企业，广州市国资委监管的32户大型企业之一。2011年，该集团总资产为15.55亿元，负债11.16亿元，剔除暂挂账和部分投资资金，资产负债率为36%，实现营业收入7.04亿元，利润总额4100多万元。

白天鹅宾馆。竣工于1983年1月，位于广州市荔湾区沙面南街1号，建筑用地是利用填江造地兴建而成的，宾馆占地面积1.74万多平方米，建筑面积10.08万多平方米。2011年9月客房区域因修缮停业，餐饮区域继续营业。2011年零售额21.5亿多元，与2010年同比增长2.6%，位居荔湾区餐饮业零售额第三名。

广州医药有限公司。成立于1951年，注册资本7亿元，是国内最大的中外合资医药流通企业，是“大南药”领军企业“广药集团”商业板块的重点企业，也是世界500强企业欧洲“联合博姿”的成员企业，是广州地区和广州军区药品储备承储单位、广东省急救药品供应单位。2011年度销售额205亿元，利润超2亿元，已成为广州市首批总部认定企业。

（区经贸局　钟宇琦）

对外贸易

【概况】 2011年，全区新增外资项目96个，比2010年增长21.52%；合同利用外资累计1.7亿美元，比上年增长39.90%；实际利用外资累计1.8亿美元，比上年增长8.18%。同年，区外经局获得广州市加工贸易转型升级目标考核二等奖、吸收世界500强跨国公司投资二等奖、服务外包业务发展三等奖、外经工作三等奖、外贸进出口三等奖、吸收外资贡献三等奖等奖项。

【招商引资】 成功举办2011年“新荔湾、新商机”广州荔湾香港新春招商会。新春招商会秉承“压缩规模、提高档次、专业招商”的理念，与往年比，除召开主题大会外，还增设了白鹅潭经济圈、珠江黄金西岸荔湾滨水创意产业带及文化旅游产业专题推介会。主题大会向与会嘉宾展示新荔湾的新形象与新商机，专题推介会向专业客商直接推介33个具体项目。积极组织企业参加“新广州、新商机”北京、上海、成都、重庆、西安、香港、澳门推介会。在这些推介会上，荔湾区与中石化五建公司、中国建材国际工程公司、中国联通广东公司签署战略合作协议；与宜家（中国）投资有限公司、广州合景房地产开发有限公司、广州勋凯商贸有限公司签订投资合作协议和合作意向书，共签约17个项目。积极做好香港、北京、上海等推介会参会客商的后续跟踪服务工作。邀请有兴趣、有意向的客商来荔湾实地考察投资环境和项目载体，并促使其尽快签约、注资和落户。继续做好荔湾区的专题招商、产业招商、园区招商等日常招商工作。落实招商引资奖励政策，向获得引资奖的中介机构和完成任务的街道兑现奖金，并对原有的《荔湾区招商引资考核试行办法》进行修改，形成《荔湾区招商引资考核办法》。2011年，荔湾区招商引资取得显著成效，新引进注册资金500万元以上企业120家，资金27.72亿元。沃尔玛并购辖内广州市好又多百货商业广场有限公司，广州医药有限公司的外方为Alliance BMP Limited（系“联合博资Alliance Boots”的子公司）增资1.5亿元人民币。

【涉外服务】 2011年，区外经局加强与广州市外经局、中行广东分行、中国出口信用保险公司等相关部门的沟通联系，召开多场出口企业融资政策宣讲会，指导企业进行出口信用投保及申请会展经费。向企业宣传国家政策，鼓励企业参加国内外的各种展销会，争夺国际市场份额、扩大出口；争取扶持资金，扶持荔湾区企业出口及经营。全年，全区外贸进出口总额32.29亿美元，与2010年同比下降5.22%%。其中，出口总额18.28亿美元，同比下降0.16%；进口总额14.01亿美元，同比下降11.08%。

（区经贸局 钟宇琦）

上下九商业步行街

【概况】 为理顺上下九商业步行街的管理，促进步行街的建设和发展，经区编委研究，自2011年5月9日起，上下九商业步行街管理服务中心由区经贸局划转为华林街道办事处管理。中心成建制移交后，华林街结合街道体制改革，协调有关职能部门，从强化中心管理体制入手，实施网格化管理，强化考核程序，不断完善管理体制。

【升级改造】 推进业态调整，提升消费档次。借鉴国内外特色商业街建设的成功经验及做法，围绕华林地区业态升级改造的规划核心，2011年，上下九商业步行街通过规划引导、政策引导、合理布局和有偿置换，引进中高端品牌的商业企业进驻，如引入亚运会高级合作伙伴361度的旗舰店，周大福珠宝、六福珠宝、安踏、耐克、阿迪达斯、彪马等知名品牌商户，进一步提升步行街的业态业种，不断增强商业购物、文化娱乐、酒店美食、都市旅游、会展表演等功能，打造现代服务业高地，使步行街的业态更加丰富，并向高档化方向发展，也吸引了更多的国外游客来此观光、购物、消费，提升了上下九步行街消费层次。

【消防安全】 上下九步行街始终把消防安全工作作为维护街区稳定、促进商贸繁荣、确保生命财产安全的大事来抓。加强日常消防安全管理，全面提高商户从业人员的生产安全、消防安全和综治维稳意识，2011年共协调有关职能部门，共出动200人次对步行街商铺多次进行地毯式检查，发现安全隐患167宗，立即整改163宗，发出整改通知书4份。实行专项整治，联合岭南街道办事处、派出所、工商所、城管执法队，对沿街堵塞通道的商铺进行整治，经多方努力，全年没有发生重大影响的群死群伤特大火灾事故和生产安全事故。

【整治“六乱”行为】　为整治步行街周边的乱搭建、乱摆卖、乱停乱等“六乱”行为，步行街保安中队和干部职工紧密配合城管执法部门，协调华林街派出所，在区城管执法分局牵头下，制订整治方案，并合理安排人员，采取综合整治和联合守点两种方式，多次开展联合整治“六乱”行动，确保和谐有序的营商环境。加强噪声整治，对屡教不改的商铺作没收音响处理，通过严厉整治，街内商铺噪声扰人现象有所改善。

【化解矛盾纠纷】　管理服务中心充分发挥步行街调解委员会的作用，化解各类矛盾与纠纷。调解员纷纷深入商户了解情况，及时发现问题及时掌握情况，逐一化解不稳定的苗头。2011年，中心与31个商铺签订维稳综治目标责任书，与32家商铺签订创建平安活动责任书，全年共处理纠纷3宗，涉及人员200多人，切实维护了步行街的繁荣稳定。

【广场活动】　2011年，在步行街的上下九广场共举办400多场次活动，其中属公益性、政府性的活动5场次，商业性活动近400场次。政府活动如：工商“3.15”，节能减排环保宣传活动等。商业活动如：日本佳能、中国联通、南方电网、广东电台、伊利牛奶、香港四洲、交通银行、王老吉、沃特篮球赛、安踏NBA球星见面会、Kappa国际、倍丽颜化妆品等国内外知名企业的宣传活动。这些活动吸引了广大游客与市民的积极参与，提高了上下九广场的知名度，也使上下九广场的龙头宣传作用得以充分发挥。

（上下九商业步行街　李伟聪　黄锡颖）

旅游业

【概况】　2011年，区文化广电局（区旅游局）大力加强文化旅游宣传推广，编制后亚运时期各重点景区建设总体工作方案、花地河新经济产业带文化旅游开发策划方案等，重新包装制作荔湾旅游形象片、旅游地图、西关揾食图和旅游小册子，全年派发各类旅游宣传品25万份。成功组织文化旅游项目香港推介会，并接待2批香港旅游协会成员到区考察。2011年，全区各商业景点全年接待旅客达3.5亿人次，西关文化旅游品牌效益日益彰显。

【旅游景区及旅游项目建设】　2011年12月，荔枝湾二期工程竣工。二期工程全长860米（食养坊至珠江口），投入3亿多元资金，整治河涌面积1.3万余平方米，增加近万平方米绿化面积，建设近600米木栈道，200多米廊桥，11座西关风情亭台。重点打造“荔香河坊、食德饮和”两大王牌景点。

2011年底，荔湾区共有对外开放的景区景点25个，其中陈家祠为国家4A级景区，荔湾博物馆为国家3A级景点，荔枝湾景区和沙面正在为创建4A景区而努力。

【旅游业管理与服务】　2011年，区文化广电局狠抓旅游安全管理，着力提高事故防范应对能力，年内出动旅游安全检查600多人次，共对区内各景区景点检查80次；全年未发生旅游安全事故。

2011年5月推出旅游日惠民政策，荔湾博物馆门票5折，部分市民可在荔枝湾涌免费乘坐游船。

【旅游宣传推介】　2011年，在荔枝湾景区开放时，在荔枝湾景区举办“西关文化旅游节”系列活动，“三月三、荔枝湾”民俗文化节，“五月五、龙船鼓”龙舟文化节等旅游节庆活动，“七月七、魁星诞”七夕文化节，“荔枝湾新年元旦灯会”等大型活动。同年3月，区文化广电局参加2011年广州国际旅游展览会，荔湾区展台获得

“最佳组织奖”。同年12月在陈家祠广场举办第四届“西关美食节”。根据旅游文化建设的新成果新形势，区文化广电局重新设计推出系列旅游宣传品，包括全区旅游地图、旅游指南（小册子）、荔枝湾旅游图、西关揾食图、荔湾精典游推荐线路宣传折页等。

（区文化广电局）

供销合作社

【概况】 2011年，荔湾区供销合作社按照区委、区政府和市总社的工作部署，加快供销合作社的改革步伐，不断加强党的建设，改进工作作风，全体干部职工同心同德，加强再生资源行业管理，参与平价商店和社区综合服务社建设，社属企业进一步扩大经营业务，盘活资产，增强企业经济效益。

【再生资源行业管理】 2011年，区供销合作社强化再生资源行业管理。继续推进回收站点的升级改造，全年共完成25间回收站的升级改造。

【平价商店建设】 区供销社积极推进“农超对接”平价商店进社区建设。2011年，区内建成“小鲜驿站”8家，还有4家已选好点并已在着手进行装修，平价商店建设工作取得了初步成效。

【防洪物资储备】 区供销社做好防洪物资储备和供应工作，2011年初已按计划将防洪杉、纤维袋、担杆、锄头等防洪物资储备及早就位。全年坚持储备仓库24小时值班制度。

【社属企业管理】 社属企业商品经营业务稳步推进。社属企业回收公司不断加强与本地客户的业务外，还积极扩展安徽省合肥市、广西壮族自治区梧州市等地的废旧物资回收业务；花木公司继续加强与从化供销社的业务联系，进一步拓宽花卉销售渠道，扩大经营业务。

继续盘活资产，增加经济效益。完成了已升级改造的东塱网点和空置的联桂北街网点招商引资。同时用拆迁补偿的部分资金和变现东漖网点的资金重新购买黄石路商铺，提高了社有资产的收益。

【扶贫开发与困难群体帮扶】 2011年，区供销社共举办4期马水桔农民专业合作社和淮山、粉焦种植技术培训班。完善了建筑面积250平方米的山根村农副产品展销部商铺的相关手续并投入使用。完成了水口至白米垌道路硬底化工程，并于1月26日通车，沿线4个老区村庄，78户、363人行路难问题得到解决。投入资金10万元成立粉蕉、淮山种植实验基地。争取社会人士11万元的资金支持，对山根小学校道进行硬底化、开设学生阅览室、建设小学篮球场等完善山根小学教育设施。2011年11月9日，区供销社被中共广州市委市政府评为扶贫开发“双到”工作先进单位。根据《花地街特困群体帮扶活动实施方案》分工要求，区供销社与街道、居委联合制定《荔湾区供销合作社帮扶花地街特困群体实施方案》，2011年为66户贫困户送出大米、花生油及慰问金，并确保不让一个特困家庭失去基本生活保障。

（区供销社　阮洁婷）

科教文卫体

◎ 科学技术与信息化建设
◎ 教育
◎ 文化
◎ 卫生
◎ 体育

科教文卫体

科学技术与信息化建设

【概况】 2011年，区科技信息局坚持“自主创新、重点跨越、支撑发展、引领未来”的发展方针，加快经济发展方式转变，促进高新技术产业发展，推进创新型城区建设。荔湾区在构建自主创新体系、发展高新技术产业、实施知识产权保护、开展防震减灾及科普宣传、推动信息化建设等方面取得成效。完成区、街、社区三级信息网络建设，街道居委会实现网络光纤互联互通，提高办事效率。

【科技立项】 2011年，共组织实施131个区级科技计划项目，区政府投入引导资金9450万元，包括支持信息产业建设专项经费5370万元，支持自主创新计划项目经费1870万元，支持民生科技计划项目经费820万元，支持知识产权保护与产业化专项经费350万元，创意产业发展专项经费200万元，电子商务专项经费200万元，荔湾留学生科技园补贴300万元，配套国家、省、市科技项目专项经费300万元等。科技发展基金使用258万元。

【科技创新体系建设】 鼓励企业建立科技开发机构。2011年新增市、区企业工程技术研发中心6家，分别是广州唯品会信息科技有限公司成为广州市工程技术研发中心；广州永联钢结构有限公司、广州柴油机厂、广州市百游汇数码网络科技有限公司、广州文石信息科技有限公司、广东富睿实业发展有限公司等5家企业建立区级工程技术研发中心。同年底，全区各级工程中心共38家。

推进创新型企业建设。2011年认定广州珠江钢琴集团有限公司、广州广船国际股份有限公司、广州立白企业集团有限公司、美晨集团股份有限公司等4家区级创新型企业，给予每家区级创新型企业100万元经费支持，帮助企业申报省、市创新型企业认定。广州市新之地环保产业有限公司成为2011年第五批广东省创新型试点企业；广州立白企业集团有限公司、广州广船国际股份有限公司成为广州市第三批创新型企业，广州市新之地环保产业有限公司、广州市诺信数字测控设备有限公司、广州百花香料股份有限公司成为广州市第一批创新型试点企业。

培育高新技术企业。截至2011年确保16家2008年认定的高新技术企业通过复审，同年新认定3家高新技术企业。截至2011年底，全区高新技术企业已达40家。

以“智慧城市，低碳生活”为主题的2011中国（广州）国际信息产业周于2011年9月15日在广州锦汉展览馆开幕。

【国家、省、市重点科技项目】 2011年，区辖内单位共获国家、省、市科技部门批准立项项目62项，得到项目经费拨款总额超过8000万元。其中获科技部、工信部立项10项；省级立项20项，其中重大科技专项3项，产学研合作项目7项；市级科技立项30项，支持金额超过100万的项目有5项。2011年荔湾区部分重点科技项目情况列于下表。

2011年荔湾区获得国家、省、市重点科技项目资助的部分重点科技项目表

项目级别	项目名称	资金来源	承办单位
国家项目	两岸通航适用型客滚船自主研发	国家工信部	广州广船国际股份有限公司
	船用电力推进系统集成研究及设备研制	国家科技部	广州广船国际股份有限公司
	半导体照明产品检测与质量认证平台建设	国家科技部	广州赛西光电标准检测研究院有限公司
省级项目	现代渔业产业技术体系（大宗淡水鱼类）岗位科学家经费	省产业技术	珠江水产研究所
	盆栽植物工厂化关键技术集成与示范	省农业攻关	广州花卉博览园有限公司
	模块化，低耗能、长寿命LED隧道灯开发项目	省工业攻关、省重大专项	广东生茂光电科技股份有限公司
	荔湾区低碳产业示范区建设	省重大专项	广州市荔湾区经济贸易局
	热解法高纯超细氧化铝的规模制备及其应用研究	省院合作	广州吉必盛科技实业有限公司
	直角坐标型机器视觉工业机器人研发及产业化	省部产学研	广州市诺信数字测控设备有限公司
	大型公共场所突发事件的风险评价及预警监测应急管理系统研制	省部产学研	广东鑫程电子科技有限公司
市级项目	广州市创新型企业	市创新企业	广州立白企业集团有限公司
	广州市创新型企业	市创新企业	广州广船国际股份有限公司
	高性能LED驱动芯片	市领军人才	广州硅芯电子科技有限公司
	广州市荔湾区创意产业集群孵化公共服务平台建设	市科技企业孵化器	广州市荔湾区生产力促进中心
	市级孵化器建设补助	市科技企业孵化器	广州市荔湾区生产力促进中心
	大学生创业孵化公共服务平台建设	市科技企业孵化器	广州五行科技创意园有限公司
	市级孵化器建设补助	市科技企业孵化器	广州五行科技创意园有限公司
	孵化器建设投资补助	市科技企业孵化器	广东富睿实业集团有限公司
	市级孵化器建设补助	市科技企业孵化器	广东富睿实业集团有限公司
	唯品会名牌折扣电子商务平台	市电子商务	广州唯品会信息科技有限公司
	广州电子商务（荔湾）产业园公共服务平台建设	市电子商务	广州五行数字创意园有限公司

【知识产权】 2011年，区科技信息局开展“双打”专项行动，成立区“双打”办，建立职能部门各负其责、市场监管与自我整治的长效工作机制，巩固和扩大行动成果。做好专利项目和专利资助工作，当年专利申请量1453件，同比增长31.6%。引导新之地申报省知识产权优势企业，立白申报省知识产权示范企业。开展专利产业化项目认定和验收工作。全年共办理区专利申请资助以及奖励500多件，共计20多万元。加大知识产权培训、宣传和保护力度。组织参加各种知识产权培训班；与区文化局联合组织开展“4.26”知识产权日广场宣传活动；表彰2010年度荔湾区青少年知识产权发明创造大赛获奖学校代表，对开展知识产权教育工作基础较好的第四中学，推荐申报为省知识产权示范学校；配合市知识产权稽查队开展数次专利保护专项检查执法行动。

【科普宣传】 2011年，举办以“创新支撑智慧荔湾、科技引领幸福生活”为主题的系列活动和知识产权“双打”专项行动宣传活动；全市首个防震减灾工作综合示范社区（陈家祠示范社区）通过验收；开展科技下乡、科普活动进社区、科普进校园、青少年防灾减灾应急避险疏散演练等八大系列科普宣传活动，发放科普资料4000多份；倡导“一街一科普品牌”，整合社会资源（如企业）、政府资源（如学校）共建科普基地，全区已建成18所科普特色学校，22个行政街均建有科普活动场所。

【防震减灾】 区防震减灾工作秉承“立足科学发展，着力自主创新”的理念。2011年承担建设全市首个地震安全示范区任务，完成地震小区划研究，并将研究成果提交区应急办、区更新办、区建设园林局等单位，将建设工程抗震设防强制标准应用于所有新建和改、扩建建设工程中，地震安全示范社区和第二个地震应急避险场所建设工作有序推进。同年承办“广州市5·12全国防震减灾日纪念活动”，开展青少年防震避震技能大型演练活动。

【电子政务】 2011年，全区100%完成电子政务网和非涉密公文网络交换的接入，开展一站式行政审批系统的方案设计和招标工作，完成机关办公自动化（OA）子系统的整合、部门端口与OA系统的接口项目和新增功能建设。实现以区委、区人大、区政府、区政协、区纪委办公室为核心，以文件交换中心、档案中心为枢纽，全区68个区属部门和22个行政街实现上联市政府办公系统，下联部门、街道办公子系统，当年全区通过OA系统网上交换文件1.25万余份，实现办公自动化100%的收文率。

门户网站信息公开系统上的区属部门共有71个，主动公开信息1014条；公众通过政府网站申请办理“依申请公开信息”共9件；“荔湾工程领域项目信息子系统”上主动公开工程领域信息共830件。门户网站政务动态信息共发布5.34万条，其中2011年发布1.62万条。政府部门依据职能通过政府网站面向社会公众提供各类网上办事服务的总件数，共计网上咨询项目27条，网上业务办理事项318条。

【电子商务】 2011年，在花地河沿岸打造新经济产业带，以花地河北段的唯品会和南段的广东塑料交易所为电子商务交易的示范点，以花地河中段的广佛数字创意园为产业集聚的支撑点，以岭南文化创新产业园和广州低碳产业科技园为产业集聚的关键点，以EMS网商创业园、茶叶市场、广州花卉网和医点通等为电子商务应用的带动点，分类分步实施。是年9月1日，广州市荔湾区电子商务协会召开成立筹备会议，表决通过《荔湾区电子商务协会章程》与《荔湾区电子商务协会会员会费标准》，选举产生协会理事长、副理事长、理事会成员，表决通过秘书长、常务副秘书长人选。

【信息化业务培训】 2011年，区科技信息局举办“荔湾区扶贫网”操作应用培训班两期，区内各扶贫对口单位负责人及扶贫驻村干部均参加培训；举办办公自动化推广应用培训及提供技术咨询180人次；举办各部门信息管理人员和业务办理人员关于“函告系统”、“信访系统”、“区纪委监察局与区党政涉密系统”、“组织考核系统”、“效能监察系统”等业务指导培训130人次，接听电话来访技术咨询100多人次；举办“流动人口与出租屋管理”、“计划生育等跨部门业务系统”等综合业务系统应用的推广培训，与现场及电话技术指导100多人次。

【无线电管理】 2011年11月8日，区机构编制委员会批复区科技信息局承担辖区无线电管理职责，内设信息化管理科加挂区无线电管理办公室牌子，管理辖区无线电频谱资源、无线电台站及维护空中电波秩序，承担各类重大活动、重要节日、各类重要考试及突发性事件的无线电安全保障工作。

【无线城市建设】 2011年，依靠电信运营商的资源优势开展无线城市热点建设，年底已开通热点区域近百个，包括区委、区政府、逢源路办公楼等行政区域，新亚洲电子城、站西国际鞋业城、上下九步行街等公共场所。启动“广州荔湾”手机WAP门户（wap. lw. gov. cn）建设，构建“一键亲民——W2M助力政务信息化无线政务方案”项目已投入使用。完成三维GIS综合管理平台和科技资源库的建设工作并数据录入，建设GIS科技信息资源库模型，将拓展成为三维城市管理综合应用系统，并可以此为基础因应其他部门对城市管理的需求增加GIS子系统。

【社会治安视频监控系统建设】 2011年，完善和拓展社会治安视频监控防控网络建设、完善系统运营与维护保障机制。根据市视频办的任务和创建全国文明城市的工作要求，加装视频标志牌、翻新视频监控立杆、完善视频监控平台配套建设等，并加大宣传、落实责任，使视频监控工作高标准达到“创文”要求。

（区科技信息局　林振兴　朱汝衡）

教　育

【概况】 2011年，荔湾区紧抓“三旧”改造机遇，科学规划和调整中小幼规模与布局，推进中小学校舍安全工程；顺利通过义务教育阶段规范化终期督导验收；高质量完成省、市对2009年、2010年荔湾区党政领导基础教育工作责任考核；体教结合、科教结合、艺教结合特色不断彰显，高考成绩再创佳绩，职业教育、民办教育、特殊教育等各级各类教育协调发展，教育现代化建设稳步推进。

2011年，辖区内有九年一贯制学校11所（公办1所，民办10所）；十二年一贯制学校1所；中学25所（公办18所，民办7所）；小学52所（公办42所，民办10所）；特殊教育学校2所；幼儿园96所（政府办8所，民办60所，其他28所）。区教育局下设有青少年宫、少儿艺校、青少年劳动技校等艺术、技术类培训事业单位。2011年荔湾区各类学校校舍等情况列于以下各表。

2011年荔湾区各类学校校舍情况表

单位：平方米

项目	普通中学	中等职业学校	小学	幼儿园	特殊教育学校	合计
一、校舍占地面积	793742	17959	438693	151418	3350	1405162
二、校舍建筑面积	573831	17310	325115	142603	4797	1063656
当年新增面积	10254	—	16145	4081	—	30480
三、教学及辅助用房	242220	11984	159878	93490	3549	511121
其中：教室	122157	8168	106509	—	2421	239255
实验室	36091	1697	11321	—	970	50079
活动室	—	—	—	62113	—	62113

项目	普通中学	中等职业学校	小学	幼儿园	特殊教育学校	合计
图书馆(室)	21716	724	10352	2858	103	35753
微机室	8912	—	7924	—	55	16891
语音室	5105	—	3502	—	—	8607
四、行政办公用房	49202	2443	28743	7429	340	88157
教师办公室	22731	—	13863	4215	260	41069
五、生活用房	145579	2883	27295	14493	389	190639
六、其他用房	136830	—	109199	27191	519	273739

2011 年荔湾区内公办幼儿园一览表

名称	地址	开办时间	幼儿数（人）	教学班数（个）	教职工数（人）	占地面积（平方米）	建筑面积（平方米）	级别
协和幼儿园	西村彭城东路 24 号	1911 年	609	19	96	6304	7304	省一级
芳村儿童福利会幼儿园	芳村大道西芳雅苑 1 号	1993 年	311	9	53	2388	2926	省一级
芳村幼儿园	茶滘鸿图大街 78 号	1955 年	269	9	46	1850	1586	市一级
桃源幼儿园	光复北路 698 号	1952 年	312	9	43	777	1545	区一级
多宝路幼儿园	多宝路 125 号	1991 年	144	6	29	683	1333	区一级
广雅幼儿园	东风西路广雅前街 12 号	1999 年	210	6	15	699	1219	区一级
上九路幼儿园	上九路 69 号	2008 年	230	6	24	660	886	区一级
梁家祠幼儿园	珠玑路塘鱼栏大街 29 号	2009 年	227	6	62	1514	2588	区一级

2011 年荔湾区内小学一览表

学校名称	地址	开办时间	学生数（人）	教学班数（个）	教职工数（人）	占地面积（平方米）	建筑面积（平方米）	级别	体制
协和小学	环市西路 39 号	1911 年	1056	24	62	6877	11000	省一级	市直属学校
芳村小学	花地大道翠竹街 50 号	1905 年	1185	30	81	13315	13599	省一级	公办小学
西关培正小学	恩宁路 41 号	1931 年	848	24	71	7042	9790	省一级	公办小学

学校名称	地址	开办时间	学生数（人）	教学班数（个）	教职工数（人）	占地面积（平方米）	建筑面积（平方米）	级别	体制
西关实验小学	光复中路解元里22号（校本部）	1939年	970	24	93	5622	6300	省一级	公办小学
	龙溪大道芳和街1号（芳和校区）		237	7		14613	9114		
康有为纪念小学	芳村大道中273号（校本部）	1945年	1503	38	107	8480	5321	省一级	公办小学
	大策直街160号（醉观园校区）					3785	3874		
	正南街6号（正南校区）					3204	2163		
	上市路新隆沙西2号（新隆沙校区）					6966	4056		
乐贤坊小学	华贵路乐贤坊54号	1945年	812	21	53	8970	9998	省一级	公办小学
沙面小学	沙面大街40号（校本部）	1947年	432	14	118	3661	7981	省一级	公办小学
	坦尾南路12号（柏悦湾校区）		118	5		8760	6900		
	六二三路沙基东约26号之一（冼基东校区）		487	15		2278	5352		
华侨小学	南岸路61号	1957年	1573	43	122	10473	15248	省一级	公办小学
合兴苑小学	合兴苑42号	1991年	899	22	64	7500	7981	省一级	公办小学
何香凝纪念学校	中南街海南赤岗东约439号	1992年	494	13	33	10080	7324	省一级	公办小学
蒋光鼐纪念小学	宝华路宝贤东街11号	2002年	815	23	65	8524	7610	省一级	公办小学
西关外国语学校小学部	中山八路石路基20号	1969年	1009	25	67	2699	5488	省一级	公办十二年一贯制小学部
文昌小学	文昌南洪恩里1号（校本部）	1906年	1229	31	86	4641	7197	市一级	公办小学
	上九路29－33号（光复南校区）					2323	3705		

学校名称	地址	开办时间	学生数（人）	教学班数（个）	教职工数（人）	占地面积（平方米）	建筑面积（平方米）	级别	体制
环翠园小学	南岸路南岸大街环翠园3号	1943年	756	20	60	4551	3328	市一级	公办小学
坑口小学	花地大道中坑口大街182号（校本部）	1946年	579	15	56	15196	5500	市一级	公办小学
	花地大道南雨菊街21号（四季花园校区）		221	6		6627	5502		
芳村实验小学	中市南街2号	1949年	504	16	38	6959	5051	市一级	公办小学
西塱小学	西塱永安围32号	1950年	454	12	29	12980	6480	市一级	公办小学
环市西路小学	环市西路46号（校本部）	1952年	940	24	72	5953	5010	市一级	公办小学
	福州路增埗大街1号（增埗校区）		141	5		2410	2505		
耀华小学	康王中路上源胜南17号	1954年	964	24	73	6419	8090	市一级	公办小学
詹天佑小学	丛桂路十二甫西街10号（校本部）	1963年	1201	33	98	5011	5700	市一级	公办小学
	珠玑路连珠巷18号（珠玑校区）					2767	3373		
	蓬莱路蓬莱新街10号（蓬莱校区）					631	1884		
广雅小学	东风西路82号（校本部）	1993年	764	18	75	3657	3670	市一级	公办小学
	西湾路湾畔大街6号（岭南湾畔校区）		154	4		8557	5165		
林凤娥小学	兴东路紫香街15号	1993年	728	20	53	6539	4279	市一级	公办小学
金兰苑小学	汾水剑兰街1号	1994年	584	15	43	6200	7800	市一级	公办小学
鸿图苑小学	鸿图苑鸿图大街71号	1998年	591	18	45	7200	4140	市一级	公办小学

学校名称	地址	开办时间	学生数（人）	教学班数（个）	教职工数（人）	占地面积（平方米）	建筑面积（平方米）	级别	体制
龙津小学	龙津西路 349 号之一（校本部）	1906 年	541	14	42	3501	4259	区一级	公办小学
	华贵路幸福二巷 15 号（幸福二巷校区）					1130	1120		
鹤洞小学	白鹤洞南来大街 161 号	1928 年	637	17	36	6521	4490	区一级	公办小学
龙溪小学	海龙街龙溪大沙村 177 号	1930 年	398	12	30	12800	4300	区一级	公办小学
新东小学	东沙街东塱福禄大街 22 号	1945 年	425	13	30	6120	5645	区一级	公办小学
流花路小学	西村三约大街 42 号（校本部）	1949 年	967	25	72	3052	4726	区一级	公办小学
	西站三街 27 号（广铁校区）					6729	7220		
宝源小学	逢源路宝盛沙地街 4 号	1949 年	718	18	49	4259	4704	区一级	公办小学
芦荻西小学	光复北路芦荻艺圃 3 号（校本部）	1952 年	916	24	77	2800	2200	区一级	公办小学
	康王北路金雁里 1 号（金雁里校区）					2448	2800		
	西华路桃源街 36 号（桃源校区）					487	1810		
西华路小学	西华路彩虹晒地 2 号	1953 年	680	19	45	5930	4661	区一级	公办小学
海北小学	海北东联南约 212 号	1957 年	406	12	27	5815	3968	区一级	公办小学
培真小学	白鹤洞平西一巷 4 号（校本部）	1959 年	356	10	50	3890	4299	区一级	公办小学
	白鹤洞鹤园中 9 巷 2 号（广船校区）		274	8		3300	5915		
汇龙小学	南岸富力路 32 号之二	1964 年	488	13	42	3830	4459	区一级	公办小学

学校名称	地址	开办时间	学生数（人）	教学班数（个）	教职工数（人）	占地面积（平方米）	建筑面积（平方米）	级别	体制
葵蓬小学	葵蓬洲合和约167号	1965年	427	12	29	8765	5830	区一级	公办小学
东沙小学	东沙街金宇花园内（校本部）	1996年	616	15	38	7100	3987	区一级	公办小学
	东沙街沙洛上村284号（沙洛校区）		143	5		3200	1156		
三元坊小学	中山七路锦龙中19号	1956年	788	20	61	2470	4400	区一级	公办小学
双桥小学	桥中路裕福街33号	1950年	271	7	21	13392	7012	区一级	公办九年一贯制小学部
真光中英文小学	芳村大道西芳兴路怡彩街3号	2003年	841	21	61	10000	5500	区一级	民办小学
立贤学校小学部	黄沙大道120号	2004年	1008	23	57	3817	4027	区一级	民办九年一贯制小学部
南漖小学	南漖村聚龙坊131号	1949年	278	8	18	4665	2416	非等级	公办小学
南塘大街小学	南塘大街19号	1950年	324	9	26	6568	3439	非等级	公办小学
河沙小学	大坦沙河沙东街220号	1950年	302	8	22	5280	1637	非等级	公办小学
五眼桥小学	五眼桥西约347号之一	1951年	490	13	36	8837	4472	非等级	公办小学
海中小学	中南街海中南约239号	1958年	264	8	20	9632	2726	非等级	公办小学
增滘小学	龙溪中路155号（校本部）	1969年	381	10	27	2540	1753	非等级	公办小学
	海龙街增滘经济联社3队					693	180		
精博中英文小学	芳村大道东沙涌新村中街2号	1995年	274	12	48	6000	3800	非等级	民办小学
桃李小学	明心路5号	1996年	454	12	27	3500	3200	非等级	民办小学
德明中英文实验小学	芳村大道西芳信路郭村小区60号	1997年	812	18	44	6497	3860	非等级	民办小学
德明实验学校	东漖教师新村内芳园居13号	1999年	475	12	44	6500	2954	非等级	民办小学

学校名称	地址	开办时间	学生数（人）	教学班数（个）	教职工数（人）	占地面积（平方米）	建筑面积（平方米）	级别	体制
沙面实验学校	沙面二街2号	1999年	475	16	37	1050	1366	非等级	民办小学
芳华小学	西塱江大厦村126号	2000年	1347	30	51	13800	6278	非等级	民办小学
江洲小学	桥中街西海南路33－25号	2000年	1324	24	50	5760	3600	非等级	民办小学
华侨外国语实验学校	龙津西路豆腐亩1号	2003年	353	13	50	2204	3303	非等级	民办小学
广豪学校	葵蓬路90号	2001年	2485	60	166	23000	12000	非等级	民办九年一贯制小学部
新苗学校	芳村大道西滘口大街23号	2001年	1714	40	82	10033	5690	非等级	民办九年一贯制小学部
同心学校	龙湾路太和约63号	2001年	1285	30	57	10000	6721	非等级	民办九年一贯制小学部
新晖学校	坑口沙涌涌边一巷18号	2002年	1817	42	87	8000	6000	非等级	民办九年一贯制小学部
博文学校	茶滘街百花路99号	2003年	1626	39	107	6731	10081	非等级	民办九年一贯制小学部
博雅中英文学校	龙溪大道花卉博览园内	2007年	1051	31	85	16000	8790	非等级	民办九年一贯制小学部
东沙博雅实验学校	东沙新爵村后马路6号	2007年	701	19	61	11330	5120	非等级	民办九年一贯制小学部
育贤实验学校	桥中河沙中路99号	2009年	1366	36	83	4500	6800	非等级	民办九年一贯制小学部
博雅实验学校	桥中街东海北路38号	2010年	783	21	60	6956	5487	非等级	民办九年一贯制小学部

2011年荔湾区内中学一览表

学校名称	地址	开办时间	学生数（人）	教学班数（个）	教职工数（人）	占地面积（平方米）	建筑面积（平方米）	级别	体制
真光中学	白鹤洞培真路17号	1872年	2682	54	227	24717	16970	国家级示范性高中	公办完全中学
广州市第四中学	西华路太保直街1号（高中）康王路113号（初中）	1917年	2438	57	250	43269	43005	国家级示范性高中	公办完全中学
广州市第一中学	黄沙大道54号（初中）大坦沙育贤路30号（高中）	1928年	3455	72	290	107001	100074	国家级示范性高中	公办完全中学

学校名称	地址	开办时间	学生数（人）	教学班数（个）	教职工数（人）	占地面积（平方米）	建筑面积（平方米）	级别	体制
南海中学	西华路460号（初中部）南岸富力路56号（高中部）	1907年	2101	46	191	25663	29737	省一级	公办完全中学
金道中学	芳村金道花苑金光大街一号	1995年	1144	24	89	12000	8400	省一级	公办初级中学
西关外国语学校	中山八路石路基1号	1948年	2714	62	213	26214	24632	省一级	十二年一贯制
汾水中学	汾水小区芬芳街47号	1958年	1491	36	137	16970	24717	市一级	公办完全中学
西关培英中学	多宝路67号	1879年	1637	36	159	14770	19770	市一级	公办初级中学
美华中学	西增路33号	1923年	1486	36	119	31124	34136	市一级	公办初级中学
荔湾中学	龙津西路泮塘仁威庙前街20号	1956年	975	24	98	8063	7398	市一级	公办初级中学
陈嘉庚纪念中学	西湾路大岗元北4号	1962年	994	30	100	20883	8671	市一级	公办初级中学
流花中学	流花路39号之一	1989年	850	24	120	7856	6813	市一级	公办初级中学
广州市第二十四中学	人民中路390号	1955年	635	18	90	8268	8268	区一级	公办初级中学
广州市第二十三中学	十三甫路12号	1955年	548	18	76	4234	3217	区一级	公办初级中学
广州市第九十三中学	五眼桥新基上村151号	1960年	660	18	66	11000	7200	区一级	公办初级中学
花地中学	芳村大道茂香园8号	1965年	709	26	110	8925	10022	区一级	公办初级中学
东漖中学	芳村东漖仁秀坊183号	1981年	698	18	66	7332	5528	区一级	公办初级中学
双桥学校	桥中中路裕福街33号	1993年	435	13	45	13392	7012	区一级	九年一贯制
文伟中学	西塱麦村北约52号	1988年	541	18	71	15391	6642	初级	公办初级中学
芳华初级中学	西塱江夏村126号	2000年	537	12	32	18700	6105	未定级	民办
广州市四中聚贤中学	西华路蟠虬南21号	2001年	972	22	64	3779	3779	未定级	民办

学校名称	地址	开办时间	学生数（人）	教学班数（个）	教职工数（人）	占地面积（平方米）	建筑面积（平方米）	级别	体制
真光实验学校	白鹤洞鹤翔路2号	2002年	1009	21	64	10500	6482	未定级	民办
广雅实验学校	东风西路118号	2002年	679	18	75	3108	635	未定级	民办
双桥实验学校	双桥路龙眼塘	2003年	842	18	41	2000	1000	未定级	民办
广州市一中实验学校	蓬莱路3-5号	2004年	738	18	74	6230	3139	未定级	民办
西关外国语实验学校	周门大街150号	2007年	699	15	61	4300	2980	未定级	民办

2011年荔湾区内中专与中等职业学校一览表

学校名称	地址	备注
广东省商业职业技术学校	滘口街5号	省属
广州船舶工业公司成人中等专业学校	白鹤洞鹤园西20巷	部属
广州市化工中等专业学校	芳村长堤69号	市属
广州市理工中等专业学校	白鹤洞鹤建里七巷4号	市属
广州市商贸职业学校（原第一商业中等专业学校）	桥中街河沙路79号	市属
广州市交通成人中专学校	荔湾路96号	市属
广州市侨光财经职业技术学校	龙津东路822号之一	市属
广州钢铁集团成人中等职业学校	鹤洞路153号	市属
广州国光艺术设计职业学校（原广州市光明职业高级中学）	长寿西路27号	市属
广州市荔湾区外语职业高级中学	中山八路石路基14号（中八校区）	区属
	花地大道翠竹街1号(翠竹校区)	区属
	陇西直街59号（市柴校区）	区属

2011年荔湾区内成人院校一览表

名　称	地　址
广东新华教育学院	长寿西路27号
广州侨光财经专修学院	龙津东路822号之一（南校区）
	龙津东路大围五街22~26号（北校区）
广州市电大荔湾分校	逢源路181号（荔湾校区）
	花地大道翠竹苑翠竹街1号（芳村校区）
广州岭海老人大学	王家园上街12号

名　　称	地　　址
中华会计成人中专荔湾分校	华贵路 81 号 3 楼
中共荔湾区委党校	兴东路 41 号
区劳动就业训练中心	逢源路宝源中约 30 号

2011 年荔湾区内特殊教育学校一览表

学校名称	地　址	开办时间	学生数（人）	教学班数（个）	教职工数（人）	占地面积（平方米）	建筑面积（平方米）	办学体制
致爱学校	中山七路王家园上街 20 号	1988	84	9	38	1802	3222	公办
康迪学校	民治大街 33 号	2000	86	9	38	1150	1623	公办

2011 年荔湾区内特色学院一览表

名　　称	地　　址	特　　色
区奥林匹克少年学院	华侨小学	体育
詹天佑少年科学院	荔湾青少年科技中心	科技
何香凝少年艺术中心	何香凝纪念学校	音乐、美术、书法

2011 年荔湾区属艺术类培训机构一览表

名　称	地　址	开办时间	学生数（人）	教学班数（个）	教职工数（人）	占地面积（平方米）	建筑面积（平方米）
区青少年宫	中山八路 2 号（总部）	1957 年	8009	515	25	4012	7461
	东漖北路怡德街怡芳苑 8 号	1957 年	5400	344	10	1023	4128
	多宝路 58 号（少儿艺校部）	1996 年	253	12	15	1274	3737
青少年劳动技校	白云区良田镇金盘村莲塘	2000 年	24003	625	18	66667	4978

【小班教学实验】　区教育局在花地中学、广州市第 23 中、24 中等学校开展小班教学实验，初步形成点面结合的小班教育教学模式，着力构建更完备的教育体系。试验学校在小班化教育的课程建设上进行一系列探索，取得初步的成果：真正实现由教师被动地“教”向学生主动地“学”的转变，提高课堂教学的有效性；转变评价内容和评价方式的单一性，教师的专业水平相应得到提升。2011 年，区教育局在花地中学召开荔湾区“精品化小班化”教育实验课题研究现场会，推介花地中学教育教学新做法，使小班教学成为荔湾教育的新亮点。

【督学责任区制度实施】　从 2011 学年开始，荔湾区全面实施督学责任区制度。在广东省督学刘仕森，广州市督学李东红、凌达文、刘婉华四位专家的带领下，荔湾区于 2011 年 10 月 25 日开展首次督学责任区督导活动。通过开展经常性的随访督导，及时、准确地掌握中小学校的发展动态和存在问题，加强指导和监督，规范办学行为，荔湾区教育事业向优质、均衡、协调方向发展。

【义务教育规范化学校终期督导通过验收】 2011年4月，荔湾区通过广州市义务教育规范化学校终期督导验收。督导验收组认为，荔湾区坚持教育科学发展，建立起学校教学质量管理工作机制，对质量的形成过程进行研究分析以指导持续改进，并形成相应的发展评价方案，以实现学生、教师和学校的科学持续发展。加强教学视导和校本培训，重视发挥教育科研的先导作用，促进荔湾区教育质量迅速提升。2011年底，荔湾区的规范化学校覆盖率达到90.32%。

【“研耕工作坊”专项活动】 2011年，区教育发展研究中心启动“研耕工作坊”专项活动。16所偏远小学和2所幼儿园，成为“研耕”基地，开展校际联盟团队和“一对一”结对学校的“结对同发展”的专项研究。10月21日，荔湾区在华侨小学召开“研耕促均衡，结对同发展”成果展示会。部分学校校长介绍主要经验，并制作过程性的“研耕”工作成果和三本体会集。省、市领导肯定荔湾区以“研耕促均衡，结对同发展”的思路和方法，经验具备推广和继续深化发展的价值。

【高考创佳绩】 2011年，区属学校共有3388人参加普通高考，上重点本科人数267人，比2010年增加23人；本科人数达2036人、同比增179人，本科率达60.09%，同比增5.9个百分点，本科率稳居全市第二；而总上线率（含音乐、体育、美术）达96.64%，稳居全市12区（市）前列。

【教师队伍】 2011年，荔湾区各类学校有教职工人数共5278人，其中普通中学2434人、小学2379人、幼儿园389人、特殊学校76人；专任教师共4470人，其中普通中学2030人、小学2149人、幼儿园226人、特殊学校65人。区属学校1名校长被评为“广州市第二批基础教育系统名校长”，3名教师被评为“广州市第二批基础教育系统名教师”，1名校长被选为“广州市第四批中小学优秀校长培养对象”；3名教师被评为“广东省第八批特级教师”，1名教师被选派为“赴香港教学顾问”，2名英语教师被选送到英国学习培训。评选出115位“广州市优秀教师”与“优秀教育工作者”；有6人通过“121人才梯队”工程评审。沙面小学、乐贤坊小学、西关实验小学和广州市第一中学、西关外国语学校5所学校被评为“广东省中小学教师培训实践基地”。

【特色教育】 区教育局推进特色教育，结合体教、艺教、科教，促进教育内涵发展。2011年先后组织全区性的“培正杯”广播操比赛等13项（次）体育比赛，累计1万人次学生参加各类比赛。在文化公园举行荔湾区第三届中小学校艺术团展演，全区共有53所中小学校艺术团，参加包括声乐、舞蹈、器乐、语言艺术等类别的159个节目的展演活动，沙面小学等16所学校获得区优秀艺术团称号。组织第五届读书节，总结表彰“十佳读书人物”、“十佳文学社团”，宣传推广区“三书香”活动的成果与经验。在广州市第四中学举办“2011年荔湾区青少年科技活动月启动仪式暨荔湾区詹天佑少年科学院成立五周年庆典活动”，对“荔湾区优秀科技辅导员”和“2010学年度詹天佑少年科学院优秀科技学生”进行表彰。

【书香平安校园建设】 2011年召开中小学德育工作会议，命名表彰荔湾区首批14所德育示范校，8所德育达标校，第二批10所德育示范校和6所德育达标校。《荔湾中小学德育校本课程的开发与实践研究》通过区科技局课题立项，同时成为广东省教育厅德育重点课题。开展“道德小模范”评选活动和红色之旅活动，评选杜晓榆等10名同学为荔湾区首届“小道德模范”，100名同学为荔湾区“美德少年”。其中杜晓榆等4名同学还被评为广州市小道德模范。

加强学校卫生工作，做好学校食品卫生管理。以“爱卫月”、“世界无烟日”、“健康促进学校建设”等健康教育活动为载体，为学生营造安全与健康的校园环境。做好区“平安校园”和省、市“安全文明校园”考评推荐和迎评工作。2011年，真光中学被授予第三批广东省安全文明校园称号；西关外国语学校、金兰苑小学、立贤学校通过广州市安全文明校园考评。举办法制副校长培训班，开展消防知识宣传，加强校车安全管理和防雷电工作，全面排查改造危旧校舍，切实确保校园安全。

（区教育局　梁丽珠　谢兆华）

【广州侨光财经专修学院】　广州侨光财经专修学院由中国民主促进会广州市委员会主办。2011年，有专职教职工124人，另拥有一支较稳定的兼职教师队伍。截至2011年，学院为社会输送财经类（会计、金融）、管理类（物业、物流、酒店、工商、行政、教育管理）、计算机类、学前教育、商务英语等中高级专业人才，各类毕业生20多万人次，就业率97.2%。

学院南校区位于龙津东路822号之一，北校区位于龙津东路大围五街22—26号。学院有43间多媒体电教室，7间电脑机房，配有高配置的电脑548台，有多媒体语音室、现代化会计模拟实验室、现代化的虚拟演播室、声乐室、美术室、舞蹈室、数码钢琴室和酒管专业实训室等功能室17间，钢琴练习房46间，4.9万余册的图书阅览室。校园宽带网、校园闭路电视教学系统和监控中心，拥有功能完备的卫星电视和VBI、IP接收系统、计算机网络系统以及双向视频教学系统，通过“中央控制系统”实现无线遥控操作。学院拥有一个能容纳1500人同时就餐的食堂，还可以为外地生提供住宿。

学院的办学成绩，一直受到政府和上级教育部门的肯定。2010年和2011年连续两年被广州日报社评为“华南金质教育品牌”。

（广州侨光财经专修学院　李勤仪）

文　化

【概况】　2011年，区文化广电局推进文化建设转型升级，将保护利用文化资源与复兴西关商贸传统相结合、与建设水秀花香宜居环境相结合、与推动社会事业发展相结合，区、街道、社区三级公共文化服务体系不断完善，基本形成城区“10分钟文化圈”，成功举办“三月三，荔枝湾”民俗文化节，增强西关文化的辐射力、影响力与竞争力，文化荔湾建设取得可喜成绩。

【文化设施】　2011年，荔湾区下拨90万元文化站评估定级工作经费，为文化站（室）配发100台电脑和150台电视机，东滘街文化站晋升为省特级站，桥中、海龙、中南和东沙街文化站晋升为省一级站。区文化馆通过国家一级馆的复评，区文化艺术中心被定为广州市首批“粤剧艺术推广基地”。至年底，全区有区文化艺术中心大楼一座，区文化馆、图书馆、博物馆各1个。22个街道文化站全部达标，其中特级站10个，一级站11个；193个社区均建有文化室，还建成“农家书屋”49家（含29家“绿色网园”）；文化广场63个，面积约12万平方米。区级、街道、社区三级公共文化服务体系不断完善，基本建成城区“10分钟文化圈”。

【文化市场管理】　2011年底，全区共有文化经营场所716家（户），其中网吧90户、歌舞厅9户、卡拉OK厅14户、电子游戏机室10户、游艺室14户、书店95户、复印店87户、印刷厂128家、报刊亭269户。同年，1850创意园和欧划动漫公司被评为“广东省版权兴业示范基地”。全年共开展大的专项检查行动8次，累计出动执法人员1.97万多人次，检查音像店340多家次、书报摊2000多家次、网吧3000多家次、娱乐场所480多家次，收缴非法音像制品20多万张，协助工商部门查处黑网吧16户，打击文化市场违法犯罪活动。

【文物保护单位与非物质文化遗产传承】
2011年底，区内共有国家、省、市三级文物保护单位62处，其中国家级3处、省级4处、市级35处、市级登记文物保护单位20处；有文物线索205处；市级历史文化保护区8处，区级历史文化保护区9处；市政府公布的名老字号10处，区级名老字号7处。有非物质文化遗产项目15个，其中国家级1个，省级6个，市级5个，区级

3个。

2011年，区文化广电局完成第三次全国文物普查工作报告和不可移动文物名录初稿。向社会公布108处区登记保护文物单位，全区共有不可移动文物326处。加强博物馆建设。荔湾区举办蒋光鼐故居博物馆和十三行史料陈列馆开馆仪式。制订梁家祠维修工作方案，完成广州丝织行业博物馆修缮和布展设计方案，与龙津街做好西门瓮城遗址的保护和管理。组织编制《荔湾区培育和建设世界文化名城核心区可行性研究报告》与《十三行博物馆和十三行文化主题街区工作方案》，完成《荔湾老街巷》一书的文字和图片资料收集。制定《荔湾区非物质文化遗产保护工作方案》，举办“西关五宝工艺精品展览”等非遗宣传保护活动。

荔湾区内国家、省、市级文物保护单位（区）与非物质文化遗产项目及其代表性传承人等列于以下各表。

2011年荔湾区内国家、省、市级文物保护单位与市级登记文物保护单位一览表

名　称	地　址	级　别	公布时间
陈家祠堂	中山七路恩龙里34号	国家级	1988年1月
广州沙面建筑群	沙面	国家级	1996年11月
粤海关旧址	沿江西路29号	国家级	2006年6月
广雅书院旧址	西湾路1号广雅中学内	省级	2002年7月
广东邮务管理局旧址	沿江西路43号	省级	2002年7月
通福桥	芳村大道西五眼桥横街秀水涌上	省级	2008年11月
锦纶会馆	康王南路289号	省级	2008年11月
华林寺罗汉堂	华林寺前街31号华林寺内	市级	1963年3月
沙基惨案纪念碑	沿江西路与人民桥东人行桥脚小广场内	市级	1963年3月
仁威庙	泮塘路仁威庙前街22号	市级	1983年8月
黄氏宗祠	中山七路320号	市级	1993年8月
华贵路旧当铺	华贵路26号	市级	1993年8月
泰华楼	多宝路多宝坊27号	市级	1993年8月
毓灵桥	芳村大道东堤岸东街冲口涌上	市级	1993年8月
车歪炮台	大黄滘口附近珠江中的黾岗岛上（麻风岛）	市级	1993年8月
西关大屋建筑	龙津西路逢源北街84号	市级	1993年8月
	龙津西路逢源北街87号		
	龙津西路沙地一巷36号		
	龙津西路逢源大街8号		
	龙津西路逢源大街21号		
	龙津西路逢源北横街9—17单号		
中山七路旧当铺	中山七路22号	市级	1999年7月

名　称	地　址	级　别	公布时间
西门瓮城遗址	中山七路与人民中路交界处	市级	1999 年 7 月
南方大厦	沿江西路 49 号	市级	1999 年 7 月
旧民居建筑	宝源路 5—23 单号	市级	1999 年 7 月
	鸿昌大街 22 号		
	多宝路 201—221 单号		
	宝源路 8—34 双号		
五眼井	下九路西来后街	市级	2002 年 7 月
	下九路西来后街五眼井右侧的墙壁上		
聚龙村民居	芳村大道东陇西直街聚龙村 16－19 号	市级	2002 年 7 月
黄宝坚石屋	文昌南路敬善里 13 号	市级	2002 年 7 月
惠爱医院旧址	明心路 36 号	市级	2002 年 7 月
真光书院旧址	培真路 17 号真光中学内	市级	2002 年 7 月
明心书院旧址	明心路 5 号	市级	2002 年 7 月
广州市界碑	东胜坊渡江码头	市级	2002 年 7 月
银行会馆	珠玑路 18 号珠玑小学内	市级	2008 年 12 月
和平路侨批局旧址	和平东路 50 号	市级	2008 年 12 月
广安钱庄旧址	梯云东路 188 号	市级	2008 年 12 月
对山园	福州路 8 号	市级	2008 年 12 月
广东饮料厂旧址	西增路 63 号广州啤酒厂内	市级	2008 年 12 月
广州市郊一区农会旧址	中市南街 6 号谢家祠内	市级	2008 年 12 月
大通烟雨井遗址	芳村大道中 344－360 号恒荔湾畔亭内	市级	2008 年 12 月
同盛机器厂旧址	上市路镇东街广安里 1 号	市级	2008 年 12 月
协同和机器厂旧址	芳村大道东 146 号	市级	2008 年 12 月
亚细亚龙唛仓旧址	芳村大道东新马路 1 号	市级	2008 年 12 月
亚细亚花地仓旧址	芳村大道东信联路 29 号	市级	2008 年 12 月
渣甸仓旧址	芳村大道东 48 号	市级	2008 年 12 月
德士古油库旧址	芳村大道南南枝围 1 号	市级	2008 年 12 月
日清仓旧址	芳村大道东 8 号（河南港务分公司芳村港务站内）	市级	2008 年 12 月
美孚仓旧址	芳村大道沙涌南侧	市级	2008 年 12 月

名　称	地　址	级　别	公布时间
龙津西路文塔	龙津西路104号	市级登记	2002年9月
龙津西路梁家祠	龙津西路梁家祠街34号	市级登记	2002年9月
小蓬仙馆	花海街18号（醉观公园内）	市级登记	2002年9月
黄大仙祠迹	古祠路1号	市级登记	2002年9月
文澜书院清濠公所石碑	恩宁路逢庆首约涌边	市级登记	2002年9月
开越大夫驻节故址碑	广州发电厂南门围墙内	市级登记	2002年9月
听松园门额石刻	培真路60号培英中学方社钟亭旁	市级登记	2002年9月
陶陶居	第十甫路20号	市级登记	2002年9月
莲香楼	第十甫路67号	市级登记	2002年9月
塔影楼	沿江西路36号	市级登记	2002年9月
岭南艺苑旧址	第十甫路湛露直街24号	市级登记	2002年9月
广州酒家	文昌南路2号	市级登记	2002年9月
泮溪酒家	龙津西路151、153号	市级登记	2002年9月
协和堂	西增路18号	市级登记	2002年9月
万源堂参茸行	光复南路西荣巷2号	市级登记	2005年9月
德国教堂旧址	芳村大道东信义路5号	市级登记	2005年9月
招村民居	芳村大道东招村东八巷1、2号	市级登记	2005年9月
六松园古石桥	芳村大道中275号醉观园内	市级登记	2005年9月
南漖门楼、武帝古庙、陈永泽水埠建筑群	东胜坊渡江码头旁	市级登记	2005年9月
	东胜坊堤岸边		
	东胜坊渡江码头旁		
白天鹅宾馆	沙面南街1号	市级登记	2008年10月

2011 年荔湾区内市级历史文化保护区名单

名　称	位　置	公布时间	简　介
沙面	珠江岔口白鹅潭畔	2000 年	多种风格的西式建筑群，租界人工岛，古树众多，整体风格独特。
聚龙村	冲口招村	2000 年	建于 1889 年，现存 19 幢房屋。该村是一个设计独特的古建筑群，村内街巷规划有序，布局合理。具有岭南民居的特色，是目前广州市内保存较完整且有百多年历史的清代民居群。
耀华大街	文昌北路西侧	2000 年	广州保存较整齐、完好，具一定规模的西关传统民居街巷。
上下九—第十甫	上下九路、第十甫路	2000 年	广州保存较完整、规模最大的骑楼建筑传统商业街。
逢源大街	包括泮溪酒家、龙津西路、逢源大街、西关上支涌一带三角地段	2000 年	有众多的文物保护单位及历史文化遗迹遗址，保留有较完整的西关大屋。
荔湾湖	荔湾湖公园内	2000 年	公园西南部为荔枝湾、海山仙馆故地。
昌华大街	多宝路昌华苑	2000 年	多种风格的小型别墅区。
珠江广州河段	荔湾区辖内河段	2000 年	风光旖旎，沿线多有文化历史、遗迹、文物保护单位。

2011 年荔湾区非物质文化遗产项目表

项目分类	项目名称	等级
传统戏剧（IV）共 1 项	岭南木偶戏表演艺术	国家级
曲艺（V）共 2 项	粤曲	国家级
	木鱼书说唱	市级
传统美术（VII）共 1 项	玉雕（广州玉雕）	国家级
传统技艺（VIII）共 4 项	岭南盆景艺术	省级
	西关打铜工艺	市级
	大立菊的栽培与扎作技术	区级
	金鱼养殖	区级
传统医药（IX）共 4 项	采芝林传统中药文化	省级
	敬修堂传统中药文化	省级
	西关正骨	省级
	西关中医药文化	区级
民俗（X）共 3 项	生菜会	市级
	粤剧八和祖师诞	市级
	黄大仙祠庙会	市级

2011 年荔湾区非物质文化遗产项目代表性传承人表

序号	分类（代码）	项目名称	传承人资料			级别
			姓名	性别	年龄	
1	传统戏剧（Ⅳ）	岭南木偶戏表演艺术	叶寿春	男	77	市级
2	曲艺（Ⅴ）	粤曲	黄少梅	女	71	市级
3			谭佩仪	女	76	市级
4	传统美术（Ⅶ）	广州玉雕	高兆华	男	63	国家级
5	传统技艺（Ⅷ）	岭南盆景	陆志伟	男	63	市级
6		西关打铜工艺	苏广伟	男	62	市级
7	传统医药（Ⅸ）	西关正骨	李国淮	男	60	市级
8			李主江	男	56	市级

【群众文化】 2011 年，荔湾区根据“荔湾风华——2011 荔湾文化系列活动总体方案”，各节日举办文化主题歌会、晚会。与广州文史研究馆在文化公园联合举办“广府文化节暨首届荔湾老广州民间文化节”，组织开展“广州艺术节”广场展演等 13 场演出活动，定期在荔枝湾开展粤剧私伙局表演和西关婚俗巡游活动，全程牵头承办了“全民撑大戏——2011 凯德置地支持粤剧传承系列活动”。荔湾区选送的珠江钢琴艺术中心合唱团参加“广州艺术节”巡演获金奖，区老干部合唱团参加广州市第十四届老干部合唱节获一等奖，西村街协和合唱团和冲口街合唱团参加广州市“共创文明城——万人同唱文明歌”暨“爱国歌曲大家唱”群众歌咏活动获表演奖。

【文化惠民工程】 2011 年，区文化广电局建成 100 家图书漂流驿站，组织 102 场群众艺术精品演出和 108 场数字电影放映进社区，2 万张文化惠民卡全部发到低收入家庭和农民工家庭，满足困难群众参观博物馆、观看文艺演出等基本文化需求。区图书馆升级借还书系统，与广州图书馆合作推出电话及网上自助服务，读者可持社保卡借阅，图书馆全面实现免费开放。举办传统文化经典诵等读书宣传活动 13 项，全年接待读者 23.6 万人次，外借图书 25.3 万册次。编辑 12 期参考读物《荔图文摘》，并链接到区信息网。区文化艺术中心向社区群众和民间艺术社团免费开放场馆，举办“荔影群芳油画展”等 8 批展览，保障各类群众享受文化的权益。

【“三月三，荔枝湾”民俗文化节】 荔枝湾民俗文化节于 2011 年 4 月 2—6 日在荔枝湾举

2011 年 4 月 2 日，荔枝湾民俗文化节，图为区长唐航浩在文塔开放仪式上讲话。

行，活动从原来为期3天的庙会扩展到5天的民俗文化节，活动范围也从原来仁威庙及其广场扩大到包括仁威庙、荔枝湾涌两岸及广州美食园等荔枝湾景区一带。活动项目则包括10个大项、50个小项，内容丰富，吸引珠三角等省内外共158多万游客前来荔枝湾转文塔、逛庙会、游船河等，感受荔湾的历史文化和西关风情。活动期间，到现场采访的境内外媒体多达30多家，包括新华社、中新社等中央媒体，主流媒体报道100多篇次，中央电视台还播出相关电视新闻；同时，该项活动对周边的带动效应也甚为显著。

（区文化广电局）

卫生

【概况】 2011年，区卫生工作以深化基层医药卫生体制改革为重点，努力完成各项医改任务，稳步提升医疗卫生服务水平，突出中医药特色，做好重大疾病防控和医疗卫生服务，缓解群众“看病难、看病贵”问题。全年区属医疗卫生机构门诊量372.4万人次，出院3.2万人次，其中社区卫生服务机构门诊量150.5万人次，与2010年同比分别增长4.3%、15.6%和18.82%。

【医药卫生体制改革】 荔湾区医药卫生体制改革工作以保基本、强基层、建机制为主线，以基层医疗卫生机构综合改革为重点，通过实行定编定岗不定人，后勤岗位服务社会化，探索创新政府购买服务医院承办等一系列制度，突破改革瓶颈，完成各项改革任务，初步实现医疗机构有发展、医务人员受鼓舞、人民群众得实惠的目标。

2011年，全区共有21个社区卫生服务中心（其中政府办18个，通过政府购买服务委托辖区医院承办3个），14个社区卫生服务站。通过改革，基层医疗卫生机构回归公益性。全区21个社区卫生服务中心全部配备使用基本药物并实行零差率销售，预防、康复、保健、健康教育和计划生育指导等公共卫生职能不断增强。服务模式有效转变，基层医务人员逐步从“等上门”转变为“走进门”。机构管理日益规范，同年社区卫生服务中心门诊量150.42万人次，与2010年比增长18.82%；社区卫生服务中心门诊量占区属医疗卫生机构总门诊量40.43%，同比增加4%；社区卫生服务中心次均门诊费用86.77元，按可比价格计算下降22.17%；初步实现老百姓看得了病、看得起病、看得好病。

【医疗管理】 2011年，无医疗事故和重大医疗纠纷发生。拓展护理服务项目，优化护理模式，落实护理责任包干，提升护理服务水平。贯彻落实《广州市社会急救医疗管理条例》，更新优化院前急救管理、技术规范和工作流程，加强督导，确保了新条例贯彻落实。开展科研工作，省、市科研项目立项19项，区科研项目立项26项，争取科研经费共379万元，国家重点建设项目——区中医医院不孕不育专病已通过专家验收。完成重大活动及传统节日的医疗保障工作。根据国家基层医药卫生体制改革的总体要求，荔湾区完成社区卫生服务机构综合改革，核定社区卫生服务机构21个，其中政府办的18个社区卫生服务中心核定为公益一类事业单位。

2011年底，全区医疗卫生机构共178个（区属53个），其中：医院26个（中医医院4个），其中区属医院10个，社区卫生服务中心（站）35个，专业公共卫生机构4个。全区医疗卫生机构床位数共5026张，其中医院4878张（中医医院床位722张），每千人口医疗卫生机构床位数由2010年的4.9张提高到2011年的5张。全区卫生人员总数共8037人，卫生技术人员6612人，其中执业（助理）医师2478人，注册护士2478人。2011年，区属主要医疗机构列于下表。

2011 年荔湾区辖区内主要医疗卫生服务机构一览表

名　称	地　址	性　质
荔湾区妇幼保健院	东漖南路 238 号	政府办
荔湾区骨伤科医院	文昌北 235 号	政府办
荔湾区第三人民医院	鹤洞路 124 号	政府办
荔湾区中医医院	长寿西路 5 号	政府办
荔湾区口腔医院	中山七路土兴巷 27 号	政府办
荔湾区人民医院	明心路 3 号	政府办
广州医学院荔湾医院	荔湾路 35 号	政府办
荔湾区第二人民医院	西湾路 48 号	政府办
荔湾区慢性病防治中心	浣花西路 146 号	政府办
荔湾区芳村中医医院	芳信路 131 号	政府办
荔湾区白鹤洞街社区卫生服务中心	金道花苑金达街 18 号	政府办
荔湾区彩虹街社区卫生服务中心	周门路 36 号	政府办
荔湾区茶滘街社区卫生服务中心	金兰路 1 号	政府办
荔湾区昌华街社区卫生服务中心	黄沙大道 31 号	政府办
荔湾区冲口街社区卫生服务中心	浣花东路塘边大街 22 号首层	政府办
荔湾区东漖街社区卫生服务中心	芳村花园中环街 8－9 号首二层	政府办
荔湾区东沙街社区卫生服务中心	东沙大道 345 号	政府办
荔湾区多宝街社区卫生服务中心	恩宁路 197 号	政府办
荔湾区逢源街社区卫生服务中心	逢源路 167 号	政府办
荔湾区海龙街社区卫生服务中心	海龙街西浦路 1 号	政府办
荔湾区花地街社区卫生服务中心	芳村大道中 302 号	政府办
荔湾区华林街社区卫生服务中心	十八甫路 23－29 号	政府办
荔湾区金花街社区卫生服务中心	西华路 298 号	政府办
荔湾区岭南街社区卫生服务中心	杉木栏路 30 号	政府办
荔湾区龙津街社区卫生服务中心	龙津东路 707 号	政府办
荔湾区南源街社区卫生服务中心	南岸路 66 号地下	政府办
荔湾区桥中街社区卫生服务中心	桥中街桥中南路 53 号三楼，55、57 号铺	政府办
荔湾区石围塘社区卫生服务中心	芳村大道西 263 号	政府办
荔湾区西村街社区卫生服务中心	广州市西湾路 42 号	政府办
荔湾区站前街社区卫生服务中心	站前路 9 号	政府办
荔湾区中南街社区卫生服务中心	中南街赤岗东约 490 号	政府办
海龙街龙溪社区卫生服务站	海龙街龙溪社区南边村 324 号	社会办

名　称	地　址	性　质
海龙街增滘社区卫生服务站	龙溪中路22号	社会办
花地街中市社区卫生服务站	中山乌石墩3号	政府办
南源街环翠园社区卫生服务站	南岸路埗头新一巷17号	政府办
桥中街河沙社区卫生服务站	桥中北路3号	社会办
桥中街珠岛花园社区卫生服务站	珠岛花园5栋首层	社会办
沙面街社区卫生服务站	沙面大街7号	政府办
石围塘街五眼桥社区卫生服务站	五眼桥冲尾坊152号桥兴苑二楼	社会办
中南街海中社区卫生服务站	海中村海中南约237号	政府办
白鹤洞街鹤园社区卫生服务站	芳村鹤园中十八巷1号地下	政府办
白鹤洞街山顶社区卫生服务站	白鹤洞鹤翔里20号地下	政府办
东漖街西塱社区卫生服务站	西塱民心路8号	社会办
东沙街南漖社区卫生服务站	南漖会龙坊321号	社会办
多宝街大同社区卫生服务站	大同路125号	政府办
多宝街新风社区卫生服务站	多宝路150号	政府办
伊丽莎白妇产医院	康王中路484号	社会办
广州女子医院	陆居路42号	社会办
广州仁爱医院	中山八路93号	社会办
芳草堂中医门诊部	东漖北路怡芳苑怡盛阁13号2楼	社会办
沙面国医馆门诊部	沙面北街87号	社会办
十三行国医门诊部	荔湾路19号首层、二层	社会办
荔湾区中医医院西关国医馆门诊部	长寿西路85号	政府办

【卫生监督】　2011年完成餐饮行业食品安全监督职能移交，加大对医疗行业、公共场所卫生、饮用水安全等监管，依法严厉打击各种危害人民群众身体健康和生命安全的违法行为。组织开展餐饮具集中消毒单位、现制现售饮用水和无证行医等专项整治，查处非法医疗机构125间（次），取缔无证医疗机构37间次，处罚非法行医者20人次，成功向公安部门移送无证行医案件3宗。接管原市卫生局发证监管的海角红楼游泳场等9个公共场所。全年开展职业卫生监督36户次，开展放射卫生监督49户次。公共场所监督1667户，监督覆盖率100%，开展公共场所卫生监督近2万户次。依法查处公共场所卫生案件7宗。开展生活饮用水、现制现售水机卫生监督330户次。监测生活饮用水样品6521件，合格率90.2%。监测涉水产品19宗，合格率94.7%。开展学校卫生监督110户次。开展传染病防治卫生监督132户次。监测消毒产品1482宗，合格率95.33%。医疗卫生监督92户，开展医疗卫生监督124户次。依法查处医疗卫生案件4宗，无证行医案件20宗。

【公共卫生体系建设】 2011年底，全区共有专业公共卫生机构4个339人。其中，疾病预防控制中心1个74人；卫生监督机构1家32人。2011年，全区每万人口拥有专业公共卫生机构人员3.77人。

【社区卫生】 2011年底，全区22个行政街共设立社区卫生服务中心21个，社区卫生服务站14个，新增业务用房6540平方米。加强社区卫生信息化网络建设，全区21个社区卫生服务中心已全部使用“荔湾区社区卫生服务管理信息系统”，该系统与区属医疗机构、医保管理机构联网，实现居民健康档案信息共享；推进电子健康档案建设，全区录入电子居民健康档案44.3万份，原来的纸质“死档”变成随时更新的电子“活档”。是年，公招社区医生11人，并进行社区全科医师规范化培训，提高聘用人员素质。同年底，全区有社区卫生人员680人，其中卫生技术人员610人。

荔湾区社区卫生服务机构快速发展，建立社区责任医师制，完善社区卫生服务网格化管理，拓展基本公共卫生服务的服务内容，落实社区卫生服务机构与医院双向转诊制度，转变社区服务模式，开展主动服务和上门服务，提高社区卫生服务覆盖率。2011年，社区卫生服务中心医药费用下降，门诊费用降幅明显。

荔湾区社区卫生服务中心新规范业务用房不断投入使用，图为2011年11月1日荔湾区东沙街社区卫生服务中心业务用房落成庆典。

【疾病预防】 荔湾区2011年疾病预防控制工作重点是落实突发公共卫生事件风险隐患评估，抓登革热、霍乱、艾滋病等重点传染病监控，有效控制传染病发生与流行。2011年共报告甲乙类传染病1956例，发病率275.91/10万，较2010年同期下降17.06%，无甲类传染病报告。落实现代结核病控制策略，超额完成广州市下达的任务。推进儿童六龄齿免费窝沟封闭项目，免费为8060名适龄儿童进行口腔健康检查，为2246名儿童实施六龄齿窝沟封闭，项目实施单位区口腔医院被评为市优秀单位。落实免疫规划，开展4岁以下儿童脊灰疫苗强化免疫，3.3万名儿童服食脊灰疫苗，接种率为98.99%，继续保持区内无脊髓灰质炎状态；做好15岁以下儿童乙肝疫苗查漏补种，补种2.28万针次，超额完成市政府重点工作任务。开展心理医生进社区活动，完成国家重症精神疾病管理治疗示范区建设任务。加强健康教育，提高防病意识，全面落实“双健”活动各项目，将28万册《广州市民健康读本》免费发放到家庭。开展医疗卫生机构禁烟工作，2011年卫生系统通过市级评审达标的无烟医疗卫生单位有122间。

【妇幼保健】 完成《2001—2010年荔湾区妇女儿童发展规划》并制订新一轮发展规划。推进出生缺陷干预，落实预防艾滋病、梅毒和乙肝母婴传播项目。加强母婴保健技术服务监管和妇幼保健工作督导，确保服务规范。加强妇幼保健院建设，完善设备配置、专科建设和人员配备，医院业务量和服务能力得到提升。2011年全区孕产妇系统保健管理率97.31%，7岁以下儿童保健管理率99.70%，3岁以下儿童保健系统管理率98.68%，住院分娩率100%，婴儿死亡率3.05‰，5岁以下儿童死亡率4.43‰，孕产妇死亡1例。

【卫生系统创文】 2011年，区卫生局成立卫生系统“创文”工作领导小组，实行领导“分片承包”和业务部门“网格化”管理，保障“创文”工作落到实处。按照文明城市标准要求，落实医院等窗口部门迎检工作。推进经营性公共场所专项整治，加大对美容美发场所、旅业等经营性公共场所的整治力度，同时采取延长体检时间，增加体检点，减免体检费用等措施，方便从业人员办理健康证，切实提高全区经营性公共场所从业人员健康证持证率。全市在公共场所专项整治行动中共检查单位1.55万间次，派出监督人员8096人次，发出整改意见书400多份，各整改单位基本能按照整改意见书完成整改。

【中医药管理】 2011年，结合开展中医医院管理年活动，加强区中医医院、区骨伤科医院建设，两间医院被评为广州市中医名院。加强综合医院中医科建设，广医荔湾医院被评为全国综合医院中医药工作示范单位。推进中医药特色社区卫生服务标准化建设，华林街等10个社区卫生服务中心获得广州市“有中医药特色社区卫生服务示范中心”称号。推进“治未病”工程，开展全国基本公共卫生服务中医药服务项目，荔湾区被评为全国老年人中医健康管理、高血压患者中医健康管理和中医健康教育试点地区；举办中医“治未病”系列宣传服务活动，印发《让健康给力幸福》中医健康保健知识小册5万份，在社区开展中医体质辨识服务，为居民提供个性化的中医养生保健指导；在校园开展中医健康知识巡展，提高中小学生对中医保健和中医文化的认识。加强中医人才培养，开展中医师承工作，举办《基层中医药适宜技术手册》培训班，培训500多人次。加强中医药文化建设，成立“铁杆中医荔湾之家”，并举办四期中医沙龙活动。

【民生实事】 2011年，区卫生局全面完成区委、区政府下达的卫生实事任务。全年新增逢源街等社区卫生服务机构业务用房共6540平方米，完成海龙街龙溪等边远地区7个社区卫生服务站建设任务。推进居民健康档案建档工作，全年新增居民健康档案16.5万份；免收1.24万名特困人员在定点医疗机构就医的挂号费、诊金与住院押金，免费为全区60岁以上特困人员进行健康体检1500人次。全面完成区委区政府下达的民生实事任务。

（区卫生局 余浚龙）

体 育

【概况】 2011年，区体育局坚持“以人为本，关注民生”的体育工作理念，真抓实干，开拓创新，竞技体育创佳绩，参加市运会荣获团体总分奖第一名；群众体育活动丰富多采，全民健身服务体系日益完善，全区参与体育活动达25万人次；体育产业稳步发展。

区体育局办公地点外景

【竞技体育】 2011年，荔湾区向国家、省、市输送优秀运动员25人，荔湾区籍运动员在国际性比赛中获金牌3枚、银牌1枚、铜牌1枚，在国家级比赛中获金牌8枚、银牌4枚、铜牌4枚；在省级比赛中获得金牌16枚、银牌12枚、铜牌4枚。组织1008名运动员参加广州市第十五届运动会，代表团以1万多总分和233.75枚金牌、147.5枚银牌、193.5枚铜牌的优异成绩，夺得总分奖第一名、金牌总数奖第三名和陆上三项总分第一名、水上三项总分第一名、大球三项总分第二名、小球三项总分第三名、重竞技三项总分第四名，并荣获体育道德风尚奖和突出贡献奖一等奖，实现竞赛成绩和精神文明双丰收的目标。2011年，荔湾区籍运动员在国际、全国比赛与广东省运动会上所取得的成绩列于下表。

2011年荔湾区籍运动员参加国际、全国比赛与广东省比赛成绩表

项目	教练员	运动员	比赛名称	项目类别	名次
击剑	刘丽娴	马剑飞	世界击剑锦标赛	男子花剑团体	1
花样游泳	李志明	吴倩昕	匈牙利国际花样游泳公开赛	集体自选	1
花样游泳	李志明	吴倩昕	匈牙利国际花样游泳公开赛	自由自选	1
击剑	刘丽娴	马剑飞	世界杯大奖赛意大利站	男子花剑个人	2
击剑	刘丽娴	马剑飞	世界杯大奖赛德国站	男子花剑个人	3
击剑	刘丽娴	马剑飞	全国击剑冠军赛总决赛	男子花剑个人	3
射击	虞飞	吴燕茵	全国第七届城运会	女子射击10米气手枪团体	1
射击	虞飞	黄燕珍	全国射击射箭重点城市射击赛	女子青年组25米手枪	1
射击	虞飞	黄燕珍	全国射击射箭重点城市射击赛	女子少年组10米气手枪40发	1
柔道	梁静文	郑嘉玲	全国青年柔道锦标赛	女子（63公斤级）	1
花样游泳	李志明	吴倩昕	全国花样游泳锦标赛A组	集体技术自选	1
花样游泳	李志明	吴倩昕	全国花样游泳冠军赛A组	集体自由自选	1
击剑	刘丽娴	马剑飞	全国击剑锦标赛	男子花剑团体	1
击剑	黄敏娜	魏志华	全国击剑冠军赛总决赛	男子花剑团体	1
跳水	王文炳	刘振宇	全国少年儿童跳水冠军赛（D区）	男子儿童甲A组3米板	1
跳水	王文炳	刘振宇	全国少年儿童跳水冠军赛（D区）	男子儿童甲组双人跳台	1
跳水	王文炳	刘振宇	全国少年儿童跳水冠军赛（D区）	男子儿童甲A组1米板	1
蹦床	唐少芳	刁睿微	全国第七届城运会	蹦床女子个人	2
跳水	余凡力	陈心怡	全国少年儿童跳水冠军赛（D区）	女子儿童甲A组5米板	2
柔道	梁静文	郑嘉玲	全国第七届城运会	柔道女子（63公斤级）	2
跳水	王文炳	刘振宇	全国少年儿童跳水冠军赛（D区）	男子儿童甲A组5米台	2
跳水	王文炳	刘振宇	全国少年儿童跳水锦标赛	男子儿童甲组双人跳台	2
射击	虞飞	吴燕茵	全国射击射箭重点城市射击赛	女子少年组10米气手枪40发	2
足球	欧伟庭	黎宇鹏	全国第七届城运会	男子甲组（16岁以下年龄组）	2
足球	欧伟庭	黎顺祥	全国第七届城运会	男子甲组（16岁以下年龄组）	2
足球	欧伟庭	李玮锋	全国第七届城运会	男子甲组（16岁以下年龄组）	2
跳水	余凡力	陈心怡	全国少年儿童跳水冠军赛（D区）	女子儿童甲A组1米板	3
跳水	余凡力	陈心怡	全国少年儿童跳水冠军赛（D区）	女子儿童甲A组3米板	3
柔道	梁静文	陈颖媚	全国青年柔道锦标赛	女子（48公斤级）	3
击剑	黄敏娜	魏志华	全国击剑冠军赛第一站	男子花剑个人	3

项目	教练员	运动员	比赛名称	项目类别	名次
游泳	李志明	李宇俊	全国游泳冠军赛	男子4×100米自由泳接力	3
游泳	李志明	陈诗铭	全国第七届城运会	游泳女子4×100米混合泳接力	3
游泳	胡震华	陈诗铭	全国第七届城运会	游泳女子4×100米混合泳接力	3
游泳	龙凤华	陈诗铭	全国第七届城运会	游泳女子4×100米混合泳接力	3
体操	王文炳	杨宇健	全国第七届城运会	男子团体	3
射击	虞飞	蔡鹤峰	全国射击射箭重点城市射击赛	男子少年组10米气步枪	3
足球	林杰民	韦宗仁	全国青少年男子足球联赛	少年甲组	3
射击	虞飞	吴燕茵	广东省青少年射击锦标赛	女子乙组10米气手枪40发团体	1
射击	虞飞	吴燕茵	广东省青少年射击锦标赛	女子乙组25米手枪15+15发	1
射击	虞飞	蔡鹤峰	广东省青少年射击锦标赛	男子甲组50米步枪60发卧射	1
射击	虞飞	何鸿铖	广东省青少年射击锦标赛	男子乙组10米气步枪60发	1
射击	虞飞	黄燕珍	广东省青少年射击锦标赛	女子甲组25米手枪30+30发	1
射击	虞飞	陈鑫泉	广东省青少年射击锦标赛	男子甲组50米步枪3×40发	1
射击	虞飞	卢嘉敏	广东省青少年射击锦标赛	女子甲组10米气步枪40发团体	1
射击	虞飞	梁颖涛	广东省青少年射击锦标赛	女子乙组10米气手枪40发团体	1
游泳	李志明	陈诗铭	广东省青少年游泳锦标赛	女子乙组200米仰泳	1
游泳	李志明	陈诗铭	广东省青少年游泳锦标赛	女子乙组4×100米混合泳接力	1
游泳	李志明	陈诗铭	广东省青少年游泳锦标赛	女子乙组4×100米自由泳接力	1
游泳	胡震华	陈诗铭	广东省青少年游泳锦标赛	女子乙组200米仰泳	1
游泳	胡震华	陈诗铭	广东省青少年游泳锦标赛	女子乙组4×100米混合泳接力	1
游泳	胡震华	陈诗铭	广东省青少年游泳锦标赛	女子乙组4×100米自由泳接力	1
游泳	龙凤华	陈诗铭	广东省青少年游泳锦标赛	女子乙组200米仰泳	1
游泳	龙凤华	陈诗铭	广东省青少年游泳锦标赛	女子乙组4×100米混合泳接力	1
游泳	龙凤华	陈诗铭	广东省青少年游泳锦标赛	女子乙组4×100米自由泳接力	1
蹦床	唐少芳	冯宝仪	广东省青少年蹦床锦标赛	乙组女子团体	1
蹦床	余凡力	余冰冰	广东省青少年蹦床锦标赛	丙组女子团体	1
体操	余凡力	张紫聪	广东省青少年体操锦标赛	女子乙组团体	1
体操	余凡力	刘婷婷	广东省青少年体操锦标赛	女子甲组自由体操	1
跳水	余凡力	陈心怡	广东省青少年儿童跳水锦标赛	少年乙组女子双人跳台	1
跳水	王文炳	刘振宇	广东省少年儿童跳水分区赛	少年男子乙组三米双人跳板	1
跳水	王文炳	刘振宇	广东省少年儿童跳水分区赛	少年男子乙组双人跳台	1

项目	教练员	运动员	比赛名称	项目类别	名次
击剑	黄敏娜	莫梓维	广东省青少年击剑锦标赛	男子甲组花剑个人	1
足球	林杰民	苏梓涛	广东省足球锦标赛	男子少年乙组	1
足球	林杰民	张峻雄	广东省足球锦标赛	男子少年乙组	1
足球	林杰民	陈伽豪	广东省足球锦标赛	男子少年乙组	1
足球	林杰民	梁炬昇	广东省足球锦标赛	男子少年乙组	1
足球	林杰民	林海峰	广东省足球锦标赛	男子少年乙组	1
足球	林杰民	陈洪炜	广东省足球锦标赛	男子少年乙组	1
足球	林杰民	李广曦	广东省足球锦标赛	男子少年乙组	1
足球	林杰民	何铭龙	广东省足球锦标赛	男子少年乙组	1
射击	虞飞	吴燕茵	广东省青少年射击锦标赛	女子乙组 10 米气手枪 40 发	2
射击	虞飞	蔡鹤峰	广东省青少年射击锦标赛	男子甲组 50 米步枪 3×40 发	2
射击	虞飞	何鸿铖	广东省青少年射击锦标赛	男子乙组 50 米步枪 60 发卧射	2
射击	虞飞	陈鑫泉	广东省青少年射击锦标赛	男子甲组 50 米步枪 60 发卧射	2
射击	虞飞	卢嘉敏	广东省青少年射击锦标赛	女子甲组 50 米步枪 3×20 发	2
射击	虞飞	卢嘉敏	广东省青少年射击锦标赛	女子甲组 10 米气步枪 40 发	2
射击	虞飞	曹家豪	广东省青少年射击锦标赛	男子乙组 25 米手枪速射 8 秒、6 秒各 30 发团体	2
柔道	梁静文	黄詠贤	广东省青少年柔道锦标赛	女子（70 公斤级）	2
击剑	黄敏娜	麦咏蓝	广东省青少年击剑锦标赛	女子甲组重剑团体	2
击剑	黄敏娜	莫梓维	广东省青少年击剑锦标赛	男子甲组花剑团体	2
击剑	伍瑞云	麦咏蓝	广东省青少年击剑锦标赛	女子甲组重剑团体	2
蹦床	唐少芳	冯宝仪	广东省青少年蹦床锦标赛	乙组网上女子个人	2
体操	余凡力	刘婷婷	广东省青少年体操锦标赛	女子甲组高低杠	2
跳水	余凡力	陈心怡	广东省青少年儿童跳水锦标赛	少年乙组女子跳台	2
跳水	王文炳	刘振宇	广东省少年儿童跳水分区赛	少年男子乙组跳台	2
射击	虞飞	何鸿铖	广东省青少年射击锦标赛	男子乙组 50 米步枪 3×20 发	3
射击	虞飞	何鸿铖	广东省青少年射击锦标赛	男子乙组 10 米气步枪 60 发团体	3
射击	虞飞	卢嘉敏	广东省青少年射击锦标赛	女子甲组 50 米步枪 40 发立射	3
射击	虞飞	伍卓恒	广东省青少年射击锦标赛	男子乙组 10 米气步枪 60 发团体	3
射击	虞飞	郭子豪	广东省青少年射击锦标赛	男子乙组 10 米气步枪 60 发团体	3
击剑	黄敏娜	麦咏蓝	广东省青少年击剑锦标赛	女子甲组重剑个人	3
击剑	伍瑞云	麦咏蓝	广东省青少年击剑锦标赛	女子甲组重剑个人	3
跳水	余凡力	陈心怡	广东省青少年儿童跳水锦标赛	少年乙组女子双人三米跳板	3

【群众体育活动】 2011年，区体育局贯彻实施《全民健身条例》，组织开展丰富多彩的群众性体育活动，全区开展各类群体活动340项次，参与活动人数达25万人次。推动群众性体育活动开展，筹措资金218万元在全区各街道新建健身路径30条、篮球场8个、健身广场和健身苑各1个，对区内原150条健身路径进行了维修。区属体育场馆积极开展体育惠民工作，全年受惠民众达40万人次，优惠金额达230万元。组织1000余人开展国民体质监测。为街道社区培训体育骨干，指导街道社区创建省级体育先进社区。

【体育设施与体育市场管理】 全区体育设施主要由市属场馆，区属场馆和省、市、区属中小学校体育场地，社会资金投入的民营企业和生活小区会所配套的体育场地及设施，厂矿企业的体育场馆三部分构成。其中市属场馆有海角红楼游泳场、沙面网球场、沙面游泳场、广州市西村工人体育场；区属场馆有西郊游泳场、荔湾体育馆（场）、芳村网球中心、芳村游泳场、青年体育中心。区体育局监管区辖内的体育经营性场馆，联合区有关部门开展体育经营性场馆进行经营、安全、消防等检查。指导区辖内的体育经营单位不断开拓体育产业市场。全年全区体育经营单位没有发生重大安全事故。体育彩票发行工作又有新进展，2011年，体育彩票销售额达到1.95亿元，与2010年同比增长10%。2011年，区内大型体育设施情况列于下表。

2011年荔湾区大型体育场（馆）情况表

名 称	地 址	开办时间（年）	占地面积（平方米）	建筑面积（平方米）	运动项目	备注
广州市沙面网球场、游泳场	沙面南街5号	网球场：1953年 游泳场：1945年	19380	—	网球、游泳	市属
广州市西村工人体育场	环市西路7号	1956年	60787	2600	篮球、足球、羽毛球、田径	市属
广州市芳村工人文化宫	陆居路18号	1990年	1300	1111	篮球、羽毛球、乒乓球	市属
红楼游泳场	珠江桥中沙路中街红楼9号	1946年	29600	200	游泳	市属
荔湾体育馆	荔湾路54号	1957年(场) 1986年(馆)	13340	5200	羽毛球、乒乓球、足球、器械健身、篮球	区属
西郊游泳场	黄沙大道粤南大街3号	1930年	30000	17800	游泳、羽毛球、足球、跳水	区属
芳村体育中心	龙溪大道277号	2001年	140000	8500	网球、羽毛球、足球、篮球	区属
青年体育中心	南岸路5号	1997年	4000	2500	青年公园内羽毛球、篮球、器械健身	区属
区青少年业余体校游泳馆	中山七路330号	1999年	576	508	后座首层游泳	区属
广州市西关体育俱乐部有限公司	荔湾路97号	2005年	2500	5500	大院内羽毛球、篮球、室内足球	民营

名　称	地　址	开办时间（年）	占地面积（平方米）	建筑面积（平方米）	运动项目	备注
花力会运动俱乐部（芳村游泳场）	芳村大道 189 号	2003 年	10000	12000	游泳、健身、羽毛球、形体操	民营
广州力驰体育发展有限公司	新隆沙西 1 号	2006 年	10000	6000	篮球、乒乓球、室内足球、羽毛球、壁球	民营
力美健身运动俱乐部	中山八路华润万家 5 楼	2009 年	—	4000	健身、形体操、健身器材	民营

【“体教结合”模式】 2011 年，区体教结合工作领导小组制定《2011 年荔湾区体教结合工作计划》，区体教结合工作得到深化和更具可操作性。会同区教育局对区内 24 所体育特色、重点、网点项目学校进行检查，促进体教结合工作的开展。制订荔湾区体育实验小学、游泳学校招生方案，按照“公开、公平、公正”的原则，组织开展体育特长生测试工作，测试涉及 15 个项目、242 名考生，选拔出一批优秀体育苗子充实到区各运动队，并向省、市运动队输送运动员 25 人。

【创文】 2011 年，区体育局根据自身职能，做好“创文”宣传，公共体育场馆文明管理，提高窗口服务质量，落实全区“创文”体育硬件指标。全系统干部职工以高度的责任感全身心地投入到“创文”工作中，做好每个环节的工作，完成各次考评工作，全区体育行业的文明程度有所的提高。

【简政强区事权移交】 2011 年上半年，根据区编办《关于做好迎接简政强区事权改革检查工作的通知》要求，做好移交接收前的准备工作。对市事权下放工作进行了梳理。2011 年 7 月 1 日，区体育局与市体育局正式签订《移交行政审批事项协议书》，将“高危险性体育项目经营许可（含变更与延续）”、“高危险性体育项目竞赛表演活动许可（含变更与延续）”和“举办健身气功活动及设立站点审批”三项事权由市体育局下放区体育局承接，此三项事权由区体育局体育市场开发管理科与局业务科分别管理，事权接收情况在区信息网进行公示。

（区体育发展中心　向同才）

2011 年 6 月 12 日，荔湾区选派 8 支龙舟队伍参加 2011 年广州国际龙舟邀请赛，图为区长唐航浩（中），副区长邹璇（左六）与参赛获奖代表队合影。

行政街

◎ 综述
◎ 金花街
◎ 西村街
◎ 南源街
◎ 逢源街
◎ 多宝街
◎ 龙津街
◎ 昌华街
◎ 岭南街
◎ 华林街
◎ 沙面街
◎ 站前街
◎ 彩虹街
◎ 桥中街
◎ 石围塘街
◎ 花地街
◎ 茶滘街
◎ 冲口街
◎ 白鹤洞街
◎ 东漖街
◎ 东沙街
◎ 中南街
◎ 海龙街

行政街

综　述

2011年，全区有22个行政街。各行政街辖区面积、地理位置与2010年底时相同。

各街道党工委与办事处内设机构大同小异，主要有：党政办公室、纪检监察室、武装部、城管科、社会事务管理科、计划生育办公室、经济科、街道管理综合执法队、社区管理中心、社区综合服务中心、综治信访维稳中心、文化站。

2011年，“创文”工作是各行政街的重要工作之一，各街道落实领导责任制、人员督查制、工作巡检制等有关创建管理机制，切实解决创建工作中关乎民生，关乎全局，关乎群众反映较大的重点、难点问题。发动社区居民广泛参与文明督导，参与文明交通、文明坐车等志愿服务，有效提高群众对创建工作的知晓度、参与度和满意度。在迎“创文”国检期间，检组人员多次深入各街道开展实地暗捡，荔湾区良好的城区环境秩序和优质的社区服务受到国检组的好评。

（区志办）

金花街

【概况】　金花街道办事处驻西华路金花直街11号。全街有12个社区居民委员会，2011年底有居民户1.79万户，户籍人口约5.22万人。

2011年，金花街地区工业总产值175.71亿元，名列全区第一，与2010年同比增长10.8%；贸易业商品销售总额191.18亿元，同比增长31.0%；社会商品零售总额21.58亿元，同比增长14.1%；街辖内新登记注册企业有广东广水投资有限公司、伊利集团广州分公司、广州酒家集团、长城宽带广州分公司；全年新增注册资金100万元以上企业12家，其中新注册500万元以上企业7家，地区企业合计新增注册资本2.1亿元，其中广东富睿实业集团有限公司追加投资6000万元，广东慎昌贸易有限公司追加投资2100万元。已迁往区外的广州虎辉照明科技公司的生产基地、广东省水利电力勘测设计研究院总部和注册地仍留在金花街。盘活辖内闲置10多年的金平大厦、金门大厦等商业楼宇，金平大厦商场于2011年10月正式营业，金门大厦已开始对外招租，金色康苑商场于2011年12月开始营业。

【街区建设】　2011年，金花街配合区建设部门顺利完成街辖内主干道沿线立面整饰工程，芦荻街、蟠虬南、和平东约内街巷的路面拓宽改造，打通消防通道；完成小梅等4社区水浸街整治、隆庆小区绿化改造和陈家祠社区等部分路段雨污分流工程，长期水浸街的问题得以缓解，完成社区1.8万平方米绿化改造；完成隆庆社区、蟠虬社区综合整治工程以及主干道街巷口的“四位一体”整治工程，工程面积达5.2万平方米。同年完成辖区5个旧城地块和8家企业的“三旧”摸查申报工作。与区属业务部门配合，完成陈家祠一期2.3万平方米拆迁，经扩建广场面积已达5.5万平方米，新增绿化面积1.5万平方米。落实社区“三防”措施和房屋安全管理，完善应急机制建设，整治、整改存在危险隐患房屋。修复路面1200多平方米；清疏下水道1350多米；清理卫生死角380处；清理无主余泥杂物250吨；绿化补种面积2000平方米；绿化带改造面积2000平方米。加大对社区内“六乱”的整治，拆除违章建筑1565平方米，拆除违法设置广告牌40块，清理乱拉挂20处，清理乱停放30宗，劝导教育20宗。开展除“四害”工作，控制和减少病媒生物传染病的发生，每月外环境喷杀约10万平方米，投放各类药物约1800公斤，清理积水2200多次，平均每天清扫垃圾在700桶（50吨）左右。

【街道管理】　2011年，金花街基本实现城市管理网格化、信息化和精细化。整合城管、出管、安监、劳监资源，形成执法、管理、服务“三位一体”“一支队伍”的社会服务管理体制。全街分成四大网格、12小网格，以按点、线、面分布合理安排好人员，实行16小时整治和24小时值班制度，将安监中队、劳监中队及出管中心全体人员整合在一起，分为4个网格，将原来三大块工作合并起来实行网格化城市管理，责任落实到每个网格和个人。街派出所视频监控引入城管工作，成立街监控指挥中心，对辖区内的主次干道、重点路段、市场周边以及“六乱”顽点、工地管理、社区卫生保洁等情况，在重点时段实施监控，利用集群网或街道信息发送平台调度有关人员迅速赶到现场进行整治，提高城管工作效率。“一队三中心”运作以来，先后有国务院办公厅、北京市、上海市、重庆市、海南省以及省内等80多个党政单位到金花街考察。

出租屋管理。全年累计登记出租屋5071间(套)，承租面积18.76万平方米；登记流动人口8385人；上门为近40个企业员工办理居住证1300多个；共办理房屋租赁登记备案1048宗，同比增长9%。

落实《2011年度荔湾区维护稳定及社会治安综合治理目标管理责任书》，全年未发生重大、恶性刑事与治安案件；未发生重大火灾、伤亡事故；未发生重大安全生产事故和重大群体性事件。2011年全街刑事立案148宗，其中抢劫立案下降12.5%，抢夺立案下降66.7%；治安案件受理517宗，同比下降5.0%。街道与辖内120个单位及12个社区签订维稳及综治工作目标管理责任书，与辖内公共娱乐场所、学校等119个重点单位签订禁毒责任书，与地区人员密集场所单位建立消防安全管理档案及签订单位火灾隐患自查整改承诺书。坚持领导定期接访制度，全年举办各类大接访、大走访活动7次（共10天），接访4批6人，走访2户6人，处理诉求6件。组织开展各类矛盾排查180次，排查出矛盾纠纷91宗，成功化解矛盾纠纷79宗，其中重大矛盾纠纷6宗；中心前台接访群众41批67人，受理并办结上级交办信访案件111宗，办结111宗，其中领导包案35宗，办结35宗，办结率100%；处理“8.31”市领导分类大接访重点信访案件、“8.11”区领导大接访重点信访件共12宗；累计处理劳资信访案件80宗，成功协助处理76宗，成功率95%；检查用人单位680户次，追发劳动者工资及经济补偿金36.5万元，维护劳动者的合法权益。全街共组织大型维稳及综治咨询和社区论坛活动10多次，出版宣传墙报120期，组织居民、学生1000多人次参观广州市禁毒教育馆，播放反邪教宣传片27场次，向辖内单位发放反邪教指示手册20多本。全年由社区帮教小组上门帮教或跟踪回访达160人次，帮教率100%，安置率92.6%。推进禁毒示范社区、平安社区创建活动，社区创建率达100%。消防安全。全年出动1200多人次集中清查各类出租屋5256间次；对辖内280多家消防隐患重点单位进行集中整治，对辖区850多家企业、宾馆、学校等单位进行例行检查，检查中共发现消防隐患25宗均及时得到消除；进行全面消防安全检查，全年共整改电气线路45家，安装漏电开关10家，为156家配备灭火器，更换可燃杂物85家，开设逃生口5个。

【社区服务】 2010年8月，金花街被确定为广州市家庭综合服务中心建设试点单位。街道将具有政府公益性服务的原社区服务中心、文化站、工疗站、老人院、计生服务所等机构整合到家庭综合服务中心，设置老年人、青年人、家庭、残疾人、义工培训等五个服务平台。通过购买高校和香港背景的启创、恩善等专业社工机构的服务，引入社会团体的志愿和义工服务，打造一系列专业化、规范化、人性化的服务项目，建立比较完善的社区综合服务体系。

2011年，全街管理退休人员1.01万人，其中社会化托管退休人员9143人，原街道企业单位退休人员近949人，特殊退休人员1324人（含孤寡300人），全年到户探访5229人次，开展各类活动208次，服务人次3079余人。开展小组活动31次，服务人次277余人，开展个案服务10例，个案辅导19节。

全年帮扶46户家庭脱贫，27人成功就业，100%完成区委、区政府提出的2011年度脱贫任务指标。向81名接受义务教育的学生发放伙食费3.02万元，免费发放校服320套；补贴14名在校大学生学费5.4万元，为33名品学兼优的学生发放奖学金5100元。100%困难人员享有居民医保服务。金花街和海龙街共同帮扶的从化吕中村列入广州市的试点，获得市第一阶段考评的第二名。全年为街辖内453户家庭922人办理社会救济，为75户家庭198人申请《广州市低收入困难家庭证》；7－12月向低保、低收入困难家庭发放临时物价补贴28.19万元；临时困难生活救助、重大节日慰问支出86.03万元；在居民群众重大疾病、慈善医疗、零星药费报销方面共支出27.77万元，保障人数达485人次。为117户低保、低收入家庭申请廉租房，其中79户领取入住通知书；为146户申请房屋租赁补贴，发放金额8万元；经适房公示302户，232户获准购证通知书。

2011年为545名失业人员提供多种就业服务，与321名失业人员签订就业推荐协议，成功推荐就业305人。与72家企业签订就业安置协议书，安置失业人员146人；共组织、参与现场宣传咨询12次、联合招聘活动3次，吸纳100多家单位提供就业岗位1800多个，收集、发布岗位信息2136条，1522人上岗。全年金花街登记失业人员5600人，就业3687人，就业率65.83%；推荐安置特困失业人员就业5人，就业率83.33%，基本消灭“零就业家庭”，新增社区就业资助310人。

2011年，全街人口和计生工作各项指标趋于正常，服务效率明显提升。全街已婚育龄妇女9352人，出生人口348人，出生率为6.54‰，人口自然增长率为－2.24‰，政策生育率98%；全街流动人口4596人，已婚育龄妇女876人，出生人口40人，政策生育率92.5%；全街12个社区有9个社区实现无政策外生育。全年发动参加妇科普查1053人；为166对新婚夫妇办理免费婚检。全年依法征收社会抚养费183万元。免费办理《计划生育服务证》476本、《独生子女父母光荣证》159本，一孩生育登记238个、二孩生育登记36个，新增独生子女保健费43份、综合保险57份，其中保健费2.97万元、储蓄保险6670元，一次性奖励4600元等优待奖励已全部足额发放到位。依法审核独生子女父母退休一次性奖励13人、独生子女父母退休奖励456人；及时处理、办结158人次来信来访。

吸引大学生志愿者进驻社区中心、进驻各社区居委会，到社区老人院、长者家园结对子，通过大学生新鲜思路结合社区情况，为辖内居民群众提供各具特色志愿者服务。全年共开展活动16次，大学生志愿者累计参与200多人次，志愿服务时间累计超过500小时。

2011年4月16日，广州市副市长陈国视察金花街长者家园。

【党建与群团组织】 2011年，金花街着力加强领导班子建设、干部队伍、基层党组织、党员队伍自身建设，增强基层党组织和广大党员的服务意识、责任意识，激发立足基层、奉献社区的工作热情，推动创先争优活动深入开展。在市、区级内部刊物媒体发表创先争优经验材料30多篇，其中在《广州市深入开展创先争优活动简报》发表2篇，在《广州调研》发表1篇；金花党建学会和政研分会在荔湾区“纪念中国共产党成立90周年”征文活动中获三等奖、优秀奖各两名。街党工委被评为“荔湾区2011年度先进基层党组织”，还有5个基层党组织，4名优秀党员工作者，10名优秀共产党员受表彰。

街工会在所属辖区新组建独立工会组织2家，涵盖30家，超额完成区下达的指标任务。街工会指导基层工会推进职工代表大会和平等协商签订集体合同制度，全街共有816家企业通过平等协商签订工资专项集体合同，完成率达79%。慰问147名特困职工、低困职工、困难职工、残疾职工、孤寡退休职工和坚守工作岗位的外来务工人员，发出慰问金4.68万元，为234名职工办理两个互助保障计划的投保和续保手续。组织159名职工参加《职业病防治法》知识有奖竞赛，组织企业职工开展“人人奉献爱心，共建幸福家园”缴纳特殊工会会员费等系列活动。街团工委联合街相关部门，与辖内南海中学、第四中学、芦荻西小学等中小学校合作，开展4次法律宣传活动，向200多人次的学生讲解青少年法律常识、抵制“黄色”诱惑等相关知识；以志愿服务为抓手，积极参与创建国家文明城市工作，组织3000人次在辖内7个公交车站与交通路口开展倡导文明乘车与文明出行活动；“幸福广州·金花街社区志愿者服务站”试点顺利推进。街妇联促进“优秀家长学校”的建设与发展，精心谋划蟠虬社区家长学校的发展。启动“手拉手·献爱心·结对助学”帮扶活动，依托区“亚德客”助学助困资金，发动社区居委资助妇女儿童的生活学习等民生问题，共帮助27户困难家庭。

【街道文化】 街道先后成立了书画协会、诗社、合唱团、曲剧团、舞蹈队、时装模特队等业余文艺团队、协会10多支，组建起乒乓球、羽毛球、花毽、象棋等体育队伍，团队人数2000多人，每年活动100多场次，参加活动群众达4万多人次。着力关注团队发展，街道为团队提供排练场地、表演舞台、资金等支持。制定《金花街业余文体团队管理办法》，加强对业余群众文体团队的领导和组织协调。长期开设“电脑培训”、“青少年美术”、“交谊舞培训”、“花毽培训”等文体项目培训班，开展各类培训达1000多人次。

【武装工作】 街武装部落实党管武装，按照《广东省基层人民武装“四个基本建设”实施细则》的要求，完成了上级交给的各项任务，被评为先进基层武装部、国防教育先进单位、民兵训练先进单位以及优秀专武干部。完成了2011年征兵工作。民兵在执行急、难、险、重等任务发挥重要作用，全年共出动民兵执勤260人/次，转移受灾居民120人。

（高志慧）

西村街

【概况】 西村街道办事处驻协和路1号，街辖区设8个社区居委会。2011年底，辖内有居民户1.27万户，户籍人口4.21万人。

2011年，西村地区工业总产值近1.43亿元，与2010年同比减少8.1%；贸易业商品销售总额近66亿元，同比增长40.7%；社会消费品零售总额近5.08亿元，同比增长11.4%。辖区新增注册资金100万元以上企业15家，注册资金共2996万元，其中500万元以上企业3家，注册资金1500万元。

原广州水泥厂“财富天地广场”项目和原广州啤酒厂地块“OE元素”文化创意园项目均为2011年荔湾区重点建设项目。“财富天地广场”2011年完成投资额近17.64亿元，完成当年计划的105.8%，商住楼部分完成业主收楼并移交物业公司管理，中小学校与幼儿园移交区管理。文化创意园项目完成投资8200万元，完成当年计划的100%，园区规划整治建设，首批招商引资签约企业已超过20个。西湾路旧城改造安置房项目列入广州市保障房项目，该项目占地19.8万平方米，总投资16亿元，于2011年9月30日正式启动。原广州铸管厂地块占地7.1万平方米，总投资10亿元的“唐宁花园”项目进入全面建设阶段。

2011年11月2日，区委副书记、区长唐航浩到西湾路财富天地广场调研，并在岭南湾畔召开协调会。

【街区建设】 2011年对街辖内大岗元、长乐社区周边环境进行整治，修复路面，疏通化粪池与下水道，维修大楼外立面管线等；推进“创绿”工作，绿色社区覆盖率达80%；通过市星级卫生街道考核验收。完成长乐、广雅社区“创文”迎检环境整治工程，整修长乐社区66条楼道共2.84万平方米楼道墙面、楼道铁门与消防箱。

【街道管理】 2011年在重大节日、社区“两委”选举、“两会”、建党90周年、深圳“大运会”和“创文”迎国检期间，西村街共开展基层大接访3次，纠纷、矛盾全面大排查12次，参与人数达200余人。全年共处理各类信访300余件，办结率100%；立刑事案件123宗，破案69宗，其中“两抢”案件4宗，与2010年持平，入屋盗窃案件27宗。

开展消防安全大排查、大整治、大宣传、大培训和大练兵及“清剿火患”大行动，与辖内140个单位签订《2011年安全生产目标管理责任书》；全年共派发宣传资料单张5000多份，安全主任新考证10人，安全主任再教育82人，企业负责人新考证13人，企业负责人继续教育20人，11个单位开展消防应急疏散演练；组织开展安全生产检查整治行动78次，共出动整治人员2000多人次，检查危险化学品场所、建筑工地、厂房、幼儿园、学校、“三小”场所、出租屋和废品回收站等1030间，拆除住人“三合一”50处，整治消防通道不畅192处，消除有安全生产隐患的工业厂房、商铺、出租屋65间，对三无孤老人员免费配置灭火器材和烟感装置。全年，街辖内没有发生重大安全生产和消防安全责任事故。

落实出租屋管理责任，规范制度。2011年举办大型宣传咨询活动5次，印制、派发有关宣传资料1万多份，共登记出租屋总数4260套，流动人员7000人，完成“推居”任务3000张，为区下达任务的113%。共排查违反计生的流动人员200多人次，发现“房中房”1例。出租屋内没有发生重大事故和重大案件。发放流动人员亚运交通补贴18.4万元。

“一队三中心”建设。完成西村街“一队三中心”（综合执法队伍、社区管理中心、综治信访维稳中心、社区综合服务中心）的机构和人员整合，制定《西村街编外人员工资福利待遇暂行规定》等相关工作制度，统筹协调解决“一队三中心”办公场地等问题，以高标准、高要求建设“一队三中心”。

【社区服务】 2011年为辖内290户特困家庭申请最低生活保障金，全街每月发放最低生活保障金25万元；为30多户居民办理低收入困难家庭证，发放医疗救助金12万余元、慰问金4万元、慰问品400余份；为多名低保人员向广州市慈善医院申请重大疾病医疗救助；为518多户低收入住房困难家庭办理廉租房申请（大部分已入住金沙洲新社区）、为463户居民群众办理购买经济适用房的申请并完成上门初审与调查，其中335户已取得购买经济适用房的资格；为街辖内的70岁以上老人发放老人长寿保健金，为7000名60岁以上老人及时办理《老人优惠证》和《老人社保证》。开展“献爱心、送温暖”双拥活动，落实各项优抚政策，为部队送出慰问金3万余元；

以就业与再就业工作为重点，采取多项有效措施，促进辖内失业人员就业。全年共登记失业人员2384人，为1163人办理求职登记，2217人实现就业和再就业，其中社区公益性岗位安排229人就业，困难就业人员870人实现再就业。退休人员社会化服务。完善邻里“一对一”结对子帮扶与扶穷济困活动，全街有邻里“一对一”帮扶人员210人，互助小组帮扶人员120人，志愿者队伍60人，共上门探访2.15万多人次，电话探访7651人次，重大节日慰问1102人次，为18名特困退休人员申请困难救助2.75万元；

计划生育。全街常住人口4.14万人，出生250人，计划生育率98%；全街流动人口6148人，出生42人，计划生育率95.24%；人口计生统计质量、奖优政策全面落实，整体工作水平稳步提升，完成区下达给街道的计生任务。

【党建与群团组织】 2011年街内有党组织29个，党员1544人，培养入党积极分子8人，发展新党员5人。完成8个社区“两委”换届选举和荔湾区第十四届人大代表和区十一次党代会代表的选举工作。开展民主评议党员活动、纪念中国共产党成立90周系列活动，发动党员、干部、团员、妇女、外来工等积极参与创建全国文明城市工作。各基层党组织开展“创先争优”特色主题活动6项，完成党员设岗定责116人，建立党员责任区31个，设立党员先锋岗52个、示范服务窗口21个、示范岗56个。开展“关爱党员、凝聚合力，建设幸福荔湾”和“扶贫济困日”捐款活动，与社区困难党员结对帮扶，慰问特困党员18户、其他困难党员56人，245名党员参加“扶贫济困日”捐款活动，募得善款2.86万多元。

工、青、妇、侨、残等群团组织，加强队伍建设，注重工作落实，在职工、妇女儿童、青少年、归侨侨眷、残疾人中开展扶危助困、普法维权、就业培训等活动，各自招募志愿者参加社区互助和志愿服务，举行外来工、妇女和青少年趣味体育活动、残疾人士歌咏比赛、重阳节老人游园活动，在“创文”、创平安和谐社区、创星级卫生街道等活动中发挥了作用。2011年成立5个非公经济单位团支部，新组建非公企业工会25家、吸收会员1200人，女工特殊保护集体专项覆盖企业515家、涵盖职工4613人，工资集体协议总覆盖企业398家、涵盖职工2386人。全街有150多名一、二级重度残疾人享受城镇居民免费医保和免费乘车优惠，80多户残疾人家庭得到低保救济，120多名困难残疾人领取残疾人专项补助金，全年发放专项补助金13万多元。开展扶残助学工作，为34名贫困残疾学生、贫困残疾人子女学生申报2011年广州市扶残助学金。

【街道文化】 推进公共文化服务体系建设，开展群众文化活动。参与广州市第二届“共创文明城——万人同唱文明歌”群众歌咏巡演比赛、广州市侨联“辛亥百年祭、永远跟党走”文艺汇演比赛、荔湾区纪念建党90周年红歌会比赛、荔湾地区群众文艺汇演决赛、荔湾地区私伙局粤剧曲艺大赛等文艺活动成绩均位居前列。

在岭南湾畔公园建造2条新的体育健身路径。街文化站和社区文化室共开设免费公共文化服务项目15项，举办综合性大型文化活动4次、单项性文化活动及讲座、展览、惠民电影等28项（次）；举办文艺培训班、民间艺术培训班13期；编办文化走廊、宣传橱窗共20期；大力开展创、展、演活动，全年共创作音乐、诗画、舞蹈作品共26件，多件作品在参加市区举办的演出和比赛中获得奖项。开展庆祝建党90周年和创建全国文明城市“我们的节日”、文明出行月、诚信教育月等主题系列活动，联合珠江数码和市电影公司为在社区群众放映6场电影，为全街321户、746名低保、低收入家庭对象发放文化惠民卡。

非物质文化遗产和民间文化艺术资源的传承和保护。对具有历史价值的非物质文化遗产进行真实、系统、全面的记录并建立档案。搜集和整理龙舟说唱、粤曲私伙局、诗书画，以及始于明朝嘉庆五十年并流传至今的增埗曹主娘娘诞（农历五月二十三）民俗节庆活动，在蔡思谦公祠和黄冠章别墅内设立非物质文化遗产传习室。

（杨小华）

南源街

【概况】 南源街道办事处驻南岸路92号，街道设13个社区居民委员会。2011年底，辖内居民户2.03万户，户籍人口5.96万人。

2011年，南源街实施“转型升级、旧城改造、打造新圈、环境优化、文化支撑”五大战略，推进街辖内的装饰材料、文体用品、五金工具、冷冻食品等专业市场的升级改造，着重抓中信西关海房地产项目自由鸟市场第二期改造与招商，繁荣登云天下装饰材料市场，盘活西场电子大厦等重点项目。2011年地区工业总产值8.95亿，与2010年同比增长8.1%；贸易商品销售总额132.74亿，同比增长31.9%；社会消费品零售总额15.41亿，同比增长11.7%，全年完成税收区库9000万元。招商引资工作实现新突破，全年新引进注册资金500万元的企业5个、注册资金100万元以上企业9个。

【街区建设】 创建“六好”平安和谐社区，拆违复绿、修建文化休闲广场，营造宜居环境。2011年底，全街共有省级绿色社区2个、市级绿色社区3个、区级绿色社区5个，绿化区总面积约2500平方米。加强城区管理，针对东风西省冷铁路这个整治黑点，花大力气和资金在铁路周边张挂大型宣传喷画和种植树苗，收到良好效果。重点整治源溪市场，疏导流动商贩，使市场周围的流动商贩逐步减少，占道经营、乱摆卖现象得到有效遏制，卫生状况得到改善，群众投诉明显减少，市容环境卫生和市场经营秩序转好。

围绕广州发电厂废弃铁路的卫生、治安等问题，街道投入大量人力、物力，驱赶盲流与拾荒人员，拆除乱搭建窝棚，清运垃圾余泥，铲除杂草，平整土地，修建围墙，进行围蔽管理，修整横穿铁路的道路，杜绝以往存在的脏、乱、差现象。

【街道管理】 全街13个社区均建立以专区民警为龙头，专职和义务治安队员为主体的群防群治队伍，开展流动人口、出租屋、机动车、重点场所的综合治理和完善治安管理制度，实行联户防、联片防。2011年，全街立刑事案件198宗，其中入屋盗窃案59宗，盗窃机动车案为1宗，“双抢”案24宗。多次组织清查出租屋，提高出租屋和流动人员纳管率，完善出租屋和流动人员信息系统，及时更新信息。全街登记在册出租屋3706栋，流动人员8864人，新办居住证2769人。

开展“三小”场所、出租屋、高层建筑消防安全隐患整治，全年共出动1.2万多人次，派发宣传资料2142份，检查单位554间，整治隐患19次。建立全街415名独居老人“一户一档”台账资料，拨出3.5万元经费分批购置便携式消防灭火器、手电筒，派发到每位独居老人家中。

整治“六乱”及占道经营。坚持建管并重，围绕创建全国文明城市工作重点，全年共整治“六乱”1925宗，其中教育限改1609宗；整治乱拉挂、乱张贴宗数39宗，教育不按垃圾分类行为55宗。整治“两违”，坚持早发现、早处理，把违法建设尽可能地控制在萌芽状态。受理群众信访投诉188宗，受理率100%。

推进“一队伍三中心”建设，全年投入经费100多万元，在南岸路92号装修1000平方米场地建设街政务服务中心；重新装修南岸路马塘坊23号1500平方米场地，作为街综治信访维稳中心和街综合执法队办公场所，设置群众办事窗口和完善其他对外办公硬件建设；在南岸大街62号新设办公场所用作街家庭综合服务中心，投入40万元对该场所进行装修，开展家庭、老年人、青少年、义工培训等服务。

【社区服务】 2011年，全街向低保困难人员发放救济金约150多万元，为困难人员报销基本医疗费8.5万元；安置就业3964人；为困难人员家庭办理廉租房申请77份、年审122份，房租补贴确认书245份。年内全街有24户低保、低收入家庭实现脱贫，20名有劳动能力且有就业愿望的人员实现再就业。

为135对夫妇办理独生子女父母光荣证，发放独生子女一次性奖励27人，发放独生子女保健费9927元，办理独生子女综合保险173宗，发放储蓄险3.8万多元。为45人发放独生子女保健费1.46万元，办理独生子女综合险173宗。全街常住人口出生490人，计划生育率97.9%，流动人口出生76人，计划生育率92.11%。

【党建】 街党工委按照“党员身份亮出来，党员品牌树起来”的要求，在全街党员中开展“党群心声站”、“党员责任区”、“党员服务岗”、“民情日记”等活动，促使全街党员立足本职岗位争先进、当模范。在“创文”工作中，各社区

2011年1月27日下午，区长唐航浩到南源街慰问特困退休人员。

党总支组成“党员小分队”，“党员义工”亮出党员身份巡逻在大街小巷，及时纠正和清理“六乱”，全街有1300多名党员参与，街机关党员参与率100%。开展“创建学习型党组织，争当学习型党员”活动，提高基层党组织和党员队伍管理水平工作能力。全街选送纪念建党90周年征文38篇，其中获区三等奖一篇，优秀奖二篇。开展关爱党员志愿服务活动。七一期间慰问帮扶困难党员91人，并对68名困难党员、重点帮扶党员进行帮扶慰问，区委组织部、区老干局、区文化广电局等部门还对南源街23名党员进行结对帮扶，慰问帮扶金额达5.86万元。开展纪念中国共产党成立90周年系列纪念活动和召开表彰大会，并观看电影《建党伟业》；举行“红歌颂党恩，启航新征程”红歌比赛，全街18个基层党组织选送20个节目参加比赛；举办“唱红歌颂赞90周年，感党恩给力幸福荔湾”——纪念中国共产党成立90周年暨童心向党红歌会，在社区营造唱红歌、忆传统、爱党爱国爱南源的浓郁喜庆氛围。开展党员志愿服务。发动社区党员清理花坛积水、解决下水道坑渠堵塞问题，帮扶社区困难党员群众等，促进社区和谐稳定。

【街道文化】 提高市民群众对公共文明建设的知晓率，街道在南岸路两旁建筑物设置大型“创文”宣传喷画。强化社区居民“建文明社区、创文明家庭、做文明市民”意识。举行“迎春书画展暨即席挥毫活动”、“喜迎亚运盛会，共创文明社区”书画作品联展、“儿童书画作品展”等活动。2011年，荔湾区第八届“南源杯”少儿围棋、国际象棋擂台赛在南源街文化站举行，来自荔湾区广雅小学、西关实验小学等6所学校的90多名学生参加擂台赛。举办“微笑南源·社区文明行为大家谈”社区论坛、“书香校园、书香家庭”读书专题活动，促进南源地区的文化发展。在荔湾地区群众文艺汇演决赛中，南源街选送的小组唱《美丽的土地》获全区二等奖及优秀组织奖。

深化“棋香飘万家”社区教育特色活动，2011年先后举办两届“南源街青少年国际象棋家庭擂台赛”，有近200名学生参赛。开展“书香南源”活动，举办“三个一”——星火相传活动和征文比赛，倡导青少年学生读一本有关革命历史和建党故事等方面的好书；看一部好电影（推荐《建党伟业》）；唱一首自己受教育感染较深的红歌，并举办以“童心向党，星火相传”为主题的征文比赛，让青少年抒发热情，吐露心声，讴歌时代。组织1000多名青少年参与“家门口夏令营”活动，通过每周免费放映电影、到军营体验生活、参观南越王博馆、少儿书画培训和曲艺兴趣班等活动，寓教于乐，确保青少年度过一个健康愉快的暑假。在全街13个社区开展“家庭美德和家庭教育”社区论坛活动13场次。

（梁胜强）

逢源街

【概况】 逢源街位于荔湾区中部，街道办事处驻华贵路华贵横街25号。辖内居民户2.09万户，户籍人口6.01万人，其中60岁以上的老人1.3万多人，约占总人口21.6%，孤寡、特困人士等弱势群体约2000多人，约占总人口的3.3%。

2011年完成国税区库1359万元，比2010年同比增长20%，完成地税区库5587万元，同比增长9%；代征“两费一税”1076万元，同比递增45%，其中出租屋综合税达1069万元。

2011年工业总产值2250万元，同比下降16%，贸易业商品销售总额266.87亿元，同比增长16.1%，社会消费品零售总额31.3亿元，同比增9.4%。2011年，街辖内注册资金100万元以上企业9家，其中1500万元的2家，3000万元的1家。

【街区建设】 2011年，街辖内发生水浸18次，严重影响居民群众的日常生活。街道提前防患，落实24小时值班制度，做好现场救灾和善后工作。对10幢大楼的梯灯线路进行检测和维护，更换新信报箱2300个，维修翻新宣传栏53个，对150多处破损内街巷进行修补硬化，更换48条破损管道进行；确保街巷路面无坑洼积水。组织居民集资20万元，清疏改造9个化粪池。落实泮溪停车场项目的拆迁动迁工作，完成全部1.5万平方米私房动迁。对主次干道、胜业工地、龙津花园和中山八路临时停车场的环境卫生进行整治，清理社区卫生死角30多处，清理无主余泥23吨，改善了社区的环境卫生。对文昌雅居、祥日苑流动商贩临摆点实行固定时间固定地点专人规范管理，无序经营问题得以初步解决。执法队全年共立案409宗，结案399宗，结案率97.6%，拆除违章建筑8宗，面积256平方米。

【街道管理】 2011年共受理行政和人民调解案件87宗，办结率100%。开展“解难案、创平安、迎大运”专项活动，排查出5宗信访疑难案件，成立专门工作小组，落实领导包案，解决群众合理诉求。在重点时间、重点路段、重点部位开展公开巡逻和阵地伏击，立足抓现行破案，严厉打击违法犯罪分子。逢源地区全年刑事发案133宗，同比下降10.1%。开展安全生产巡检，全年共检查生产经营单位1128家次，发出责令整改指令书16份，排查各类事故隐患1321条，整改率100%。开展消防安全清查整治行动205次，清查出租屋1.3万多套次，“三小”场所1200多家次，整治有消防隐患的出租屋968套，发出限期整改通知书1344份。投入10万元全面改造耀华社区辖内的消防设施，全年未发生较大安全生产事故。推进严损房危破房督修，全年督修2007年在册严损房129幢，2008年在册危房10幢，100%完成任务。

【社区服务】 2011年逢源街发放低保金近240万元、低保实物救助票7200多张、物价补贴20多万元。为270人次发放医疗救助金近12万元，发放慈善医疗记账单200多张。推进住房保障工作。受理和审核廉租房申请家庭100多户，受理、审核经适房申请270多户。开展敬老助困慈善服务，对辖内42位孤老开展居家养老服务，为150多名独居长者提供连心线呼援服务，为6900多名70岁以上老人发放长寿保健金240万元，街慈善会向辖内孤老、困难家庭发放认养、助养金约7.4万元，为困难群众发放医疗援助金2万多元。春节和中秋节期间举行大型慈善活动，发放慈善物资10多万元。

2011年，全街7762名下岗失业人员就业率76%，高校毕业生就业率81.2%，9名特困失业人员全部就业；创建10个充分就业社区，创建率71%；全年81人参加创业培训，39人成功创业；为391户低保低收入困难家庭举办就业培训，49户成功就业，超额完成区下达的失业人员培训任务；职业介绍成功587人，成功率78.3%；为8名失业人员创业提供小额贷款。强化对1万多名退休人员的社会化管理，为辖区553名从事家政、保安等公益性岗位的群众办理资助性社保，为3697名社区群众办理居民医保。

拓展家庭综合服务。利用香港资深督导、本土专业社工人才队伍等优势为各类人群提供适合的社区服务，全年开展长者、青少年、残疾人士、家庭等服务个案141个、916节；小组50个，349节；社区活动415节，共有近2万人次接受家庭综合服务，全市率先开办的日间托老项目已成为逢源街社区服务的响亮品牌，深受社区家庭喜欢。街道家庭综合服务中心试点承接广州市就业服务中心的困难群体就业辅导服务，为“4050”人员、单亲、特困、低保家庭失业人员等提供招聘信息、技能培训、职业规划等专业服务，令142名困难人士重回工作岗位。在市民政局的工作评估中，街道家庭综合服务中心获得优秀等级。

落实“双到”扶贫工作。对口帮扶的从化市吕田镇东联村“种植辣椒”扶贫项目顺利实施，2011年全村共种植辣椒40亩；拨付7.8万元对贫困户进行生产帮扶；拨付1.5万元对18户贫困户35名在读学生进行助学帮扶。落实区特困群体帮扶实施方案，45户脱贫，实现就业49人，超额完成2011年的脱贫任务。

【党建与群团组织】 2011年，街党工委认真抓基层党组织建设，完成社区“两委”和直属党组织的换届选举；创新基层组织设置，统筹建立楼宇党支部、楼层党支部、楼院党支部，选好配强党支部负责人；推进党代表工作室建设，强化党代表与基层党员群众的沟通联系，搭建起党代表听民声、传民意、解民忧的新平台。推进创先争优活动。开展“党员奉献日”、“党员民心连心日志”、“党内关爱满逢源”和创建党建示范社区等创先争优活动；加强干部队伍建设，健全廉政建设各项制度，开通逢源党建网站，推进党建工作网络化，打造网上传播党建政策理论与服务广大党员的平台，提高党建工作信息化水平。开展建党90周年系列庆祝活动，把创先争优活动融入广大党员的日常工作生活中。

（连广洲）

多宝街

【概况】 多宝街道办事处驻丛桂路190号。街道共设12个社区居委会，全街共有1.4万户居民，户籍人口3.93万人。辖内拥有丰富的历史人文资源，文化底蕴深厚，有清代探花李文田旧居“泰华楼”、詹天佑故居、粤剧界“銮舆堂”、“八和会馆”和有百年历史的基督教堂。

2011年，辖区国地税收入总计约1.06亿元，与2010年同比增长约2%。

2011年贸易业商品销售总额224.81亿元，比2010年增长21.8%，社会消费品零售总额76.67亿元，比2010年增长9.2%。

位于丛桂路190号的多宝街道办事处

【街区建设】 多宝街党工委、办事处把发展地区经济作为首要任务，把恩宁路地块、荔枝湾三期工程、广州南站项目、西城都荟、黄沙水产品市场升级改造等工程作为推动地区经济转型升级的重要抓手。严格落实安全生产责任制，开展安全生产大整治，为企业服务。高效优质完成荔枝湾三期至宝西段动迁工作。到2011年底，荔枝湾三期至宝西段签意向书45户，占任务数的85.5%；签正式协议34户，占任务数的65.3%；交屋26户，其中6户局部拆除，恩宁路旧城改造项目余下的22户“钉子户”中有1户签订了搬迁协议。

【街道管理】 2011年，街道办事处对“一队三中心”办公场地和街80名编外人员进行重新调整，整合资源，加强软硬件建设，提高街道管理服务水平。以莲塘社区的社会管理为试点，将新逢源轩配套用房及原莲塘社区居委会用房，建成300平方米社区老年康复中心、200平方米少儿托管服务中心及100平方米禁毒工作站，打造“一社区一特色”。

【社区服务】 街道履行“惠民66条”措施，多渠道、多形式促进再就业，开展社会救济、社会化退休人员和老年人服务、居民医保办理、残疾人、双拥优抚、慈善与计生管理等服务，提高社会公共服务水平。2011年共办理失业登记3452人次，其中新办证2198人；累计发放救济金307.5万多元；完成63户特困家庭廉租房申请登记，廉租住房保障资格年审171份；为80名80岁以上老人免费安装平安通；为12名老人提供居家服务；月发放长寿金额近21万元，为696名老年人办理老年人优待证；完成全街231名残疾人建立健康档案，为105名残疾人发放重残金补助近200万元，为46名残疾人子女办理扶残助学金203万元；办理独生子女父母光荣证105人；2011年，街道计划生育率98.17%。

按照“扶贫双到”工作要求抓扶贫助困工作。联系区6个职能部门，发挥各自在帮扶工作中的优势，并发动辖内企业献爱心，充实帮扶资金，形成“五个一关爱箱”特色作法（建立一份健康档案，开展一次爱心捐款，招募一批爱心助理，提供一个就业机会，组织一次“爱心一日游”），省组工网刊发了这一经验。全年使55户家庭的脱贫，69名困难群众实现再就业，完成率分别为区下达帮扶任务的110%和115%。通过为

60 岁以上贫困户缴纳社会养老保险、对贫困学生进行助学帮扶、发动企业单位对贫困户的农产品（如砂糖橘、蜂蜜等）进行收购等帮扶方式，帮助从化市吕田镇五和村 18 户 69 人达到脱贫标准，2011 年 10 月，在广州市“规划到户，责任到人”扶贫开发阶段性考评工作中，取得广州市第五、荔湾区第二的较好成绩，受到中共广州市委与市政府的通报表扬。

【党建与群团组织】　街党工委依托街基层党校、党建联席会议等平台把社区、企业、学校、驻街单位等联合起来，完善“区—街—社区”三级党员志愿者服务网络。加大对恒宝物业公司党支部等“两新”党组织建设的帮促；结合街道“政务服务中心”建设，将外来人口管理和流动党员管理有机结合起来。依托街道党员服务中心和社区党员服务站，积极探索运用街道社区党建 QQ 群等平台，开展网络组织生活，对流动党员进行管理教育。同时，以党建带工建、带团建、带妇建，推动群团组织健康发展，完成工会换届选举，产生新一届工会委员会；完成团组织格局创新工作，产生新一届团工委班子，新组建非公团支部 7 个，机关团支部获得“广东省五四红旗团支部标兵”、“广州市先进团支部”等荣誉称号；街妇联为 32 户困难家庭学生申请 2011 年“亚德客”助学助困基金；为 6 名特困单亲母亲申请并发放“亚德客”助困基金，为 6 户困难家庭学生申请林凤娥助学金。

【街道文化】　多宝街具有典型的西关文化特色，是粤剧之乡，辖内有恩宁路骑楼、粤剧八和会馆、詹天佑故居、李小龙祖居、銮舆堂、泰华楼等西关特色建筑，原广州市市长黎子流担任会长的粤剧基金会就设在多宝路的宝庆园。2011 年街道定期举办由老党员、文化名人、青年企业家、志愿者等参与的文化发展论坛，为地区文化发展建言谋策；组织先进文化宣讲团，到社区进行宣讲，各社区将文化发展作为中心工作之一，配合街道做好宣讲工作；街道党工委与办事处支持辖内銮舆堂、黄沙曲剧团、多宝小红豆粤剧培训班、琳荷艺苑、彩星曲艺沙龙等粤剧私伙局开展粤剧创作活动，为繁荣粤剧私伙局提供良好的发展平台。

（陈宝玲　谢海龙）

龙津街

【概况】　龙津街位于荔湾区东北部，2011 年总人口 6.5 万多人，其中常住户 1.67 万户，户籍人口 4.65 万多人，流动人口 1.7 万多人。

街辖区设 11 个社区居民委员会。街内历史遗迹较丰富，拥有西门瓮城遗址、浮丘石等历史遗迹及都堂、驿巷、高基古道、洞神坊等古街旧巷，有较深的文化底蕴。

2011 年，街道新增企业 82 家，工业总产值 9148 万元，比 2010 年下降 20.1%；实现贸易业商品销售总额约 206.07 亿元，与 2010 年同比增长 17.6%；实现社会消费品零售总额约 15.03 亿，同比增长 19.1%；实现国、地税入库留区额达 3 亿元，同比增长超过 43%。同年共引进注册资金 100 万元以上项目 21 个，引进注册资金 500 万元以上项目 6 个，总注册资本超过 1.8 亿元。

【街区建设】　2011 年，街道利用街辖区地域资源，发展龙津地区“三路”，即康王路、中山七路、人民中路的现代商业和服务业，打造新光城市广场、富邦中心、和业广场、美国银行中心等商业亮点，吸纳规模商业机构和销售总部、名牌名店进驻经营。做好康王中路与中山七路新开发项目的招商引资工作，做大做强现代商贸服务业。抓住区委、区政府关于打造康王路总部经济带的契机，抓住地处经济带核心的区位优势，依托美国银行中心、和业广场两栋甲级写字楼和富邦中心，以及龙锦大厦、抽纱大厦、旭日大厦等写字楼宇，实行全方位招商，着力引进企业总部或区域总部进驻，确立发展总部经济的核心思路，全力打造康王总部经济之心。

对社区、市场等重点区域周边开展环境整治，拆除乱张贴、广告牌，清理卫生死角和雨篷垃圾，清疏排水管道，修补破损路面，粉刷外墙。先后对人民中社区、锦龙社区、三元坊社区、中山七路、人民路、康王路、长寿市场周边等重点及黑点地带进行较彻底地整治，全年开展清洁大行动12次、清理乱张贴6万张、清理卫生死角400处、清擦乱涂写3000多处，补绿护绿5200株。

做好广州市“创文”建设中两个集贸市场重点备检点之一的紫来市场的迎检工作，龙津街对其重新铺设台阶和路面，安装扶手梯，重新灰刷700平方米外墙，油漆周边5个破旧商铺卷闸门，并及时协调解决市场整治工程中出现的问题，使紫来市场顺利通过9月份“创文”国检。

【街道管理】　2011年印制派发消防安全宣传资料3.5万多份。探访全街379名独居老人家庭，逐一整改电气线路，清理可燃杂物，建立消防安全长效工作机制，每月定期开展专项整治，全年共整治“二合一”、“三合一”场所与出租屋70家（间）。全年发现、制止违建30多起，立案处理16宗，并对当事人进行宣传教育，拆除违建面积334平方米，把违法建设行为遏止在萌芽状态。加大爱国卫生行动力度。全年共清理卫生死角400多处，清理垃圾杂物170垃圾车，每月平均2次对辖区所有公共场所和特殊行业喷洒除“四害”药物，共喷洒除“四害”药物3000公斤，投放鼠谷100公斤，6次烟薰全街2900多个沙井和260多条下水道，改造防蚊设施110多宗。加大危房改造工作力度。全年共改造120间，100%完成区域内3年危房改造任务，全年未发现房屋倒塌伤人事件发生。做好文物保护管理工作。完善西门瓮城历史资料收集，提升美化遗址周边环境，设置文物管理办公室，制订完善西门古城广场管理、园林维护、开放利用等多项管理制度，将西门瓮城及周边打造成龙津街城市管理及文物保护的亮点。

【社区服务】　2011年投入资金高标准建设1100多平方米的新政务服务大厅和“一队三中心”办公、服务场所，政务服务大厅设有咨询引导区、等候休息区、办事流程公示区、超大屏幕LED显示区，实现中心名称和标志、服务事项、审批标准、服务规范、信息系统、监督评价“六统一”。政务服务大厅每个办事窗口均设置服务评价器，方便市民监督和提出意见、建议；制订相关管理制度，规范着装要求，加强业务培训，提高窗口工作人员的综合素质，树立“文明、公正、热情、便民”的窗口形象。通过优化服务流程、拓宽服务内容，实现失业登记、计生办证等政务工作前台接单、后台办理的“一站式”服务；以政务服务大厅为主要窗口，将管理和服务业务延伸至社区，将“请进来”和“走出去”相结合，既提供高效的一站式窗口服务，又提供预约上门主动服务，尽力满足市民群众和企业商户对政务工作不同层次、不同情况的服务需求。

2011年度，全街新登记失业人员6528人，实现再就业4765人，就业率72.99%，共接到劳资纠纷投诉68宗，成功调处63宗。

全年救济户共435户，保障人口835人；低收入户82户，保障人口219人，每月发放救济金约33万元，保障人数与2010年同比下降6%，保障金额提高10%。

2011年共办理教育帮扶105份，各项医疗帮扶业务1267人次，住房申请155宗，就业帮扶75人次。共发放各类慰问金11.76万元，各类慰问品1115份。实现脱贫57户，完成年度目标的104%；实现就业66人，完成年度目标的110%。

2011年，户籍人口出生287人，出生率6.08‰，自增长率－3.66‰，创“两无”社区居委会8个，完成计划生育率97.91%。流动人口出生36人，计划生育率91.67%。全年免费查环查孕4518人次、妇科病普查普治810人次。

开展专项帮扶慰问活动。在2012年春节前夕，街道在和业广场举行龙津地区新春慈善日活动，争取龙津工商联地区协会成员和热心企业的大力支持和慷慨捐助，筹集善款近5万元，用于现场慰问龙津地区低保低收入困难家庭和困难党员共350户。开展慈善专柜义卖活动。与澳之星超市联合开展帮扶特困义卖活动，在超市一楼设立慈善专柜，该专柜每售出一件商品，将捐出1元用于街道特困群体帮扶工作。

“双到”工作任务落实。在对口扶贫点从化市吕田镇草埔村进行实地考察的基础上，制订“一户一方案”的工作计划，针对每家每户情况，有针对性制订不同的扶贫方案，集中力量帮助几户率先脱贫，形成示范效应，确保扶贫开发工作早见成效。鼓励和发动社会力量以及个人自愿捐资，帮助草埔村贫困家庭就学子女完成学业。利用“六一”、“七一”、中秋等节日深入农户开展走访慰问，鼓励贫困户增强信心，努力劳动致富脱贫。

【党建与群团组织】 2011 年，龙津街完成社区换届选举，选举产生新一届社区党总支领导班子，收到较好效果，使原来一部分年龄偏大、学历偏低的干部顺利转岗或换岗；实现干部年轻化和高学历化，一批年富力强的干部逐步成长，增强队伍活力；一部分男干部担任社区领导，初步实现社区领导干部男女比例相对平衡。做好新旧班子交接，并加大换届后班子成员和专职党务副书记的培训力度，着力打造高素质的社区党务工作者队伍。重点抓“两新”组织、社区专干及生产工作一线的党员发展工作。2011 年共办理预备党员转正 10 人，新吸收预备党员 2 人，确定入党发展对象 2 人。继续发挥龙津地区党建学会以及党建联席会议在建设和谐新龙津中所起的协调、统筹作用，实现资源共享，促进地区的环境改造、社区创建和慈善事业等各方面发展。

发挥党员活动中心、党员之家和党员干部现代远程教育终端接收站点作用，对党员管理采取灵活多样的教育管理模式，定期汇报社区各时期的工作动态和特点、召开座谈会、举办健康讲座、参加文体活动等，丰富党组织学习生活内容。积极为困难党员排忧解难，全年共慰问 80 名因患重病、年老体弱和下岗失业等各种原因造成家庭生活困难的党员，做好日常的关爱帮扶工作，主动联系街辖区内企业为下岗失业党员提供再就业机会。每月召开一次社区专职党务副书记例会制度，建立了党建工作信息交流平台，每月由党建指导员把各社区上报的信息收集整理编辑后反馈给各社区，促进交流提高。探索发挥党代表作用，在街党员服务活动中心设立党代表工作室，建立党代表接待日和接待党员群众制度，开展党代表联系党员、党员联系群众，密切党代表与党员群众的联系。

2011 年 9 月 16 日，龙津街党工委代表大会选举出席区第十一次党代会代表在办事处三楼会议室召开。

街工会认真做好未建工会企业摸查工作，2011 年组建广州泰亿工会联合基层工会与独立餐饮工会各 1 个，涵盖单位工会 28 个，发展工会会员 1350 人。依托党建带团建，充分发挥团建助理作用，大力探索“两新”组织的团建新模式，按照成熟一个发展一个的原则新建非公有制企业团组织 13 个；工会和共青团组织联合举办 2 次地区人才供需见面会，吸引中国平安人寿保险公司、恒大集团等 80 多家企事业单位到场招聘人才，为辖内大中专、职校毕业生和地区待业人员创造了更多的就业机会。及时开展社区妇代会的换届工作，推选出新一批综合素质好、工作能力强、热心妇女工作的优秀女干部任社区妇代会主任；利用“三八”妇女维权周、“6.26”禁毒日等，开展《妇女权益保障法》与《未成年人保护法》等法律法规宣传活动 5 场次，接受法律咨询 40 多人次；为低保入低收入家庭的在读子女申请亚德客助困助学基金，全街共有 39 名特困学生获得亚德客助学基金资助。

【街道文化】 2011 年，龙津街举办“共创文明城—万人同唱文明歌”暨“爱国歌曲大家唱”群众歌咏比赛、龙津书画作品交流会、2011 年和谐盛世澳之星与龙津地区元宵联谊会等活动，在社区广场开展放映电影 5 场，活跃居民群众业余文化生活。组织开展以“我运动、我健康、我快乐”为主题的社区文体活动，组队参加荔湾区

"游泳之乡"水上花会活动并获得优胜奖。组队参加广州市"市长杯"百姓系列和谐赛乒乓球比赛，成年组、老年组均获得团体第二名。举办青少年"羊城之夏"暑期培训班，开设象棋、乒乓球、演讲等项活动。2011 年街道文化站被评为广州市"羊城之夏"暑期系列活动先进集体，荣获荔湾区纪念中国共产党成立 90 周年红歌会二等奖。

（龙津街道办事处）

昌华街

【概况】 昌华街道办事处驻恩宁路昌华大街 5 号，设 7 个社区居委会。2011 年底，全街居民常住户 1.09 万户，户籍人口 3.2 万人。街辖内大部分地域为昔日的荔枝湾地带，是广州西关旧城区所在地。今昌华街地域为广佛都市圈的交通枢纽中心，辖内珠江大桥和珠江隧道为广州西部重要出入口。

2011 年，昌华街工业总产值 616 万元，与 2010 年同比增长 11.4%；贸易业商品销售总额 79.27 亿多元，同比增长 57.4%；社会消费品零售总额 12.65 亿元，同比增长 16.2%。引入注册资金超 1 亿元，其中，新注册 6000 万元、2000 万元、1000 万元各 1 家，增资 1000 万元 1 家。

【街区建设】 2011 年，昌华街结合三旧改造不断加大招商引资的力度，强化企业服务意识，开展机关人员帮扶企业活动，制定《昌华街机关人员帮扶企业实施方案》，协调企业升级发展。街道党工委、办事处高度重视创建全国文明城市工作，多次召开专题会议作出部署。严格按照《全国文明城市测评体系》和《荔湾区做好 2011 年全国文明城市迎评工作方案》，制定《昌华街做好 2011 年全国文明城市迎评工作实施方案》，对文明指数测评实地考察、入户调查和资料整理工作认真部署，街领导定点在各社区、主次干道一线指挥，强化责任，做到层层抓落实。

【街道管理】 2011 年，昌华街推进街道管理和服务体制改革创新。落实"一队三中心"建设，设立街政务服务中心、街家庭服务中心、街综治信访维稳中心，实现定员、定岗、定职责。通过把街道现有编外人员根据其原聘用的工作岗位，结合工作能力、工作绩效、个人特长等实际情况分别归并到"一支队伍、三个中心"中的相应机构和岗位，实现统一聘用、统一管理、统一待遇，提高编外人员的工作积极性和工作效率。扩大政府购买服务项目。在原来购买"乐翔服务社"为养老服务取得成效的基础上，积极申请购买社区青少年服务、残疾人服务，丰富社区服务内容，拓展社区服务领域。狠抓辖区的综合整治，提升城市管理水平和服务能力。着力解决群众反映的热点难点问题，会同公安、工商、质检、食品监督等部门，组织多次专项行动，重点对荔枝湾涌、中山八路、泮塘新市场、批发市场等地段实施专项治理，有效整治"六乱"和占道经营等违法违规行为。

【社区服务】 2011 年，昌华街按照省、市、区关于社区建设和社区"两委"换届选举工作的指示精神，党的领导与充分发扬民主统一，坚持公开、公平、公正的原则完成换届选举工作。7 个社区全部实现书记兼主任，新一届两委会成员中，平均年龄 41.8 岁，大专以上文化程度的有 35 人，占总数的 66%。其中，在新班子成员中，年龄最小的 22 岁，有党员 34 人，占总数的 64.2%。

2011 年，昌华街通过扶贫使 35 户特困户达到年人均收入 8000 元的目标，22 个有劳动能力且有就业意向的人员就业，完成困难群体就业培训 443 人次。2011 年，对本街道 293 户低保家庭 640 人发放生活救济金 301 万多元；发放临时医疗救助金额近 9.17 万元；重大疾病医疗救助 41 人次、4.81 万元；发放老人长寿保健金 4084 人，211.5 万多元；服务独居老人 21 人、"三无"人员 14 人、高龄老人 75 人，服务金额近 15.17 万元；定期对老人上门服务，电话询问，为他们解决实际困难。成功办理购买经济适用房户 171 户，审批廉租房户 37 户。为 143 名符合条件的残疾人申请重残金 21.6 万多元。扶残助学及其他资助 6.8 万多元，建设了新的康园工疗站。2011 年，全街登记失业人员3687人，就业2655人，就业率达72%；特困人员就业率100%；全街7个社区成为“充分就业社区”，全街失业人员再就业培训率达60%以上，5人获小额担保贷款，接收社会化退休人员4218人，办理年审4218人。

流动人员服务。对辖区居住的流动人员和外国人做到100%登记管理，按规定要求办理居住证。采取多种形式，联合服务机构和用人单位开展流动人员的就业技能培训，联系用人单位，协助并指导流动人员就业。设立流动人员之家。向流动人员和用工单位宣传有关法律规章。街道劳监察中队深入用人单位，检查监察单位用工情况，维护流动人员的合法权益。落实“积分入户”政策，广泛宣传，主动服务，做到公开、公正、公平。

探索流动人口计生出管联动新机制，完善计生考核制度，人口计生执行情况良好。户籍人口计划生育率98.08%，流动人口计划生育率93.33%，人口自然增长率-1.46‰，完成了区下达的人口计划任务。积极开展“人口和计划生育基层群众自治村（居）示范活动”，昌华苑社区获得首批国家级的“人口和计划生育基层群众自治示范村居”称号。

【党建】 2011年，昌华街的党建工作立足新起点，把握新趋势，建立新机制，增创新优势。建设西关大屋党建示范社区，设置电子阅览室、图书室、党员远程教育室、党代表室等，并逐步完善相关制度。按照省、市、区社区“两委”换届选举工作的文件要求，周密计划，精心组织，完成街内七个社区党总支的换届选举工作和9个党代表和12个人大代表的推荐选举任务。结合庆祝建党90周年，组队参加区举行的“唱红歌颂赞90周年，感党恩给力幸福荔湾”红歌会；举办首届“社区邻里文化节”活动，年中还在荔枝湾涌举办“守望相助邻里情，和谐包容共分享”为主题的文化节活动。开展“关爱党员、凝聚合力，建设幸福荔湾”系列活动。开展关爱困难党员捐款活动，通过街内党内扶助预留金和捐款等不同形式，帮助流动困难党员和群众度难关、摆困境，树信心。开展“关爱进社区入家庭”志愿服务活动，推动关爱工作全覆盖，促进社会的和谐稳定，形成我帮人人，人人帮我的氛围。开展关爱党员走访慰问活动，给困难党员送去了党和政府的温暖。开展“学党史、彰党性、强能力”系列活动，不断增强党员的党性修养。发挥党建的龙头作用，全力以赴创建文明城市。加强班子建设和干部队伍建设。坚持努力培养“学习型、干事型、创业型和开拓型”的干部。整合队伍资源，提高干部队伍素质，提升工作效率。抓好党风廉政建设。组织党员领导干部学习贯彻反腐倡廉、干部选拔任用等有关条例规章等，营造风清气正的良好用人和工作氛围。

【街道文化】 昌华街群众文化工作以创建文明城市工作和“迎接亚运会，创造新生活”为契机，坚持贴近实际、贴近生活、贴近群众，创新思路，整合资源，培育亮点，凸显西关文化，推进社区文化建设和辖内荔枝湾涌项目建设，年内组织综合性大型文体活动5次、举办社区文体活动13次。文化站大楼每天坚持为群众开放，以省一级站标准严格要求为居民服务。辖内荔湾湖公园广场、仁威庙广场和荔枝湾涌文化活动场地建设日益完善，西关大屋社区起示范带头作用，各文化室开展“文体进社区”工作不断深入，有力促进了社区文化发展。

（昌华街道办事处）

岭南街

【概况】 岭南街位于广州市荔湾区东南部，岭南街道办事处驻杉木栏路99号，岭南街分设10个社区居民委员会。2011年底，全街常住户1.42万户，户籍人口3.97万人。

2011年，岭南街实施“十三行商圈”品牌战略，推进经济发展方式转变，促进经济社会又好又快发展。全年实现工业总产值2.69亿元，与2010年同比增长12.4%；社会消费品零售总额16.77亿元，同比增长11.3%，贸易业商品销售总额153.57亿元，同比增长48%；地区税收总额（留区库）6000万元，其中国税1036万元，地税4964万元。代征税业户每月约4200户，全年代征税款入库2066万元，入库金额比2010年同期增加96万元，同比增长5%，征收房产综合税约1906万元，同比增加37%。加大招商引资力度，引入4家投资额500万元以上的企业，为地区经济发展增添新税源。积极配合区有关部门推进地区产业结构转型升级，服装、电子通讯、药材三大市场群硬件不断完善，管理不断加强，部分市场正在由传统的现货贸易向展贸型、电子商务转变，产业转型升级步伐加快。

位于杉木栏路99号的岭南街道办事处

【街区建设】　2011年，岭南街围绕创建全国文明城市和打造星级卫生街区，加快城区综合环境整治，加快推进垃圾分类，促卫生保洁工作上新台阶。街道与岭南派出所、交警、交通、城管、工商等执法部门建立“六乱”整治联合值勤制度，缓解困扰多时的人民南路和十三行路的无证占道经营问题。结合荔湾区上下九周边整治工作，在全街范围内开展城市环境、出租屋管理、消防整治大排查大整治。

【街道管理】　岭南街按照区“一队三中心”改革和“一街道一品牌、一社区一特色”战略，推进家庭综合服务中心建设，打造新型示范社区。2011年加强人口公共服务体系建设，推进幸福家庭促进计划，打造具有岭南中医药特色的“岭南幸福家园”。落实加强流动人口服务管理“一盘棋”、深化利益导向机制建设和队伍职业化建设等基础工作。为群众提供优质的计生服务，岭南街道办事处被广州市委市政府评为“广州市2011年度人口与计划生育目标管理责任制考核先进街”。推进行政审批制度改革，改造街政务服务中心办事大厅，提供快捷便民服务。

【社区服务】　岭南街推进特困群体帮扶工作，2011年，街及辖内各单位募集慈善基金、党内关爱帮扶基金、扶贫资金等约100多万元解决街内困难群众、困难党员的生产生活。经过帮扶，街内446户低保户14人实现再就业，49户家庭脱贫；坚持以民生为重，把提升城区居民的幸福指数作为工作的出发点和落脚点，拓宽就业途径，提高失业人员劳动技能。深化居家安老服务，促进社会和谐，全年发放低保金约256.3万元，发放实物救助券共1.16万多份，受理双特困户廉租房新申请77户，150人次的在读学生得到资助，37名孤老得到救助，130名残疾人员得到关爱。

【党建】　2011年，街党工委以“关爱党员，凝聚合力，建设幸福岭南”、“建设幸福街道，奏响和谐旋律”等活动为载体，推进“创先争优促发展”主题实践活动，为建设幸福岭南凝心聚力。创新党员教育载体，充分发挥“周末16点学堂”的平台作用，建设学习型党组织。通过开展党员志愿服务、创建党建示范社区和党员示范楼院等活动，社区党员带头深入群众、反映社情民意、加强社区管理、发展社区文化、化解矛盾纠纷，建设“六好”平安和谐社区。构建以党工委为核心，社区党总支为基础、驻区单位党组织和全体党员共同参与的区域化党建格局。加强非公经济

2011年7月8日，岭南地区纪念建党90周年文艺汇演在文化公园举办。

组织党建工作，发挥专业市场党总支、非公有制经济企业党支部的作用，推进非公经济领域党的工作全覆盖。加强党代表工作室建设，开展“双联双促”活动，打造党群、干群沟通的连心桥。

【街道文化】 以创建“全国民族民间艺术之乡”为契机，以“特色岭南”为主题，通过倡导传统文化，丰富传统文化的内涵，推动岭南街传统文化的发展，丰富社区居民群众文娱生活，开展书画、集邮、粤曲、武术醒狮表演等群众性文化活动。2011 年举办了岭南地区书画协会成立 25 周年书画展，编辑《古老西关、今日岭南》与《岭南街书画协会成立二十五周年书画作品集》。举办“迎五一，羊城纪念章展览”活动。同年在社区共开展“粤曲名段周周唱”粤曲活动 50 场，吸引社区 2500 多人次粤剧爱好者参加。

2011 年共发放公共文明调查问卷和入户宣传品 1 万多份，使居民群众了解支持“创文”工作，努力提高文明素质，公共文明指数明显提高。

（黄思沄）

华林街

【概况】 华林街位于荔湾区繁华的商业路段，街道办事处驻长寿西路 72 号 2 楼。2011 年底，全街设 14 个社区居委会，常住户 1.77 万户，户籍人口约 4.86 万人，外来人口 2 万多人。

街辖内有上下九商业步行街、华林玉器街等传统商业街，2011 年，全街贸易业商品销售总额 148.17 亿多元，与 2010 年同比增长 44%，社会消费品零售总额 38.93 亿多元，同比增长 9.9%，实现工业生产总值 2 亿元，同比增长 6.8%。

【街区建设】 2011 年由区城管局牵头，对街辖内的严重影响居民群众生活的内街巷路面与水浸街进行综合整治，共有 13 个社区（除荔广社区外）分两批进行整治：第一批有 7 个社区，投入经费约 300 万元，第二批有 6 个社区，投入经费约 260 万元。通过综合整治，水浸街与行路难的问题得到明显的改善。自 2009 年启动以来，截至 2011 年共投入经费约 2000 万元，全面完成地区整饰工程，为荔湾区擦亮了一张明片，得到市、区主要领导的充分肯定。

【街道管理】 资源整合，建立“三中心”办公场地。华林街于 2011 年投入 60 多万元，将位于兴贤坊 34 号的原兴贤坊小学旧址改建为“一队三中心”综合办公场地。街道还计划在兴贤坊 18 号建家庭服务中心，经整合后的“一队三中心”工作场地将达 2100 多平方米，为群众办证、办事提供良好的服务环境。

全面梳理、整合各类编外人员，实现整体效能提高、个人效率提高、工作质量提高、人员素质提高和福利待遇提高。做到严格招聘录用，严格教育培训，严格考核奖惩。

华林街初步形成以慈善超市、慈善会和党员帮扶基金为依托的慈善帮扶，以邻舍中心和康园工疗站为依托的家庭互助，以街道志愿者工作站为依托的志愿服务，以社区卫生中心为依托的医疗卫生服务，以街道文化站为依托的文娱康体、就业支持等六大服务项目。

【社区服务】 2011 年，华林街共有低保户 356 户，651 人受保障。每月按时足额发放救济金。为低保户、低收入户发放临时物价补贴 3 次，共 1329 户，补贴金额 38 万元；帮助困难人员解决部分生活困难。同年共为困难家庭申请临时救助 30 人次，近 3.56 万元，为困难家庭申请重大疾病医疗救助 33 人次，近 4.57 万元，为困难家庭申请慈善医疗救助 9 人次，8.13 万多元。华林锦全慈善超市从 2010 年 10 月建成至 2011 年底已向华林街困难群体发放慈善购物券 9 万多元。同年为符合条件的中小学生申请荔湾区特困学生伙食补贴共 58 户，2.3 万元；荔湾区发放低保、低收入特困学生奖学金 10 户，1900 元；帮助在读的大二至大四的荔湾区 17 户低保、低收入特困大学生申请学费补贴，共计 6.7 万元。住房保障工作。2011 年，华林街共有申请廉租住房保障的对象 148 户（人），为其中符合条件的 50 户低收入困难家庭填写了廉租住房分配资格审核和意向登记表。全年共受理经济适用房申请 252 户。2011 年底，华林街参加居家养老服务的共有36人，其中29名老人享受政府全额购买的居家养老服务，其余7名老人享受补贴服务，2011年上半年为全街40位独居老人安装烟感器，还为全街80岁以上的独居老人免费安装平安通。

发展慈善事业，推进特困群体帮扶工作。1－10月，共募集慈善捐助32万余元，支付各类捐款、帮扶困难家庭、群众款项35万余元。大力实施再就业工程，1－11月，举行岗位技能培训3场，现场招聘会3场，安置从事26种公益性岗位的失业人员979人。

2011年底，华林街常住人口4.97万多人，出生284人，出生率为5.72‰，计生率为97.89%，人口自然增长率－4‰，流动人口已婚育龄妇女人数1694人，流动人口出生77人、计划生育率91.14%。街道人口文化中心于2010年12月获得国家人口计生委授予的“全国计划生育优质服务乡级示范站”称号。

【党群】 2011年，华林街党工委有直属党委2个（1个民营企业党委和1个社区党委），党总支13个，党支部83个，在册党员1913人。

推进社区党委换届选举工作，社区党组织换届选举平均参选率达84%，（其中直选的湛露社区参选率达86%）。健全述职述廉制度，把述廉制度扩展到社区党委、党支部书记，并把测评结果作为用人和奖惩的重要依据。对特别优秀的社区党务工作者，依照相关法规，推荐参与公务员选拔。发挥党建指导员的作用，特别是做好企业党建工作的指导、协调工作，提高企业党务干部的素质，解决企业党务干部想干不会干的问题。建立健全挂点联系制度，即街党工委委员挂点一个基层党组织；基层党组织书记挂点一个“两新”组织；机关党员干部挂点一户困难党员家庭；支部联系业主；书记联系党员；党员联系骨干；骨干联系群众制度，加强基层党组织建设。2011年，全街共发展党员16人，其中社区专职工作人员8人，直属基层企（事）业单位6人，民营企业2人，另培养入党积极分子18人。选举产生10名出席荔湾区第十一次党代会代表。以抓队伍建设为保障。将建设学习型党组织作为加强党员队伍建设的有利契机，通过完善学习机制、突出学习主体、构建互动学习模式，增强党员干部创业的实际本领。健全和完善基层党组织活动制度和“三会一课”制度，成立由辖内非公企业35岁以下党员组成的华林街青年信息化特色学习小组，推出政策宣传、行政管理、医疗保健、法律援助、致富创业、文化艺术六大学习培训项目。举办了“创先争优华林大讲堂之关爱老人专题讲座”、“创先争优，服务社群，卫生服务进社区”大型公益性义诊活动和“创先争优，学习一等功臣李穗生烈士”等系列活动。

发挥“华林街党员帮扶基金”的作用，2011年服务、慰问党员396人/次，金额13.6万元。发展华林地区党员志愿者队伍，2011年底队伍成员达200余人，涉及机关、社区、辖内企业单位等各行各业。通过先后开展“党员奉献日”、“社区卫生红十字服务日”、“华林党员义工服务活动日”等一系列志愿服务活动。全街14个社区共设立党员服务日志33册，覆盖党员1200多人。

依靠群众，搭建互信互助平台。坚持谋特色，求实效，完善“民情直通车”社区党员议事会组织模式，广泛搜集群众建议意见，切实为民排忧解难。健全社区党风廉政监察站运作机制，加强党员干部八小时以外的监督管理。加快推进街道、社区党务公开，拓宽居民群众参政议政的渠道，完善监督投诉工作机制。认真吸纳群众合理意见，切实整改群众反映的热点问题，坚决查处行政不作为和乱作为、损害群众利益的突出问题。以地区党建联席会议为平台，强化联席会议制度和活动机制，发动驻地单位参与地区党建活动。形成“街道党工委—地区党建联席会议—民营企业党委—社区党组织—驻地单位党组织”齐抓共管、良性互动的大党建格局。在创先争优活动中，街民营企业党委充分发挥统一指挥、统筹协调方面的作用，努力培育企业文化、协调劳资关系、优化营商环境。

（赖明晖）

沙面街

【概况】　沙面街位于珠江白鹅潭畔北侧，沙面街设两个社区居委会。2011年，常住户1441户，户籍人口4843人。岛内中央、省、市机关团体和企事业单位约有20家，外国领事、商务机构3家，各种星级酒店、旅业5家，饮食业15家，大型休闲活动场所5处。

2011年工业总产值3.38亿，比2010年下降48.7%；贸易业商品销售总额34.17亿元，同比增长31.4%，社会消费品零售总额8.33亿元，同比增长44.6%。

2011年，沙面街辖区内新进驻大型企业2家，其中白天鹅物业管理有限公司注册资金1000万元，德泰亚广文化投资中心注册资金2200万元，另法资企业索格利环保咨询有限公司于3月注资59万欧元（人民币换算约500万元）。

位于沙面大街8号的沙面街道办事处

【街区建设】　2011年初，沙面街在一星级卫生街道的基础上申报"二星级"卫生街道。街党工委、办事处对星级卫生街道创建工作非常重视，成立街党政领导任组长的沙面街创建星级卫生街道领导小组及其办公室，街城管科、派出所、城管综合执法中队、环卫站、消毒站、公园、文化站、社区居委会等部门相互配合，按照具体的分工，实行专人负责，使创建工作做到忙而不乱，有序进行。当年，沙面街通过市检查考核，成为荔湾区首个二星级卫生街道。

根据区城管局《关于印发荔湾区全面推广垃圾分类处理工作方案的通知》精神，2011年制定了《沙面街开展垃圾分类工作方案》，并按方案开展沙面岛的垃圾分类活动。通过宣传，增强街辖内居民的垃圾分类意识，街内居民和单位对垃圾分类的知晓率达到了90%，试点工作进展顺利，取得良好的效果，通过市的达标验收。

全年参加上级机关组织的各项安保执勤3次、节假日备勤7次，计130人次。协助区民防办检查地下空间及排水防洪设施3次。落实新组建的鹅潭、翠洲两个民兵营和一个女子民兵排的相关工作。街道连续6年都为部队输送了高质量的兵员，连续5年被区武装部评为"征兵工作先进单位"。

【街道管理】　根据街道体制改革要求，沙面街进一步完善社区公共服务体系建设。深化街道管理和服务体制改革，加强社区服务管理，促进社区建设升级转型，整合社区综合公共服务项目，优化窗口综合服务；理顺街道、社区服务管理体制。按照"科学配置、一职多能、竞争择优、待遇保障"的原则，管理、服务、执法"三位一体"的工作要求，着力做好街道"三中心一队伍"的建设工作；健全社区党组织领导的基层群众自治制度，强化社区居委会的自治功能，完善社区居委会组织体系；做好创建街道"一街一品牌，一社区一特色"的工作。以培育志愿者队伍和广谱运用为核心，着力打造沙面社区志愿服务特色。

【社区服务】　沙面街劳动保障中心和社区劳动保障工作站，2011年登记失业人员389人，实现就业207人，就业率达78.15%；"4050"失业人员119人，实现就业102人，就业率85.71%；全街无特困人员和零就业家庭，登记失业的高校毕业生当年底就业率保持在91%以上。辖区失业人员再就业培训率达61.02%，职业培训后再就业率为66.67%，完成区下达的再就业培训、创业培训、跨省农民工培训以及社区培训任务。2010年10月至2011年9月，全街常住人口5164人，其中育龄妇女899人，占总人口的17.4%，当年出生29人（12男17女），出生率5.57‰，计划生育率100%。8人领取《独生子女父母光荣证》，死亡29人，死亡率5.57‰。自然增长人数0人，自然增长率0‰。沙面街现流动人口有已婚育龄妇女64人，已婚育龄夫妇计划生育率94.92%。在全员系统入库管理工作中，与出租屋管理中心密切联系，每周通报一次新增人员名单，确保流动人口信息及时入库，有效提高各项服务管理工作。在流动人口系统运作工作中，共反馈6.15万条信息。

【党建】 街党工委落实区委、区政府关于沙面文化休闲步行区及沙面展览馆、沙面古树名木展览厅建设的部署，街领导带领机关党员干部，深入基层社区加大宣传与调研力度，做好分期稳步推进工作。开展地区流动人员服务管理月活动，探讨“以证管人，以房管人，以服务凝聚人”的发展思路，加强对外来务工人员的服务管理，为沙面作为涉外区域的综治维稳提供保障。根据市、区落实《沙面历史文化区历史文化保护区保护规划》，在沙面岛及周边地带进行交通调试和举办“沙面西餐文化节”的工作部署。在党员的带动下，全街有关人员，放弃节假日休息，从4月27日起至5月3日，每天早上从7时30分至晚上21时，按时段和岗位进行巡逻、守点，配合做好交通疏导和文明宣传、确保交通调试有序进行和“五一节”、“沙面西餐文化节”开幕式及其全过程的欢乐祥和。街机关第一党支部和第二党支部党员分别深入联系点沙面街鹅潭社区和翠洲社区，与社区党总支部共同研究指导社区党总支、居委会换届选举和区党代表、人大代表的选举工作，及时帮助解决选举工作中出现的问题，使有关的选举工作按程序稳妥进行，圆满完成。

【街道文化】 2011年，街道推动群众文体工作上新台阶。“五一”和圣诞期间连续举办沙面文化休闲步行区“欧陆风情沙面汇”系列活动，受到广大市民的欢迎。加大对公共文体设施投入，筹建沙面展览馆，并于4月免费对外开放，各地游客前来参观，为沙面地区的群众文化带来新的景象。免费开放沙面公共文化设施，包括沙面街文化站主楼、沙面健身园、沙面儿童游乐园、和曦展馆和社区文化室等。

街文化站开展群众文体活动。组织25人参加荔湾区国民体质监测，其中优秀2人，占总人数的8%，良好6人，占总人数的24%，合格17人，占总人数68%。15人参加区全民健身活动日启动仪式暨“游泳之乡”水上花会活动，获得组织奖。组织翠洲社区健身队参加市妇联、市体育局妇女健身队评比活动获得广州市巾帼文明健身队称号，并代表荔湾妇联参加全国妇联健身项目培训。开展“我们的节日”春节、元宵系列活动。发动沙面街社区居民群众和青少年学生近百人开展网上祭英烈活动；在沙面武警新兵结束训练后组织沙面社区志愿者开展沙面街迎新兵联欢会；联合沙面街社区志愿者开展“军民鱼水情、共唱和谐曲”拥军联欢会。结合建党90周年和“六一”儿童节在沙面辖内开展沙面街庆祝建党90周年暨公益文化春风行文艺演出；在文化站开展沙面街“童心向党”——歌咏会；发动沙面辖内单位代表与社区困难家庭代表共200人在沙面文化广场开展沙面街和谐社区居民“六一”亲子联谊游园会。7—8月开展沙面街羊城之夏青少年系列活动，组织环卫工人子女4人参加恒生银行组织的体验大自然一日游活动；开展“书香沙面”——沙面街全民阅读系列活动、青少年水上花会、青少年民间剪纸培训班等。

（樊晓璐）

站前街

【概况】 站前街位于荔湾区东北部，街道办事处驻流花路中展里72号。街道设6个社区居民委员会。2011年底，全街有居民户8919户，户籍人口2.9万人。

加快经济发展转型升级，提升区域经济实力。展贸鞋业品牌，打造国际影响力。组织12家鞋城市场抱团参加在广州琶洲展馆举行的第二十一届广州国际鞋类、皮革制成品展览会，并设立“广州市荔湾区站西鞋城专区”。招商引资，注入地区经济活力。全年引入500万元注册资金企业2家：好邦国际货运代理有限公司和兴华国际饰品城；注册资金1000万元企业1家：金生和盛投资有限公司，增资资金1000万元企业1家：威妮

位于流花路中展里72号的站前街道办事处

华有限公司；注册资金5000万元企业1家：广业建材产业集团有限公司。按照“展示展贸、电子商务、物流外置、环境友好”现代市场发展思路，全面推进荔湾区重点项目——广州世贸服装城建设，全年完成投资约10亿元。申报“广东鞋业国际采购中心”，促推站西鞋城产业园区转型升级，该申报项目已通过省专家组答辩，并列入广东省国际采购中心培育对象。加快站前路服装饰品市场集群建设，站前国际小商品城于5月开业经营、兴华（国际）饰品城正在招商。引进总部经济，协调推进省建工集团、省建筑设计研究院办公楼的规划报建，积极构建流花路建筑产业总部经济区。2011年，站前街税收入区库首次突破亿元大关，完成税收总额（区库）1.5亿元（国税3088万元，地税近1.25亿元），全街工业总产值217.68亿元，同比增长30.5%；批发和零售业商品销售总额217.68亿元，同比增长30.5%；社会消费品零销总额56.99亿元，同比增长17.4%。

【街区建设】 巩固“创文”、“创星”成果，优化星级卫生街道。加大环卫保洁经费投入、延长保洁时间和水平，重点加强流动人员居住集中区域和市场商贸旺地的卫生保洁工作，稳步推进垃圾分类回收，“创文”期间共清理余泥垃圾30多吨、清疏排污沟渠1200多米、清理化粪池5个。修复黑山九街14号对面发生倾斜的围墙和西村首约、三约大街坑洼不平的路面。拆除违法建设9宗、面积474平方米。注重提升、改善城区环境和卫生质量，优化宜居宜商环境。

【街道管理】 整合街道执法队伍，建立街道管理综合执法队。街道管理综合执法队的主体由编内人员组成，实行条块结合、以块为主的管理体制，日常工作由街道办事处指挥、调度和考核，重大综合执法活动原则上由区城管执法分局根据工作需要统一指挥调动。对原有各职能部门派驻街道的编外人员，根据工作需要和完成任务情况核定人员数量，整合后的队伍统一称为“城市管理辅助队”。

规范街道管理功能，建立街道社区管理中心。科学整合服务资源，将原来街道出租屋管理服务中心、社区服务中心（劳动和社会保障服务中心）、人口和计划生育服务所的对外窗口进行整合，设立街道社区管理中心，作为街道行政管理事务办理平台。通过整合失业登记、推荐就业、社会救助、计划生育、退休人员管理、流动人口管理、出租屋租赁管理、“两费一税”征收等方面的便民式服务，优化街道社区服务管理，不断完善和推进各项政务公开制度，提供“一站式”政务服务。

建立街道社区综合服务中心。通过推行政府购买服务等模式，将所有社区服务项目整合到社区综合服务中心，扩大群众受惠面，实现社区服务专业化、社会化。采取政府购买方式委托社会组织承办具体服务项目，建立和引入专业社会工作者制度及队伍，为社区各层次的居民提供全方位的公共服务。

建立街道综治信访维稳中心。将原来综治办、司法所、信访办、劳监中队等功能进行整合，负责社区综治、维稳、信访等工作，落实社会治安联合防控、矛盾纠纷联合调解、重点工作联勤联动、突出问题联合治理、基层平安联合创建、流动人口联合管理服务的“六联”工作机制。强化社区基础作用，推动管理关口前移，发动社区居民力量，建立健全社区监测、预警、报告、处置机制。

【社区服务】　夯实社区基础建设，在西站社区大力开展“六好”平安和谐社区创建工作；狠抓基干管理和培养，公招6名大专以上学历人员充实社区专职人员队伍。2011年发放救济金105.32万多元、慰问金和慰问品折款共15.07万多元、基本医疗救助金近10.17万元、救助金2.32万多元，帮助9名患重大疾病低保人员申请医疗救助金近4.23万元；办理老年人社保卡462个、发放长寿保健金947人；建立实施困难家庭“三好”学生奖学金计划，街慈善会资助低保、低收入、困难边缘家庭学生90人约5.4万元；为居民群众申办入住廉租房55户126人，领取住房租赁补贴158户369人，领取经适房准购证345户；百分百完成5名退伍兵安置工作任务，做好站西鞋城拥军优属服务小组“爱心献功臣”资助金发放工作，为入伍后因病致残的退伍兵魏某办理列入重点优抚对象和享受社会医保的有关手续。办理残疾人项补助20人、优惠乘车证148人，申请市扶残助学经费资助32人、精神病免费门诊15人；2011年，全街累计登记失业人员2560人、实现再就业1844人、就业率73.03%，零就业家庭就业率100%，失业人员再就业培训率76%，办理居民医保人1969，办理企业劳动年审405户，流动人员就业备案1212人，妥善调处劳资纠纷26宗、信访案件16宗、涉及金额约15.261万元，为劳动者追回资金约7.5万多元，慰问探访社会化退休人员930多人次、上门访视近1.21万人次。2011年常住人口出生人数198人、出生率6.79%、计划生育率97.99%、自然增长率-1.23%，流动人口出生人数49人、计划生育率91.67%。

【党建与群团组织】　街党工委以党建为龙头，引领各项事业不断前进。创新社区党建工作体系、载体、机制、方式，充分发挥党组织在经济建设、文明和谐社区建设中的领导核心作用。通过深化“集合党旗下，党建再升级——构建站前党建‘3G’服务网络”，在服务群众上下工夫。发挥工、青、妇、侨等群团组织密切联系党和政府的桥梁、纽带作用。工会贯彻“组织起来、切实维权”的工作方针，通过维权助困、慰问帮扶、动员参保，组织活动等方式，大力营造和谐稳定的劳动关系；团工委以“服从大局，服务社会，教育青年”为工作主线，切实加强团的思想建设和组织建设，将团工委各项工作全面向前推进；妇联围绕中心、服务大局，不断加强基础建设，将开展“学文明礼仪、创和谐家庭、展巾帼风采”活动，寓于创建全国文明城市工作之中；侨联“以侨为本”和“以人为本”，增强能力建设，主动为归侨侨眷办实事、做好事，开展送温暖、献爱心活动。

实施“关爱连心锁——站前街幸福互联计划”，抓好街领导班子“两手牵”帮扶工作。对辖内社区8名困难患病党员，进行重大节日慰问并每月发放困难补助金合计138万元；对从化市吕田镇水埔村36户双低户108人，采取“就近就业、推广种养殖、购买社会保险、捐资助学和修建基础设施”等多种方式进行帮扶，投入帮扶经费15.83万元，帮助有劳动能力的17户双低户年人均收入达到5000元标准。

【街道文化】　开展社区群众精神文明创建活动，推进社会公德、职业道德、家庭美德、个人品德建设，全面提升社区居民现代文明素质和社会责任意识。先后举办“站前街贺新年亲子联欢活动”、“红红火火过大年”新春联欢活动、“情满站前，和谐人口，创建幸福新生活——社区元宵灯谜会”、站前街庆“六一”幸福共享亲子活动日、“幸福站前粽有爱——六一广场文化秀暨‘四进社区’创文明广州市公益文艺春风行活动”、站前地区侨界诗歌书信征文比赛暨展示活动、“爱在身边，孝传天下——站前地区十大孝星”评选活动等群众文化广场活动，共同构建平安和谐幸福社区。

挖掘社区文化特色，打造社区特色服务品牌。在侨苑社区建立“侨房服务之家”，打造为侨服务新亮点，结合推进“一社区一特色”创建活动，站前街以为侨服务为抓手，以居民需求为导向，打造“为侨服务”为特色的社区品牌，投入10多万元资金筹建具有东南亚风情装饰的“侨房服务之家”，丰富社区服务内容，拓展社区服务领域。

（黄文政）

彩虹街

【概况】 彩虹街位于荔湾区中部，常住户1.39万户，户籍人口4.08万人，流动人口1.5万多人，下设11个社区居委会和西郊经济发展公司（经济联社）。辖内有区环保局等50多个机关单位；有广州设计港、广州市电车公司等产业园和重点企业。2011年，彩虹街围绕区委提出以“四区六化”为发展定位，以提高地区经济综合实力为核心，以提高城市管理和服务水平为重点，推进社会各项事业稳步发展。

2011年经济指标：完成税收（区库）约7153万元，与2010年同比增长18%；完成工业总产值10.0亿元，同比增长9.1%；完成贸易业商品销售总额119.9亿元，同比增长42.8%；社会消费品零售总额10.7亿元，同比增长11.9%。

位于中山八路周门街25号（周门南路27号）的彩虹街办事处

【街区建设】 2011年，彩虹街在2010年迎亚运大力改善社区环境的基础上配合推进旧城社区更新改造项目，以群众关注的环境卫生、市容秩序、环境保护等方面的68个热点问题，推进市容环境综合整治。开展群众性爱国卫生运动，开展健康教育，倡导健康文明的生活方式，增强市民卫生意识，做好病媒生物防制工作，做好46幢（4406平方米）严损房的督修改造工作，及时处理辖内“三防”中出现的危情，预防次生灾害的发生。狠抓“六乱”、环境、工地、网吧、公共设施、治安、文明交通的整治和管理。全力以赴做好“创文”迎“国检”工作，做好城市公共文明指数测评档案资料整理和入户调查等项工作。

围绕荔湾区现代化商贸文化旅游区建设的“四大战略”，依托中山八路、荔湾路的商业优势，发展总部经济和写字楼经济，做好经济服务和招商引资工作，带动沿线的经济开发，营造具有现代西关特色的商贸区域，形成彩虹地区特色的良好经济环境。强化服务意识，通过挖掘潜力及时掌握地区经济发展资源信息，协助动感小西关、何济公综合楼及西郊公司物业等重点企业盘活场地，加大招商引资力度。引进注册资金500万元的外资企业，引进广州超威日化贸易有限公司等税收大户。位于街辖内的广州设计港的总部发展区——荔湾区科工贸园、设计示范区——广州设计港彩虹座和金鼎座吸引众多企业进驻，创意产业基地已初步形成创意产业集聚基地群，产生品牌效应。荔湾路的“动感小西关”综合园区几年来不断发展完善，为城市居民提供商务、餐饮、体育休闲等一条龙服务。

【街道管理】 以“六好”平安和谐社区为龙头，推进和谐社会建设。发挥园中园这个“广东省文明社区”和广州市文明社区示范点的引导作用，按照社区建设的总体要求以点带面大力推进和谐社会建设，加快公共文化社区体育设施建设，打造家庭综合服务中心和荔景社区特色品牌，指导西园社区创建省级“六好”平安社区。2011年全街11个社区有10个被广东省评为“六好”平安社区。其中荔溪社区被推荐参评广州市文明社区示范点，园中园社区被推荐参评“全国文明社区”。

按照“依法行政、制度落实、推行政务公开、服务态度、服务质量、办事效率、落实社会服务承诺”等方面内容，整饰社区服务中心大堂办证环境，在社区服务中心和出管中心等“窗口”单位升级改造政务公开栏、增设意见箱、来电来访记录簿，发挥群众服务评议点击器、监控摄像机等硬件的设施作用，强化“窗口”单位工作人员的效能监督，提升社区服务质量。

做好依法执政、依法行政、普法宣传、综合治理和基层民主政治建设，提高行政机关工作人员的法律素质和依法行政水平，为建设“法治荔湾、法治彩虹”创造良好的法治环境。组织人大代表围绕加快地区经济、社会发展、依法治区、构建和谐社会等人民群众普遍关心的热点问题，开展形式多样的视察活动，推动社区各项建设。依法依规完成。2011 年彩虹街经济联社领导班子和社区“两委”换届选举，实现班子成员交叉任职。

落实应急管理责任制，做到应急管理办事机构健全，应急工作有体系、有指挥、有预案、有计划、有制度、有保障；应急工作做到有值班、有评估、有排查、有整改。应急管理的健全，在 2011 年“三防”工作中发挥了重要作用。

“一队伍三中心”建设，在原社区服务中心和综治信访维稳中心的基础上逐步建设街道政务服务中心、家庭综合服务中心和综治信访维稳中心，彩虹街“一队伍三中心”建设正在边整合边运作之中。

狠抓监管责任落实，督促指导辖内企业和经济联社成立安全生产工作领导机构，明确工作职责。2011 年深入生产经营单位、建筑工地和社区检查安全生产工作 20 家次，先后排查整治辖内危险化学品经营单位 27 家，重点组织对辖区人员密集场所和“三小”场所、出租屋、消防安全重点整治单位的消防安全隐患进行“地毯式”排查。

2011 年完成安全标准化建设企业 2 家，加强 27 家企业安全生产档案管理，实现“一企一档”管理，完成安全主任培训。完善街道、社区、企业三级联动机制，建立安全生产定期检查制，建立企业自查、社区居委巡查“三小”场所、街安监中队巡查生产经营单位的工作模式。严格安全生产行政处罚，全年发出责令限期整改指令书 17 份，整改复查意见书 17 份，报请区安监大队行政处罚 2 宗。

加强司法、信访、劳监、城市管理、出租屋管理、工商等部门的协调和联动，2011 年解决了多宗社会不稳定事件。在全国、省、市、区“两会”和重大节日期间开展“基层大接访”活动，按照“一案一策”的要求落实领导包案制度，开展社会不稳定因素的排查及重点人员稳控，及时发现问题，及时介入，控制事态，掌握情况，积极跟进，主动参与调处。2011 年信访接访 225 宗，办结率 99.6%。2011 年，全街入屋盗窃比 2010 年下降 4.7%，治安案件受理下降 21.8%，群众安全感不断提高。

【社区服务】 坚持关爱服务，加强居家养老。2011 年，彩虹街为 25 户困难家庭脱贫，办理低保 199 户，发放救济金 158 万元；办理经济适用房申请83 户，为654 名老人办理老人证，为4168 名 70 岁以上老人发放 156 万元长寿金；建立残疾人康复档案 812 份；继续做好党恩新社区 500 多户经济适用房居民入住后的服务管理。

开展帮扶工作，对辖内 30 户困难党员和 24 户低收入家庭、15 户边缘困难家庭实施分类帮扶。对口扶贫工作，与龙津街一起派驻干部到从化市吕田镇草埔村，制订“规划到户，责任到人”的“双到”帮扶计划。确立扩大发展养殖业和拓展种植业工作方案，以“集体 + 公司 + 贫困户形式”打造土特产品加工场，成立救助基金，加大富余劳动力培训及转移，努力实现无劳动能力的贫困户人均年收入达到指标。

全面完成市、区下达的计划生育任务。完善利益导向及奖励机制，完成 1454 例独女子女父母家庭奖励的审核，为 1680 人办理独生子女相关保险，为 67 户独生子女伤残或死亡家庭申请特别扶助金，并对特困育龄进行帮扶。加强优质服务及宣教阵地建设，开展“彩虹幸福之旅”活动，通过与辖内电车公司等企业合作创建特色婚育文化。2011 年，全街计划生育率 98.18%，出生率 6.33‰，自然增长率 -0.18‰。

建立社区充分就业社区工作站，引导“4050”人员、“特困”失业人员、“零就业家庭”、新成长的失业人员参加区就业培训中心举办的职业技能培训。举办2011年《凝聚爱，就业服务暖珠江——再就业援助月》与《春风行动2011促进外来务工人员就业现场招聘会》等多场就业岗位现场招聘会，建立起9个社区充分就业社区工作站，通过建站构建就业信息资源社区化，及时提供就业岗位信息。对“特困失业人员”开辟绿色就业服务通道，先后为2792名失业登记人员解决1484人就业，就业安置率53.12%。发挥街劳动监察中队的作用，先后处理劳资纠纷33宗，涉及50人。

【党建与群团组织】 2011年，街党工委开展创先争优活动，制定《彩虹街开展“争先创优促发展”主题实践活动方案》，结合纪念建党90周年，先后开展庆“七一”活动、党务知识培训活动、党建工作大家谈活动召开50年以上党龄老党员座谈会等，激发广大党员积极参与启航“幸福荔湾”新的建设征程。通过党内服务体系和党员志愿者服务网络开展关爱党员志愿服务活动，邀请结对帮扶辖内困难党员的区纪委机关、区安监局、区工商联、区委党校、区体育局等单位开展“关爱进社区入家庭”志愿服务活动和“献我一点爱，圆你一个梦”帮扶活动，建立30对帮扶对子。深入社区慰问对口帮扶的27名贫困党员。开展党建理论研讨会和征文活动。开展“学党史、彰党性、强能力”学习宣传活动，组织党员参观“回顾‘十一五’光辉历程、启航‘幸福荔湾’新征程”——荔湾区纪念中国共产党成立90周年图片展。开展“党群合力齐争创、岗位建功献华诞”主题实践活动，结合纪念辛亥革命100周年组织基层党组织参观辛亥革命纪念馆，重温中国近代革命史。围绕效能提升创建创新型机关，围绕作风改进创建服务型机关组织各基层党组织党员结合创先争优活动开展创作一句励志格言、警句活动，把自己在工作、学习、生活中感触最多、领悟最深、最希望说出来的话用一句词语阐述出来，汇编成《彩虹街党员格言录》供广大党员相互学习交流和共勉。开展推动“创文”工作做奉献活动，社区党员作为市民督导队带领并影响社区党员群众积极参与“创文”活动，全街12支党员志愿者队伍提供志愿服务人次达2.15万人次。

2011年3月，在彩虹街党工委的指导下，西郊经济发展公司顺利完成党委换届选举工作。

推进“活力和谐”基层党组织建设。在“双联双建”方面促进各社区的机关团体单位党组织与所在社区开展联建活动；与市、区职能部门党组织等结成对子积极推进“推动科学发展、促进社会和谐、服务人民群众”建设活动。在“双争双促”方面以创建“六好”平安和谐社区为社区党建工作的切入点，努力建设坚强有力的社区领导班子。在阵地建设方面积极探索新的管理模式，强化社区党组织的服务功能，全街11个社区均建立党员接待站，落实党员教育管理“五种模式”。在基层党的组织生活创新方面结合庆祝“七一”开展系列活动，设立党代表工作室认真倾听民声民意，结合创文迎“国检”工作开展创先争优“党员志愿者在行动”系列主题党日活动。创新教育学习方法，把组织生活移至广州各教育活动基地增强教育学习实效。

利用“三八”、“五一”等节日组织开展“春之行健康游”——郊游踏青活动、“和谐家庭幸福我作‘煮’”家庭厨艺展示。结合“五四”青年节组织彩虹地区团员开展“学党史、知党性、跟党走”——“青春之旅·团旗跟着党旗走”等革命传统教育学习活动。开展“党建带团建”、“党建带工建”、“党建带妇建”工作。

【街道文化】 大力推进社区体育文化事业和文化产业的发展，不断创新体育文化内容，2011年开展了丰富多彩的文体活动和广东省城市体育先进社区创建活动，荔景和中兴社区创建省城市体育先进社区，街文化站通过省特级文化站评估定级。

（陈坤强）

桥中街

【概况】 桥中街位于荔湾区的西北部的大坦沙岛。桥中街办事处驻桥中南路红楼路38号。2011年，全街有户籍户3906户，户籍人口8616人，流动人员5.5人，辖6个社区居民委员会。辖区内有19条道路、28条街及142条巷。

2011年桥中街工业总产值约10.22亿元，同比增长8.7%；贸易业商品销售总额88.48亿多元，同比增长52.7%；社会消费品零售总额11.30亿多元，同比增长12%。坦尾经济联社全年营业收入1.14亿元，税金入库556万元，利润4585万元；河沙经济联社全年营业收入近1.4亿元，税金入库1302万元，利润4419万元。

【街区建设】 桥中街为解决辖内双桥路、坦尾路、桥中南路、东海南路交汇处附近地区水浸街的问题，从2011年11月底起，由区水务农业局投资约325万元，对上述区域开展了坦尾路、桥中中路、东海南路排水改造工程，工期约60天。2011年，街辖内的光电产业园区有企业73户，其中新入驻企业21户，注册资金超500万元以上的新增规模企业7户。同年，光电园区实现工业产值4.8亿元，销售收入7.3亿元。光电产业园已基本形成产业链上下联动、优势互补的经济共同体，周边商务配套日趋完善，政府扶持政策完备，基地产学研良性互动齐头并进，产业集聚效应明显。5月16日，原中共广东省委常委、广州市委书记的张广宁带领省委第三专题视察组调研中华液晶城和光电基地。5月27日，广东省人大常委会副主任钟阳胜、时任广州市市长万庆良视察广东光电科技产业基地。2011年，中华液晶城完成项目投资9500万元，施工进度至地下负一层，累计已投资2.1亿元。预计2012年年底前可完成主体工程项目建设。

位于桥中南路红楼路38号的桥中街办事处

【街道管理】 桥中街以创建全国文明城市为重点，以提高执法效能为核心，认真做好日常的控“两违”、整“六乱”、管“工地”、处理“投诉”，严格按“创文”各阶段、各时段的具体整治任务，定员定岗定责，认真做好迎检准备，清理各类乱张贴、乱涂写、乱拉挂1147宗。积极推进开展垃圾分类宣传和控烟工作，发放各类爱国卫生宣传资料3000多份，清理卫生死角101处，清理余泥垃圾约90吨，改善街内的环境卫生面貌。以主次干道两侧和“城中村”为重点，坚持“每日一巡查，每周一整治”，对各种违法建设完善取证建档工作，及时采取果断措施将辖内违法建设控制在萌芽状态。2011年共立案查处各类案件194宗，其中一般类案件69宗，简易案件125宗。整治占道经营411宗，整治占道乱摆卖477宗，整治乱张贴96宗，整治乱丢吐97宗，整治乱拉挂54宗，查处违法建设投诉22起（含重复投诉），拆除违法建设1680平方米。接到“12319”及群众来信来电投诉共548件，整治答复投诉共548件。切实做好消防和交通安全工作。与辖内50多个责任单位签订消防安全责任书，举办消防咨询活动4次，开展消防培训讲座3次，组织在建工地、义务消防队举行消防演练3次，日常巡查出租屋、“三小”场所2100多家，派发各类消防宣传资料4000多份。在桥中地区开展消防大整治行动，一个月内共派出检查人员5463人次，排查场所4215间，整治“二、三合一”场所842个，整治出租屋2387间。打通逃生口808个。做好三防工作。2011年多次发生强降雨情况，桥中街适时修改完善《防洪度汛工作方案》，提前补充购置三防物资，严格按照三防工作方案执行值班制度，2011年，桥中街共组织三防值班5次，出动人员30人次，救助3户居民，使当地群众的生命财产安全得到保障。

街武装部按照上级要求，认真做好民兵组织整顿和训练工作。认真做好招收士官和征兵工作，2011年确定送区体检人数16人，政审对象7人。落实人防地下工事的检查排险工作，做好“生菜会”等重大活动的执勤工作。

【社区服务】 完成2011年各社区居委会的“两委”换届选举。产生各社区居民委员会成员合共40人，其中主任6人，副主任8人。做好辖内困难户和低保困难家庭生活保障金年审和发放工作。为残疾、孤儿孤老和困难群众提供社区志愿服务。落实优抚安置政策，2011年上门探访12类人员共3410多人次。2011年安置就业348人，特困失业人员再就业率达100%，“零就业家庭”一人以上就业率达100%，辖内失业人员创业培训后创业成功率达100%。发展老年福利事业。为辖区内1163人年满60周岁及65周岁以上的老年人办理了老年人社保卡和社保卡升级。为152名80岁以上的本街户籍的老年人发放了长寿保健金，为608名老人家办理社会化管理退休人员年审。做好住房保障工作。2011年底，桥中街正在享受廉租住房补贴的家庭有33户，全年完成62户家庭的经济适用房登记审核工作，并且已有51户家庭领取了经济适用房准购证，同时为6户特困家庭申请实物配租住房，确保低保、低收入特困家庭享受廉租住房保障，实现住有所居。开展示范社区创建工作。指导颐和社区创建全国综合减灾示范社区，长安社区创建2011年广东省居务公开民主管理示范社区和市级宜居示范社区。河沙、坦尾2个社区顺利取得区级绿色社区称号，实现街辖内所有社区全部获得绿色社区称号的工作目标。对辖区内特困群体的帮扶。制定《桥中街特困群体帮扶活动实施方案》，协助建立区政协办、区安监局帮扶桥中街特困人员制度。其中，区政协办为桥中街15户（名）特困人员和贫困学生发放慰问金共4.3万元。区安监局为桥中街42户低保、低收入困难户及46户独居老人制订特困户用电安全专项整治方案，并提供资金援助。街道为5名低保、低收入人员申请发放医疗救助金共1.75万多元。为2名特困大学生申请学费补贴，为3名特困中小学生申请“校级”三好学生奖学金，为6名特困中小学生申请伙食补贴。2011年，桥中街已为5名有劳动能力且有就业愿望的特困失业人员基本实现再就业，为4户低保、低收入特困家庭实现脱贫，帮扶解困工作取得了实效。

2011年6月2日，区政协主席卢玉萍，副主席李耀楷、沈洁芳带领区政协港澳委员来到桥中街开展扶贫助困慰问活动。

【党建与群团组织】 街党工委深入开展创先争优活动，全面加强基层党组织建设。街领导带头深入基层指导开展创先争优活动工作，各党支部签订了党组织和党员公开承诺书，努力在推动工作和自身建设上做到“五个好”和“五带头”。定期召开党建联席会议，听取联席成员意见，为科学发展街道建设工作出谋献策，把党建工作渗透到各项工作中去。健全社区专职党务副书记（联络员）的工作管理制度，完善社区“5161”机制、“一点六联系”、“民情日记”和党员服务活动中心、社区党员之家等服务制度。加强机关廉政建设，对辖区的重点工程项目开展廉政检查，对群众来信来访举报及时开展核查、了解、立案、转办等工作，做到件件有着落，事事有回音。完成2011年经济联社领导班子和社区“两委”换届选举工作，选举产生社区（联社）各支部委员合共22人，其中书记6人，副书记8人；河沙、坦尾两个经济联社选出了新一届的经济联社常务理事各7人。选举出席区第十一次党代会代表5人。选出区新一届人大代表4人。开展民主评议党员工作。2011年全街共有党员333人，应参加党员评议达100%，评出优秀党员共39人。2011年选送10名入党积极分子参加区举办的党课学习班，发展了5名新党员。开展党内关怀活动。上门慰问特困党员和其他困难党员，组织老党员、老支委和各基层党支部书记召开恳谈会，全年发放慰问金共1.47万多元。组织党员干部开展“献爱心、见行动、显真情、激活力”活动，党员干部积极共捐款2.8万多元。开展庆祝建党90周年活动。组织党员参加“庆祝中国共产党成立90周年歌舞会汇演”、“纪念中国共产党成立90周年知识竞赛600题”考试和《纪念中国共产党成立90周年征文活动》。

街道总工会稳步推进基层工会组织建设，新发展会员803人，推进基层工会组织规范化建设，18个独立基层工会和8个工会联合会都建立了劳动争议调解组织，调解委组建率达到100%。

街团工委切实加强非公经济组织的团建工作，在幼儿园、网吧、宾馆等青少年比较集中的场所新建团组织10个。发动辖区青年团员积极参与“创文”工作，大力开展志愿者文明宣传系列活动。通过组织开展团员教育评议、“五四”纪念活动等工作。

街妇联切实履行维护妇女权益职责，全年联手推动普法教育进社区、进学校、进家庭活动共5次。街妇联帮助10名妇女重新走上工作岗位；吸引1500多名妇女参加第101个国际劳动妇女节庆祝活动，派发妇女维权小册子500余本。组建“桥中巾帼文明督导队”和“巾帼志愿者”参与文明岗站岗、治安联防、敬老帮扶、卫生清洁等公益活动，全年累计2000人次参与活动。

【街道文化】 桥中街重点抓文化阵地建设，创建省一级文化站，兴建文化站大楼，面积合计约1000平方米，建成后的文化站大楼设有多功能娱乐厅、图书室、共享工程电子阅览室、老年少儿活动室、展览厅等功能厅（室），为居民群众提供一个休闲、娱乐、健身的好去处和提高文化素养的好场所。街道在元宵节、端午节、中秋节等节日期间开展丰富多彩的文化活动，更好地满足人民群众的精神文化需求。

（李剑锋）

石围塘街

【概况】 石围塘街地处荔湾区中部珠江南岸，拥有4.2公里珠江岸线。2011年常住户1.2万户，户籍人口3.16万人；下辖13个社区居民委员会，以“建设现代化商贸文化旅游、水秀花香新城区”为目标，按照“抓住特色、做强品牌、创优环境、构建和谐”的发展思路，发展特色产业、构建和谐社区。辖内的南方茶叶市场、岭南花卉市场都是享誉全国乃至东南亚地区的著名专业批发市场。南方茶叶市场更被国家农业部指定为“全国定点批发市场”，是“菜篮子”工程信息报价，茶叶类产品唯一的价格提供单位。岭南花卉市场则与云南斗南花卉市场并称全国两大鲜切花批发中心。

2011年，石围塘街经济持续平稳较快发展。地区工业总产值12.74亿元，比2010年同期上升2.4%；贸易业商品销售总额150.43亿元，同比

位于石围塘街芳信路17号5楼的石围塘街道办事处

上升46.7%；社会消费品零售总额23.08万元，比上年同期上升11.2%。

【街区建设】 深入挖掘、开发辖区闲置土地、物业，吸引优质项目落户，为地区经济发展培育新的增长点。2011年1－10月，石围塘街新增注册资金100万元以上企业30家，其中500万元以上企业7家，注册资本共8851万元。

服务企业，当好“保姆”，加强与辖区企业沟通协调，先后协助广州金蝶实业有限公司办理用地手续，跟进嘉柏地块广州铝业公司周边功能规划等，促使金蝶、金桥、嘉柏三地块顺利纳入土地储备。

2011年内先后实施河涌综合整治工程、芳村大道及片区环境综合整治工程，杉栏、如意、滘口、塞坝口等社区人居环境综合整治改造、水浸街黑点和雨污分流改造等工程，地区环境面貌焕然一新。建设改造中坚持从民所需，积极为群众营造休闲活动场所，新增社区休闲公园2个，面积1.7万余平方米。

【街道管理】 打造“一队三中心”和人口文化中心。结合街道实际，重点打造家庭综合服务中心，着力推进社区“一老一少”项目：即完善社区为老服务体系，提高为高龄、独居和困难老人提供居家养老和助老志愿服务的水平；以社区青少年事务管理服务为突破口，试行政府购买NGO服务（非政治、非宗教的民间公益服务）。着力打造芳雅苑社区为服务型和谐社区。完善街人口计生中心软硬件建设，为流动人口提供优质计生服务。

“六乱”整治，做到巡查与守点相结合，日常整治与专项突击相结合，整治和“两违”查控相结合，加强对主干道和重点区域的“六乱”整治，推行网格化管理，严格执行汇报、告知、备案及应急制度，探索城市管理长效机制。

夯实安全生产、消防安全工作基础，建立健全长效工作机制。开展宣传教育和培训演练，加强消防志愿者队伍建设，构建全社会共同参与消防工作的格局。2011年6月，广州市在石围塘街辖区开展了老旧居民楼消防安全综合应急演练，街道组织发动各方力量参与，极大地锻炼了各支队伍的应急处置能力。

统一对“城中村”改造工作重要性的认识，及时调整“城中村”改造工作领导机构，街主要领导亲自挂帅。加强对联社工作的指导，街党政领导亲自参加联社党员和股东代表大会，解释政策。在前期工作基础上，明确细化改造推进计划及每个环节的做法和要点，同步做好改制工作关键环节，两联社基础性资料普查已经完成，为推进一级核算做好准备。2011年底，五眼桥联社改造方案已通过区更新改造办、区政府初审，呈送市三旧办待批。经全体党员和股东代表投票表决，五眼桥将以自主改造方式进行，由于联社自有资金不足，改造采取引入合作企业，出让土地进行融资的方式进行，并于11月份召开党员和股东代表大会，表决确定了合作企业。山村联社改造工作进展顺利，改造方案刚通过区初审。

【社区服务】 建立出租屋及流动人员管理服务机制，将流动人口、出租房屋按照综治、计生、消防等情况进行科学分类和登记，自行设计开发了石围塘街社会管理信息化平台，2011年底已录入信息1.92万条，占外来人口的72%。转变服务方式和理念，采取送证上门、节假日预约办事、免费中介平台、设点受理等便民措施，提高居住证办理、使用率。

扩大就业渠道，做好就业及特困群体帮扶，巩固民生之本。做好对口扶贫双到工作：发挥街道产业优势，帮助从化市吕田镇桂峰村发展花卉种植业和茶叶种植业，争取实现高附加值农业与生态旅游同推进、集体经济收入与村民收入双提高。

【“两委”换届及选举】 2011年，完成经济联社领导班子和社区“两委”换届选举工作、荔湾区十五届人大代表石围塘地区选举工作和出席荔湾区第十一次党代会石围塘地区代表选举工作。在选举过程中坚决做到法定原则、程序不变通，规定步骤不减少，加强对不稳定因素的排查和防范，使选举平稳、有序推进，按要求选出了群众信服、上级党委肯定的班子和相关代表。

【街道文化】 围绕人的全面发展提升市民文明素质，强化社区文化阵地建设，培养、指导地区文艺团队，以群众喜闻乐见的形式深入社区开展宣传活动，提高群众对创建工作的支持率和满意度。

推进公共文化服务设施建设，建成城市“十分钟文化圈”。发掘、指导、培养地区业余文艺团队，紧紧围绕中心工作开展丰富主题活动。坚持做好文物巡查保护工作，制定五眼桥保护规划，推进文化资源价值释放。

（梁碧华　闫琰）

花地街

【概况】 花地街位于荔湾区中东部，下设9个社区居民委员会和1个经济股份联合社。2011年常住户1.04万户，户籍人口3.04万人，流动人口9000余人。街道办事处驻芳村大道中187号。辖内驻有全国十强B2C网站广州唯品会信息科技有限公司及全国知名品牌立白集团等企业；有白鹅潭欧陆风情酒吧街、陆居路商贸步行街、芳村万象地下商业街、花地城广场、广东壹号文化广场、“花力会”文体活动中心等综合性休闲、购物、居住中心。有康有为故居“小蓬莱仙馆”，市郊一区农民协会旧址，旧羊城八景之“大通烟雨”和“鹅潭夜月”等名胜古迹。

2011年，花地街区域经济保持快速发展态势，全街实现工业总产值近2.13亿元，与2010年同比增长6.4%；营业销售总额195.3亿多元，同比增长26.4%，社会消费品零售总额32.07亿多元，同比增长90.3%。全年共新增注册资金100万元以上企业9家，注册资金人民币2500万元，美元4500万元，其中500万元以上企业共4家，唯品会（中国）有限公司注册资金4500万美元，人民币1000万元，佳净设备有限公司510万元，珠江钢琴配件公司500万元。

【街区建设】 根据市规划局批复的“立白大厦”项目用地红线对现场进行固闭并开展绿化迁移、地下管线勘测等工作，2011年11月，累计投资15073.52万元，预计在2012年正式动工，2014年竣工。“立白大厦”建设项目已完成动迁和补偿安置率达99%。根据地区产业结构调整，立足现有规模企业和优势产业，重点抓好载体招商，优化服务管理，发挥政府与企业之间的桥梁和纽带作用全力促进企业发展。健全区工商联花地分会管理机制，设立企业服务工作联络员，协调企业与有关部门的关系，定期与企业沟通联系，了解经营状态，掌握企业经营运转情况，为企业排忧解难，促进企业做大做强，2011年，街工商联会新增会员单位4个，现会员单位共有35个。优化企业发展环境。为企业提供“细致”服务，突出“好”服务，争取区职能部门支持，加强辖区基础设施建设，为招商引资营造良好的发展环境。采取“一效多能”措施，会同公安、整规打假办等区职能部门，严厉打击扰乱企业生产经营秩序的行为，切实为辖区企业发展提供保障。

完成新隆沙储备用地动迁前期准备工作。新隆沙储备地块占地面积达21万平方米。按照区政府把白鹅经济圈打造在为广佛之都的规划，新隆沙地块将建成白鹅潭经济圈的中央商务区，将发展多座新型的综合性物业，广州新地标“钻石大厦”也将落户于此。为此，花地街对新隆沙储备地块动迁工作作了充分准备，成立了拆迁领导小组和工作组，协助开展风险评估工作，完成实地摸查任务，停止办理临商证明，组织城市管理执法队伍加强片区巡查执法，杜绝违章建筑、抢建、住改商等现象发生。

筹备位于花地大道北的壹号文化广场升级改造。2011年底，花地街正与万象投资集团洽谈合作协议，重新规划该商场的布局，致力增加商场容积率，提升场地格调，把壹号文化广场打造成融商务、文化、娱乐于一体大型现代化综合商业广场。

【街道管理】 花地街整合社区资源，充分调动街属街辖各单位力量，形成城市管理合力，实现有效联动，提高人居环境综合管理水平。2011年，花地街共出动执法人员1920人次、卫生清洁人员1120人次，清除卫生死角60吨、清洗道路

6条，取缔占道摊点1850家次，占道经营860家次；修复辖区破损小街巷17米，疏通沟渠48米，破损墙体26处；利用“12319”便民政务平台，处理群众投诉案件，处理率达100%；检查餐饮店档等场所1200人次，安全排查1000间次；整治“黄赌毒”280人次。通过综合整治，辖内的人居环境得到进一步提升。

推进“三中心一队伍”建设。2011年底，新综合服务中心完成选址，进入设计装修阶段，将按高标准建设成一个办公独立、配套完善、环境优美、位置便捷的综合性政务服务中心。逐步推进社区“五个一”工程建设，即一个家庭服务中心、一个卫生服务机构和一个治安视频监控中心、一个小公园、一个群众娱乐场所的工程建设。

2011年，街道武装部先后选派9批74人次参加上级组织的民兵干部集训、应急分队点验、轻舟分队训练、交战分队训练，预备役集训、北江大堤抢险救灾演练、队列训练考核和实弹射击比武。先后组织280多人次参加元旦、春节、“生菜会”等治安执勤。还先后组织60人次民兵参加“创卫”、“创文”的日常巡查工作，多次配合公安、城管处理治安事件。

城中村改造。“花地人家”商贸中心——花地经济联社“城中村”改造一期项目，计划总投资为1.7亿元，占地面积近1.44万平方米，总建筑面积7.6万平方米，项目定位为商业广场、酒店式管理办公写字楼。2011年底全面完工，进入楼宇工程验收和招商阶段。

【社区服务】 2011年以来，开展“一对一”结对帮扶共建活动、社区义务活动、落实低保惠民措施等，为残疾人士、独居老人、低收入家庭等提供了帮助。教育帮扶，为13名特困家庭大学生办理学费补贴，为51名中小学生申请伙食补贴，为7名特困学生办理奖学金申请手续。医疗帮扶，帮助565多名低保低收入家庭人员的办理了医保审核业务，重大疾病医疗报销惠及38人次，配合区卫生局为特困人员发放医疗门诊优惠证565个。住房帮扶，为辖内救济户及低收入户共办理经济适用房手续169户，为符合条件的240多户家庭发放租赁补贴。生活帮扶，为191户低保家庭发放实物救助券，价值近1.94万元，为192户低收入家庭发放13.93万多元低保金，为辖内三无孤老人员提供居家养老的服务，安装平安钟52个，已完成脱贫26户，为48名特困人士安排就业。

推进“幸福家庭”宣传建设工作，认真做好全员流动人口信息调查工作，累计清查出租屋2510间次、商铺420间次，查验流动人口计生证460人，办理临时计生证368个，登记新流入全员流动人口1510人，及时录入了市全员库，清理标记已离开全员流动人口520人，省外流入人口计生情况通过国家计生协查平台进行通报、反馈协查信息284人次。

街道团工委与辖内中小学建立了牢固的共建关系，定期组织中小学生开展社会服务活动，2011年6月组织信息学校的学生开展“微文明募捐活动”，8月组织辖区青少年开展了“清洁千家万户巡访活动”；另外在重大节日期间，组织青年学生到社区孤寡老人和困难家庭家中进行探访活动，通过志愿服务活动，培养青少年乐于奉献的志愿精神。

【党建】 2011年3月中旬，完成花地经济联社新一届领导班子的换届选举；3月底，完成全街9个社区居民委员会的“两委”换届工作。在经济联社换届选举工作中，街党工委和联社党支部建立组织交流沟通机制，把握换届选举工作原则，严格选举工作程序，通过“二推一选”顺利选举产生了组织信任、群众满意、敢想会干的新一届联社领导班子。街党工委以“党内互助箱”制度为载体，通过发动机关、社区和非公企业党员捐款，争取单位资助等方式，成立慈善关爱基金，每年筹措5多万元对生活困难党员、年老多病党员帮扶解困。在3月的“关爱党员、凝聚合力，建设幸福荔湾”捐款活动中，共筹得党内关爱扶助金2.5万多元，在全街范围内营造出“献爱心、见行动、显真情、激活力”的良好氛围。街党工委还与组织部密切联系，对三名困难党员实施帮扶和救助。

【街道文化】 花地街整合社区资源，精心组织开展各类群众喜闻乐见的文化体育活动，如“红红火火过大年”团圆活动、“欢天喜地迎佳节，幸福家园共和谐”——2011年流动人口计生迎春宣传活动暨“荔湾计生人卡通形象标志”发布会大型活动、“万人同唱爱国歌”、“庆‘七一’书画艺术汇展暨十年树人，百年树木，九十年共产党光辉昭日月”大型群众活动等，丰富群众文娱生活。突出文化引领，发掘地区文化。街道维护好好辖内小蓬莱仙馆、市郊一区农民协会旧址、“大通烟雨”和“鹅潭夜月”等名胜古迹，发掘本土文化的宝贵资源。在进行“三旧改造”的过程中，街道办事处利用和开发文化遗址，扶植历史悠久的民族企业，传承老字号品牌，发挥创意园的文化创新作用，培育欧陆风情酒吧街具有地方特色的文化走廊。

（林智毅）

茶滘街

【概况】 茶滘街位于荔湾区中西部，街道办事处驻茶滘路茶香街1号，下设11个社区居委会和2个经济联社。2011年，茶滘街常住户1.05万户，户籍人口2.98万人，流动人口2.3万人。

2011年地区工业产值4.12亿元，与2010年同比增长10.1%；贸易业商品销售总额101.24亿元，同比增长41%；社会消费品零售总额25.52亿元，同比增长11.3%；税收1.75亿元，同比增长17%。

位于茶滘路茶香街1号的茶滘街道办事处

【街区建设】 街道辖内有芳源实业有限公司、协同五金电器有限公司、志诚缝纫机厂、今隆照明有限公司、粤隆包装机械有限公司等工业企业。通过加强服务，招商引资，2011年新引进注册资金100万元以上企业48家，注册资金500万元以上企业2家，淘汰落后产能企业4家。区重点项目广州国际茶叶交易中心3万平方米交易展示大厅已初步建成。

2011年，茶滘经济联社城中村改造首期安置房——何安围安置房动工；红棉大厦、合兴大厦、凯怡大厦招租进展顺利。茶滘经济联社总收入6.4亿元；集体可支配收入4000万元，利润4010万元，上缴税金1590万元。葵蓬经济联社扎实做好“城中村”改造所需历史用地的资料整理及相关手续完善工作，《葵蓬城中村改造规划方案》于2011年9月通过了区政府的审批，已上报市政府。联社总收入2.33亿元，工业产值1.5亿元，利润1456万元，上缴税收969万元。

【街道管理】 推进城市管理工作，加强巡查，开展“六乱”综合整治，2011年开展劝导式执法行动330余次，共取缔无牌流动摊贩1200多宗，劝阻占道经营2000多宗，整治占道经营124宗、乱摆乱卖503宗，清理乱拉挂张贴193宗，教育不按垃圾分类162宗，发出询问通知书151次，发出限期改正通知书123次，立案53次，结案53次，罚款3.15万多元；受理处理群众信访投诉131宗，查处违法建设14宗，面积1309平方米。做好茶滘新村、合兴苑社区内部环境整治，创造优美的投资经商与居住休闲环境。

街道成立街道管理和服务体制改革工作领导小组，统一领导和指导街道管理和服务体制改革工作的开展。按照管理、服务、执法“三位一体”的要求，将街道原有的各类机构和辅助队伍进行整合，成立街道综合执法队、街道政务服务中心、家庭综合服务中心、街道综治信访维稳中心。投入资金对办公场地进行整合，将出租屋管理、社区管理服务、计划生育服务、综治信访维稳等对外服务窗口进行整合，建成了一站式服务的街道政务服务中心和综治信访维稳中心；成立街道综合执法队；成立街道家庭综合服务中心。“一队伍三中心”已全部挂牌，初步形成了“大民生”、“大综治”、“大城管”的治理格局。通过组织招聘录用笔试、计算机考试等环节，招聘录用了71名“一队伍三中心”工作人员，将街道编外人员进行了统一整合，统一了工资福利标准。

【社区服务】 2011年，全街为490户次救济户发放救济金约166万元，为9户特困家庭申请临时救助金1.39万元；发放残疾特困补助金91人次11.9万元；开展扶贫济困慈善捐助活动，募集善款78.57万元；发放租赁住房补贴56户12万元，办理廉租房申请48户，廉租住房年审248户，办理经适房申购申请132户。为6户三无困难家庭支付医药费约2万元；申请重大疾病补助46户，办理慈善医疗门诊证15个，办理“双低”特困人员医疗优惠证388个。为8名孤寡老人安装了平安通，为32名独居老人提供34.5万小时的居家养老服务。

2011年，全街常住人口计划生育率98.17%，流动人口计划生育率92.65%。为流动人口免费领取避孕药具2269人次、计生宣传品2017人次，为3549人次流动人口已婚育龄妇女进行查环查孕。

为困难群众办理医保卡398人次，办理老年人社保卡374个。开拓就业岗位，全年共为367名失业人员办理社区就业资助，办理资助养老保险金、工伤保险金、失业保险金、医疗保险金、失业人员岗位补贴、社区就业服务岗位安置费等共计212.2万元，为3812名失业人员办理或年审《广东省就业失业手册》。接收托管退休人员3780名，定期对孤寡、患病退休人员进行慰问。

街属各单位、驻街单位配合，开展一系列专项打击行动。1－11月，全街立刑事案件239宗，比2010年同比上升17.7%；其中，入屋盗窃案件62宗，同比下降6.1%；治安案件193宗，同比下降45%，没有发生重特大恶性刑事案件。发挥综治信访维稳中心作用，1－11月，受理信访案件76宗，全部办结。加强出租屋外来人员管理，全年开展专项检查行动72次，新登记出租屋1610套，新登记流动人员9629人，新办理出租屋租赁登记备案807宗，新办理居住证4927张。定期开展人、屋、车、场整治，查获非法五类车辆420辆，检查治安重点场所31间，二手回收店档45间次，净化了辖区治安环境。发挥社区综治信访维稳工作站和调解室的作用，全年成功调解各类纠纷86件。深圳大运会期间，街辖内没有发生一起影响恶刑事案件，全面完成大运安保工作任务。

【党建】 开展创先争优促发展主题实践活动，落实关爱困难党员制度，各支部委员联系46名困难党员，党员联系403名困难群众。2011年，街道党工委下设1个党总支部，25个党支部，共有党员996人。全街发展党员6人，预备党员转正18人。

2011年，结合“创文”、建党90周年等工作，组织开展“公民道德宣传月”、“友爱互助月”、“微笑服务月”、“爱国卫生月、“环保行动月”、爱护公物月”、“文明出行月”和“志愿服务月”等各类主题实践活动，提升市民文明素质。

2月初，按照上级部署，组织社区居委和经济联社换届选举。通过广泛征求意见、组织考察、充分酝酿等程序，选举产生社区居委会和经济联社新一届领导班子。组织新当选“两委”成员进行就职宣誓和岗前培训，保证基层政权的稳定和各项工作的延续性。8月初开始，按照市、区选举办的统一安排，严格按照法定程序，组织做好荔湾区第十五届人大代表的选举工作，选举产生了10名荔湾区第十五届人大代表。9月份，选举产生了街道8名荔湾区第十一次党代会代表。

【街道文化】 2011年，发动驻街单位、辖区党员干部群众参与“创文”活动，认真做好每月一次的公共文明指数测评迎检工作。印制“致全体市民一封信”5万多份，派发到各家各户、各有关单位和各个市场店铺；制作创文明城市宣传喷画20多张，拉挂宣传横额5条，宣传标语20条，出版专题宣传墙报60多期次。开展形式多样的宣传活动、主题日活动，提高“创文”工作的知晓率和参与率。街道先后4次接受市创建办组织的入户调查和实地考察测评工作，均取得较好成绩；9月，茶滘新村社区接受国家检查组的入户调查测评，较好地完成“创文”迎国检工作。组织茶滘地区新春文体游园活动、茶滘地区迎春乒乓球比赛、茶滘地区庆祝中国共产党建党90周年文艺汇演、庆祝建党90周年群众摄影比赛、庆祝建党90周年党史党建知识竞赛、共创文明城——万人同唱文明歌、市长杯乒乓球百姓系列和谐赛、区侨界全民健身游泳比赛等文体活动，并取得了市长杯乒乓球赛全区第一名和市第三名，区侨界全民健身游泳比赛团体接力第三名、女子50米蛙泳第二名的好成绩。

越和花鸟鱼艺大世界

（丘礼勇）

冲口街

【概况】 冲口街位于荔湾区中东部，街道办事处驻芳村大道东88号。2011年，冲口街有常住户9927户，户籍人口2.89万人，流动人口9530人，设10个社区居民委员会和坑口经济联社。

2011年，冲口街全力打造以现代服务业集聚推动产业升级的滨水创意产业带，带动整个地区经济发展方式的转型升级。截至12月底，全街完成工业总产值15.43亿元，与2010年同比增长2.2%；商品销售总额约达102.1亿元，同比增长39.4%；社会消费品零售总额达19.1亿元，同比增长41.9%。

【街区建设】 冲口街坚持“抓住一圈（白鹅潭经济圈）、建设一带（滨水创意文化产业带），整治一涌（冲口涌）、开发一村（聚龙村），巩固一基地（坑口数码基地），带动一大片（带动坑口数码周边工业区以及金昊商务大厦、传媒科技大厦等楼宇经济的发展）”，优化产业布局，发挥区位优势，增强经济增长动力。2011年，全街共引进注册资本100万元以上企业30家，其中注册资本500万元以上企业13家。做好协税护税，辖区税收稳步上升。结合地税代征，定期深入工业园区、企业，搜集税源信息。对产值变动较大的企业做好“跟踪问况”，针对统计口径、结算方式变化和人员变动频繁等，及时记录，对有搬迁或增资扩产意向的企业做到及时跟进。对有重点税源漏征漏管的企业及时与相关职能部门沟通，确保不重不漏，切实完成辖内税收基数，并有所递增。

【街道管理】 推进“一队伍三中心”管理服务体制改革。通过将编制外人员下沉一线，实行分片管理；通过街道服务和管理体制改革，推进社区自治组织体系建设；推进街道社区综合服务中心建设，实现政府管理与居民自治的良性互动。完善公共配套建设。整合各方资源不断完善社区公共配套设施，投入300多万元按期完成800多平方米的杏花社区家庭综合服务中心，按照三室（社区党员活动室、居委会办公室、警务室）、一校（社区居民学校）、一角（谈心角），打造全新社区管理服务办公平台。投入近100万元推进社区服务管理信息化建设，探索智慧社区建设新路子。大力推进社区环境的细化美化。按照“巩固、完善、优化、提升”的原则，开展垃圾分类、狠抓控烟工作、加强户外广告管理、开展病媒生物防制、做好堤围管理等工作，综合提升社区环境。夯实平安冲口建设，综治维稳大局良好。抓好综治基础建设、突发事件、治安问题、社区创建、反邪教等工作。全面实现流动人员和出租屋登记率100%、“人屋”信息准确鲜活率100%、《治安责任保证书》签订率100%、出租屋安全隐患告知率100%、安全隐患整改率100%的工作目标。探索优化民兵管理的新办法，突出抓好深化武装部“四个基本”建设、完成社区民兵营“四个基本”建设以及军事训练、年度民兵整组等工作。定期召开项目推进协调会，协力破解项目推进中遇到的难题，赢得了各界协会商会的“青睐”。“1850创意园”、“922宏信创意社区”、芳村花棣文化会馆、信义会馆等四大园区优势日益彰显。其中信义会馆不断拓展，进一步推进精细化管理；“1850创意园”整体环境改造已基本完工，园区出租率达95%；“922宏信创意社区”的一期园区改造工程基本完成，达成意向的出租率已达75%，已引进天涯社区网络科技有限公司等多家规模企业。

2011年，全街创建文明城市工作坚持“三个加强”，即加强创建工作领导，继续由街主要领导亲自挂帅，分管领导主抓落实；加强工作合力，全街上下一体联动，齐抓共管，做到分工不分家；加强落实力度，将创建工作切实摆上党工委的重要议事议程，做到常分析、常检查，巩固成果，提高成效。通过抓落实卫生日检制度、网格化责任分工、内街14小时保洁作业等方面的工作，高标准完成创建国家文明城市各项工作任务。

【社区服务】　冲口街以打造杏花岭南特色社区为核心，大力开发社区特色服务项目，创新社区管理服务模式。大力推进居站分离、议行分设工作，建立三级居民议事会，作为街道社区管理行政体制外的补充。采取政府购买专业服务、志愿者专项服务、邻里照应帮扶服务等方式，突出特色服务，建立社区知心服务站，开展“社区一家亲”等多种形式的家庭互助服务，同时还引进广州启智服务总队，开展低碳、环境美化志愿活动，进一步提升了辖区居民的素质和道德水平。全力构建和谐人口环境。对流出的户籍人口及时办理《计划生育服务证》，签订计生合同，并向现居住地反馈计生信息。2011年冲口街户籍人口计划生育率98.04%，自然增长率2.44‰。坚持民生导向建设幸福冲口。着力完善社会保障体系，加强一站式创业指导服务和再就业服务，2011年，街道开展创业指导10次，促成3人申办小额贷款24万元，为1584名群众办理失业手册，辖内登记就业率80.80%。依法妥善处置了48宗劳资纠纷案件，追回金额65.12万元。做好扶贫工作，为低保人员发放低保救济金160.86万元，为49名特困学生发放伙食补贴1.91万元，并投资7万余元举办“援建莲麻村社道项目”、“莲麻村捐资助学”等活动。

2011年3月26日，冲口街顺利完成社区居委“两委”换届选举工作。

【党建】　街党工委贯彻执行从严治党、坚决惩治腐败、促进科学发展、维护社会发展的原则，大力推进惩防体系建设，推进党风廉政建设责任制，以领导干部为重点，加强党性党风党纪和廉洁从政的教育。利用各种会议、专题座谈等方式，倡导即开放包容、敢为人先和甘当老黄牛的精神；学习意识、增强“四种意识”即团结意识、创新意识和基础意识。在领导班子的带领和推动下，全街风清气正，工作热情高涨，廉洁自律蔚然成风。在干部管理和使用上，落实《干部选拔任用工作条例》，完善用人选人的细化制度，做到公平、公正、公开。

开展“万人同唱爱国歌”、“冲口街庆七一表彰暨颂党恩红歌会”等以“抢抓先机谋幸福”为主题的创先争优活动，引导党员干部立足岗位，抢抓先机，谋划发展，凝心聚力，打造“幸福冲口”。创新工作载体，实施和推进《冲口科学发展观简报》和《来自社区的声音—冲口街学习实践科学发展观优秀心得专辑》等刊物和冲口街网站建设，打造《冲口人》简报等经验学习平台，坚持不懈创建学习型组织，营造干部和科室之间相互了解、理解，相互尊重、帮助，相互学习、共进的良好氛围。

（温敏　黄曦）

白鹤洞街

【概况】　白鹤洞街位于荔湾区东南部，2011年常住户1.04万户，户籍人口3.05万人。下辖9个社区居委会与鹤洞经济联社和广船西部宿舍管理区。街道办事处驻广州市荔湾区培真路2号之一。

2011年，全街完成工业总产值近58.27亿元、贸易业商品销售总额147.4亿元、社会消费品零售总额5.48亿元。积极进行招商引资，引进注册资金500万元以上的企业4家，其中广州柏恒装饰工程有限公司500万元，广州钢铁控股有限公司1000万元，广州市广达出租汽车有限公司2072万元，广州三一影视有限公司1000万元，共引进注册资金4500多万元。对辖区内的闲置用地和各物业公司的闲置厂房、办公楼情况进行统一归纳，登记在册。辖区内商业办公楼、工业厂区、产业园区均已经达到90%以上的进驻率。全年争取区科技专项资金78万元，基本完成街道政务信息化建设项目。

位于荔湾区培真路2号之一的白鹤洞街道办事处

【街区建设】　落实三防汛期值班和零报告制，开展危、破房和水浸街等排查，检查维护辖内公共设施。2011年投入10多万元整治鹤洞街商铺招牌，整治规范整齐，富有特色。加强对辖区内“六乱”、“两违”、超占经营等违法现象的治理，全年6次开展大型“六乱”整治行动，户外广告专项整治5次，组织大型拆违行动5次。拆除违法建筑物9处，共742平方米；控制住萌芽状态违法建筑5宗，共577平方米；配合相关部门拆除违法建设11户，面积2354余平方米。

鹤洞股份合作经济联社修改和完善股份分配制度，解决多年来遗留的历史问题。推进“城中村”改造，聘请广州市城市规划勘测设计研究院对所有土地、房屋进行测量，鹤洞村改造总体规划已通过区政府审核，已上报广州市人民政府审核。

【街道管理】　加强对辖内各社区、单位、市场周边环境以及主次干道卫生情况的检查监督。2011年共投入经费10万元，加大对“城中村”和企业旧厂房的消毒力度。开展创建绿色社区活动，举行6次垃圾分类宣传活动，落实垃圾分类工作，各社区居委会、办公场所共配备分类垃圾桶40多只，开展控烟工作，创建无烟单位，辖内已有五个单位达标。

贯彻落实“两级政府、三级管理、四级网络”的城市管理体制要求，整合后的“一支队伍、三个中心”工作人员3月底前已全员到岗，顺利完成工作交接，4月已全面正常运转。完成2011年度征兵任务。

推广封闭、半封闭小区主要建设形式，街辖内已有7个社区实现以保安、保洁、门卫为主的社区基本物业管理，5个社区已推行专业化物业公司管理。全街共有流动人员9309人，出租屋6459套。注重安全生产，消除安全隐患。全年出动4862人次，检查出租屋、“三小”场所2561间次，共发出《消防隐患告知书》488份，整改消除隐患1461项。开展朝盛工业区及周边消防隐患专项整治，这一重大消防隐患单位通过区的整改验收。2011年，全街未发生较大消防安全生产事故。

加强组织领导，坚持执行街领导、科室挂点社区制度，严格网格化管理，制订和完善“创文”迎检方案和长效机制，细致抓好材料审核、入户调查、实地考察方面的工作，平均每月开展两次大型整治行动、一次全覆盖上门入户宣传活动，加大用于改善辖内环境的资金投入，提高城区管理水平。

【社区服务】　开展对口帮扶、特困帮扶活动。2011年，街辖内有320户扶贫对象，50名就业帮扶对象，按照年初脱贫32户、就业帮扶15人的目标，完成脱贫户38户，完成任务数的119%；就业帮扶15人，完成任务数的100%。推荐失业人员再就业，至2011年12月底全街共有失业人员2741人，重新就业1919人，失业人员再就业率70.01%，其中，“农转居”失业人员6人，重新就业5人，再就业率83.33%，高校毕业生301人，就业191人，就业率63.46%；全街无“零就业家庭”。

推进“白鹤洞幸福家园”服务中心硬件建设，以“幸福家园”为载体，多渠道、多形式开展特色活动，不断扩大“幸福家园”精细化服务的品牌效应。2011年成立3个百人以上流动人口企业计生协会，举办2次流动人口计生业务培训活动。全街计划生育报表单位共12个，户籍人口12个报表单位除观鹤二、鹤平社区外，10个单位实现“两无”达标，流动人口12个报表单位全部实现“两无”达标。

【党建与群团组织】　2011年，完成经济联社领导班子和社区“两委”换届选举。新一届社区书记、主任“一肩挑”占78%；学历全部为大专以上，“两委”交叉任职24人，占89%，比上届提高30%。组织广大党员对出席区党代会的7名代表候选人进行推荐选举。开展创先争优活动、民主评议党员活动、纪念建党90周年系列活动。大力开展“关爱党员、凝聚合力，建设幸福荔

2011年9月16日，白鹤洞街党员代表大会隆重召开，全街100多名党员代表出席了会议。

湾”党内帮扶活动，发放慰问金和慰问品共近1.28万元，慰问40人次，切实帮助困难党员解决实际困难；组织全体党员干部开展捐款活动，充实党内关爱扶助金，共收到捐款近2.8万元，打造“活力和谐”党组织，增强党组织的凝聚力和亲和力。

街工会、团工委、街妇联、文化站8次成功举办大型群众性文体活动。开展“讲文明、树新风”活动，每月平均开展创建全国文明城市主题月实践活动、“学习宣传道德模范先进事迹”、“评议身边好人”、志愿服务等活动各1次，全年7次开展“我们的节日”活动，举办一场纪念建党90周年的文艺汇演。8月份协助团市委、团区委、广钢集团团委举办“讲文明树新风”环境清洁千家万户巡访行动日示范活动。

（黄瑛）

东漖街

【概况】　东漖街位于荔湾区中南部，街道办事处驻浣花路浣南街4号。街道下辖7个社区居委会和东漖、西塱、大花园3个经济股份联社。2011年，全街常住户6307户，户籍人口1.64万人。

2011年工业总产值8.72亿元，与2010年同比基本持平；社会消费品零售总额5.9亿元，同比增长10.7%；贸易业商品销售总额52.13亿元，同比增长34.7%。全年新增注册资金500万

元以上企业8个，新增注册资金超过1亿元。产业转型升级迈出新步伐。重点抓旧金沙工业区升级改造，打造广佛数字创意园区，发展电子商务聚集区。园区首期两栋商务大楼顺利完成招商引资，包括蓝弧动漫、策恩网络科技、衣联网等50多家电子商务类、科技信息型、创意型企业入驻园区。该园区被广州市科信局定位为“广州市电子商务产业园”，将成为街道经济转型升级新的经济增长点。

【街区建设】 强化社区服务的阵地建设。以街道家庭综合服务中心和社区家庭综合服务站建设为基础，争取芳和花园2700平方米的家庭综合服务中心场地，拟打造街道家庭综合服务亮点；在全街范围内分三片推进家庭服务站建设，争取辖区社区家庭综合服务全覆盖。2011年底，芳村花园服务站和西塱裕安围服务站已投入使用。搭建外来务工人员服务平台。在广佛数字创意园率先设立“新广州人”服务站，为外来人员提供工作和生活上的各项服务，使外来工有一个“家”的感觉。

东漖经济联社在2011年初南埠地块拆迁工作实现“零强拆”目标的基础上，顺利完成该地块的“三通一平”。8栋复建房已于中秋前动工建设，进展顺利。同时，经联社党员股东代表大会全票通过，东漖联社与保利置业有限公司签订融资地块合作开发合同，融资地块的全面动迁将于2012年1月开始。这标志着东漖联社城中村改造已进入大规模、快速实施阶段。西塱经济联社裕安围城中村改造，完成一期安置房建设；完成裕安涌两边长约300米雨污分流、三线下地工程；打通了消防通道，完成裕安新村绿化美化工程；完成二期立面整饰工程；基本完成裕安涌一期整治工程并在河涌两边实施了绿化升级；完成面积1200平方米的社区文化中心建设，对室内进行装修，增设裕安围家庭综合服务站、裕安围革命老区纪念馆、老人活动中心和体育活动广场等；启动裕安围城中村改造融资地块（与元邦地产合作）建设；基本完成西塱整村改造规划方案，并通过了区政府审核，已上报市政府审批。

【街道管理】 2011年街道全力以赴投入创文工作。加大环卫工作力度，确保主要道路16小时保洁，内街巷12小时保洁，认真清理卫生死角，清除乱堆放、乱张贴、乱涂写。推进垃圾分类工作，作为为全市16个先行试点实施街道之一，街道在芳村花园、芳园居、省实验学校、区经贸局、东漖市场等社区单位先后开展15次宣传活动，投入资金约70万元配备垃圾分类工具，推进了垃圾分类试点工作。做好拆违控违工作，全年共拆除违章建筑约1.7万平方米，较好地完成拆违任务。加大综合执法力度，全年街道整治“六乱”累计出动1.7万余人次，处罚乱摆卖187宗，教育2700宗，对占道经营教育1200宗，取缔乱拉挂135宗，教育乱丢乱吐802宗，广州市城市管理语音宣传告知系统号码录入完成17宗，发现和查处违法建设114宗，其中西塱112宗，东漖2宗，对违法建设或违章建筑进行了分类登记和监控。

推进以“一队三中心”为核心的街道管理体制改革，形成了以“规范职能、整合资源、分片管理、重在社区”的总体思路，优化和提升社区管理服务水平，打造为居民群众服务的前沿阵地。

【社区服务】 推进就业再就业工作。2011年共办理《广东省就业失业手册》524人，全部进行就业指导培训；组织3场就业招聘会，为失业人员提供150多个就业岗位。开展城镇居民医疗保险与老年人养老保险。2011年新参医保513人，2011年底全街有2292人参加城镇居民医疗保险。劳监执法检查。全年共完成劳动保障年检210户，主动监察用人单位220户，涉及劳动者近2000人，受理举报案件61件，结案61件，共追回被拖欠的工资82.4万元。企业退休人员社会化管理服务。对全部退休人员年审，对不同的人群提供不同的服务。完成了社会救济、优抚、老龄、残疾人、殡葬改革等工作目标任务。西塱德安楼被国家民政部评为全国殡葬改革示范单位。计划生育服务，街道计生工作围绕打牢基础、强化服务、突出重点为总体要求，通过抓例会制度、“互检”制度落实，强化计生日常服务管理机制；通过抓入户访视和专项联合检查，不断完善街、联社、居委联动巡查机制；通过抓“婚育新风进万家”活动，不断扩大社会参与积极性，增强计生齐抓共管的协调机制。2011年度街常住人口计划生育率97.99%，流动人口计划生育率90.48%，2011年，街道全面完成区下达的人口计划指标任务，通过区、市的检查考核。优化流动人员和出租屋管理服务。街道不断深化“人屋”专项治理，开展流动人员管理服务“四实”行动，加大出租屋巡查、流动人员登记管理力度，提高出租屋、流动人员纳管率、人走注销率、出租屋合格率和登记备案率。2011年，全街登记在册出租屋3009栋、8429套，与2010年同比减少3.72%和增加6.01%，登记在册流动人员15144人，同比减少7.97%，办理租赁登记备案742宗，新办理居住证5904张，续期（含刷写）2544张。健全志愿者服务体系。

【党建】 2011年，街党工委以“五结合、五争当”为活动内容，以兑现党组织和党员承诺为目标的“创先争优”活动，继续兑现创先争优10大承诺，班子领导包干负责，改进工作作风，提升服务质量。结合社区党员服务站的建设，搭建社区党风廉政建设平台，深化“进村夜访”载体，开展“点对点、面对面”谈心活动。2011年，街辖内各级党组织的堡垒作用和党建的龙头作用得到充分发挥。

加强两新组织党建和发展党员工作。新成立广佛数字创意园党支部和芳华学校党支部；新发展党员25人；新接收党员37人。党组织和党员队伍不断发展壮大。同时，结合街道流动党员的特点，采取搭建两个平台，一是搭建成立流动党员支部的平台，二是搭建“关爱流动党员”的平台，并成立东漖地区流动党员QQ群，方便辖区流动党员的沟通与交流。

加强党风廉政建设。街道以“为民、务实、清廉”为目标，狠抓机关作风建设，健全和完善机关工作纪律制度，以制度管人，以纪律约束人，建立岗位责任制，杜绝不按时上下班、工作拖踏、相互推诿扯皮等不良现象，树立起良好的机关作风。建立和完善政务公开制度，建立政务公开专栏，形成办事程序、办事结果公开的工作制度，自觉接受干部职工和人民群众的监督。加强科学发展观、正确政绩观和马克思主义群众观的学习教育，增强机关干部责任感和使命感，强化全体干部职工的责任意识，形成心往一处想、劲往一处使，齐心协力干工作的良好局面。

【街道文化】 利用“我们的节日”开展丰富多样的群众性文化活动，弘扬传统文化，推进创建活动深入开展。春节期间开展“真真切切送温暖，红红火火过大年”主题志愿服务活动；清明节期间，在西塱德安楼开展“文明拜祭”活动；端午期间，三个经济联社举办了极具地方特色的“迎端午、赛龙舟活动”，与辖区居民共庆端午，喜迎佳节。每年6月开展“文明出行月”宣传日活动；7月开展“卫生清洁月”暨入户调查宣传日活动。组织各社区积极开展“读好书、唱好歌、当好人、做好事”主题系列活动，做到有活动记录与图片资料。发挥志愿者队伍作用，积极开展志愿服务活动。以3月5日中国志愿者日、“文明志愿者在行动”为重点，大力弘扬“奉献、友爱、互助、进步”的志愿者精神，广泛开展交通秩序维护、扶老助残、便民利民、环境保护等志愿服务活动，不断拓宽志愿服务的领域。从年初开始，组织志愿者站好交通文明岗，引导市民文明出行，组织志愿者在公交车站引导乘客自觉排队，遵守秩序，社会反应良好。

（张运新）

东沙街

【概况】 东沙街位于荔湾区东南部，街道办事处驻东沙大道玉兰路3号。辖内有东塱、沙洛、南漖三个经济联合社和东塱、沙洛、南漖、金宇4个社区居民委员会。2011年底，全街常住户5649户，户籍人口1.83万人，外来流动人口2.75万人左右。

东沙街坚持“优化产业结构，将东沙打造成高端产业聚集区”的基本目标要求，以中烟、塑交所二期、医药港三大省、市重点项目建设为龙头，调整结构，促进转型发展。对工业园区、现有企业、新增企业和招商引资做好统筹规划及引导把关工作，通过“腾笼换鸟”盘活资源、招商选资提升水准，对辖区内低端产业逐步进行引导清理、转型升级，引进高端的产业企业，做好服务协调工作。全街现有各类企业320家，其中规模以上（产值2000万元）企业33家。2011年，全街完成工业总产值111.57亿元，比2010年同比增长18.2%，社会消费品零售总额6.42亿元，同比增长10.6%，贸易业商品销售总额53.71亿元，同比增长45.2%。

【街区建设】　推进“城中村”改造工作。2011年南漖经济联社已根据广州市“三旧”改造工作办公室及相关职能部门的审查意见完成修改，并已报送广州市“三旧”改造领导小组。东塱经济联社改造方案于9月20日正式通过区政府审查，并根据审查意见完成修改，已报送广州市“三旧”改造工作办公室等相关职能部门。沙洛经济联社改造方案已经区政府审核通过。争取区政府及职能部门的支持，在道路、市政设施、环境和绿化建设方面加大投入，主要路段和工业园区环境大为改观，辖区城市管理和整体生态环境的水平得到提高。

【街道管理】　2011年，东沙街开展联合执法行动30多次，共出动执法人员5000多人次，累计拆除违法建设8900多平方米，处理区创建巡检系统和“12319”投诉案件约325件。辖内“六乱”

2011年6月28日，东沙街举办庆祝中国共产党成立90周年文艺汇演。

现象因此明显减少，街辖各工地文明施工达标合格率100%。

抓维稳、综治和信访工作，及时妥善化解和调处各类矛盾及热点难点问题。2011年共受理群众来信、来访92宗（件），受理来访人数350人次，先后为群众办实事好事40件。开展“红棉11”、“春雷”等一系列专项整治行动，治安和刑事案件得到有效遏制；“无毒社区”、“平安社区”的创建率达100%。协助区有关部门规范管理网吧、音像、书籍和书报亭，街辖内文化市场秩序井然。

【社区服务】　推进街道社区服务管理的改革创新，“一队三中心”建设全面落实到位，“三中心”服务大厅已经装修完毕并投入使用，计生、出管、就业等多项服务平台软硬件建设不断得到完善，企业服务和社区服务的水平得到提升。2011年，全街常住和流动人口计划生育率分别为97.64%、95%，保持稳定的低生育水平。举办春季“春风行动”和“送岗位、助就业”、及“促就业、创和谐”等一系列专场招聘会，主动做好对企业和待业人员的服务工作。

【党建】　加强领导班子建设，党政主要领导自觉履行“一岗双责”，坚持重大问题集体决定的制度。通过开展创先争优、党员民主评议和纪念建党90周年等系列活动，强化党组织的向心力和凝聚力，2011年，大翔药业党支部被评为荔湾区先进基层党组织并获推荐省“两新百强党组织”的评选。同年完成经济联社领导班子和社区居委会“两委”换届选举；从基层一线发展新党员15人；东沙街党员服务活动中心和社区党员之家服务管理网络不断完善。

【街道文化】　2011年，街道投资30多万元，建成东沙街文体中心，面积为2500平方米，内设图书阅览室、老少年活动室、棋牌室和多功能活动室等。全街有业余文艺团队12个，其中文艺团队5个，体育团队7个。当年先后举办“庆祝中国共产党成立90周年文艺汇演”、“贺中秋、迎国庆外来务工人员联欢晚会”5场等大型文艺活动。组织2000多人次参加“荔湾区纪念中国共产党成立90周年红歌会活动”、“荔湾区迎国庆暨广州艺术节惠民演出活动”等3场大型文艺活动。同年，街文化站通过了广东省一级文化站的评定验收。

（吴志聪　王宁）

中南街

【概况】　中南街位于荔湾区西南部，街道与处驻花地大道南496号3楼下辖海中、海南两个社区居委会和海中、海南两个经济联社。全街常住户2895户，户籍人口8507人，流动人口1.49万人。2011年，全街出生81人。

中南街以花卉种植、加工制造、商贸、物流等为主要经济产业。街辖内有珠江钢琴集团、鹅公村酒家、海河冰鲜产品批发市场、知音实业有限公司、广州芳村丰田汽车销售服务有限公司等主要企业28家。2011年辖内的大企业积极应对各种不利因素，生产和经营稳步发展。全年地区税收对区级财政贡献3895万元，与2010年相比增长5.5%；完成工业总产值19.0亿元，同比增长26.1%；完成贸易业商品销售总额55.4亿元，同比增长37.3%；实现社会消费品零售总额6.2亿元，同比增长0.7%。

海南、海中两个股份合作经济联合社社员主要以村办企业、出租土地、厂房、商铺物业、种植花卉和养殖观赏鱼为收入来源。2011年，经济联社集体总收入9438万元（其中海南6978万元，海中2460万元），社员人均年收入（包括集体股份分红和个人收入）海南1.71万元，海中1.96万元。

【街区建设】　2011年，中南街做好武广、贵广、南广铁路客运专线征地拆迁和复建房建设工作，基本完成贵广铁路海南段范围内的征地补偿工作，武广复建房一期项目已完工，复建房二期项目已经封顶，正在进行外墙装修。协助区有关部门做好桥梁道路建设，对花绿路进行水泥硬化，对倾伍围、花绿路、海中五社花场路进行道路路灯安装。2011年顺利通过市爱卫办对中南街创建一星级卫生街道工作的考核验收。严格控制“两违”建设，督促海中经济联社、海南经济联社恢复违法用地的使用功能。切实做好三防水利工作，做好辖内的堤围（含道路）和附属设施（含绿化）养护管理，落实巡查和值班制度，做好暴雨与台风的防御。

中南街在建的经济项目主要是广州沃野商业广场项目，该项目定位为商业与仓储物流、休闲娱乐，集购物超市、餐饮、影视、健身及娱乐休闲于一体，已于2009年7月14日奠基动工。项目占地8万多平方米（约120亩），规划建筑面积17.8万平方米，至2011年底已建至首层。该项目建成后，预计年营业销售总额在12亿元以上。辖内海河冰鲜产品批发市场及广州海鲸四大家鱼批发市场与省农业厅等单位合作，运用大型鱼产品电子交易网站，网罗全国各地鱼产品信息，为鱼产品经营业户提供信息平台和交易平台，日平均交易量超过1万公斤，是华南地区较大型的鱼产品电子交易网。

【街道管理】　2011年成立中南街管理和服务体制改革工作领导小组，完成“一队三中心”的整合工作，全年共投入45万元对中心场地、服务功能进行整合，完成政务服务中心大厅、家庭综合服务中心的建设，3月28日举行“一队三中心”的挂牌仪式。与社工机构合作，开展社区服务的新模式，社会福利、优抚安置、居家养老、救灾救济、慈善捐款等公益事业全面发展。

【社区服务】　2011年，街道发动“幸福工程——救助贫困母亲”、“广东扶贫济困日”等扶贫捐助活动，共筹集资金19万元。卓有成效开展从化市吕田镇联丰村对口帮扶工作，年度考核取得全广州市第七名的好成绩，100%完成脱贫指标和再就业指标任务。开展送温暖慰问活动，全年合计送出慰问金和困难救助金34万元。开展“春风行动”、“金秋行动”、“和谐就业，情暖中南”就业援助现场招聘会，提供就业岗位150个，吸引求职人员近300人参加。做好失业登记和《广东省就业失业登记证》的发放管理，全年新增办理失业登记402个，290人就业，就业率

72.14%。加强流动人员劳动用工备案登记，为1360人流动人员备案。做好深圳大运会、区党代会等和敏感时期的维稳工作，开展安置帮教、法制宣传教育和“无毒社区”创建工作，2011年全街没有发生重大突发事件和群体性事件。全年共受理各类信访案件28宗，办结28宗。加强治安防控体系建设，加强经济联社、居住小区、企业、学校和重点场所及要害部位、各种边缘地区的防范网络建设，加强公共场所和重要设施的安全管理，切实提高处置突发公共事件的能力。2011年在册登记纳管的出租屋有4696套，全部与出租屋主签订《治安责任保证书》和《计划生育管理责任书》。开展“人屋车场”综合治理，全年开展各项专项整治行动20次，查处无证经营车辆维修场所3间、非法摩托车50辆，查处非法上路行驶、非法营运、无牌无证和超载等交通违法行为101起。加强和完善街、社区居委会、经济联社安全监管机构建设，完善街安全生产委员会、消防安全委员会和预防道路交通事故联席会议例会制度。完成火灾隐患重点整治地区的整治，与属地127家生产经营单位、430间生产经营场所的出租者和经营者签订《荔湾区中南街生产经营场所消防安全责任书》。全年开展“三大安全”培训9次，“三大安全”宣传咨询活动3场，派发宣传资料8000多份。

【党建与群团组织】 2011年完成海中、海南经济联社党总支部、常务理事会、监事会的换届选举工作，经济联社新一届领导班子成员人数为13人。完成海中、海南社区“两委”换届选举工作，社区“两委”班子成员总数为15人。顺利完成荔湾区第十五届人民代表大会代表、区第十一次党代表大会代表选举工作。

深入开展创先争优活动。充分发挥7个基层党组织，290名基层党员的先锋模范作用，结合自身岗位实际，深入群众，开展调查研究。围绕增强共产党员先进性和为民服务宗旨意识进行“公开承诺”，加强承诺兑现工作，确保“城中村”改造、创建文明城市、维稳等各项工作承诺落实到位。以“庆90华诞、建幸福中南”为主

2011年7月4日，中南街慰问对口帮扶吕田镇联丰村特困党员、特困学生等。

题，开展“万人同唱文明歌”暨“爱国歌曲大家唱”及党建党史知识竞赛活动，凝聚发展共识、创新基层党建工作。开展关爱党员走访慰问活动，在春节、“七一”、中秋和国庆前夕走访慰问辖区老党员，赴对口帮扶从化市吕田镇联丰村慰问特困党员。加强对工、青、妇等群团组织的领导，以党建带工建、带团建、带妇建。2011 年共组建企业工会小组 22 家、非公有制经济组织团支部 13 个。

【街道文化】 2011 年 12 月，中南街文化站通过省级文化站达标考核，被广东省文化厅评为广东省一级文化站。街道积极整合社区资源，加快社区文体设施建设，繁荣社区文化生活。结合海中“绿色文化体育”社区的创建，对篮球场等体育活动场所进行装修整饰，添置文体设施，细化文化站内在功能。新设置书报阅览室、乒乓球室、棋牌室、体育健身室等活动场所，图书室藏书 2.5 万册，订阅各种书刊 10 多种。以海中文化站建设为亮点，丰富社区居民的文化娱乐生活。2011 年共举办各类文艺活动、乒乓球赛、篮球赛、广场舞蹈等多项群众文化活动 12 次，参加活动的人数近 5000 人次。组织出版文化宣传栏 20 期，举办茶艺培训班、法律知识讲座、保健知识讲座、男性健康讲座等学习班 8 期。

（黄洁华）

海龙街

【概况】 海龙街地处广州市荔湾区西南面，街道办事处驻龙溪大道 288 号 3 – 5 楼，下设增滘、海北、龙溪三个经济联社和三个居委会。2011 年，全街常住户 5252 户，户籍人口 1.25 万人，流动人口 2 万多人。

海龙街抓住广佛同城和“城中村”改造的有利时机，围绕招商引资和协税护税两大任务，狠抓重点项目建设，保持区域经济稳步健康发展的运行态势。2011 年实现工业总产值约 13.9 亿元，与 2010 年同比增长 2.7%；贸易业商品销售总额 65.55 亿元，同比增长 31.4%；社会消费品零售总额 25.85 亿元，同比增长 11.7%。

海龙街辖内有增滘、海北、龙溪三个经济联社，以出租土地、厂房、商铺为主要收入，农业以种植花卉、盆景、蔬菜为主。2011 年，增滘经济联社收入 4347 万元；海北经济联社收入 3251 万元；龙溪经济联社收入 1349 万元。

位于龙溪大道 288 号的海龙街道办事处办事处

【街区建设】 按照市、区的统一部署，2011 年海龙街推进增滘、海龙、龙溪三个经济联社的“城中村”改造，认真编制规划方案，前后共投入 1000 多万元。2011 年底，三个经济联社的“城中村”改造方案已经顺利通过荔湾区的审核，已提交广州市审核。

【街道管理】 海龙街以平安、幸福海龙为总体目标，以综治信访维稳中心，全力维护社会和谐稳定，全年辖内没有发生重大综治维稳问题。加强综治信访维稳为中心建设，发挥中心解决综治维稳问题的平台作用。2011 年中心共受理群众来信来访案件 49 宗，立案 6 宗，办结 49 宗，办结率达 100%，各类矛盾纠纷发生率与 2010 年同比明显下降，信访办复率保持在 98% 以上。强化矛盾纠纷调处机制，有效化解涉稳风险。通过把班子成员入户谈心活动常态化，探索实施社会稳定风险评估等有效措施，有效化解外嫁女维权、明盾金属表面制造厂污染纠纷等群体性事件。坚持对治安和刑事违法犯罪行为保持高压严打态势，营造出良好的社会治安环境。2011 年共开展 9 次“护龙 11”治安整治集中清查行动，出动人员 600 多人次，对辖内进行“滚筒式”清查和整治。全年共立刑事案件 73 宗，比 2010 年同期下降

7.6%；入屋盗窃27宗，同比下降15.6%；抢劫案件2宗，同比下降77.8%。全面落实“三位一体”防控措施，完善治安视频监控体系和推进围院式管理，建立全方位、全天候人防、物防、技防的治安防范格局。不断加强安全生产与消防工作，杜绝消防安全生产隐患。认真组织开展建筑施工安全专项整治，对辖内人员密集场所、“三小”场所进行定期检查和不定期抽查，做到早发现、早整改、早处理，2011年出动人员150多人次，共检查生产经营单位1000间次，发现安全隐患和违法行为1350条，下达头整改指令1243个，发出《责令整改通知书》19份，下达书面限期整改指令86条，下发复查意见书23份。

2011年共聘请保洁队伍150多人，共组织清洁活动80场次，清运垃圾淤泥100余车，清理乱拉挂600余条，清除“牛皮癣”800多处，清理乱停放车辆600车次，切实改善了重点区域的卫生环境。

理顺基层社会管理服务体制，整合部分公务员、事业编制人员和编外人员，成立“一队伍三中心”，即海龙街管理综合执法队、海龙街综治信访维稳中心、海龙街社区管理中心、海龙街社区综合服务中心。通过改革，精简了科室工作人员，整合了各支管理辅助队伍，统一了编外人员管理，明晰了“一队伍三中心”职责。创新社区管理模式，海龙街将街辖区划分为四个工作站、十个片区，将管理职能下沉到社区。每个工作站配备12名工作人员，实行管理任务包干制，对各片区工作人员进行“职能捆绑”，既有责任分工、又实行同片同责、同奖同惩，将管理模式由以条管理为主转变为以块管理为主、条块相结合，实现管理精细化、网格化。结合管理和服务体制改革，海龙街以“规范、高效、便民”为宗旨，建成面积达750平方米的社区管理中心政务服务大厅，集出租屋管理服务、劳动和社会保障服务、计生服务为一体，为群众提供居住证办理、房屋租赁、税费征收、劳动就业保障、社会保险、计划生育等“一站式服务”。海龙街辖区面积广、人员居住分散等特点，海龙街以社区管理中心政务服务大厅为主要窗口，将管理和服务业务延伸到社区工作站，将“请进来”和“走出去”相结合，既提供高效的一站式窗口服务，又提供预约上门的主动服务，充分满足企业与群众的办事需求，真正实现服务就在家门口。

【社区服务】 海龙街建成的“家庭综合服务中心”，通过招投标政府购买社区服务的方式引进大同社区服务专业机构来运作社区服务，逐步形成由街道主导、社区服务中心负责日常管理、专业机构具体实施、社区居委会协助的社区服务运作模式。青少年服务、社区矫正、残障康复、老年人服务、家庭综合服务、义工等六大服务已顺利开展，受到辖区广大群众的欢迎。海龙街社区建设和管理的做法多次受到《南方日报》、《广州日报》等主流媒体的宣传报道。

海龙街切实做好节假日上门走访慰问特困家庭、优抚对象以及孤寡老人等弱势群体的工作。2011年共走访慰问312人次，累计投入8.24万元。认真贯彻落实救济救助工作，全年11户29人次得到救助，共发救济款近7.03万元、基本医疗费1.54万多元、实物求助券636张、临时物价补贴1.81万多元、临时价格补贴2900元、一次性生活补贴4350元。年内还为1.09万多人共发放亚运交通补贴，共54.64万元。

2011年，海龙街对口帮扶的从化市吕中村人均年收入超过5000元的贫困户、双低户已占总数的90%以上。吕中村被评为广州市扶贫开发“双到”工作示范村，阶段性考评位列广州市“扶贫双到”第二名。

加强计生管理，做好教育工作，实行优质服务。截止2011年9月底，全街户籍人口自然增长率9.71‰，计划生育率97.5%，流动人口出生率9.43‰，计划生育率92.79%。

2011年，全街共办理《失业证》250个，为520人劳动备案，社区资助21人；举办三次招聘会，共有92家用工单位参加，提供300多个就业岗位；分别开设艺术插花班、酒店服务班、初级调酒师班等技能就业培训班；成功将蟠龙工业区申报为孵化基地；充分发挥劳动监察保障作用，依法调解劳资纠纷，构建和谐劳动关系。

【党建与群团组织】 2011年，海龙街共有16个

2011 年 6 月 28 日，海龙街党工委在增滘经济联社举行纪念建党 90 周年晚会。

党组织（包括辖内企业党支部），其中党工委 1 个，党总支 3 个，党支部 12 个；共有党员 495 人，其中机关 39 人，三个经济联社 365 人，非公经济党组织 50 人，三个社区 41 人。街党工委突出抓联社班子与社区“两委”换届选举，并圆满完成区人大代表、区党代会代表、区政协委员的选举推荐工作。通过发挥联社党支部领导核心作用，党员干部进村入户谈心，完成辖内三个经济联社领导班子、社区“两委”换届选举。同时抓好新班子的培训工作，建设思想觉悟高、知识观念新、组织能力强的联社班子。制定并完善《海龙街经济联社领导班子年度考核奖惩方案》和《海龙街经济联社领导班子年度民主测评工作方案》，强化对联社党组织的监察考核，同时加强对党务、社务、财务“三公开”的监督管理，完善财务制度，推动廉政建设。定期开展党员轮训活动，结合全年工作，认真学习十二五规划纲要、“创先争优促发展”、“七一”讲话、区第十一次党代会精神，“城中村”改造、转变经济发展方式等内容，增强党员干部抓机遇促发展意识。完善党员服务与党内关爱机制，做好贫困党员的帮扶救济与党员服务工作。规范组织人事管理工作。严格落实干部选拔任用条例，严肃换届纪律，抓好干部及街道工作人员的招聘、录用和选拔任用工作。

同年组建独立工会 1 家，工会分支 35 家，新发展会员 1553 人，在增滘、海北、龙溪工会联合会签订区域性集体合同，覆盖企业 562 家，覆盖职工 5860 人；两新团建 18 家；妇联工作取得新突破，实现了经济联社与社区居委“两委”成员中至少有一名妇女干部的目标。

【街道文化】 围绕创建全国文明城市的重点工作，开展文明出行劝导志愿服务活动与群众文化宣传活动，提高“创文”的知晓率与参与率。2011 年全街通过多个主题活动日，共举办群众文化活动和各项文明宣传活动近 20 场次，覆盖人群 2 万多人。全年投入“创文”宣传经费 10 万多元，派发创文宣传环保袋 5000 多个，宣传单 4 万多份，文明宣传活动取得明显成效。开展精神文明创建活动，全面提升区域文明水平。通过广泛深入开展公民道德思想建设、群众性精神文明创建活动以及未成年人思想道德建设等活动全面提升市民文明素质，提高辖内文明水平。海龙街相继开展“志愿服务”、“诚信教育”、“万人同唱文明歌——红歌进社区”、第三届全国道德模范推荐与“我推荐、我评议身边好人”投票等活动，着力开展净化网络、建设绿色网吧、校园周边环境整治等活动，改善未成年人成长环境。

（李建辉）

社会民生

◎ 人口与计划生育
◎ 社会保险
◎ 社会福利
◎ 人民生活

社会民生

人口与计划生育

【概况】 2011 年，全区投入 100 多万元对区人口计生服务站全面升级改造，开辟“幸福妈妈园”、“女性健康服务园”、“性福园”、“中医草本幸福园”等服务空间；实行区、街、社区三级联动，全面推进“荔湾幸福家园”建设。各行政街计生服务所建设与“幸福家园”建设结合，营造覆盖区、街、社区三级“荔湾幸福家园”八大系列民生服务网络。华林街开设计生用品慈善超市，创新服务形式，引进家庭咨询、心理疏导等社工服务，被评为“全国计划生育优质服务乡级示范站”。

2011 年底，全区常住人口 103 万，其中户籍人口 71.04 万人，户籍人口出生 5006 人，出生率 7‰，人口自然增长率 -0.91‰，连续多年保持负增长，计划生育率 98%，出生性别比 109；流动人口出生 1821 人，计划生育率 91.71%。

【人口计生服务】 区人口与计划生育局重视提升人口计生服务水平，2011 年为育龄人口生殖健康把关。完善免费婚检“一站式”优质服务，为 4897 人提供免费婚检服务。做好生殖健康普查普治工作，全年为无业已婚育龄妇女妇科病普查 1.9 万人次，普查率 86.3%，查出患病 9658 人（其中恶性肿瘤 4 例），并介绍转诊。参加避孕方法知情选择 6903 人次，参加率 99.78%。全年超额完成 57 万件药具发放任务，未发生计划生育手术并发症及计划生育服务事故。

【独生子女父母奖励】 2011 年，区人口计生局为 2.8 万人发放独生子女保健费 238.8 万元。落实城镇独生子女父母奖励、办理独生子女父母奖励申请 2.3 万人次，审核发放金额 3440 万元。办理独生子女伤残家庭帮扶申请 700 多人次，审核发放帮扶金 331 万元。

【流动人口计划生育管理】 区人口计生局按照国家、省、市的部署，坚持部门统筹、区域统筹，健全流动人口服务管理机制，巩固流动人口“一盘棋”格局。加强信息交互。实现国家、省、市、区、区内各部门、街道和社区人口信息互联互通，全区通过国家 PADIS 系统共计登记 2.42 万人个案信息，接收应反馈信息 5.67 万条，反馈 5.59 万条，反馈率 98.7%，实现以信息引领流动人口“一盘棋”建设。

在完善流动人口计生管理服务制度方面，做到明确责任，各司其职，完善双向考核制度，建立起省际间协作的流动人口办理一孩生育服务登记和征收社会抚养费两项工作制度，2011 年，全区为跨省随夫生活的已婚妇女办理一孩生育服务登记 126 例，协助外地征收社会抚养费 49 例。

建立联络员工作制度和流动人口计划生育协会，2011 年底，全区有行业流动人口计生协会 34 个。协会指定专人负责，通过协会，把广大外来务工人员纳入计生服务管理网络，为他们维护权益和提供优质服务。

【人口计生工作综合改革】 2011 年，区人口计生局加强人口计生队伍职业化建设。全区上下掀起全员参与、学知识、比技能、赛服务的热潮。为应对街道实施“三中心，一队伍”改革和村居“两委”换届后对人口计生工作队伍的影响，区人口计生局采取提前介入，通过协调、培训，稳定和提高计生服务管理队伍。

开展人口科研工作，其中《荔湾区生殖健康宣教模式探讨》获区资助立项；《中医“治未病”思想对女性生殖健康的作用研究》获省计生委立项。

强化打击“两非”（非医学需要的胎儿性别鉴定、非医学需要的人工终止妊娠），综合治理出生人口性别比男性偏高问题。区人口计生局与区卫生局联手开展打击“两非”行动，对辖区内医院产科进行“两非”专项检查，与街道服务所从事孕情检查的工作人员签订岗位责任书，健全 B 超管理和使用规定，规范有关文书。

强化人口预报预警机制建设。第六次全国人口普查数据的研究应用阶段已全面启动，对人口的预报预警机制已全面融入区、街、社区三级人口计生例会中。区对街、社区两级计生信息系统数据进行实时监控，及时分析、提醒基层存在的薄弱环节，督促基层整改落实，促进基层人口信息采集、通报、反馈、更新等工作责任落实。同时加强流动人口问题研究，做好动态监测，2011年完成站前街和海龙街共四个监测点的国家动态监测工作和新生代调查工作，了解分析流动人口生存和发展需求，为政府做好有关政策参谋。

以协会建设为切入点推动基层工作，2011年，全区共建立34个市场行业协会，50个机关团体单位计生协会。2011年底全区有各级协会组织286个，团体会员681个，个人会员共2.84万人，形成覆盖面广、凝聚力强的计生协会网络。

【西关模式人口文化特色活动】 荔湾区立足人口文化与西关传统文化的传承创新，把人口文化建设与民生服务相结合，以人口文化引领人口计生工作发展，加大宣传力度，增强人口计生工作社会效应。

2011年新春之际，区人口计生局和区计划生育协会联合在聚龙村举办“欢天喜地贺新春，幸福家园共和谐”——2011年流动人口计生新春宣传活动暨“荔湾计生人卡通形象标志”发布会，省、市、区人口计生领导与外来务工人员、共贺新春，一同游览风光秀丽的荔湾新景区聚龙村，增强“新荔湾人”对“荔湾幸福家园”的归属感。广州电视台《公益新生活》栏目还对活动进行专题报道。在华林街人口文化中心联合举办“‘新荔湾人’展风采暨广州市首届流动人口才艺大赛荔湾区赛”，共18支参赛队，55人参加比赛活动，为“新荔湾人”展示才华搭建平台。组织“情满荔湾和谐人口”（第二届）摄影展、广州首届“乐孕广州，给力幸福”千人胎教音乐会、“科技引领生活，给力幸福家园”——荔枝湾畔2011年科技活动周等活动。各街道结合实际开展主题活动，站前街组织“情满站前和谐人口创造幸福新生活社区元宵灯谜会”、西村街开展“人口计生宣传进营房”、沙面街开展“防艾不防爱”等活动，多种形式的主题宣传服务活动吸引广大群众的广泛参与，增强人口计生宣传服务的渗透力和影响力。推广以“荔湾计生人卡通形象”为标志的系列宣传服务。制作以“荔湾计生卡通形象”阿福阿荔为标志，宣传男、女性生殖保健科普知识的掌中宝、小挂饰、杯子、环保袋、年历等人口计生宣传品11万多件发放到广大育龄家庭，使荔湾人口计生宣传服务进入到千家万户。

（区人口计生局　卢瑞珊）

社会保险

【概况】 2011年底，全区参加城镇职工基本养老保险21.11万人、基本医疗保险18.34万人、失业保险22.64万人、工伤保险21.47万人、生育保险16.84万人、住院医保6.95万人、农转居养老保险1.27万人。

早期离开国有集体企业人员一次性缴费参保

2011年荔湾区在街道开展社保业务受理点，深受群众欢迎。

问题得到解决，2011年累计受理4.33万人，已有3.46万人通过广州市审核并参保。2011年共办理25个被征地项目的征地社会保险业务，涉及被征地农转居人员2790人，至2011年底取得征地社保审核手续的项目19个，落实被征地人员社会保障资金达3557.52万元。推进离开机关事业单位人员审核工作年限一次性缴费参保工作，申请审核离开机关事业单位工作年限人员837人中已审核通过748人。办理企业人员连续工龄审核和机关事业单位辞职辞退人员视同缴费年限审核398人，因病和特殊工种提前退休工龄审核194人。

【劳动、人事信访】 2011年，共处理群众来访9207批次，涉及1.13万人，其中30人以上集体来访2批次，涉及95人，5人以上30人以下集体来访36批次，涉及322人；处理群众来信473件，涉及509人；处理来电1.09万人次。

【退休人员社会化管理】 2011年，全区纳入社会化管理的退休人员14.5万人，其中直接纳入街道社区管理10.3万人，市属及区、街困难企业退休人员以过渡形式纳入社会化管理4.2万人，其中孤寡老人2230人，独居老人3857人。

荔湾区在全省率先组建一支专门的安老服务队伍，推进上门聊天、陪送看病、家居清洁等多元化的安老服务。2011年，安老服务员上门探访退休人员约50万人次，电话探访约18万人次，住院探访4264人次，家居清洁604人次，维修服务156人次，上门理发26人次，春节和中秋两大节日分别慰问退休人员8920人和1.1万人。同时，与区民政部门紧密合作，向独居退休人员普及平安通服务，对辖区内60岁以上独居人员提供免费服务。推进退管所示范点建设，2011年底，全区有省级示范单位6个，市级示范单位17个。

【公费医疗】 2011年，全区有2.84万人享受公费医疗，其中在职干部职工1.26万人，离、退休人员9377人，家属6502人，公费医疗费总支出1.4亿元，与2010年同期对比增7%，其中在职干部医疗费支出3108万元，离、退休干部医疗费支出8785万元，家属医疗费支出769万元，其他支出1438万元。在职干部医疗费年人平支出2474元，离、退休人员医疗费年人平支出9369元，家属年人平支出1183元。

（区人力社保局　李广新）

社会福利

【概况】 2011年，区民政局切实履行保障民生、发展民生、服务社会的民政职能，着力加强社会管理体制改革，完成全区22个行政街“一队三中心”建设。拥军优属工作连续六年荣获广东省“双拥模范区”称号，连续七年荣获广州市“双拥”标兵称号。2011年，荔湾区获得“全国社会工作人才队伍建设试点示范区”称号，区老龄委被授予“全国老龄系统先进单位”称号。

2011年1月14日，荔湾区召开街道管理和服务体制改革工作会议。

【社区建设】　区民政局继续推进街道“一队三中心”建设。按照“重心下移、规范管理、服务完善”的目标，总结金花街、逢源街和海龙街试点经验，协调各街道打造“一队三中心”（街道政务服务中心、综治信访维稳中心、家庭综合服务中心、街道管理综合执法队），整合街道编外人员，推进街道分片管理，增强执法和城市管理力量。2011年，全区22个街道“一队三中心”机构组建及人员整合基本完成，率先在全市完成阶段性任务。推进政府购买社会服务，在逢源街、多宝街等10个试点街道及司法局开展12个政府购买服务项目。深化社会工作人才队伍建设，社工提供个案工作152个、小组工作797次、社区工作335次，参与3.24万多人次。实施“一街一品牌、一社区一特色”工程，重点打造冲口街杏花社区和昌华街西关大屋社区，将杏花社区打造成为“幸福温馨家园、文化生态社区”。

同年，圆满完成社区“两委”换届选举工作。全区193个社区居委会在4月底完成选举任务，选举成功率100%。共选出社区居委会委员1332人，23个社区采用直选方式，占全区11.92%。开展“居务公开民主管理示范社区”创建活动。根据省、市部署，确定39个社区创建“居务公开民主管理”示范社区。同时选取逢源、华林、石围塘、冲口、海龙等五个街道的20个社区，建立社区服务站，试点“一居一站”。与“宜居社区”示范创建工作。对照《广东省宜居社区考核指导指标》要求，评出金花街桃源、隆庆社区、西村街协和社区、南源街和平新村社区、逢源街逢源北社区、石围塘街秀水社区、花地街民治社区、茶滘街茶滘新村社区为“2010年广东省宜居社区”。

【社会行政管理】　区民政局加强社会组织监督管理。做好社会组织日常登记管理和年检工作，完成年检工作100%。2011年，全区在册社会组织253家，新成立社会组织18家，注销12家，涉及变更社会组织29家。

举办荔湾区社会组织反腐败工作和社会团体“小金库”专项治理工作培训班，组织开展社会团体“小金库”检查，没有发现违规现象。开展社会组织党建工作，2011年新成立1个党支部，接收3个党支部，发展积极分子83人入党。

【“双拥”】　落实优抚政策。2011年，全区享受国家抚恤优待的优抚对象769人，其中，革命伤残军人187人，烈士家属7人，牺牲病残军人家属3人，现役军人家属217人，在乡复员军人22人，在乡退伍军人333人。全年支付抚恤事业费1153万元。制定《荔湾区优抚对象医疗保障实施细则》，提高优抚对象的医疗保障水平。开展“关爱功臣”活动，走访慰问重点优抚对象，赠送慰问金与慰问品折款共95万元，发放生活和医疗困难补助17万元。重点做好“两会”、清明、“五一”、“八一”期间涉军群体维稳工作，共接待来访优抚对象160人（次），下访55人次。

切实做好安置工作。安置退役士兵123人，发放一次性自谋职业补助金1098万元，按政策为参加自谋职业的军人购买一年的劳动保险62万元。组织退役士兵参加职业技能培训，提高他们的社会竞争力。做好军休干部接收安置工作，共接收安置军休干部27人。完善军休所学习培训制度，提升军休工作人员服务意识和服务本领，全面落实军休干部“两个待遇”，不断提高军休干部的幸福指数。

2011年“八一”前夕，由区主要领导带队，走访慰问有关驻穗部队、海防二团。区个体私营企业协会、区工商联、广宁茶贸促进会走访慰问区消防部队和广空山顶炮兵连，出资为广空山顶炮兵连援建荣誉室。开展创建无军警民纠纷区域活动，2011年，全区没有发生军警民纠纷事件。荔湾区连续六次获得省双拥模范区称号、连续七次获得市双拥标兵区称号。

【婚姻登记】　区民政局结合开展争先创优活动，强化窗口服务，注重发挥登记机关的窗口作用，开展务实、高效、勤政、廉洁的执法与服务。2011年，全区共办理结婚登记6938对，办理离婚登记1637对，补发婚姻证件811宗，出具无婚姻登记记录证明和婚姻登记记录证明共5401份，婚姻登记合格率100%。

【社会与救济】 低保救济工作。广州市政府决定从2011年4月1日起，居民低保标准由410元/月提高到480元/月，低收入困难家庭认定标准由490元/月提高到580元/月。区民政部门及时审核、审批各类低保对象的增发金额，完成新增低收入困难家庭的认定工作。加强低保工作动态管理，确保应保尽保、应退尽退，2011年，全区为4767户低保救济家庭发放救济金4105万元，保障了他们的基本生活。同时为低保、低收入困难家庭发放临时物价补贴524万元，减轻了物价上涨对他们日常生活的影响。

做好医疗救助工作。全年办理困难群众特别医疗救济172人次、其他人员医疗救助4人次，救助金额89万多元；办理困难群众医疗救助零星报销1362人次，报销金额210万多元；实施重大疾病医疗资助197人次，资助金额26万元；慈善医疗救助354人次，资助金额93万元；临时救助631人次，资助金额79万元。缓解了困难群众的医疗难问题。

【社会福利】 加强福利机构管理。吸引和鼓励社会资本投资兴办福利性、非营利性的老年公寓、老年护理院等养老服务设施，2011年，区内新增民办养老社会福利机构3间，新增床位1567张。审核全市民办福利机构3000多名荔湾区户籍老人的运营资助申请，共审核运营资助6000多人次，资助金额320万元。强化辖区内养老福利机构监督管理，促使养老服务机构服务项目标准化、服务行为规范化、服务队伍专业化。

【扶贫济困】 2011年制定《荔湾区特困群体帮扶活动实施方案》《荔湾区低保低收入特困人员重大疾病医疗救助试行办法》《荔湾区特困群体对口帮扶工作考核办法》和相关帮扶工作指引，建立帮扶工作联络员制度、帮扶工作信息通报制度，开展特困群体帮扶工作。截至10月底，全区已实现脱贫户数616户，完成目标的105%；实现就业人数465人，完成目标的105%。

【老龄服务】 2011年在完成金花街、逢源街日间托老中心建设任务的基础上，继续推进昌华街、冲口街、岭南街3个街道的日间托老中心建设。昌华街日间托老中心依托西关大屋社区综合建设项目同步实施，西关大屋社区长者康园全面投入运营。该项目以提供日托和助餐服务为重点，在丰富社区居家养老服务的基础上，结合青少年辅导服务，打造老少互动的特色社区服务平台。冲口街日间托老中心依托杏花社区创建互助互动型社区建设项目同步实施。设有日间托老、配餐服务、保健康复、文化娱乐、图书阅览、防暑御寒等服务功能。岭南街日间托老中心依托街道一级星光老年之家建设项目同步实施，功能设置包括日间托老、配餐服务、保健康复、文化娱乐、精神慰藉、心理咨询、知识培训等。

【慈善募捐与救助】 2011年，区民政部门组织全区孤儿与区领导共进春节团年饭以及孤儿暑期活动；上门慰问入住老人院、精神病院、麻风病院的“三无”救济孤老；给全区低保家庭发放粮油慰问品，给无业救济家庭、“三无”孤老发放春节慰问金；发动金象工业生产公司、黄大仙祠和仁威祖庙等单位开展扶贫济困活动。发放慰问金240多万元。开展“广东扶贫济困日”筹款活动，接收捐款750万元，完成广州市下达荔湾区的捐款任务。

为保障低保、低收入特困家庭生活水平不因物价上升而降低，荔湾区通过慈善超市对低保、低收入特困家庭实施实物救助，在实物救助物品采购、发放和管理等环节，实施“阳光工程”。推行实物救助物品采购公开招投标，保证救助物品价格合理，品质优良；实现实物救助物品发放公开、定时，并由专人负责，保证困难群众及时领取救助物品；实施实物救助物品公开监督制度，区民政局与区反贪局联合实施监督员制度，在困难群体、社区、街道和职能部门中选聘义务监督员，对救助物品的质量、种类、发放实行监督，发现问题立即整改，保证慈善超市服务水平不断提升。2011年，慈善超市共发放实物救助物资21万件，价值630多万元。

2011年，区流动救助服务队开展流动救助管理服务，发挥救助管理在民生保障、综治维稳、城市管理方面的功能作用。全年区流动救助服务队共开展日常巡查救助行动788次，救助流浪乞讨人员982人次，其中指引841人次，护送131人（其中流浪未成年人15人），送医院救治10人。

【社工人才队伍建设】　按照全国的统一部署，在全区民政系统、社区服务机构及社区居委会人员中，组织1100人参加全国社会工作职业水平考试，有203人取得全国助理社会工作师资格，47人取得全国社会工作师资格。开展区内社会工作员培训和登记管理工作，分期分批对社区居委会专职工作人员进行社会工作员培训，2011年有348名社区专职人员参加广州市首批社会工作员培训班。为开展社会服务工作储备了人才。

【地名工作】　开展地名初审和区划工作。区民政局有关部门严把命名初审关，2011年共完成建筑物、住宅小区和道路命名的初审24宗；整理出区辖内44条街级界线、23个三交点的勘界以及资料信息材料，完成辖内44条街级界线、23个三交点的勘界以及资料信息归档工作；完善《荔湾区行政区划图》。民心路为2011年荔湾区新增道路，该路位于西塱文化广场西侧，芳华学校路口至德安楼路段。

（区民政局　郭静仪）

人民生活

【社会人员从业情况】　2011年底，全区30.21万人从业（含个体私营单位从业人员），比2010年底增加3.57万人，增长13.4%；从业人数占全区总人口的42.52%；从业人员中以从事批发与零售业者最多，占从业人数的41.31%，其次为制造业从业者，占14.29%。

【社会人员失业状况】　全区2010年末结转的失业人员1.98万人，2011年新增失业人员5.90万人，2011年合计登记失业人数7.88万人；由于区、街、社区采取多项措施促进失业人员再就业，当年安置失业人员5.66人，城镇登记失业人员再就业率71.8%。

【职工工资】　随着荔湾区国民经济的持续、适度、健康发展，区财政收入稳步提升，职工工资收入逐年增加。2011年底，全区城镇非私营单位在岗职工14.16万人，年人均工资5.6万元。

【居民家庭可支配收入和消费性支出】　2011年，区内城市居民人均可支配收入3.37万元，较2010年增长12.4%；人均消费性支出2.71万元，较2010年增长9.5%。居民人均消费性支出中，食品支出占34.77%，衣着支出占7.09%，家庭设备用品及服务支出占7.98%，医疗保健支出占5.3%，交通与通信支出占9.84%，教育文化娱乐服务支出占23.44%，居住支出占5.55%，杂项商品与服务支出占6.02%。

【居民耐用消费品拥有量】　2011年底，区内每百户居民家庭拥有家用汽车12辆，较2010年减少5辆；彩色电视机146台，家用电脑131台，组合音响67套，普通电话103部，移动电话247部，与2010年相近。

（区志办根据《荔湾统计年鉴（2011）》整理）

2011年获奖集体和个人

◎ 获奖集体

◎ 获奖个人

2011 年获奖集体和个人

获奖集体

2011 年获国家、省级和省厅级表彰的集体如下（按获奖时间排序）：

获奖单位	奖项名称	颁奖单位	获奖时间
区人口计生局	广东省 2010 年度人口与计划生育先进单位	广东省人口和计划生育委员会	2011 年 2 月
区民政局	全国社会工作人才队伍建设试点示范区	民政部	2011 年 3 月
区法院民事审判第三庭	2010 年度集体二等功	广东省高级人民法院	2011 年 3 月
区第二人民医院急诊部	广东省巾帼文明岗	广东省妇女联合会	2011 年 3 月
西村街人口与计划生育办公室	广东省巾帼文明岗	广东省妇女联合会	2011 年 3 月
西村街健苗托儿所	广东省巾帼文明岗	广东省妇女联合会	2011 年 3 月
亚运城市行动协调委员会荔湾赛区领导小组	广州亚运会、亚残运会先进集体	人力资源和社会保障部、国家体育总局、解放军总政治部、中国残疾人联合会	2011 年 4 月
荔湾公安分局	第 16 届亚运会亚残运会集体二等功	广东省公安厅	2011 年 4 月
	广东广州亚运会亚残运会先进集体	中共广东省省委、省政府	2011 年 4 月
区政府	双拥模范区	中共广东省委、广东省人民政府、广东省军区	2011 年 4 月
多宝街团工委机关团支部	广东省“五四”红旗团支部标兵	共青团广东省委员会	2011 年 4 月
区建设园林局	广东省广州亚运会亚残运会先进集体	中共广东省委、广东省人民政府	2011 年 4 月
	全国五一劳动奖	中华全国总工会	2011 年 5 月
	广州市荔枝湾涌环境综合整治项目 2010 年度广东省宜居环境模范例奖	广东省住房和城乡建设厅	2011 年 4 月
荔湾区第六次全国人口普查办公室	第六次全国人口普查国家级先进集体	国家统计局、国务院第六次全国人口普查领导小组办公室	2011 年 6 月
区国税局	2010 年幸福工程救助贫困母亲行动爱心奉献单位	幸福工程全国组织工作委员会	2011 年 5 月

获奖单位	奖项名称	颁奖单位	获奖时间
金花街桃源社区	2010 年广东省宜居社区	广东省住房和城乡建设厅、民政厅、公安厅、环保厅	2011 年 6 月
	2011 年度广东省人口和计划生育基层群众自治示范村（居）	广东省人口和计划生育委员会、广东省计划生育协会	2012 年 1 月
	广东省村（居）务公开民主管理示范创建达标村（社区）	广东省民政厅	2012 年 2 月
金花街隆庆社区	2010 年广东省宜居社区	广东省住房和城乡建设厅、民政厅、公安厅、环保厅	2011 年 6 月
站前街西站社区	广东省“六好”平安和谐社区	广东省民政厅	2011 年 6 月
西村街协和社区	2010 年广东省宜居社区	广东省住房和城乡乡建设厅、民政厅、公安厅、环保厅	2011 年 6 月
区统计局	第二次全国 R&D 资源清查省级先进集体	广东省第二次全国 R&D 资源清查领导小组办公室	2011 年 7 月
逢源街道办事处	全国社区服务先进街道	中国福利基金会社区发展基金	2011 年 7 月
逢源街社区综合服务中心	全国社区养老服务示范单位	中国福利基金会社区发展基金	2011 年 7 月
逢源人家服务中心	广东省社会组织先进党支部	中共广东省社会组织工作委员会	2011 年 7 月
	广东省社会组织五四红旗团支部	中共广东省社会组织工作委员会	2011 年 7 月
站前街党工委	2009—2010 年度广州市社会治安综合治理工作先进集体	广州市综治委	2011 年 7 月
区法院	全省法院联络工作嘉奖集体	广东省高级人民法院	2011 年 7 月
立白集团	全国非公有制企业“双强百佳党组织”	全国党建研究会非公有制经济组织、党建研究专业委员会、新华网、半月谈杂志社、《非公有制企业党建》杂志、中国非公党建网	2011 年 8 月
	广东省“两新百强”党组织	中共广东省委组织部	2011 年 12 月
金花街道办事处	广东省第六次全国人口普查先进集体	广东省第六次全人口普查领导小组、广东省统计局	2011 年 9 月
区老龄工作委员会	全国老龄系统先进集体	人力资源和社会保障部、全国老龄工作委员会	2011 年 10 月
金花街道办事处	广东省创建和谐劳动关系示范区工程示范点	广东省创建示范区工程办公室	2011 年 10 月
站前街道办事处	广州市 2010 年度无偿献血先进集体	广州市人民政府	2011 年 11 月

获奖单位	奖项名称	颁奖单位	获奖时间
区人口计生局	2011 年度《人口与计划生育》杂志宣传发行工作先进集体	国家计生委、人口与计划生育杂志社	2011 年 11 月
	2011 年度全省“十佳”宣教创新项目	广东省人口和计划生育委员会	2011 年 11 月
区委组织部	全省组织系统先进集体	中共广东省委组织部	2011 年 12 月
区人武部	先进人武部	广东省军区	2011 年 12 月
	宣传工作先进单位	广东省军区	2011 年 12 月
逢源人家服务中心	广东省“两新百强”党组织	中共广东省委组织部	2011 年 12 月
区工商联	爱国拥军模范单位	广东省委、省政府、省军区	2011 年 12 月
中共荔湾区委创先争优办	爱国拥军模范单位	中共广东省委、省政府、省军区	2011 年 12 月
区地税局	第十二届全国职工职业道德建设先进单位	全国职工职业道德建设指导协调小组	2011 年 12 月
逢源街耀华社区	全国文明单位	中央精神文明建设指导委员会	2011 年 12 月
	全国社区侨务工作明星社区	国务院侨务办公室	2011 年 12 月
沙面小学	广东省巾帼文明岗	广东省妇女联合会	2012 年 2 月
广州市荔湾区第二人民医院急诊科护理组	广东省巾帼文明岗	广东省妇女联合会	2012 年 2 月
南源街社区服务中心	广东省巾帼文明岗	广东省妇女联合会	2012 年 2 月
金花街蟠虬社区	广东省村（居）务公开民主管理示范创建达标村（社区）	广东省民政厅	2012 年 2 月

获奖个人

2011年获国家、省级、省（厅）级及市级表彰的个人如下（按获奖时间先后排序）：

获奖人姓名	性别	获奖人所在单位	奖项名称	颁奖单位	获奖时间
黄贤青	男	中共广州市荔湾区委员会	广州亚运会、亚残运会志愿者工作贡献奖（个人）	广州亚运会、亚残运会宣传文化和媒体及志愿者服务指挥中心、广州亚运会亚残运会人力资源与志愿者服务联络组、第16届亚运会组委会志愿者部、广州2010亚残运会组委志愿者部、共青团广州市委员会	2011年1月
罗思源	男	中共广州市荔湾区委员会	广州亚运会、亚残运会志愿者工作贡献奖（个人）	广州亚运会、亚残运会宣传文化和媒体及志愿者服务指挥中心、广州亚运会亚残运会人力资源与志愿者服务联络组、第16届亚运会组委会志愿者部、广州2010亚残运会组委志愿者部、共青团广州市委员会	2011年1月
朱清英	女	区委组织部	2009—2010年市综治工作先进个人	广州市委组织部	2011年1月
			2009—2010年度广州市社会治安综合治理工作先进个人	广州市综治委	2011年8月
高洁静	女	区统计局	2010年广东城镇住户基本情况抽样调查广东省先进个人	国家统计局广东调查总队	2011年1月
			2011年广州城镇住户调查优秀督导员	国家统计局广州调查队	2011年12月
廖志成	男	站前街道办事处	广州市拥军优属标兵	广州市民政局	2011年1月
			广东省第六次全国人口普查先进个人	广东省人口普查办	2011年9月
陈燕琴	女	区人民检察院	2010年广州市禁毒工作先进个人	广州市禁毒委员会	2011年2月
陈宝玲	女	多宝街道办事处	广东共青团“创先争优服务亚运亚残运”优秀共青团员	共青团广东省委员会	2011年2月
			广州市优秀共青团员	共青团广州市委员会	2011年5月

获奖人姓名	性别	获奖人所在单位	奖项名称	颁奖单位	获奖时间
严汉初	男	区民防办公室	广东省人民防空先进个人	广东省人民防空办公室	2011 年 3 月
			广州市人民防空先进个人	广州市国防动员委员会	2011 年 4 月
王慎初	男	中共广州市荔湾区委员会	广州市 2009—2010 年度创建文明城市工作先进个人	广州市精神文明建设委员会办公室、广州市创建文明城市联席会议办公室	2011 年 3 月
晏拥军	男	中共广州市荔湾区委员会	广州市 2009—2010 年度创建文明城市工作先进个人	广州市精神文明建设委员会办公室、广州市创建文明城市联席会议办公室	2011 年 3 月
何健全	男	区法院执行局	2010 年度二等功	广东省高级人民法院	2011 年 3 月
胡向荣	男	区法院执行局	2006—2010 年度精神文明建设先进工作者	中共广州市委、市政府	2011 年 3 月
区锦涛	男	区法院	2010 年度全市法院个人嘉奖	广州市中级人民法院	2011 年 3 月
吴志标	男	区法院执行局	2010 年度全市法院个人三等功	广州市中级人民法院	2011 年 3 月
杨文洁	女	区法院民一庭	2010 年度全市法院个人三等功	广州市中级人民法院	2011 年 3 月
顾来安	男	区法院民一庭	2010 年度全市法院个人三等功	广州市中级人民法院	2011 年 3 月
刘志平	男	岭南街道办事处	2010 年度广州市城市管理文明执法标兵	广州市城市管理综合执法局	2011 年 3 月
袁瑞卿	女	沙面街城管中队	广州市城市管理综合执法局 2010 年度先进工作者	广州市城市管理工作领导小组	2011 年 3 月
黄贤伟	男	冲口街道办事处	2010 年度广州市“优秀城市美容师”	广州市城市管理工作领导小组	2011 年 3 月
林玉华	女	冲口街道办事处	广州市城市管理综合执法局 2010 年度先进工作者	广州市城市管理工作领导小组	2011 年 3 月
			广州市城管执法局 2010 年城管综合执法先进工作者	广州市城市管理综合执法局	2011 年 3 月
何锦华	男	冲口街道办事处	广州市城市管理综合执法局 2010 年度先进工作者	广州市城市管理工作领导小组	2011 年 3 月
			广州市城管执法局 2010 年城管综合执法先进工作者	广州市城市管理综合执法局	2011 年 3 月
黄宝基	男	西村街道办事处	广州市 2009—2010 年度创建全国文明城市工作先进个人	广州市精神文明建设委员会办公室、广州市创建文明城市联席会议办公室	2011 年 3 月

获奖人姓名	性别	获奖人所在单位	奖项名称	颁奖单位	获奖时间
邓万青	男	西村街道办事处	广州市城市管理综合执法局2010 年度先进工作者	广州市城市管理工作领导小组	2011 年 3 月
孙伟	男	西村街道办事处	广州市城市管理综合执法局2010 年度先进工作者	广州市城市管理工作领导小组	2011 年 3 月
董碧儿	女	西村街道办事处	“为亚运贡献，为广州添光彩”先进个人名单	广州市归国华侨联合会	2011 年 3 月
谭雪珊	女	区统计局	广州市 2009—2010 年度创建全国文明城市工作先进个人	广州市精神文明建设委员会办公室、广州市创建文明城市联席会议办公室	2011 年 3 月
			广州市第六次全国人口普查先进个人	广州市统计局、广州市市第六次全国人口普查小组	2011 年 11 月
袁瑞卿	女	沙面街城管中队	广州市城市管理综合执法局2010 年度先进工作者	广州市城市管理工作领导小组	2011 年 3 月
陈保峰	男	茶滘街道办事处	2010 年度广州市创建平安电网工作先进个人	广州市创建平安电网工作领导小组	2011 年 3 月
李冕	男	茶滘街道办事处	为亚运作贡献、为广州添光彩先进个人	广州市侨联	2011 年 3 月
刘家辉	男	彩虹街道办事处	广州市依法治市第四个五年规划突出贡献个人	中共广州市委	2011 年 3 月
			2009—2010 年度广州市社会治安综合治理工作先进个人	广州市综治委	2011 年 8 月
			2006—2010 年度广州市法制宣传教育先进个人	中共广州市委、市政府	2011 年 9 月
黄少珍	女	彩虹街党工委	广州市 2009—2010 年度创建文明城市工作先进个人	广州市精神文明建设委员会办公室、广州市创建文明城市联席会议办公室	2011 年 3 月
张智华	男	白鹤洞街道办事处	广州市 2009—2010 年度创建文明城市工作先进个人	广州市精神文明建设委员会办公室、广州市创建文明城市联席会议办公室	2011 年 3 月
			广州市 2006—2010 年度精神文明建设工作先进工作者		
黄文政	男	站前街道办事处	为亚运作贡献为广州添光彩先进个人	广州市侨联	2011 年 3 月
			2008—2010 年度广州市优秀共青团干部	共青团广州市委员会	2011 年 5 月
			广州市第 32 届“羊城之夏”青少年暑期活动积极分子	广州市文化广电新闻出版局	2011 年 9 月
			广州市 2010 年度无偿献血先进工作者	广州市人民政府	2011 年 11 月

获奖人姓名	性别	获奖人所在单位	奖项名称	颁奖单位	获奖时间
李育新	男	区政府办公室	广州市亚运会亚残运会道路交通保障工作先进个人	广州市社会治安综合治理委员会	2011年3月
			广州亚运会、亚残运会嘉奖个人	中共广州市委、市政府	2011年4月
蔡集权	男	金花街道办事处	广州市精神文明建设先进工作者	广州市精神文明建设委员会办公室、广州市创建文明城市联席会议办公室	2011年3月
江东	男	区政府	广州亚运会、亚残运会嘉奖个人	中共广州市委、市政府	2011年4月
顾伟星	男	区政府	广州亚运会、亚残运会嘉奖个人	中共广州市委、市政府	2011年4月
邓志忠	男	区政府办公室	广州亚运会、亚残运会先进个人	广州亚运会、亚残运会组委会	2011年4月
黄仲丰	男	区政府办公室	广州亚运会、亚残运会嘉奖个人	中共广州市委、市政府	2011年4月
郑木清	男	区政府办公室（区应急办）	广州亚运会、亚残运会嘉奖个人	中共广州市委、市政府	2011年4月
			2011年度突发事件信息报告工作先进个人	广州市政府办公厅	2012年2月
黄荣元	男	区政府办公室	广州亚运会、亚残运会嘉奖个人	中共广州市委、市政府	2011年4月
董传辉	男	区政府办公室	广东省表彰广州亚运会、亚残运会先进个人	中共广东省委、省政府	2011年4月
古平	男	区发改局	广州亚运会、亚残运会先进个人	中共广州市委、市政府	2011年4月
邱伟康	男	荔湾公安分局	第16届亚运亚残运会个人一等功	广东省公安厅	2011年4月
钟勇坚	男	荔湾公安分局	第16届亚运亚残运会个人一等功	广东省公安厅	2011年4月
黄成治	男	荔湾公安分局花地派出所	第16届亚运亚残运会个人一等功	广东省公安厅	2011年4月
马驰	女	区统计局	广州市统计“五五”普法先进个人	广州市统计局	2011年4月
杨祖定	男	区委组织部	广州市广州亚运会、亚残运会嘉奖个人	广州市委、市政府	2011年4月
黄德辉	男	区建设园林局	广东省广州市亚运会亚残运会先进个人	中共广东省委、省政府	2011年4月

获奖人姓名	性别	获奖人所在单位	奖项名称	颁奖单位	获奖时间
颜忠九	男	区建设园林局	广州亚运会、亚残运会先进个人	中共广州市委、市政府	2011 年 4 月
赖永娴	女	区建设园林局	广州亚运会、亚残运会先进个人	中共广州市委、市政府	2011 年 4 月
吴宇	男	区建设园林局	广州亚运会、亚残运会先进个人	中共广州市委、市政府	2011 年 4 月
莫清	女	区建设园林局	广州市治水先进个人、二等功	中共广州市委、市政府	2011 年 4 月
陈卓培	男	海龙街道办事处	广州市亚运会亚残运会嘉奖个人	广州市政府	2011 年 4 月
丁文辉	男	桥中街道办事处	广州市广州亚运会亚残运会嘉奖个人	中共广州市委、市政府	2011 年 4 月
宁海智	男	东漖街道办事处	广州市广州亚运会嘉奖个人	中共广州市委、市政府	2011 年 4 月
江文宇	女	彩虹街社区服务中心	广州市广州亚运会、亚残运会嘉奖个人	广州市政府	2011 年 4 月
陈炎真	男	东沙街道办事处	广州市 2011 年度综治工作先进个人	广州市综治委	2011 年 4 月
唐水演	男	冲口街道办事处	广州市广州亚运会、亚残运会嘉奖个人	中共广州市委、市政府	2011 年 4 月
伍光祖	男	岭南街道办事处	广州市亚运会、亚残运会嘉奖个人	中共广州市委、市政府	2011 年 4 月
喻文	男	西村街道办事处	广州市广州亚运会、亚残运会先进个人	中共广州市委，市政府	2011 年 4 月
孔祥达	男	金花街道办事处	广东共青团“创先争优，服务亚运、亚残运”优秀共青团员	共青团广东省委员会	2011 年 4 月
			2010 年度广州市优秀共青团员	共青团广州市委员会	2011 年 5 月
姜竣清	男	区委组织部	2010 年度广州市组织系统优秀调研信息员	广州市委组织部	2011 年 5 月
胡丽娜	女	广州市荔湾区国家税务局办公室	广州市国家税务局系统 2009—2010 年度青年岗位能手	共青团广州市委员会共青团广州市国家税务局委员会	2011 年 5 月
叶海鸣	男	站前街道办事处	2010 年度广州市优秀共青团员	共青团广州市委员会	2011 年 5 月

获奖人姓名	性别	获奖人所在单位	奖项名称	颁奖单位	获奖时间
陈芳	女	岭南街道办事处	2008—2010 年度广州市优秀共青团干部	共青团广州市委员会	2011 年 5 月
王瑾	女	岭南街道办事处	2010 年度广州市优秀共青团员	共青团广州市委员会	2011 年 5 月
叶锦荣	男	沙面街道办事处	广州亚运会、亚残运会先进个人	中共广东省委、省政府	2011 年 5 月
袁绍强	男	区人民检察院	广州市优秀共产党员	中共广州市委	2011 年 6 月
吴艳华	女	区人口计生局	2011 年度《人口与计划生育》在杂志全国宣传工作先进个人	国家计生委、人口与计划生育杂志社	2011 年 6 月
莫丽容	女	区国税局收入核算科	广州市直属机关优秀共产党员	中共广州市直属机关工作委员会	2011 年 6 月
温里君	男	区法院	全省法院党建工作先进个人	广东省高级人民法院	2011 年 7 月
赖应良	男	区统计局	第二次全国 R&D 资源清查国家级先进个人	国家统计局	2011 年 7 月
			广东省第六次全国人口普查先进个人	广东省统计局、广东省第六次全国人口普查小组	2011 年 9 月
任佩玉	女	区统计局	广东省统计“五五”普法先进个人	广东省统计局	2011 年 7 月
			第二次全国 R&D 资源清查市级先进个人	广州市统计局	2011 年 7 月
余锦明	男	区统计局	第二次全国 R&D 资源清查省级先进个人	广东省第二次全国 R&D 资源清查领导小组办公室	2011 年 7 月
陈凯燕	女	区统计局	第二次全国 R&D 资源清查市级先进个人	广州市统计局	2011 年 7 月
温里君	男	区法院	全省法院党工作先进个人	广东省高级人民法院	2011 年 7 月
周志坚	男	冲口街道办事处	2009—2010 年度广州市社会治安综合治理工作先进个人	广州市社会治安综合治理委员会	2011 年 7 月
谢国滔	男	岭南街道办事处	2009—2010 年度广州市社会治安综合治理工作先进个人	广州市综治委	2011 年 7 月
			2009—2010 年度广州市创建全国文明城市工作先进个人	广州市精神文明建设委员会办公室、广州市创建文明城市联席会议办公室	2011 年

获奖人姓名	性别	获奖人所在单位	奖项名称	颁奖单位	获奖时间
毛伟先	男	金花街道办事处	2009—2010年度广州市社会治安综合治理工作先进个人	广州市社会治安综合治理委员会办公室	2011年7月
唐航浩	男	区政府	广东省第六次全国人口普查先进个人	广东省第六次全国人口普查领导小组、广东省统计局	2011年9月
熊宏辉	男	区政府	广东省第六次全国人口普查先进个人	广东省第六次全国人口普查领导小组、广东省统计局	2011年9月
姚海兴	男	区政府办公室	2006—2010年广州市法制宣传教育先进个人	中共广州市委、市政府	2011年9月
高亚军	男	金花街道办事处	2006—2010年度广州市法制宣传教育先进个人	中共广州市委、市政府	2011年9月
原永盛	男	区民政局	广州市“十一五”期间殡葬管理工作先进个人	广州市政府	2011年9月
刘雪珍	女	站前街道办事处	广州市第六次人口普查先进个人	广州市人口普查办公室	2011年9月
王香梅	女	站前街西站社区居委会	广州市第六次人口普查先进个人	广州市人口普查办公室	2011年9月
黄思颖	女	站前街侨苑社区居委会	广州市第六次人口普查先进个人	广州市人口普查办公室	2011年9月
黄婉霞	女	西村街道办事处	广东省第六次全国人口普查先进个人	广东省第六次全国人口普查工作领导小组、广东省统计局	2011年9月
胡平蓉	女	区统计局	广东省第六次全国人口普查先进个人	广东省统计局、广东省第六次全国人口普查小组	2011年9月
叶少虹	女	区统计局	广东省第六次全国人口普查先进个人	广东省统计局、广东省第六次全国人口普查小组	2011年9月
何子元	男	冲口街道办事处	广州市城市管理综合执法局文明执法标兵	广州市城市管理综合执法局	2011年10月
许木池	男	荔湾公安分局便衣大队	个人一等功	广东省公安厅	2011年10月
陈瑞芬	女	区物价检查所	全省价格监督检查办案能手	广东省物价局	2011年10月
李兆基	男	区委老干部局	全省先进老干部工作者	中共广东省委组织部、中共广东省委老干部局、广东省人力资源和社会保障厅	2011年11月
陈健	男	区统计局	广州市第六次全国人口普查先进个人	广州市统计局、广州市市第六次全国人口普查小组	2011年11月
陈晓云	女	区统计局	广州市第六次全国人口普查先进个人	广州市统计局、广州市市第六次全国人口普查小组	2011年11月

获奖人姓名	性别	获奖人所在单位	奖项名称	颁奖单位	获奖时间
刘颖	女	海龙街道办事处	广州市“羊城之夏”工作积极分子	广州市文化局	2011 年 11 月
张树炎	男	站前街道办事处	广州市 2011 年城市管理文明执法标兵	广州市城市管理执法局	2011 年 11 月
徐志珍	女	区经济贸易局	2011 年度广州市停车场行业管理工作先进个人	广州市交通委员会	2011 年 12 月
高波宁	男	海龙街道办事处	广州市第六次全国人口普查市级先进个人	广州市第六次全国人口普查领导小组，广州市统计局	2011 年 12 月
梁国宾	男	海龙街道办事处增滘社区居委会	广州市第六次全国人口普查市级先进个人	广州市第六次全国人口普查领导小组，广州市统计局	2011 年 12 月
林焕喜	女	海龙街道办事处龙溪社区居委会	广州市第六次全国人口普查市级先进个人	广州市第六次全国人口普查领导小组，广州市统计局	2011 年 12 月
曾惠明	女	海龙街道办事处	广州市第六次全国人口普查市级先进个人	广州市第六次全国人口普查领导小组，广州市统计局	2011 年 12 月
			2011 年广州市无偿献血先进个人	广州市政府	2011 年 12 月
吕俊民	男	白鹤洞街道办事处	广州市第六次全国人口普查先进个人	广州市第六次全国人口普查领导小组、广州市统计局	2011 年 12 月
彭文宝	女	白鹤洞街道办事处	广州市第六次全国人口普查先进个人	广州市第六次全国人口普查领导小组、广州市统计局	2011 年 12 月
赖留桂	男	白鹤洞街道办事处	广州市第六次全国人口普查先进个人	广州市第六次全国人口普查领导小组、广州市统计局	2011 年 12 月
赵令辉	女	白鹤洞街道办事处	广州市第六次全国人口普查先进个人	广州市第六次全国人口普查领导小组、广州市统计局	2011 年 12 月
李喜明	男	白鹤洞街道办事处	广州市第六次全国人口普查先进个人	广州市第六次全国人口普查领导小组、广州市统计局	2011 年 12 月
陈爱秋	女	沙面街道办事处	广州市第六次全国人口普查市级先进个人	广州市第六次全国人口普查领导小组、广州市统计局	2011 年 12 月
齐伟萍	女	沙面街道办事处	广州市第六次全国人口普查市级先进个人	广州市第六次全国人口普查领导小组、广州市统计局	2011 年 12 月
尉仙雅	女	沙面街鹅潭社区居委会	广州市第六次全国人口普查市级先进个人	广州市第六次全国人口普查领导小组、广州市统计局	2011 年 12 月
梁秉青	女	岭南街道办事处	广州市第六次全国人口普查先进个人	广州市第六次全国人口普查领导小组、广州市统计局	2011 年 12 月
赵雪飞	男	岭南街道办事处	广州市整治道路交通秩序工作先进个人	广州市社会治安综合治理委员会	2011 年 12 月

获奖人姓名	性别	获奖人所在单位	奖项名称	颁奖单位	获奖时间
蔡颖	女	岭南街道办事处	广州市第六次全国人口普查先进个人	广州市第六次全国人口普查领导小组、广州市统计局	2011 年 12 月
萧洁雯	女	岭南街道办事处	广州市第六次全国人口普查先进个人	广州市第六次全国人口普查领导小组、广州市统计局	2011 年 12 月
彭天英	女	岭南街道办事处	广州市第六次全国人口普查先进个人	广州市第六次全国人口普查领导小组、广州市统计局	2011 年 12 月
梅嘉辉	男	岭南街道办事处	广州市第六次全国人口普查先进个人	广州市第六次全国人口普查领导小组、广州市统计局	2011 年 12 月
钱自由	男	冲口街道办事处	广州市第六次全国人口普查市级先进个人	广州市第六次全国人口普查领导小组、广州市统计局	2011 年 12 月
邓少云	女	冲口街道办事处	广州市第六次全国人口普查市级先进个人	广州市第六次全国人口普查领导小组、广州市统计局	2011 年 12 月
霍燕明	女	冲口街道办事处	广州市第六次全国人口普查市级先进个人	广州市第六次全国人口普查领导小组、广州市统计局	2011 年 12 月
刘莲	女	冲口街道办事处	广州市第六次全国人口普查市级先进个人	广州市第六次全国人口普查领导小组、广州市统计局	2011 年 12 月
刘明君	女	冲口街道办事处	广州市第六次全国人口普查市级先进个人	广州市第六次全国人口普查领导小组、广州市统计局	2011 年 12 月
李跃光	男	彩虹街道办事处	广州市第六次全国人口普查先进个人	广州市第六次全国人口普查领导小组，广州市统计局	2011 年 12 月
李艳玲	女	西村街道办事处	广东市第六次全国人口普查先进个人	广州市第六次全国人口普查工作领导小组、广州市统计局	2011 年 12 月
曾庆藩	男	西村街道办事处	广东市第六次全国人口普查先进个人	广州市第六次全国人口普查工作领导小组、广州市统计局	2011 年 12 月
曹国权	男	西村街长乐社区居委会	广东市第六次全国人口普查先进个人	广州市第六次全国人口普查工作领导小组、广州市统计局	2011 年 12 月
莫倩仪	女	西村街大岗元社区居委会	广东市第六次全国人口普查先进个人	广州市第六次全国人口普查工作领导小组、广州市统计局	2011 年 12 月
唐瑞敏	女	区协作办	2011 年广州博览会先进个人	广州博览会组委会	2011 年 12 月
李天放	男	区协作办	2011 年广州博览会先进个人	广州博览会组委会	2011 年 12 月
金祺君	男	区协作办	2011 年度广州市协作系统优秀信息员	中共广州市协作办公室委员会 广州市协作办公室	2011 年 12 月
陈建	男	区政府	广州市整治道路交通秩序工作先进个人	广州市综治委	2011 年 12 月

获奖人姓名	性别	获奖人所在单位	奖项名称	颁奖单位	获奖时间
冯治佳	男	桥中街道办事处	广州市第六次全国人口普查省级先进个人	广州市第六次全国人口普查领导小组、广州市统计局	2011 年 12 月
谢爱华	女	桥中街道办事处	广州市第六次全国人口普查市级先进个人	广州市第六次全国人口普查领导小组、广州市统计局	2011 年 12 月
陈维燕	女	桥中街长安社区居委会	广州市第六次全国人口普查市级先进个人	广州市第六次全国人口普查领导小组、广州市统计局	2011 年 12 月
曹建兴	女	桥中街河沙社区居委会	广州市第六次全国人口普查市级先进个人	广州市第六次全国人口普查领导小组、广州市统计局	2011 年 12 月
卢桂芳	女	桥中街坦尾社区居委会	广州市第六次全国人口普查市级先进个人	广州市第六次全国人口普查领导小组、广州市统计局	2011 年 12 月
金红	女	区政府办	广州市整治道路交通秩序先进个人	广州市综治委	2011 年 12 月
			广州市第六次全国人口普查先进个人	广州市第六次全国人口普查领导小组、广州市统计局	2011 年 12 月
			广州市实施妇女儿童发展规划先进个人	广州市妇女儿童工作委员会	2012 年 3 月
刘伟	男	茶滘街道办事处	广州市第六次全国人口普查市级先进个人	广州市第六次全国人口普查工作领导小组、广州市统计局	2011 年 12 月
何丽霞	女	茶滘街道办事处	广州市第六次全国人口普查市级先进个人	广州市第六次全国人口普查工作领导小组、广州市统计局	2011 年 12 月
苏少艺	女	茶滘街葵蓬社区居委会	广州市第六次全国人口普查市级先进个人	广州市第六次全国人口普查工作领导小组、广州市统计局	2011 年 12 月
容建兴	女	茶滘街红棉社区居委会	广州市第六次全国人口普查市级先进个人	广州市第六次全国人口普查工作领导小组、广州市统计局	2011 年 12 月
郑丽南	女	茶滘街永安社区居委会	广州市第六次全国人口普查市级先进个人	广州市第六次全国人口普查工作领导小组、广州市统计局	2011 年 12 月
刘明君	女	茶滘街茶滘社区居委会	广州市第六次全国人口普查市级先进个人	广州市第六次全国人口普查工作领导小组、广州市统计局	2011 年 12 月
苏奕超	女	白鹤洞街道办事处	2011 年度广州市优秀流动人员和出租屋管理员	广州市流动人员和出租屋管理工作领导小组	2012 年 1 月
郭柱成	男	岭南街道办事处	广州市城市管理综合执法局 2011 年度先进工作者	广州市城市管理综合执法局	2012 年 1 月
张志强	男	岭南街道办事处	广州市城市管理综合执法局 2011 年度先进工作者	广州市城市管理综合执法局	2012 年 1 月
刘志平	男	岭南街道办事处	广州市城市管理综合执法局 2011 年度积极通讯员	广州市城市管理综合执法局	2012 年 1 月

获奖人姓名	性别	获奖人所在单位	奖项名称	颁奖单位	获奖时间
何伟强	男	岭南街道办事处	广州市城市管理综合执法局2011年度先进个人	广州市城市管理综合执法局	2012年1月
郭小畅	男	岭南街道办事处	广州市城市管理综合执法局2011年度先进个人	广州市城市管理综合执法局	2012年1月
郭慧仪	女	岭南街道办事处	广州市城市管理综合执法局2011年度先进个人	广州市城市管理综合执法局	2012年1月
朱建叶	男	岭南街道办事处	广州市城市管理综合执法局2011年度先进个人	广州市城市管理综合执法局	2012年1月
陈秋兰	女	广州市第四中学	广东省“三八红旗手”	广东省妇女联合会	2012年2月
宗强	男	区政府办	广州市政府政务接待工作标兵	广州市人民政府办公厅	2012年2月
张薇	女	区检察院	2011年度突发事件信息报告工作先进个人	广州市政府办公厅	2012年2月
陈湘原	男	白鹤洞街道办事处	2011年度广州市消防工作先进个人、广州市消防宣传工作先进个人	广州市消防安全委员会	2012年2月
艾连娣	女	真光中学	第四届羊城十大杰出女性	广州市妇女联合会	2012年3月
何桂媚	女	广州市城市管理综合执法局荔湾区分局	2011年度广州市“三八红旗手”	广州市妇女联合会	2012年3月
卫洁雯	女	龙津街道办事处	广州市“三八红旗手”	广州市妇女联合会	2012年3月
朱晓红	女	区民政局	广州市“三八红旗手”	广州市妇女联合会	2012年3月
刘焕冬	女	广州市公安局荔湾区分局指挥中心	广州市“三八红旗手”	广州市妇女联合会	2012年3月
刘婉红	女	区直属机关党工委	工作委员会广州市“三八红旗手”	广州市妇女联合会	2012年3月
杨燕英	女	区人力社保局	广州市“三八红旗手”	广州市妇女联合会	2012年3月
李春萦	女	金花街道办事处	广州市“三八红旗手”	广州市妇女联合会	2012年3月
张小燕	女	荔湾区委组织部	广州市“三八红旗手”	广州市妇女联合会	2012年3月
张洁	女	荔贤艺术幼儿园	广州市“三八红旗手”	广州市妇女联合会	2012年3月
陈芃洁	女	金花街道办事处	广州市“三八红旗手”	广州市妇女联合会	2012年3月
钟群莲	女	西关实验小学	广州市“三八红旗手”	广州市妇女联合会	2012年3月
洪佳冬	女	区疾病防控中心	广州市“三八红旗手”	广州市妇女联合会	2012年3月
闫建辉	女	区人民医院	广州市“三八红旗手”	广州市妇女联合会	2012年3月

获奖人姓名	性别	获奖人所在单位	奖项名称	颁奖单位	获奖时间
钱晓红	女	区建设和园林绿化局	广州市“三八红旗手”	广州市妇女联合会	2012 年 3 月
黄凤仪	女	站前街道办事处	广州市“三八红旗手”	广州市妇女联合会	2012 年 3 月
梁丽嫦	女	广州市公安局荔湾区分局经济犯罪侦查大队	广州市“三八红旗手”	广州市妇女联合会	2012 年 3 月
毕锐明	男	区委组织部	羊城妇女之友	广州市妇女联合会	2012 年 3 月
陈玉亮	男	区人大常委会	羊城妇女之友	广州市妇女联合会	2012 年 3 月
陈建	男	区政府	羊城妇女之友	广州市妇女联合会	2012 年 3 月
何惠生	男	政协广州市荔湾区委员会	羊城妇女之友	广州市妇女联合会	2012 年 3 月
顾湘	男	区卫生局	羊城妇女之友	广州市妇女联合会	2012 年 3 月
梁国诚	男	区委政法委、区综治办	羊城妇女之友	广州市妇女联合会	2012 年 3 月
陈卓茹	女	区劳动就业训练中心	2011 年度广州市优秀创业培训考评员	广州市人力资源和社会保障局	2012 年 3 月
唐德麟	男	区城市管理局	2011 年广州市城市管理先进个人	广州市城市管理工作领导小组	2012 年 3 月
关良桂	男	区城市管理局	2011 年广州市城市管理先进个人	广州市城市管理工作领导小组	2012 年 3 月
徐于丰	男	白鹤洞街道办事处	广州市创建全国文明城市个人三等功	广州市精神文明建设委员会办公室、广州市创建文明城市联席会议办公室	2012 年 5 月

说明：《荔湾年鉴（2011）》已收录部分关于亚运会、亚残会志愿工作先进个人的奖项，此表对上辑未录入部分加以补充。

统计资料

◎ 2011 年统计资料

2011 年统计资料

地区生产总值

单位：万元

项　　目	2011 年	2010 年	增长（%）
合　　计	6943338	6147639	10.1
按产业分			
第一产业	52452	48176	2.2
第二产业	1839386	1758999	7.9
#工业	1679263	1563652	11.8
建筑业	160123	195347	-23.5
第三产业	5051500	4340464	11.1
#交通运输、仓储和邮政业	540405	496799	10.2
批发和零售业	2189177	1903859	9.8
住宿和餐饮业	341447	300453	1.0
金融业	28017	21959	21.4
房地产业	359977	276272	8.8
其他服务业	1592477	1341122	15.7

注：#表示其中数（下同）

地方财政收入与支出

单位：万元

项　　目	2011 年	增长（%）
一般预算收入合计	368868	24.4
#增值税	78749	11.2
营业税	54486	-6.3
企业所得税	20158	38.3
城市维护建设税	61716	17.6
房产税	22808	15.9
印花税	6702	22.9
城镇土地使用税	12991	7.6
车船税	4144	-4.5

项　　目	2011 年	增长（%）
教育费附加收入	19354	17.6
耕地占用税	2814	5.0 倍
国有资本经营收入	38965	1.6 倍
国有资产有偿使用收入	21480	50.7
行政事业性收费收入	9371	26.6
罚没收入	3086	4.4
排污费收入	223	-18.3
其他收入	11821	4.1 倍
一般预算支出合计	517786	16.3
一般公共服务	54532	19.3
国防	585	-2.5
公共安全	57404	4.7
教育	119767	41.2
科学技术	12024	6.5
文化体育与传媒	5658	75.0
社会保障与就业	78794	-5.6
医疗卫生	31415	45.5
节能环保	2648	-5.0
城乡社区事务	79139	17.7
农林水事务	9152	-11.5
交通运输	5151	6.1 倍
资源勘探电力信息等事务	2120	-39.6
商业服务业等事务	2340	-3.4
国土资源气象等事务	3461	69.1
住房保障支出	32157	40.8
粮油物资管理事务	25	净增
其他支出	21414	-7.2

注：地方财政收入数据按新体制可比口径。

个体工商户基本情况

项　　目	户数（户）	从业人员（人）	注册资金（万元）
合　　计	56793	59744	82491
按国民经济行业门类分			
农、林、牧、渔业	817	901	1541
制造业	1296	1825	2319
电力、燃气及水的生产和供应业	4	4	4
建筑业	28	29	42
交通运输、仓储和邮政业	131	137	246
信息传输、计算机服务和软件业	47	47	38
批发和零售业	49782	51286	70854
住宿和餐饮业	1541	2010	3195
房地产业	62	66	220
租赁和商务服务业	321	341	572
科学研究、技术服务和地质勘查业	15	15	23
水利、环境和公共设施管理业	7	7	10
居民服务和其他服务业	2652	2931	2864
卫生社会保障和社会福利业	38	60	363
文化体育和娱乐业	52	85	200

私营企业基本情况

项　　目	户数（户）	从业人员（人）	注册资金（万元）
合　　计	12887	81469	892102
按国民经济行业门类分			
农、林、牧、渔业	42	261	5858
制造业	1030	7317	79603
电力、燃气及水的生产和供应业	2	17	3
建筑业	432	2925	59834
交通运输、仓储和邮政业	441	2750	32248
信息传输、计算机服务和软件业	326	2023	27043
批发和零售业	6700	41758	408017
住宿和餐饮业	368	2368	6907

项　目	户数（户）	从业人员（人）	注册资金（万元）
金融业	5	24	2100
房地产业	539	3287	45472
租赁和商务服务业	1420	8663	87445
科学研究、技术服务和地质勘探业	896	5593	99886
水利、环境和公共设施管理业	64	451	13619
居民服务和其他服务业	386	2579	14655
教育	31	127	10
卫生社会保障和社会福利业	25	176	1019
文化体育娱乐业	180	1150	8384

人口、土地面积和人口密度

项　目	年末总户数（户）	年末户籍总人口（人）	土地面积（平方公里）	人口密度（人/平方公里）
全　区	246610	710425	59.1	12021
沙面街	1441	4843	0.30	16143
岭南街	14208	39725	0.75	52967
华林街	17681	48621	0.72	67529
多宝街	13631	39337	0.86	45741
昌华街	10880	31871	1.62	19673
逢源街	20944	60130	0.72	83514
龙津街	16729	46498	0.56	83032
金花街	17926	52208	1.13	46202
彩虹街	13935	40763	1.06	38456
南源街	20340	59633	1.80	33129
西村街	12702	42096	1.30	32382
站前街	8919	29133	0.94	30993
桥中街	3906	8616	4.40	1958
白鹤洞街	10420	30543	3.10	9853
冲口街	9927	28876	3.70	7804
花地街	10425	30404	1.70	17885
石围塘街	12039	31612	4.20	7527
茶滘街	10454	29774	4.00	7444

项　目	年末总户数（户）	年末户籍总人口（人）	土地面积（平方公里）	人口密度（人/平方公里）
东漖街	6307	16401	4.40	3728
海龙街	5252	12529	9.50	1319
东沙街	5649	18305	5.64	3246
中南街	2895	8507	6.70	1270

城市居民家庭可支配收入和消费性支出情况

单位：元

项　　目	2011 年	2010 年	增长（%）
一、城市居民人均可支配收入	33662	29947	12.4
二、城市居民人均消费性支出	27106	24753	9.5
1. 食　品	9426	8201	14.9
2. 衣　着	1921	1633	17.6
3. 家庭设备用品及服务	2164	1779	21.6
4. 医疗保健	1438	1571	-8.5
5. 交通和通信	2667	2927	-8.9
6. 教育文化娱乐服务	6355	5434	16.9
7. 居住	1504	1530	-1.7
8. 杂项商品和服务	1631	1678	-2.8

城市居民家庭平均每百户年末耐用消费品拥有量

项　　目	计算单位	2011 年
家用汽车	辆/百户	12
彩色电视机	台/百户	146
#接入有线电视网络的电视机	台/百户	110
空调器	台/百户	196
中高档乐器	件/百户	4
健身器材	套/百户	3
家用电脑	台/百户	131
#接入互联网电脑	台/百户	115
组合音响	套/百户	67
摄像机	架/百户	13
普通电话	部/百户	103
移动电话	部/百户	247
#接入互联网移动电话	部/百户	18

农林牧渔业经济主要指标

指标	单位	2011	2010	增长（%）
农林牧渔业总产值	万元	78554	72535	1. 7
#农业	万元	69957	63912	2.6
渔业	万元	3564	2858	20.0
农林牧渔业服务业	万元	5033	5765	-17.2
年末耕地面积	亩	7908	8003	-1.2
花卉种植面积	亩	33019	31364	5.3
蔬菜播种面积	亩	5408	5894	-8.2
蔬菜总产量	吨	5168	5487	-5.8
观赏鱼总产量	吨	540	450	20.0

工业生产和销售情况

产品名称	2011 年	增长（%）
一、工业总产值	4614801	11. 0
1. 规模以上工业	4350481	11. 2
2. 规模以下及个体工业	264320	7. 5
二、出口产品产值	635229	-10. 2
三、工业销售产值	4627676	13. 7
#出口交货值	632750	-5. 2
四、工业产品销售率（%）	100. 3	1. 4

主要工业产品产量

产品名称	计算单位	2011 年	增长（%）
发电量	万千瓦时	196863	10. 9
大米	吨	9892	4. 7
软饮料	吨	6449	43. 1

产品名称	计算单位	2011 年	增长（%）
卷烟	万支	6493020	3. 3
印染布	万米	2229	-9. 1
服装	万件	1088	-26. 9
皮鞋	万双	108	25. 1
焦炭	吨	173349	-13. 3
煤气生产量	万立方米	179506	-4. 6
涂料（油漆）	吨	37244	-6. 7
发动机	千瓦	345760	-7. 1
肥皂	吨	139	-11. 5
牙膏（折 65 克标准只）	万只	20212	-6. 1
商品混凝土	立方米	515697	-39. 3
钢化玻璃	平方米	341405	1. 9
夹层玻璃	平方米	16342	-46. 7
生铁	吨	914846	-9. 8
钢材	吨	1304165	-17. 9
铝材	吨	2852	-8. 7
金属切削机床	台	1335	-0. 8
民用钢质船舶	总载重吨	748300	-4. 3
西乐键盘乐器（钢琴）	台	116001	17. 0

社会消费品零售总额和商品销售总额

单位：万元

项　目	2011	2010	增长（%）
社会消费品零售总额	4704409	4051063	16. 1
按国民经济行业门类分			
批发业	1874883	1471370	27. 4
零售业	2424515	2234734	8. 5
住宿业	28637	27912	2. 6

项　目	2011	2010	增长（%）
餐饮业	376374	317047	18.7
商品销售总额	28521166	23181688	23.0
按国民经济行业门类分			
批发业	25574822	20554885	24.4
零售业	2946344	2626803	12.2

限额以上批发和零售业商品销售类值

单位：万元

项　目	销售额合计	批发额	零售额
合　　计	20825438	18319291	2506147
#食品类	849606	768683	80923
服装鞋帽、针、纺织品类	339972	213842	126130
化妆品类	17403	4775	12628
金银珠宝类	139493	120437	19056
日用品类	2175125	2012055	163070
五金、电料类	35454	35331	123
体育娱乐用品类	20869	11603	9266
书报杂志类	13065	7770	5295
电子出版类	302		302
家用电器和音像器材类	56664	41405	15259
中西药品类	3991568	2435759	1555809
文化办公用品类	56755	51863	4892
家具类	16055	10132	5923
通讯器材类	18694	11558	7136
煤炭及制品类	42668	42668	
木材及制品类	9261	9261	
石油及制品类	102538	82818	19720

项　目	销售额合计	批发额	零售额
化工材料及制品类	571928	571928	
金属材料类	10948214	10948214	
建筑及装潢材料类	107334	106639	695
机电产品及设备类	222573	222256	317
汽车类	859148	400382	458766
棉麻类	2918	2918	
其他类	227831	206994	20837

外　贸

项　　目	计算单位	2011 年	2010 年	增长（%）
利用外资情况				
新签项目	个	96	79	21. 5
合同利用外资金额	万美元	17045	12184	39. 9
实际利用外资金额	万美元	18023	16660	8. 2
外贸进出口情况				
外贸出口总值	万美元	182844	183129	-0. 2
#一般贸易	万美元	109852	103434	6. 2
进料加工	万美元	70455	76393	-7. 8
来料加工	万美元	1954	2145	-8. 9
其他	万美元	583	1157	-49. 6
外贸进口总值	万美元	140075	157412	-11. 1

旅游情况

指标名称	计算单位	2011
一、旅游设施接待旅游者		
人数合计	万人次	1580
其中：国内旅游者	万人次	1217
国外旅游者	万人次	362

指标名称	计算单位	2011
外国人	万人次	73
香港同胞	万人次	228
澳门同胞	万人次	30
台湾同胞	万人次	31
二、旅游业总收入	万元	1655365
其中：陈家祠	万元	1747
黄大仙	万元	984

商业步行街主要指标

项　　目	年末企业和个体数（户）		上缴税收（万元）	
	实绩	增长（%）	实绩	增长（%）
总　　计	5466	25.5	12940	4.6
按地段划分				
1、上九路	513	15.8	2872	0.1
2、下九路	3554	16.1	7895	6.8
3、第十甫	1399	64.4	2173	2.7

固定资产投资情况

（按法人在地口径）

项　　目	计算单位	2011 年	增长（%）
固定资产投资合计	万元	1241738	28.7
按构成分			
建筑工程	万元	599563	-24.7
安装工程	万元	8460	7.2
设备工器具购置	万元	18177	-76.9
其他费用	万元	615538	6.5 倍
本年新增固定资产	万元	368329	-56.8
房屋施工面积	平方米	2420650	49.8
#住宅	平方米	1197554	1.9 倍

项　　目	计算单位	2011 年	增长（%）
房屋竣工面积	平方米	366891	69.7
#住宅	平方米	123474	24.0 倍
竣工房屋价值	万元	129203	2.5 倍
本年资金来源合计	万元	1489831	8.2
#上年末结余资金	万元	243923	-82.4
本年资金来源小计	万元	1245908	-2.1
#国家预算内资金	万元		净减
国内贷款	万元	37554	-9.9
利用外资	万元	398	-55.2
自筹资金	万元	714071	-25.9
其他资金来源	万元	493885	85.0
本年各项应付款合计	万元	16561	32.6
#工程款	万元		净减

注：由于统计口径变化，增长速度按 500 万元以上项目投资额进行对比。

社会从业人员情况

项　　目	年末从业人数（人）
总　　计	302104
按国民经济行业分组	
1. 农业	9122
2. 制造业	43182
3. 电力、煤气及水的生产和供应业	366
4. 建筑业	11645
5. 交通运输、仓储和邮政业	16777
6. 信息传输、计算机服务和软件业	2351
7. 批发和零售业	124801
8. 住宿和餐饮业	11901
9. 金融业	2120
10. 房地产业	9804
11. 租赁和商务服务业	14469

项　　目	年末从业人数（人）
12. 科学研究、技术服务和地质勘查业	10579
13. 水利、环境和公共设施管理业	4799
14. 居民服务和其他服务业	10665
15. 教育	9560
16. 卫生、社会保障和社会福利业	7900
17. 文化、体育和娱乐业	1996
18. 公共管理和社会组织	10067

注：社会从业人员包含个体私营单位从业人员。

城镇非私营单位在岗职工人数与工资

项　　目	年末在岗职工人数（人）	在岗职工年平均工资（元）
总　　计	141644	55948
按国民经济行业分组		
1. 农业	54	80212
2. 制造业	33854	51755
3. 电力、煤气及水的生产和供应业	345	118316
4. 建筑业	8615	55825
5. 交通运输、仓储和邮政业	13855	38011
6. 信息传输、计算机服务和软件业	328	65269
7. 批发和零售业	21890	51035
8. 住宿和餐饮业	7580	34388
9. 金融业	2091	156680
10. 房地产业	6351	34236
11. 租赁和商务服务业	5412	42643
12. 科学研究、技术服务和地质勘查业	4803	69953
13. 水利、环境和公共设施管理业	4257	44358
14. 居民服务和其他服务业	5111	30830
15. 教育	9059	83350
16. 卫生、社会保障和社会福利业	7389	70221
17. 文化、体育和娱乐业	712	55272
18. 公共管理和社会组织	9938	95995

城镇非私营单位从业人员人数与工资

项　　目	年末从业人数（人）	从业人员平均人数（人）	从业人员工资总额（万元）	从业人员年平均工资（元）
总　　计	143943	144765	804776	55592
按国民经济行业分组				
1. 农业	54	52	417	80212
2. 制造业	34200	34559	178343	51605
3. 电力、煤气及水的生产和供应业	345	358	4236	118316
4. 建筑业	8698	9430	52173	55327
5. 交通运输、仓储和邮政业	13910	13761	52325	38024
6. 信息传输、计算机服务和软件业	330	345	2411	69890
7. 批发和零售业	22205	22133	112236	50710
8. 住宿和餐饮业	7623	7640	26264	34377
9. 金融业	2096	2102	32869	156373
10. 房地产业	6457	6450	22359	34665
11. 租赁和商务服务业	5500	5582	24249	43441
12. 科学研究、技术服务和地质勘查业	4979	4911	33755	68733
13. 水利、环境和公共设施管理业	4341	4347	19143	44036
14. 居民服务和其他服务业	5236	5287	16193	30629
15. 教育	9433	9404	76224	81055
16. 卫生、社会保障和社会福利业	7667	7580	52227	68901
17. 文化、体育和娱乐业	802	810	4163	51394
18. 公共管理和社会组织	10067	10014	95189	95056

城镇登记失业人员安置情况

项　　目	计算单位	2011 年
一、本年登记失业总人数	人	78771
其中：上期末结转的失业人员	人	19819
本期增加的失业人员	人	58952
二、本期安置失业人员就业	人	56562
三、城镇登记失业人员再就业率	%	71.8
四、本期由就业转失业人数	人	37294

园 林 绿 化

项 目	计算单位	2011 年
建成区总面积	公顷	4555
绿化覆盖面积	公顷	1493
#建成区	公顷	1162
建成区绿化覆盖率	%	25．68
园林绿地面积	公顷	1320
#建成区	公顷	988
建成区绿地率	%	21．8
公共绿地面积	公顷	527
人均公共绿地面积	平方米	7．51
公园个数	个	15
公园面积	公顷	194
游人量	万人次	3120

城市环境卫生

项 目	计算单位	2011 年
一、环卫设施 垃圾车	辆	153
吸粪车	辆	13
洒水车	辆	16
扫道车	辆	20
手推保洁车	辆	1347
手推水车	辆	190
果皮箱	个	6104
公共厕所	座	186
垃圾压缩站	个	21
二、环卫清洁情况 道路清扫保洁面积	万平方米	1076
#机械化清扫	万平方米	470
生活垃圾清运量	吨	327217
生活垃圾无害化处理量	吨	327217

市政建设情况

项　　目	计算单位	2011 年
市政大中型项目	项	6
投入资金	万元	16170
铺路面	万平方米	14．5
其中：砼	万平方米	—
沥青	万平方米	14．5
铺设排水管道	米	6728
房屋安全鉴定宗数	宗	2130
房屋安全鉴定面积	万平方米	75

事业、企业单位专业技术人员情况

单位：元

项　目	各类技术人员合计	高　　级	中　　级	初　　级
总　　计	23000	1527	8758	12715
工程技术	2718	132	634	1952
卫　　生	3801	364	951	2486
教　　育	10237	1002	6210	3025
经　　济	1136	4	256	876
会　　计	2758		523	2235
审　　计	39		16	23
统　　计	103		10	93
农　　业	43	2	9	32
档　　案	124	2	29	93
律　　师	43		15	28
体　　育	55	3	23	29
其　　他	1943	18	82	1843

各类学校基本情况

项　目	计算单位	合　计	普通中学	小　学	幼儿园	特殊教育学校
学校数	所	182	38	54	88	2
教育部门办和集体办	所	101	21	45	33	2
民办	所	72	17	9	46	
其他部门办	所	9			9	
班数	个	3003	935	1300	766	2
实际毕业生数	人	27228	13444	8877	4882	25
实际招生数	人	28229	13423	9027	5765	14
在校学生数	人	111692	40082	50234	21202	174
毕业班学生数	人	21855	13356	8499		
教职工数	人	9997	4359	2749	2813	76
教育部门办和集体办	人	6364	3037	2354	897	76
民办	人	3256	1322	395	1539	
其他部门办	人	377			377	

卫生系统基本情况

项　目	机构数（个）	实有床位数（张）	人数（人）		
				卫生技术人员	
					医生
总　计	178	4570	8098	6593	2534
医院	26	4420	6246	4969	1778
社区卫生服务中心（站）	35	50	763	689	300
门诊部	50		546	470	225
妇幼保健院（所、院）	1	100	215	175	63
区诊所、卫生所、医务室	63		212	201	132
专科疾病防治院（所、站）	1		10	9	3
疾病预防控制中心	1		74	59	33
卫生监督所	1		32	21	

文化事业情况

项　目	单位	2011
一、举办展览个数	个	24
二、组织文化活动次数	次	280
三、图书馆藏书	万册	44．97
四、街道文化站	个	22
五、群众业余演出团（队）	个	242
六、文化市场情况		
（1）卡拉OK厅及餐饮卡拉OK	个	14
（2）电子游艺厅	个	20
（3）网吧	个	93
（4）歌舞厅	个	10
（5）音像制品批发零售单位	个	43
（6）复印网点	个	88
（7）出版物发行	个	331
（8）电子出版物发行	个	6

注：1．群众业余演出团（队）含艺术团（队）16支，私伙局团（队）51支。
2．出版物发行含报刊亭269家。

体育事业情况

项　目	计算单位	2011
一、举办运动会或比赛	次	30
其中：综合运动会	次	2
单项比赛	次	28
二、举办全民健身活动情况		
举办全民健身活动次数	次	340
其中：1000人以上的活动	次	5
参加活动人数	万人次	25
三、各类体育培训班人数	人次	1300
四、参加体校学生情况	人	1020
划船	人	180

项　　目	计算单位	2011
游泳	人	200
田径	人	120
射击	人	60
跆拳道	人	60
柔道	人	40
乒乓球	人	30
击剑	人	50
摔跤	人	50
跳水	人	40
举重	人	35
足球	人	32
蹦床	人	25
篮球	人	30
体操	人	30
艺术体操	人	38

优抚与社会救济情况

项　　目	单位	2011
一、优抚对象优待抚恤情况		
定期、定量抚恤人数	人	552
其中：享受、伤残抚恤金人数	人	187
二、社会救济		
城镇居民最低生活保障家庭数	户	4767
城镇居民最低生活保障人数	人	9313
其中：在职人数	人	268
退休人数	人	80
未就业人数	人	4632
其他人数	人	4333
城镇居民最低生活保障支出	万元	4104．65

注：1．定期、定量抚恤人数含残疾军人187人，不含义务兵家属。
2．原“失业人数”变更为“未就业人数”，“其他人数”指学生、儿童、灵活就业人员等。
3．2011年4月起，低保标准从410元调高至480元。

社会保险情况

项　目	单位	2011
一、参加社会保险情况		
养老保险	万人	21．11
失业保险	万人	22．64
工伤保险	万人	21．47
生育保险	万人	16．84
医疗保险	万人	30．37
其中：基本医疗保险	万人	18．34
住院医疗保险	万人	6．95
农转居养老保险	万人	1．27
二、享受社会保险待遇情况		
养老保险	人	156727
失业保险	人	3881
工伤保险	人	1176
生育保险	人	2252
农转居养老保险	人	9372

注：从2011年5月1日开始，广州市社会保险基金管理中心将我区辖内原由其管理的参保单位移交到我区社保中心办理。